新文科建设教材
公共管理系列

PUBLIC
MANAGEMENT

公共管理

理论基础、案例分析与案例大赛

王秀芝◎编著

清华大学出版社

北京

内 容 简 介

本书结合公共管理硕士专业学位（MPA）研究生案例教学训练培养要求，将公共管理理论基础、公共管理案例分析、公共管理案例大赛融为一体。全书由三大部分构成：第一部分为理论基础，主要介绍公共管理的理论发展，案例分析的基本方法，公共政策、公共经济、城市治理和公共危机管理的基本理论；第二部分为案例分析，包括公共政策、公共经济、城市治理、公共危机管理四个领域的 16 个案例；第三部分为案例写作和案例大赛，包括公共管理案例及分析报告的写作，"中国研究生公共管理案例大赛"介绍，历届案例大赛的参赛情况、获奖情况及获奖案例分析。本书可供 MPA 研究生和公共管理专业本科生使用，既能用于理论和案例教学，又能为 MPA 研究生参加"中国研究生公共管理案例大赛"提供参考。

图书在版编目 (CIP) 数据

公共管理：理论基础、案例分析与案例大赛 / 王秀
芝编著 . -- 北京：清华大学出版社，2024. 8. -- (新
文科建设教材). -- ISBN 978-7-302-67136-7

Ⅰ . D035

中国国家版本馆 CIP 数据核字第 2024PM0994 号

责任编辑：胡　月
封面设计：李召霞
版式设计：方加青
责任校对：宋玉莲
责任印制：刘海龙

出版发行：清华大学出版社
　　　　网　　　址：https://www.tup.com.cn，https://www.wqxuetang.com
　　　　地　　　址：北京清华大学学研大厦 A 座　　　　邮　　编：100084
　　　　社 总 机：010-83470000　　　　　　　　　　邮　　购：010-62786544
　　　　投稿与读者服务：010-62776969，c-service@tup.tsinghua.edu.cn
　　　　质 量 反 馈：010-62772015，zhiliang@tup.tsinghua.edu.cn
印 装 者：三河市天利华印刷装订有限公司
经　　销：全国新华书店
开　　本：185mm×260mm　　　印　　张：16.5　　　字　　数：367 千字
版　　次：2024 年 8 月第 1 版　　　印　　次：2024 年 8 月第 1 次印刷
定　　价：59.00 元

产品编号：099310-01

前　言

公共管理硕士（Master of Public Administration，MPA）专业学位是以公共管理及相近学科为基础的研究生教育项目，旨在为党政部门及非政府公共机构培养从事公共管理、公共事务和公共政策分析的高层次、应用型、复合型专门人才。公共管理硕士专业学位研究生教育（以下简称"MPA 教育"）的产生与公共管理事业的发展密切相关，目前已经成为很多国家培养高层次、应用型公共管理人才的主要途径之一。

MPA 教育强调案例教学，通过案例教学的训练，在分析、讨论、角色扮演等学习形式中，学生获得利用理论知识分析和解决公共管理问题的真实"体验"，培养学生在面临矛盾、问题和困境时作出科学决策的思维方法，从而具备对问题解决方案进行价值判断的能力，以及综合运用所学知识、方法和技能解决实际问题的能力。本书将公共管理理论基础、公共管理案例分析及公共管理案例大赛融为一体，希望同学们能将理论与实践相结合，将所学的基本理论与案例分析、案例写作融会贯通，在案例分析和案例写作中得到能力的提升。

参与本书案例编写的有南昌航空大学研究生邱劲之、张雨婷、韩金銮、亓圣超、钟燕春、张晓晨、王春芳、王小琪、邱丹、张律、周希彤、李小龙、孟志起、李丹、陈颖、郑小玲、陈书榕、梁礼慧、匡涛、饶东彪、张意、刘钰晓、李少林、谢汉臣等，参与案例编写指导的教师有陈爱生教授、吴红梅教授、姚林如副教授。其中，刘钰晓、韩金銮和谢汉臣同学承担了大量的前期工作。在此向所有老师及同学表示感谢。同时，感谢吴红梅教授在本书编写过程中提出的建议。

王秀芝
2023 年 9 月

目　录

第 1 章
公共管理及其理论发展

    公共管理学是一门综合运用各种科学知识和方法来研究公共组织和公共管理过程及其规律性的学科，它以公共事务管理和国家治理的实践作为研究对象，以管理学、经济学、政治学、社会学、法学和其他社会科学为支撑，是一门具有很强实践性和应用性的学科。自 20 世纪 70 年代末 80 年代初以来，国内外公共管理的实践发生了深刻的变化，掀起了声势浩大的公共部门改革或政府改革浪潮，这场改革既改变了公共部门管理的实践模式，也改变了公共部门管理的理论形态及知识体系。最近几十年，又出现了以公共治理与公共服务为核心的公共管理研究的新知识形态。较之于传统的公共行政学，今天公共部门管理的研究领域无论是学科基础、研究视野、理论主题，还是学科框架、研究方法、知识体系等都出现了新的变化。为了让大家对公共管理的基本理论有一个全面的了解，本章我们将分别对公共管理的概念范畴、研究对象、研究方法及理论演进进行简要介绍。①

1.1 公共管理概述

1.1.1 公共管理的概念范畴

    公共管理的主要概念包括公共管理（public management）、公共行政（public administration）、公共部门（public sector）、公共产品（public goods）、公共治理（public governance）和善治（good governance）等。下面，我们将对这些概念加以简要分析。

1. 公共管理与公共行政

    无论是在英文还是在中文中，"administration"（行政）和"management"（管理）这两个词都是近义词，且词义丰富，人们经常将这两个词互换地加以使用，例如，

---

① 本章内容参见陈振明等 . 公共管理学（第二版）[M]. 北京：中国人民大学出版社，2017. 蔡立辉，王乐夫 . 公共管理学（第二版）[M]. 北京：中国人民大学出版社，2018.

"business administration"（商业管理）、"administrative behavior"（管理行为）、"public administration"（公共管理）。然而，近义词不等于同义词，详细的语义分析可以显示出其中的差别，而且在实践中，"manager"（管理者或经理）与"administrator"（行政官员或行政人员）所扮演的角色也明显不同。这两个词的主要区别在于："行政"是"为……服务"，"管理"则是"控制或获得结果"。

"行政"一般被当作国家或政府的活动、政务的推行，以及与公共事务相关的活动；"管理"则一般被当作与工商企业组织相关的活动，即与计划、决策、指挥、协调、控制等相关的功能活动。这种区分在过去有一定的合理性，但已经不适应于当代不断变化的公共的与私人的组织与管理现实，特别是已不适应当代政府改革实践对公共部门管理理论所带来的新变化。

基于"行政"和"管理"含义上的差别，加上定语"公共"后的"公共行政"与"公共管理"也应有所不同。"公共行政"是政府，特别是执行机关为公众提供服务的活动，行政官员或行政人员在这种活动中主要是执行由别人（政治家）所制定的政策和法律，关注的焦点是过程、程序，以及将政策转变为实际的行动（传统的公共行政学以及公共行政学院主要是培养政府职业文官的学科及机构）。尽管"公共管理"的确包含了"行政"的许多内涵，但也有以最低成本达到目标以及管理者为取得结果负责的内涵。所以，公共管理是公共组织提供公共产品和服务的活动，它主要关注的不是过程、程序和遵照别人的指示办事以及内部取向，更多的是关注取得结果和对结果的获得负个人责任。在过去的20多年，西方公共部门的管理实践发生了深刻的变化，过去被称为"公共行政"的活动，现在更经常地被称为"公共管理"活动；过去那些有着"行政官员"头衔的人，现在更多地被称为"管理者"。

2. 公共部门与公共产品

人们习惯将经济领域划分为公共部门和私人部门。公共部门是公共事务的管理者和公共服务的提供者。广义上的公共部门包括政府机构、公用事业、公共事业、非政府公共机构等部门，以及各种不同组织的公共层面；狭义上的公共部门仅包括政府机构以及依据政府决策产生的机构和部门，是最纯粹的公共部门。政府以公共利益为导向，其职能是对社会公共事务进行管理，无偿占有社会公共资源，并为社会提供公共产品和公共服务。

除政府机构外，还存在公用事业、公共事业、非政府机构等"准公共部门"组织，也称为第三部门或非营利组织，但因其具有如下鲜明的"公共"特性，也将其归入公共部门之列：首先，第三部门主要是一些从事公益事业的组织，其生产或活动具有公益性，即为公共利益服务，这与政府机构，即"纯粹的"公共部门的目标是一致的；其次，第三部门市场化程度较低或非市场化，其生产、活动的内容和方式往往由政府实行控制或进行必要的行政管制，因此它与政府组织存在着十分密切的关系；再次，第三部门为社会提供的产品也往往是一种公共产品或准公共产品，这与政府为社会所提供的产品是一致的，至少是基本一致的；最终，投资主体或提供资源的主体也主要是政府。

将政府的基本职能概括为提供公共产品，这几乎成为当代西方经济学家的共识。公共产品（又称公共物品）通常是指消费过程中具有非排他性、非竞争性的产品。所谓非排他性，就是当这类产品被生产出来，生产者不能排除别人不付费的消费，因为这种排他在技术上做不到，或者即使技术上能做到但排他成本高于排他收益；所谓非竞争性是因为对生产者来说，多一个消费者或少一个消费者都不会影响生产成本，即边际消费成本为零。而对正在消费的消费者来说，只要不产生拥挤就不会影响自己的消费水平。这类公共产品包括国防、公安、航标灯、路灯、电视信号接收等。与公共产品相对应的是私人产品，即具有消费上的竞争性和排他性等特征的产品。公共产品的上述特征，以及规模效益大、初始投资量大的特点，使得私人企业或市场不愿意提供或难以提供，因而一般由政府或其他公共部门提供。私人产品的效用边界清楚，市场是提供此类产品的最佳方式。

公共产品可以从不同的角度来加以划分。

一种划分方法是将公共产品分为纯公共产品和准公共产品。凡是能严格满足消费上的非排他性等特征的产品都是纯公共产品。例如，国防是一种典型的纯公共产品，其消费没有排他性，国防服务一旦供给，其消费便是全社会性的。同样地，公共安全、外交、法规政策、环境保护、基础研究、空间技术等都是纯公共产品。凡是不能严格满足消费上的非排他性等特征的公共产品都是准公共产品。道路是准公共产品的典型例子，它具有某种程度上的消费非排他性特征，在一定限度内，你上路不影响别人上路；一旦超过一定限度，出现拥挤或堵塞现象时，你上路就妨碍别人上路。同样地，能源、交通、通信、城市公共服务、教育、广播电视、社会保障等都是准公共产品。

另一种划分方法是将公共产品划分为有形的公共产品（硬公共产品）和无形的公共产品（软公共产品）。有形的或"硬"的公共产品是指看得见、摸得着的公共产品，如公共设施；无形的或"软"的公共产品主要是指政府所提供的法律、政策和制度等的服务。

关于公共产品及服务的供给方式，以萨缪尔森为代表的福利经济学家认为，由于公共产品具有非排他性和非竞争性的特征，所以通过市场方式提供公共产品，实现排他性是不可能的或者成本是高昂的，并且在规模经济上缺乏效率。

3. 公共管理与工商管理

当代公共管理的一个显著特点就是引入了工商管理的一些经验、方法和理论。作为人类社会的管理活动，公共管理与工商管理之间存在诸多相通之处，都必须履行包括计划、组织、指挥、协调和控制等在内的管理职能，但由于管理所要达成的目标不同、管理对象及内容的不同、管理行为的依据不同，它们之间又存在差异。公共管理与工商管理是既相联系又相区别的两类管理活动。其差别主要表现在：

（1）管理性质不同。公共管理是国家、政府及其他公共组织的职能、活动范围，与公共利益相关，具有广泛的社会公众参与，以行使公共权力为基础，是一个公共的事务领域。工商管理是工商企业或者个人对从原材料购买、加工生产到销售等活动所进行的管理，是工商企业自己的事，主要遵循市场价值规律，是企业内部的事务领域。因此，与工商管理不同，公共管理包括了政府或非政府公共组织的活动，而且公共管理的运作是在政治环境中进行的，具有明显的政治性或公共性的特征。

（2）使命不同。公共管理以服务公众、实现公共利益和维护公共秩序为目的，工商管理以营利为目的。公共管理的服务导向、顾客导向是基于委托 - 代理而形成的，反映了公共管理的民主理念。工商管理的服务导向、顾客导向是基于利润而形成的，是为了在竞争中争得更多的顾客和市场份额以获取更多的利润。

（3）效率意识的强弱不同。公共管理所需经费大部分来自公共财政预算，公共管理者并没有太多的削减开支和有效运作的诱因，往往成本 - 效益的观念和意识较弱。工商企业运作的经费来源于本企业的生产所得，以获取更多的企业利润为动机，成本 - 效益的观念和意识较强。公共管理部门提供公共产品，工商企业主要提供私人产品，也参与公共产品的提供。

（4）责任的性质、范围不同。与工商企业管理相比，公共管理更强调公共责任、社会责任。在工商管理中，权力和责任的划分较清楚；在公共管理中，公共管理运作的规模和复杂性、对官僚机构加以政治控制的要求、对一致性和协调的寻求等因素导致责任机制的扩散，这种扩散加深并复杂化了公共决策的过程。

（5）管理的广泛性和复杂性程度不同。就人事管理方面而言，公共组织，尤其是政府中的人事管理系统比私人组织中的人事管理系统要复杂和严格得多。一般而言，政府工作人员的雇用和解雇要困难得多。

4. 公共治理与善治

公共治理（public governance）和善治（good governance）日益成为公共管理的核心概念。治理问题是 20 世纪 90 年代以来国际社会科学界，尤其是公共管理界研究的热点之一。世界银行 1992 年的报告就以"治理与发展"为标题，经济合作与发展组织（OECD）1996 年度公共管理发展报告的题目是"转变中的治理"，《国际社会科学杂志》1998 年有一期专门探讨了治理问题。治理概念的定义繁多，可泛指任何一种活动的协调方式，包括最小国家的治理、公司治理、新公共管理、善治、社会 - 控制系统和自组织网络等六种不同的用法。

世界银行在 20 世纪 80 年代末用"治理危机"来概括非洲国家在发展过程中面临的主要问题。在这里，治理被等同于单个国家的可统治性，是"为了发展而在一个国家的经济与社会资源的管理中运用权力的方式"。20 世纪 90 年代后，世界银行提出了"善治"的口号，合法、法治、负责、透明、有效的政府构成了善治的基本要素，成为规范政治权力的主要标准。有人把治理视为公民社会的"自组织的组织间网络"，认为这是一种没有政府的治理，在公共池塘资源管理、社区服务和跨国的地区性政策网络中普遍存在。全球治理委员会也认为："治理是或公或私的个人和机构管理共同事务的诸多方式的总和。它是使相互冲突或不同利益得以调和并采取联合行动的持续过程。"

1.1.2　公共管理的研究对象

在百余年的发展历程中，西方公共部门，尤其是政府管理研究领域经历了从传统的公共行政学到新公共行政学与政策科学，再到新公共管理及公共治理的转换。西方对公共管理学科（public management）主要有三种不同的理解：一是将"公共管理学"等同于"公共行政学"，这种用法常见于日常公共部门管理活动中，也来自坚持传统的公共行政范式或途径的学者们，这些学者反对将"公共管理"一词看作新术语的说法，认为公共行政学早就使用"公共管理"一词，其含义与"公共行政"并无区别；二是把公共管理学当作公共行政学的一个分支学科，是关于公共行政的项目设计、组织结构化、政策和管理计划，经由预算系统的资源配置、财政管理、人力资源管理、项目评估和审计的应用方法论方面的总的看法；三是将公共管理学看作一种不同于传统的公共行政学和政策分析的一种新途径、新范式或新的学科框架。

按照唯物辩证法和科学哲学的观点，任何一个学科都是以客观世界的某一类事物、现象或过程作为自己的研究对象。它要探讨这类事物、现象或过程的本质联系或规律性，从而形成学科的概念、范畴、定理、原理和方法的理论体系。公共管理学的研究对象是公共事务管理，即国家治理或治国理政的实践，它是一种客观的社会活动及过程。与传统公共行政学一脉相承，公共管理学要研究作为公共事务管理主体的公共组织，特别是政府组织的结构、功能及其与环境的关系，研究公共管理活动的过程及其环节，如组织、决策、沟通、协调、监控、评估等。然而，作为一种有别于公共行政学的新"范式"，公共管理学的研究更注重如何应用人类所创造的各种科学知识及方法来解决公共事务的管理问题，以促进政府及其他公共组织更有效地提供公共产品或公共服务。

如果说传统公共行政学把抽象的官僚制行为与结构作为研究焦点的话，公共管理学则把关注点放在满足公众的服务需求上，寻求有效的公共管理方式来提供广泛而优质的公共服务。20 世纪 70 年代中期以来，公共服务已经成为政府为公众提供的一切公共事务的代名词，成为公共管理替代传统公共行政的核心所在。而西方国家出现声势浩大的政府改革运动，与其将政府的基本职责定位于提供公共服务也有着密不可分的关系。

综上所述，作为一门研究公共事务管理活动或公共管理实践的学科，公共管理学可以被界定为**一门综合地运用各种科学知识和方法来研究公共事务管理，即公共组织和公共管理过程及其规律性的学科**，它的目标是促使公共组织，尤其是政府组织更有效地执行公共政策、提供公共服务、提高公共管理绩效。

1.1.3　公共管理学的研究途径和方法

1. 公共管理学的研究途径

公共行政学在其发展的不同阶段，采取了不同的研究途径或研究方法。早期的公共行政学者主要采用制度或法理的研究途径（形式主义的研究方法），侧重于对政府制度、机构、法规方面的研究；20 世纪 20 年代，受"科学管理革命"的影响，公共行政学采用了所谓的"原则"研究途径，注重对一般的行政管理原则的探索和概括；20 世纪三四十年代，受政治学"行为主义革命"的影响，公共行政学推崇经验科学的研究方法，把观察、实验、模拟、抽样、访谈、调查一类的方法用于对行政行为的研究；第二次世界大战后，尤其是 20 世纪五六十年代之后，公共行政学者开始广泛地运用运筹学、系统分析、损益分析、案例研究、计算机模拟等新的研究方法及手段。

公共管理学是一个跨学科、综合性的研究领域，涉及政治学、行政学、经济学、管理学、社会学等多个学科，它可以有不同的研究途径、方法或观点。首先，公共管理学可以从不同的社会科学学科的框架中来加以研究，在西方（美国）公共管理学的发展中，形成了较有影响的学科途径，如管理学途径、政治学途径、法学途径和经济学途径。其次，可以从某些社会科学的理论、假设或模型出发来研究公共管理过程，由此形成的研究途径更是多种多样。由于研究途径、方法的不同，对公共管理过程也会作出不同的描述或解释，从而形成不同的公共管理理论。

美国学者戴维·H.罗森布鲁姆等在《公共行政学：管理、政治和法律的途径》一书中认为，公共行政学主要有三种研究途径，即管理途径（包括传统的管理途径和新公共管理途径）、政治途径和法律途径。他认为，公共行政的研究有三条相对分明的途径，各自对公共行政有不同的阐述。一些人把公共行政视为一种管理行为，认为它与民营部门的运作相类似；另一些人则强调公共行政的公共性，从而关注其政治的层面；还有一些人注意到主权、宪法和管制实践的重要性，从而将公共行政视为一种法律事务。三条不同的研究途径对于公共行政的运作，倾向于强调不同的价值和程序、不同的结构安排，也用不同的方法看待公民个人，而每一种途径对于如何发展公共行政的知识也有各自不同的主张。更为复杂的管理途径又可以分为两派：传统的管理途径和当代以改革为导向的"新公共管理"。

公共管理学更多地以经济学为基础，因此，经济学途径已成为公共管理学研究的一个重要途径。它采用经济学的理论假定、概念框架、分析方法及技术来看待公共管理问题。在当代公共管理及公共政策学科中，最有影响的经济学途径是公共选择理论和新制度学派。英国学者莱恩在《公共部门：概念、模型与途径（第三版）》一书中认为，公共部门中的政策制定与执行的过程是通过来自公共选择、新制度经济学、政策执行、管理与评估等不同领域的模型或途径来进行研究的。

公共选择理论是20世纪70年代发展起来的一种"新政治经济学"或"政治的经济学"理论，80年代以后被广泛地应用于公共管理和公共政策领域。公共选择理论将"经济人"假说、交换范式和方法论个人主义应用到政治和公共政策领域。作为一种公共政策的研究途径，公共选择理论假定：政治行动者个人（不管是决策者还是投票者）都被自利的动机所引导而选择一项对自身最有利的行动方案。

新制度主义或新制度学派是一种很有影响力的公共管理与公共政策研究途径。它强调制度在政治生活中的决定性作用，认为制度自身是人类设计的产物，是工具性指向的、个人实现目的的结果；制度之所以在社会中存在，是因为它们可以克服社会组织中的信息障碍和减少交易成本；在社会中，两种能最小化交易成本的组织是市场和等级制（官僚制）组织；作为持续不断的正式或非正式的规则，制度规定行为角色、约束行为和形成期望，因而它们不仅增加或减少交易成本，而且也形成偏好。

2. 公共管理学的研究方法

公共管理学是一门具有实践性、应用性的学科。公共管理学的兴起，在方法上的突出特征是强调用跨学科研究途径来研究公共管理问题，提倡以问题为中心的研究方法。

它改变了以往以规范研究为主的做法，重视量化方法与案例方法的应用，广泛吸收经济学、管理学和政策分析方法等学科的理论与技术手段。公共管理学的基本研究方法如下所述。

1）实践抽象法

社会管理是人类社会最基本也是最古老的管理职能，在长期的公共管理实践中，人们已形成一些较稳定、定型化的且行之有效的操作方式或思考方式。因此，如果将这些经验式的程式加以总结、概括和抽象，就可以形成一定的公共管理理论。这种对管理实践进行总结、概括和抽象，以获得新的公共管理理论的方法，就是实践抽象法。实践抽象法主要是通过分析公共管理人员怎样进行实际操作，如他们如何确立问题，如何搜集信息去分析问题，如何寻求、判别与选择解决问题的各种方案，如何实施最优方案等，找出公共管理过程或某一个环节中带有规律性的东西，从而抽象出公共管理的理论、原则、方法等，用以指导新的公共管理实践。实践抽象法的基本取向，是从实践中来，再回到实践中去的不断反复。

2）实体分析法

实体分析法是指在进行公共管理研究时，将公共管理的主体，即公共组织（如政府公共部门、非营利组织和准政府组织等）作为一个实体来看待，重点分析该实体存在和发展的前提条件及其与环境的关系，从而获得对这一实体活动的条件和规律等的认识。运用这一研究方法的一个前提条件是要熟悉、了解政府部门和相应的非政府组织及其行为过程，了解法律、政策等要素。例如，制约公共管理机构的主要因素、公共管理机构的目的、所开展的活动、所拥有的资源和权限、所面临的主要问题等。通过对这些基本问题的理解，去分析公共管理机构作为实体性存在的基本状况，获得公共管理的认识和理论。实体分析法不仅是研究公共管理的方法，也是公共管理实践中经常使用的工作方法，因为在公共管理中，通过这种实体分析法，往往可以形成一套理论和技术，帮助公共管理人员去分析本部门管理目的、制约因素、资源和权限，以及面临的主要问题等方面的情况，从而制定并实施相应的管理方案和措施，提高管理的效率。

3）实验法

实验法的本质是通过设计模拟实验，将事物的各个因素、事物的发展过程再现出来，以找到这种事物在真实世界中的各种数据及面貌。使用这一方法的必备条件是：实验环境必须是经过周密设计并排除与实验无关因素干扰的可控环境，实验按计划有步骤地进行，实验结果通常必须进行科学的统计和分析。为了得出精确、可靠的实验结果，可以进行反复实验和对比实验。实验法最初来源于自然科学。自然科学中的实验分析可以做到精确，但社会科学中的实验做不到这一点，因为它涉及人的行为，而人的行为在许多情况下是难以真正准确地加以预测的。因而严格地说，社会科学中的实验分析更多的是一种准实验分析。公共管理学中的实验分析更多地也是准实验分析，通过选择某些对象或领域，甚至人为地提供某些条件，推行管理实验或政策试验，以取得经验，再全面推广或铺开。可以采用典型实验法和跟踪实验法进行研究。

4）系统分析法

系统分析是一种根据客观事物所具有的系统特征，从事物的整体出发，着眼于整体与部分、整体与层次、整体与结构、结构与功能、整体与环境等的相互联系和相互作用，求得优化的整体目标的现代科学方法。公共管理学中使用系统分析法的目的是要帮助人们理解公共管理系统及其与社会环境的关系；鼓励同时对公共管理系统的各个组成部分、公共管理过程的各个环节进行研究；引导人们注重这一系统中的结构、层次与功能；促使人们从不同的角度提出问题，开拓新的知识领域。系统分析方法的内容包括整体分析、环境分析、结构分析、层次分析、相关分析等。

20世纪60年代以后发展起来的系统分析法为公共行政学理论与管理知识的汇合、为各种公共行政学理论流派的统一创造了机会。系统分析法给人们提供了一种从整个公共行政活动及其与环境的相互作用中看待公共行政的途径，也为研究公共行政内部各个部分之间的关系提供了指导。同时，系统理论还为公共行政适应环境的权变观念与生态观念提供了基础。运用这种研究方式着重研究的是公共行政与环境之间的相互关系和公共行政内部各部分之间的相互关系等；致力于谋求公共行政与环境之间及公共行政内部各部分之间的动态的、具体的一致性，以保证公共行政的高效能、高效率。

5）比较分析法

比较分析法，通常是指把所要研究的对象与不同的或相似的事物放在一起做比较，或将研究对象在不同阶段的情况进行比较，通过鉴别事物之间的异同及其制约因素等，加深对事物的认识，找出事物的本质或规律性的东西。相应地，比较分析法可分为横向比较法和纵向比较法。比较分析法的要点是通过对不同事物或同一事物在不同阶段的情况等进行比较，从中找出共同点、本质或规律性的东西。公共管理学中的比较分析要求研究者对不同国家或地区的公共管理系统及过程加以比较，要求对同一个国家或地区在不同历史时期的公共管理系统及过程加以比较，从中既能找到公共管理学的一般或普遍的理论，又可以发现各国家或地区在不同时期的公共管理特色，从而丰富整个公共管理学的理论及方法理论体系。

比较研究法是公共管理研究和学习中的一个极为常用的方法，尤其是对我国来说，在当今建立社会主义市场经济体制的改革走向深入、参与国际经济竞争的背景下，这一方法更为重要。如运用纵向比较法，通过对新中国成立以来不同的历史时期公共管理所包含的特定社会公共事务管理模式和方法等进行比较，就能从历史演变的角度，对公共管理的不同变化和特点进行分析，寻找出这种变化的历史原因和实质，加深对现阶段公共管理的认识。又如，运用横向比较法，通过对不同国家和地区同一时期或不同时期公共管理系统和过程的分析，可以发现各国家或地区在不同时期的公共管理特色，尤其是总结发现其成功的经验或失败的教训，从而择优弃劣、取长补短，为提高我国的公共管理水平提供有益的借鉴。

6）多学科交叉式综合研究方式

随着信息时代和知识经济的来临，人们也开始不断地从多角度、多侧面来认识事物，各学科之间相互交叉、相互渗透的趋势十分明显，从而产生了公共管理学多学科交叉式综合研究方式。这种研究方式强调各学科之间理论与方法的互补，运用各学科理论及其研究方法来解释与解决公共管理中实际存在的问题。例如，使用经济学的委托 - 代理理论、产权理论、交易成本等理论，及实证分析方法对公共管理问题进行分析。

7）案例分析法

案例分析的要点是对已经发生的公共管理事件，分析者尽可能从客观、公正的观察者立场加以描写或叙述，以脚本等形式说明一个事件的有关情况，力图再现与事件相关的当事人的观点和所处的环境供读者评判。这种方法的重点是强调人际关系、政治等因素对管理过程的影响，而不是抽象推理或刻画细节，因而它特别适应公共管理学及工商管理学研究的需要。案例分析既是当代公共管理学的一种重要研究方法，又是当代公共管理学的一种重要教学形式。

1.2 公共行政理论的演进

鉴于公共管理与公共行政的密切关系，我们首先需要了解公共行政理论的演进过程。公共行政学从 1887 年成为独立的学科以来，形成了许多理论流派。20 世纪 80 年代之后，从公共行政学中逐步衍生出公共管理分支。

1.2.1 公共行政理论的初创

公共行政如同其他管理一样，具有十分悠久的历史，无论是在东方国家还是在西方世界，自古都不乏公共行政的思想。然而，早期的公共行政思想因缺乏系统性而尚未成为一种学科化的专门理论。公共行政真正作为一个完整的理论体系并成为一门独立的学科，则是到了 19 世纪末 20 世纪初在威尔逊的"政治 - 行政"二分法和韦伯的官僚制理论基础上经过科学管理理论而创立起来的。

1. 威尔逊的"政治 - 行政"二分法

威尔逊在《行政学研究》一文中详细阐述了"政治－行政"二分的理论。威尔逊认为，随着国家经济和社会事务的发展，以及政府职能范围的扩大，政府的行政管理工作迫切地需要有科学的理论予以指导，以使政府不走弯路，使政府专心处理公务和少做政治干预，加强和纯洁政府的组织机构，为政府的尽职尽责带来美誉。为此，威尔逊提出应在对政治与行政这两个概念进行正确区分的基础上将公共行政理论从政治学中分离出来，进行专门的研究。在他看来，"公共行政是政府工作中极为显著的一部分，它就是行动中的政府；它是政府的执行、政府的操作，是政府工作中最显眼的部分，并且具有与政府本身同样悠久的经历"。行政不同于政治，"公共行政是置身于'政治'所特有的范围之外的。公共行政的问题并不属于政治问题。虽然公共行政的任务是由政治加以确定的，但政治却无须自找麻烦地去直接指挥行政管理机构"。"政治是政治家的特殊活动范围，而公共行政则是技术性职员的事情"。公共行政的领域是一种事务性的领域，"但是公共行政却同时又大大高于关注纯粹技术细节的那种单调内容"。所以，威尔逊特别强调，作为一门学科，公共行政学应对行政管理的各个方面开展理论研究，使行政学的理论既有深度又有广度。在他看来，"行政学研究的目标，在于首先是要弄清楚政府能够适当且成功地承担什么任务，其次是要弄清楚政府怎样才能够以尽可能高的效率和尽可能少的金钱或人力上的消耗来完成这些专门的任务"；"行政学的目的就在于把行政方法从经验性实践的混乱和浪费中拯救出来，并使它们深深植根于稳定的原理"。

2. 韦伯的官僚制理论

如果说威尔逊在"政治-行政"二分法的基础上提出了建立公共行政学的必要性，并大致框定公共行政学研究的独立领域，那么韦伯的官僚制理论则从组织体制的角度为公共行政学的创立提供了理论框架。

韦伯的官僚制理论是基于他对由不同权威结构决定的组织类型的分析而提出和建立的。韦伯认为，任何一种组织都是以某种形式的权威为基础的，在权威制度下，下级把上级发布的命令看作合法的。他区分了"神秘化组织""传统组织""合理化-合法化组织"三种不同的组织形态，其中每一种组织形态都意味着其独特的管理机构或管理体制。

（1）"神秘化组织"中行使权威是基于领导者个人的人格这种所谓的"超凡魅力"，它以对个人的崇拜、迷信为基础，组织成员对命令的服从仅仅是出于领导者个人的感召力和煽动力。这种组织内在的基础并不稳固，常出现"人存政举，人亡政息"的现象。

（2）"传统组织"中命令和权威的基础是先例和惯例，从前经常发生的事情被看作神圣的东西，并由此确定了各种团体的权利和期望。这种组织类型的权威明显地具有世袭性、封建性和绝对性的特点。

（3）"合理化-合法化组织"权威行使的基础是组织内部的各种规则，人们对权威的服从是由于有了依法建立的等级体系。此时的权威必须在组织中担任一定的领导职务，被领导者对权威的服从实质上是对组织规则的服从，领导者与被领导者之间在法律地位上显然是平等的，各自都要受到组织规则的约束。

韦伯认为，在基于三种权威形成的这三种组织类型中，与传统权威相适应的组织类型效率较差，因为其领导者不是按能力来挑选的，其管理单纯是为了保存过去的传统。基于超凡魅力权威而形成的组织则过于带有感情色彩并且是非理性的，其管理工作不是依规章，而是依据神秘或神圣的启示来进行的。只有"合理化-合法化"的权威才能作为行政组织的基础。所以，在韦伯看来，只有这种与"合理化-合法化"的权威相适应的组织形式才是"理想的官僚制"，这也是韦伯倍加推崇的组织形式。

韦伯认为，作为一种理想的行政组织形式，"官僚制"具有以下基本特征：

（1）合理的分工，以法规的形式严格根据分工的要求规定每一职位均有特定的权责范围，这样不仅有利于组织成员通过训练掌握专门的技能，更有利于提高组织的工作效率。

（2）层级节制的权力体系，使组织中的每个成员都确切地知道从何处取得命令以及把命令传达给何人，它有助于克服组织管理中的混乱现象，提高组织的工作效率。

（3）依照规程办事的运作机制，以此来规范组织及其成员的管理行为，以保证整个组织管理工作的一致性和明确性。

（4）形式正规的决策文书，一切重要的决定和命令都应形成正式文件下达，并且要记录在案、用毕归档，既防止工作的随意性，又有利于下级组织及其成员明确职责权限，还便于加强必要的控制，以利于组织有效地实现其目标。

（5）组织管理的非人格化，所有管理工作以法律法规、条例和正式文件等来规范，人们在处理公务时只应考虑合法性、合理性以及有效性，而不应考虑任何私情关系。

（6）适应工作需要的专业培训机制，为组织成员提供各种必需的专业培训，以便使其具备和增强处理事务和解决问题的能力，进而提高其服务数量和质量，从根本上提高组织的工作效率。

（7）合理合法的人事行政制度，必须遵循任人唯贤、注重实绩、奖勤罚懒、依法办事的基本原则。

其实，韦伯的官僚制理论与威尔逊的"政治 - 行政"二分法是一致的：政治领域（政策制定）与行政领域（政策执行）之间的区分，是一种在行政过程中积极摒弃非理性因素干扰的努力，它重视行政独立的地位，在行政独立自主的前提下，将职业化、专业技能和功绩制的价值观等理性标准引入行政管理过程，追求行政管理的客观化、科学化和理性化。也就是说，威尔逊的"政治 - 行政"二分法和韦伯的官僚制理论都认同公共行政的完善取决于从行政公务中积极地排除政治性因素。公共行政的高效运作要依靠来自客观实际的可靠性法规的技术应用，采取一套有逻辑的、严格的和机械性的行为方式。威尔逊的"政治 - 行政"二分法和韦伯的官僚制理论的提出为公共行政学成为一门独立的学科提供了理论支撑。

3. 泰勒的科学管理理论

除了"政治 - 行政"二分法和官僚制理论为公共行政学成为一门独立的学科提供支撑之外，对于公共行政的科学化和技术化具有推动作用的还有泰勒的科学管理理论。19世纪末，在以美国为代表的西方发达国家，工业化发展已经达到了相当高的程度，如何真正有效地提高劳动生产率，已经成为各个企业共同关心的热点问题。泰勒在长期调查研究的基础上主张实施新的科学化的管理方法和制度，向管理要效率，进而提出了他的科学管理理论。泰勒认为，要提高劳动生产率，就必须在企业推行"科学管理"，包括：实行预先计划；用科学的方法挑选工人；对工人进行科学教育和培训以使他们掌握标准化的操作方法，使用标准化的工具、机器和材料，在标准化的作业环境中完成经测算规定的工作定额；管理部门和工人之间保持密切友好的合作关系；等等。泰勒所倡导的科学管理理论最终形成了一场波及整个西方工商企业管理界的科学管理运动。

尽管泰勒所开创的科学管理理论是针对企业管理而提出的，但是政治与行政的分离强调行政管理事务的非政治化，使得行政领域运用科学管理的原理和原则成为可能。所以，当最初产生于工厂管理实践中的科学管理理论逐步成为企业管理的基本原则之后，也逐渐被运用到政府管理实践之中。泰勒提出的关于建立管理目标、管理控制标准、管理程序化，科学挑选、培训和安排人员，组织分工和协作，明确权责，调动人员积极性，提高工作效率，在管理中使用科学方法等一系列理论和方法，具有一定的普遍性，不仅适用于企业，也适用于政府行政管理。这些理论后来被行政学者概括、改造并上升为行政管理学理论，构成现代行政管理理论的重要组成部分。在泰勒提出科学管理理论后不久，不仅美国政府将其提供的科学原理和方法应用于政府的行政管理，精简政府、调整机构，促进了政府工作的改革，提高了行政效率，而且有许多行政管理研究者也开始重视通过科学管理来解决政府行政效率的问题。

泰勒的科学管理理论不仅与威尔逊的"政治-行政"二分法具有内在的结合点，而且也与韦伯的官僚制理论具有相通的地方。一方面，科学管理理论彻底改变了在此之前管理的非专业性和个性化特征，建立了专业化和普遍化的管理原则和方法。另一方面，科学管理原理在追求"最佳工作方法"、管理标准化和程序化、管理权威和结构的建立以及强调等级控制等方面，与理性官僚制相一致。科学管理原理的层级式管理结构就是官僚制的组织结构。

1.2.2 公共行政理论的建构

公共行政理论初创时期的代表人物如威尔逊、韦伯及泰勒等人都从不同的侧面，在一定程度上，在各自的领域为公共行政理论的创立作出了巨大的贡献。但是与此同时，我们也应该看到，他们对传统公共行政的研究还不能说是全面的、系统的，他们各自所深入研究的那个领域只是政府管理的边缘，或者只是政府管理理论中的一个部分。他们的研究成果还只是为公共行政理论体系的最终形成框定范围、积累素材、提示方法和奠定基础。公共行政理论体系的建构任务则主要是通过其后怀特的系统化公共行政理论框架、古利克和厄威克的科学化公共行政原则，以及福莱特的动态化公共行政理论等环节逐步完成的。

1. 怀特的系统化公共行政理论框架

作为公共行政学的奠基人，伦纳德·D.怀特坚信公共行政存在着一些具有普遍适用性的理论原则。他第一次运用理论的研究方法对公共行政学问题进行了系统研究，首次将公共行政学思想系统化、理论化，使之成为一门比较完整的学科体系。怀特认为，在范围广泛的行政事务和纷繁复杂的行政现象中，必须运用科学的方法来建立知识系统和理论原则，以便为政府及其公务员的行政管理和执法活动提供行为规范和理论指导。怀特对公共行政理论的系统化努力主要体现在他于1926年撰写的《行政学导论》这本著作中，他将行政实践的理论总结和各种政府管理研究成果融为一体，颇具特色地提出了建立公共行政学理论体系的四个基本假定：第一，行政具有共性；第二，管理是公共行政学的实践基础；第三，公共行政是科学，是实践的技术；第四，公共行政十分重要。公共行政学的目的就是追求经济和效率，这四个假定反映了怀特对行政学的基本看法和所采取的基本研究方法。正是在这四个基本假定的基础上，他从行政学的研究对象与范围、行政环境、行政组织、行政协调、人事行政、行政伦理、行政法规以及行政监督等方面对公共行政学的基本理论框架进行了系统的建构。

正是由于怀特在《行政学导论》一书中完成了行政学研究系统化这样一个历史性任务，公共行政学才在他手中真正赢得了作为一门独立学科的地位，该书也被公认为世界上第一本公共行政学教科书和公共行政学正式诞生的标志，也正是因为怀特所提出的这一公共行政学理论框架使传统公共行政思想成为系统化、理论化的知识体系，所以他也因此被誉为公共行政学的奠基人。

2. 古利克和厄威克的科学化公共行政原则

如果说怀特为公共行政学的发展提供了一个系统化的理论框架，那么古利克和厄威克基于对具体公共行政问题的直接探讨而提出的公共行政原则则大大充实了公共行政学的理论体系。

古利克认为，行政可以被界定为一种价值中立的活动，并因此可以成为科学分析的合法主题。古利克对行政原则的探究是结合其对行政组织结构改革的分析来进行的，他认为行政改革应该遵循以下指导原则：第一，相关的工作应该作为一个单元来完成；第二，所有的机构应该合并成一些部门；第三，每一个单元的行政工作都应该由单独的一个根据能力、专业知识和经验选举产生的负责官员来指挥；第四，部门领导的权力与其责任应该相称；第五，每一个大部门的领导都应该有一个负责工作评估的参谋机构；第六，每一种职能的责任都应该归属于一个具体明确的官员；第七，应该减少民选官员的人数；第八，委员会不应该用于行政工作，它们只应该承担准立法职能和准司法职能；第九，所有的行政工作都应该由单一的首长来领导，这个单一的行政首长应该由选民或选民代表直接选举产生并且对他们负责；第十，行政首长应该有权任命和免除部门领导的职务，并且有权指挥他们的工作；第十一，行政首长应该有一个研究参谋机构来汇报各部门的工作和探究更好的工作方法。

简而言之，行政分支机构应该被整合并置于坚强有力的行政部门领导之下，这些坚强有力的行政部门拥有一个能够对整个工作过程实施有效监督的权威行政首长。古利克宣称，单一的集中领导几乎具有普遍性，而且他还建议，就公共部门来说不仅应该有权，而且还应该有时间用权。古利克把行政机关所具有的职能总结为"POSDCORB"这个首字母缩略词，代表行政机关的计划、组织、人事、指挥、协调、报告和预算等职能。在他看来，行政组织应该围绕着这些职能来建立，而且他认为，只有行政机关才应该履行这些职能。

相比之下，厄威克基于古利克的上述观点，对公共行政原则的系统化做了更具有普适性的归纳。厄威克一直都致力于探求出更为广泛的公共行政原则并使其获得公认，进而建立起专门的行政管理学的知识体系。在他看来，下列原则对于行政组织的管理都具有普遍适用性：第一，目标原则，所有的组织都应当确定一个明确的目标；第二，人员与组织结构相适应原则；第三，一人管理原则，一个组织应该由一个领导者承担管理职责；第四，专业参谋和一般参谋共存原则，专业参谋作为行政领导者的咨询人员，一般参谋帮助行政领导者承担指挥、控制和协调等中心职责，使行政领导者免除某些事务的负担，使他们能够扩大控制幅度并集中精力于最重要的问题；第五，授权原则，即行政领导者要能够把某些职权授予下级人员；第六，责权相符原则，有权必须有责，权责必须相符；第七，明确性原则，即各种职责都应当有明确清晰的界限；第八，控制幅度原则，指每一个上级直接领导的下属人数应有一定的限度，宜小不宜大。

3. 福莱特的动态化公共行政理论

在福莱特之前的很长一个时期，公共行政学界主要关注的是对组织结构、规章制度等所谓"正统"的行政管理问题的研究，而对行政管理中人及其行为因素对行政管理效率所具有的影响缺乏必要的重视。福莱特发现政府行政官员都面临着组织、领导、控制、权力、参与和冲突等方面的问题，她从人的角度，运用心理学的研究方法对人的问题在行政管理中的重要性进行了探讨。

作为最早系统而深入地研究行政管理中人的问题的学者，福莱特强烈地感受到人类群体生活对人的行为的影响。她指出，群体生活能使人产生出一种强烈的情感，在经常和同伴联系的情况下，人将受群体影响的支配。由此，她指出群体具有一种"额外价值"，具有一种生命，正是这种价值、这种生命才是社会人行为的真正基础。福莱特还非常重视群体内人际关系的协调，她认为协调是管理的核心。为了做好协调工作，应该遵守"交互联系"的原则、直接接触的原则、早期进行的原则和连续过程的原则。福莱特对人的研究还反映在她对权威问题的看法上，她认为人都是很敏感的，只有在环境的逻辑和事实的需要下，才肯接受权威。然而，组织中上下级关系却并非经常建立在"需要"的基础上，因此很容易伤害人们的感情，为此，权威的运用应纯粹根据情境需要来进行，不能滥用。这就是她所谓的"情境规律"。福莱特还认为，所谓"最终权威"的说法是不正确的，因为每个人在自己的工作范围内都具有"最终权威"，而行政首长手中的最终权威，实际上是许多个小权力的综合。福莱特希望在权威问题上消除大小的意义，消除不必要的滥用，从而使群体、组织内部形成一种真正合作的精神。

福莱特很注意对包含在人际关系中的基本动机的分析，尤其是注意对一个人在他本身所处组织群体中的种种反应作出分析。她试图提供一种全新的行政管理观，其中，组织、权力和领导等问题都是从人的角度来分析的。福莱特是首先意识到使用心理学工具的管理学家之一，在她看来，根本的问题在于使人和组织协调起来，管理者必须努力理解这些组织是怎样构成的，它们为什么和怎样结成一个有共同经验和目标的整体，以至于使组织的总目标成为组织所有成员的共同目标。其思想的基本点在于"伙伴关系"这一概念。她主张，在一个民主的社会里，管理的首要任务是创造一种环境和形势，使人们自愿地、主动地合作，这可以说是其理论贡献的核心内容。

福莱特的研究为人们提供了一种动态的行政管理理论，在正统的行政管理理论和行为主义行政管理理论之间进行了沟通，因而也有人将她视为这两种管理理论之间的过渡人物，视为在公共行政学的"正统"时期与以行为主义行政管理理论为主要特征的批评和转变时期起着连接作用的桥梁。

1.2.3 公共行政理论的转型

20世纪二三十年代被称为公共行政学的"正统时期"，这一时期的行政学者对公共行政学研究通常都持有某些共同的信念。到了20世纪40年代，这种正统的公共行政学便逐渐遭到一些人的批评，其中对于传统公共行政理论向现代公共行政理论的转型最具有决定性影响的批评意见来自著名的公共行政学家赫伯特·A.西蒙和德怀特·沃尔多。

1. 西蒙的批评与公共政策学派的出现

西蒙对传统行政学理论的批判主要是从所谓的"行政原则"和"政治 - 行政"二分法这两个方面进行的。西蒙认为传统行政学家所提出的每一条行政原则都可以找到另一条看来同样合理的原则，虽然这两条原则持相反的意见，但是在理论上我们却不能指出哪一条原则是正确的，因此，这些原则如同一般的谚语，虽然它们相互矛盾，但是它们彼此却可以并行不悖，所以这些"行政原则"并非真正的科学原则，它们只能被称为"行政谚语"。因此，在研究方法上就必须寻求新的途径，即只有提出新的研究方法才能建立真正的行政原则。西蒙对传统公共行政学另一方面的批判是与他所倡导的行为主义研究方法联系在一起的。在学术研究上严格区分事实与价值因素是现代行为主义社会科学家在研究方法上的基本主张，行为主义学派的社会科学家们在学术上所采取的价值中立态度就是以事实与价值的区分为基础的。在行政学研究中，西蒙更是以二者的区别作为其方法论的出发点，这种区分本是关于整个学术研究的，但是它在西蒙的行政学方法理论中却有着特殊的意义，即与他所提出政治（政策）与行政的区分具有密切的关系。

早期公共行政学家，如威尔逊都认为政治与行政可以明确区分开，政治是决定应该做什么，即决定政策。西蒙则放弃了这种严格区分的主张，他认为，从决策与执行的观点来区分政治与行政并不妥当，因为行政也必须做决策。在他看来，传统行政学的讨论都只注重"执行"，而不注重行动或做之前的"决策"。其实，任何实际活动都包括"决策"与"做"两个方面。但是，一般行政学者则不认为行政理论在决策程序与行动程序两个方面应同样注重。因此，公共行政理论必须同时包括如何有效地做的原则与如何正确地做决策的原则，而且从政府行政机关的实际情况来看，政治（决定政策）与行政（执行政策）也是互相关联而无法严格区分开的。西蒙认为政策问题与行政问题的区分与价值 - 事实的区分有着密切的关系。政策问题与行政问题都包括价值与事实这两种因素，但是，就政策问题而言，价值因素在其中占有重要地位，衡量决策正确与否的标准主要取决于立法人员的主观价值；而对于行政问题来说，事实因素则在其中占据着重要的地位，所涉及的价值问题主要是反映社会价值，所以衡量其决策正确与否的标准主要在于客观、实证的真实性。西蒙提出这种政策（政治）与行政区分说的目的在于区分政策问题与行政问题的性质，从而确定行政学或行政行为的研究对象。

正是基于对传统行政学在上述两个方面的问题所提出的批评，西蒙试图从行为主义出发，以"决策"为基本概念提出一组概念工具，研究行政学问题，构建一个全新的公共行政学理论体系。他认为，决策活动是行政活动的典型活动，行政组织目标的实现程度取决于管理者对其下属决策的影响程度，对一个组织状况科学且恰当地描述应该是对组织中每一个人做什么决策以及做决策受到何种影响的描述，决定行政效率高低的最简单办法是看行政组织中每一个人决策的理性程度，行政程序就是决策程序，就是划分组织中每一个人应做哪一部分决策的程序。西蒙的这些思想主要体现在《行政行为——行政组织决策过程的研究》一书中。西蒙在该书中不仅广泛引用了心理学、社会学等其他学科的研究成果，开拓了行政学研究的新视野，使行政学研究由狭隘的单一学科的概念框架迈向了跨学科研究的科际整合之路，而且为后来研究行政现象的学者们提供了一个非常重要的研究途径，即决策研究方法。他使学者们对行政组织的研究焦点由制度、法治、结构等静态层面转变到决策过程这一动态层面。

2. 沃尔多的批评与新公共行政学的兴起

德怀特·沃尔多是自20世纪40年代开始长期活跃在西方公共行政学舞台上的另一位极具影响的行政学家，他对传统公共行政学的批判主要是从以下三个方面进行的：第一，传统行政学的"政治-行政"二分法，无论是作为一种对现实的描述，还是作为一种对行政行为的规定，都是不恰当的。第二，沃尔多也批评了传统行政学的组织范式。他不仅批评了传统组织理论的理性主义倾向，而且还指出传统行政学过分地强调了组织之间的共性或所谓的原则。第三，沃尔多还反对传统行政学家过于重视效率的做法。应该说，沃尔多对传统公共行政学的批判，是击中了要害的，它较为准确地指出了传统公共行政学理论的主要缺陷，成为新公共行政学研究的先导。

所谓"新公共行政学"是相对于"传统公共行政学"而言的，它是西方行政学界为了回应20世纪60年代末70年代初，以美国为代表的西方国家连续出现的一系列社会、经济与政治危机和此起彼伏的政府改革呼声，特别是传统公共行政理论面临的严峻挑战而形成的一个运用全新的研究方法并且强调以公共行政的"公共"部分为研究重心的公共行政理论流派。与传统的公共行政理论不同，新公共行政学不仅认为公共行政应当以经济、有效的方式为社会提供高质量的服务，而且更强调把社会公平作为公共行政所追求的目标。它包括以下基本内容：

（1）对传统公共行政学"效率至上"观的反思和批判。新公共行政理论主张公共行政不仅是执行政策的工具，而且是对广大民众生活的各个方面都具有决定性影响的重要因素，它担负着广泛的社会责任。反观传统公共行政理论将效率当作基本价值，强调非人性化和客观化的所谓理性效率，促使组织对人与人之间的互动采取机械性的控制，个人只是惯性地服从并且专注于生产或工作过程，人与人之间变成了工具般相互操纵，以追求有效率地完成组织目标；而个人则失去了自我反思和自我了解的意识，缺乏创造精神和人格的健康发展，甚至造成组织成员与服务对象之间的疏远和隔离，进而失去了组织应该表现出的社会价值和责任。鉴于传统公共行政理论"效率至上"原则固有的缺陷，新公共行政理论强调建立规范价值，关注人民需要，提高社会效率，以改善人类的生活，实现行政管理工作的最终目标。

（2）对社会公平价值观的提倡。新公共行政理论家认为，实现以较少的投入换取较大的产出，即经济和效率目标固然是公共行政的价值追求和目标之一，但绝不是其核心价值，更不是唯一的价值准则和终极目标。传统的公共行政机关在执行立法和提出计划时，常常以牺牲社会的平等来强调效率和节约，与其说它照顾一般利益，倒不如说它照顾特殊利益。新公共行政理论强调，公共行政的核心价值在于社会公平，在于促进公民社会所拥有的、以社会公平为核心的基本价值。对于"社会公平"的含义，新公共行政学派做了更为具体的解释，并且将其视为公共行政的"公共目的"，它强调政府提供服务的平等性，强调公共管理者在决策和组织推行过程中的责任与义务，强调公共行政的变革，强调对公众要求作出积极的回应，而不是以追求行政组织自身需要的满足为目的。这种社会公平是要推动政治权力以及经济福利转向社会中那些缺乏政治和经济资源支持、处于劣势境地的人。这种新公共行政理论体系使"社会公平"价值全面运用到当代公共行政的理论与实践中。

（3）对传统"政治 - 行政"二分法的突破。传统公共行政学的产生是建立在对"政治 - 行政"二分法的基本假设之上的，它一直将公共行政局限于与政治截然不同的"中立性"的行政领域。对于以此为基础的公共行政学科的发展状况，新公共行政学派极其不满。他们指出，由于传统行政学的"政治 - 行政"二分法观念使行政学研究局限在一个非常狭窄的领域内，尤其把研究焦点放在行政机关预算、人事、组织以及大量其他的所谓"中性"问题上，相反却很少重视与社会、政治密切相关的政策制定与政策分析等问题的研究，致使公共行政游离于社会政治现实之外，远远不能满足解决社会问题、处理社会危机的需要。因此，新公共行政学派首先致力于突破传统公共行政的思维框架。他们认为，政治与行政分离只是一种理论虚构，而在现实的政治与行政运行中行政体系游离于政策制定之外的状况根本不存在；并且，公共行政的研究应适应现代社会的要求，跳出研究行政程序的狭窄圈子，用更加广阔的视野、用开放的行政系统观念来研究行政组织运作中遇到的社会问题，尤其是动荡不安时期的相关问题。

（4）对动态、开放组织观的强调。新公共行政学派把政府的内部行政管理置于次要地位，它运用行政生态学的广阔视角去认识组织的运作和对行政现象的分解。他们认为，公共行政组织中存在着分配过程、整合过程、边际交换过程和社会情感过程这四种基本的运作过程。当代公共行政发展的动力来源于对行政组织进行变革的需要，因为：公共行政组织是各种公共服务的具体提供者，显然，公共行政组织结构和功能状况与公共服务的质量密切相关；由于传统组织理论所强调的官僚层级制体系与制度规范仍在公共行政组织建设中起重要作用，因而公共行政组织的结构趋于呆板、僵硬，与激变的社会环境形成巨大反差，使公共行政组织无法对所发生的社会变化作出迅速而有效的反应；现有公共行政组织将自身利益扩张看成组织发展目标，忽视其服务对象的需要，强调组织效率，忽视公民平等、自由的权利，尤以忽视最少受惠者权利为甚，这使公共行政组织运行偏离了航道，违背了民主政治的基本准则。可见，公共行政组织的改革势在必行，而公共行政组织变革正是当代公共行政发展的核心内容。为此，新公共行政学派提出了公共行政组织设计方案应该基于的两个目标：一是顾客导向的组织形态，即将公众（接受公共服务的顾客）的需求作为组织存在和发展的前提；二是应变灵活的组织形态，即加大组织结构的弹性，以便能够迅速对外界的刺激作出反应，在新公共行政学派看来，这种"回应"能力是评价现代政府组织结构与功能的重要指标。

综观新公共行政理论的基本内容和学术主张，我们不难发现，它不论是在理论研究，还是在行政实践方面，均对当代公共管理理论的发展作出了重要贡献，它不仅在研究方法上另辟蹊径，使公共行政科学的面貌焕然一新，而且基于社会公平原则所提出的减少层级节制、分权、参与、民主行政、对社会民众的需求作出积极回应，以及面对面的沟通等观念和主张，从公共服务的平等分配、公务员权利的解放、利益与价值代表的多元化、参与观念的增强、伦理道德意识的建立、人事行政的分权化等方面，均对当代西方国家政府及其行政管理产生了重大影响，促使许多国家的政府在参与性、分权化、变通性等方面进行了一系列行政管理体制的改革，进而推动了新公共管理运动的兴起和新公共管理理论的诞生。

1.3 现代公共管理理论的发展

在 20 世纪 70 年代后期，公共管理界出现了公共治理、公共选择、管理主义、新联邦主义、新合作主义、后官僚主义、新平民主义等新的思潮和流派。就这些思潮在实践中的影响而言，公共选择理论、新公共管理理论、新公共服务理论和公共治理理论，无疑是现代公共管理的主导理论。它们对转轨时期的中国公共管理及其改革，也同样具有一定的借鉴意义和参考价值。

1.3.1 公共选择理论

公共选择既是一个独立的学术领域，又可以被视为公共管理中的一种思潮或学派。公共选择理论以"自利"为出发点来解释人类的行为。其分析的出发点是：人是理性的自利主义者。一方面，任何个人，不论他是购买商品的消费者，还是提供商品的生产者，或是某一政治团体的领袖，他的行为动机都是自利的，时刻关注的是自身的利益；另一方面，在行动上，他又是理性的，能够最充分地利用他所能得到的资源来最大化自身的利益。这种理性的自利主义者，就是我们在这里所说的"经济人"。如果说市场经济通过私人选择达到帕累托最优，那么政治就是通过公共选择来达到这一目的的。公共选择就是运用经济学的分析方法来分析集体行动，即非市场的决策。公共选择学派突出的贡献就是将政治与市场放在同一历史的大视角来分析问题，认为社会在本质上是一种选择过程，个人在经济市场上进行私人选择，个人同样在政治市场上进行公共选择。因此，作为一个独立的研究领域，公共选择被解释为"对非市场决策的经济学研究"。作为公共管理中的一种思潮或流派，公共选择的特点是用经济学方法来研究政府公共管理活动及各个领域公共政策的制定和执行，因此它又被称为"官僚经济学"。

公共选择运用各种经济学的理论、模型和方法对政府公共管理活动面临的困境及其原因作出了诊断与分析，并在此基础上进一步提出了解决问题的出路。公共选择关注的中心是政府与社会的关系，它认为没有任何逻辑理由证明公共服务必须由政府官僚机构来提供。公共选择理论认为，既然政府内部问题重重而且历次改革收效甚微，那么最好的出路是打破政府的垄断地位，建立公私机构之间的竞争，从而使公众得到自由选择的机会。

公共选择理论为西方国家行政改革提供了重要的理论指导。西方国家行政改革过程中推行的以市场化为取向的改革、重新定位政府职能的改革、放松对市场和社会管制的改革等，都充分体现了"市场价值的重新发现和利用"这一公共选择的核心理论观点。同时，公共选择理论对于我国社会主义市场经济条件下以确定政府职能及其行为方式、促进政府职能转变、完善公共管理体制为主要内容的行政改革，也具有较大的借鉴意义。

1.3.2　新公共管理理论

新公共管理最初在很大程度上是一种欧洲的现象，其起源可以追溯到追求行政现代化的改革实践中"管理主义"对韦伯官僚制理论的持续争论。在争论中，管理至上学说占据优势，它从管理学的角度批判官僚主义，推崇私营机构的管理技术，认为分权、放松规制、委托等是医治公共管理机制僵化痼疾的组织原则。以此为指导的改善公共管理的实践尝试逐渐形成一种相对一致的流派，即新公共管理，它成为指导欧洲各国行政改革的主要理论。

新公共管理的名称有"管理主义""企业化政府""后官僚体制模式""以市场为导向的公共行政"等。它是"管理主义"或"新管理主义"运用于公共部门的结晶，是公共管理的一场革命，是一个多维度的宽泛概念，它表明了作为公共管理之传统理论形态的公共行政理论正在普遍化为一般管理哲学的理论倾向。

新公共管理理论与公共选择理论一样，都尊崇市场力量、市场作用、市场机制。所不同的是，公共选择关注的焦点是政府与市场和社会的关系，主张减少政府干预。充分发挥市场的力量解决政府面临的困境；新公共管理关注的重点仍然是政府公共部门内部，主张通过引进市场机制来完善政府公共组织。这二者的不同，反映了当代行政改革中存在的两种发展趋势：一是物质私有化——行动责任从国家向市场的转移；二是内部理性化——提高公共管理活动的经济效率。

管理的自由化和市场化是新公共管理蕴含的两大基本理念。

（1）管理的自由化。管理主义认为，公共管理人员是高度专业化的、通晓如何管理的、掌握着信息的个人，因此，新公共管理理论倾向于认为公共官僚制的不良绩效不是缺乏管理能力和不履行职责的结果，而是烦冗和不必要的规则、规制及其他约束的结果。由于公共管理人员是"被制度束缚的人"，因此，为改进公共官僚制的绩效，管理者必须从政府的繁文缛节的枷锁中解放出来，政治家和其他人必须"让管理者来管理"，要解除规制和分权，使管理过程如预算、人事、采购等合理化。

（2）管理的市场化。市场取向的管理有两个基本概念：一是竞争，二是私人部门管理的普遍化。竞争源于新古典经济学的市场效率观念，主要是指在公共部门创立内部市场，由于竞争所带来的高效率和低成本，它被看作改进绩效的可靠战略。管理市场化取向的维护者相信，在市场压力下的公共管理者可以提高其绩效水平。关于私人部门管理的普遍化，新公共管理理论认为，私人部门的管理实践和技术优越于公共部门并且可以运用于公共部门。

作为一种试图超越传统公共行政理论的现代公共管理理论的组成部分，新公共管理理论因其在一定程度上反映了公共管理发展的规律和趋势，因而对于西方国家的行政改革起到了十分重要的推动和指导作用，特别是作为其思想精髓的企业家政府理论一经问世便因其本身所具有的价值，在西方国家，尤其是在它的发源地美国产生了重大影响。当然，新公共管理理论在其风靡欧美等西方国家之时也遭到了来自多方面的质疑，有不少学者对作为其思想精髓的"企业家政府"理论提出了尖锐的批评。诚然，理论上的争论往往是各自强调了同一事情的不同侧面，而且任何一种理论在其建立之初，都往往把其观点推向一个极端。尽管"企业家政府"理论的批评者在某些问题上存在着不同的认识乃至误解，但是他们也的确从不同的侧面揭示了包括"企业家政府"理论在内的新公共管理理论的局限性，他们的这些批评意见对于现代公共管理理论的进一步完善和发展无疑具有极为重要的促进作用。其后的另一种全新的公共管理理论——新公共服务理论正是在对新公共管理理论的种种批评声中催生的。

1.3.3 新公共服务理论

所谓"新公共服务"，指的是关于公共管理在以公民为中心的治理系统中所扮演的角色的一套理念。作为一种全新的现代公共管理理论，新公共服务理论认为，公共管理已经经历了一场革命，公共管理者在其管理公共组织和执行公共政策时应该集中于承担为公民服务和向公民放权的职责，他们的工作重点应该是建立一些明显具有完善整合力和回应力的公共机构。具体来说，新公共服务理论包括以下几个方面的基本观点：

（1）政府的职能是服务而非掌舵。在新公共服务理论家看来，尽管过去政府在为"社会掌舵"方面扮演着十分重要的角色，但当今时代为社会领航的公共政策实际上是一系列复杂的相互作用过程的结果，这些相互作用涉及多重群体和多重利益集团，这些为社会和政治生活提供结构和方向的政策方案是许多不同意见和利益的混合物。现今政府的作用在于，与私营及非营利组织一起，为社区所面临的问题寻找解决办法。政府的角色从控制转变为议程安排，使相关各方坐到一起，为促进公共问题的解决进行协商、提供便利。在这样一个公民积极参与的社会中，公共官员将要扮演的角色越来越不是服务的直接供给者，而是调停者、中介人或裁判员。这些新角色所需要的不是管理控制的老办法，而是做中介、协商以及解决冲突的新技巧。

（2）公共利益是目标而非副产品。新公共服务理论认为，建立社会远景目标的过程并不能只委托给民选的政治领袖或被任命的公共行政官员。在确立社会远景目标或发展方向的行为当中，广泛的公众对话和协商至关重要。政府的作用将更多地体现在把人们聚集到能无拘无束、真诚进行对话的环境中，共商社会应该选择的发展方向。除了这种促进作用，政府还有责任确保经由这些程序而产生的解决方案完全符合公正和公平的规范，确保公共利益居于主导地位。因此，公共行政官员应当积极地为公民能够通过对话清楚地表达共同的价值观念并形成共同的公共利益观念提供舞台，应该鼓励公民采取一致的行动，而不应该仅仅通过促成妥协而简单地回应不同的利益需求。这样，他们就可以理解各自的利益，具备更长远、更广博的社区和社会利益观念。

（3）在思想上要具有战略性，在行动上要具有民主性。新公共服务理论认为，为了实现集体意识，下一步就是要规定角色和责任，并且要为实现预期目标而确立具体的行动步骤。这一计划不仅是要确立一种远见，然后再把它交给政府官员去执行，而且是要使所有相关各方都共同参与对一些将会朝着预期方向发展的政策方案的执行过程。在新公共服务理论家看来，通过对公民教育方案的参与，以及对公民领袖更广泛的培养，政府可以激发人们重新恢复原本应有的公民自豪感和公民责任感，而且这种自豪感和责任感会进一步发展成为在许多层次都会出现的一种更强烈的参与意愿，在这种情况下，所有相关各方都会共同努力为参与、合作和达成共识创造机会。为此，政治领袖应该扮演一种明确且重要的角色，他们要明确地表示并鼓励对公民责任感的强化，进而支持群体和个人参与社区契约的订立活动。

（4）为公民服务，而不是为顾客服务。在新公共服务理论家看来，政府与公民的关系不同于企业与顾客的关系。在公共部门，我们很难确定谁是顾客，因为政府服务的对象不只是直接的当事人。而且，政府的有些"顾客"凭借其所拥有的更多的资源和更高的技能，可以使自己的需求优先于别人的需求。在政府中，公正与公平是其提供服务时必须考虑的一个重要因素，政府不应该首先或者仅仅关注"顾客"自身的短期利益，相反，扮演着公民角色的人们必须关心更大的社区，必须对一些超越短期利益的事务承担义务，必须愿意为他们的邻里和社区所发生的事情承担个人的责任。换言之，政府必须关注公民的需要和利益。总之，新公共服务理论试图鼓励越来越多的人履行自己的公民义务，并希望政府能够特别关注公民的声音。

（5）责任并不简单。新公共服务理论认为，责任问题其实极为复杂，公共行政官员已经受到并且应该受到包括公共利益、宪法法令、其他机构、其他层次的政府、媒体、职业标准、社区价值观念和价值标准、环境因素、民主规范、公民需要在内的各种制度和标准等复杂因素的综合影响，而且他们应该对这些制度和标准等复杂因素负责。

（6）重视人，而不只是重视生产率。新公共服务理论家在探讨管理和组织时十分强调"通过人来进行管理"的重要性。通常，人们往往将生产力改进系统、过程重塑系统和绩效测量系统视为设计管理系统的工具。新公共服务理论家却认为，从长远的观点来看，这种试图控制人类行为的理性做法在组织成员的价值和利益并未同时得到充分关注的情况下很可能要失败。如果要求公务员善待公民，那么公务员本身就必须受到公共机构管理者的善待。因此，分享领导权的概念对于为公共雇员和公民提供机会，以便他们的言行符合其公共服务的动机和价值至关重要。分享领导权必定会具有相互尊重、彼此适应和互相支持的特点。通过公民或与公民一起来行使领导权可以改变参与者，并且可以把他们的关注焦点转移到更高层次的价值观念上。在这个过程中，公民和公共雇员的公共服务动机同样可以得到承认、支持和补偿。

（7）公民权和公共服务比企业家精神更重要。在新公共服务理论家看来，新公共管理理论鼓励公共行政官员采取企业家的行为方式和思维方式，这样便会导致一种十分狭隘的目的观，即所追求的目标只是最大限度地提高生产率和满足顾客的需求。新公共服务理论则明确地认识到，公共行政官员不是他们机构和项目的"企业所有者"，政府的所有者是公民。公共行政官员有责任通过担当公共资源的管理员、公共组织的监督者、公民权利和民主对话的促进者、社区参与的催化剂以及基层领导等角色来为公民服务。这便是一种与将公共行政官员视作看重利润和效率的"企业所有者"大不相同的观点。因此，公共行政官员不仅要分享权力，通过公民来工作，通过中介服务来解决公共问题，而且还必须将其在治理过程中的角色重新定位为负责任的参与者，而非企业家。

应当指出的是，尽管新公共服务理论是在对新公共管理理论进行反思和批判的基础上提出和建立的，但这并不意味着它是对新公共管理理论的全盘否定，从理论视角来看，它本质上是对新公共管理理论的一种扬弃，它试图在承认新公共管理理论对于改进当代公共管理实践所具有的重要价值并摒弃新公共管理理论特别是企业家政府理论的固有缺陷的基础上，提出和建立一种更加关注民主价值和公共利益、更加适合于现代公民社会发展和公共管理实践需要的新的理论选择。

1.3.4 公共治理理论

作为一种新型的公共管理理论，公共治理理论是对作为传统公共管理理论的公共行政理论进行反思和批判，并且对新公共管理理论和新公共服务理论之合理内核进行整合的结果。公共治理理论核心观点是主张通过合作、协商、伙伴关系、确定共同的目标等途径，实现对公共事务的管理，其主要内容包括：

（1）公共治理是由多元的公共管理主体组成的公共行动体系。这些公共管理主体不仅包括几乎长期垄断公共管理主体地位的政府部门，而且还包括私人部门和第三部门等非政府部门的参与者。我们知道，在现代公共管理理论兴起之前的很长一段时期，对社会公共事务的管理主要都是由政府垄断并且强制实施的，政府在公共管理领域几乎成了独一无二的管理主体。公共治理理论则认为，政府并非公共管理的唯一主体，除政府之外，私人部门、第三部门等非政府组织在公共事务的管理中也扮演着重要角色，它们在介于市场经济与公共部门之间的"社会经济"领域内积极活动并且依靠自身资源参与管理共同关切的社会事务，在某些领域，非政府组织和个人甚至比政府拥有更大的优势；而政府则将大量任务和职权下放、转移给包括志愿团体、社区互助组织、非营利性组织在内的公共行动者。可见，公共治理的主体可以是公共部门、私人部门、第三部门，还可以是三者多种形式的合作。不仅如此，公共治理理论还认为，现实中的政府具有复杂结构，地方、中央和国际层面的政府及其不同部门构成了多层级、多中心的决策体制。众多权威交叠共存是这一体制的主要特征。

（2）公共管理的责任边界具有相当的模糊性，这与第一点密切相关。在传统公共管理理论的视野中，公与私、政府与社会、政府与市场的责任界限是清晰的，管理社会公共事务的责任理所当然地被赋予政府。公共治理理论则认为，随着社会的进一步发展和人们认识水平的不断提高，尤其是随着公共选择理论等相关政府学说的出现，人们对"政府的失败之处"认识得更加清楚。与此同时，非政府组织和个人因其在公共管理领域的杰出表现和勇于承担公共义务的气魄而令世人刮目相看，部分公共责任便被转移至非政府组织和个人身上。这种责任的转移在体制方面的表现就是传统上"公私"界限的模糊和非政府组织的大量涌现。公私界限的模糊既表现为许多民营组织向传统公共领域的进军，也表现为政府对传统意义上的社会领域的干预，还表现为公共领域和市场领域的区分已不像以前那样明显。在市场和公共部门之间被称为"社会经济"的领域中，涌现了非营利组织、非政府机构、志愿团体、社区企业、合作社、社区互助组织等大量的非政府组织，它们在社会中的作用和影响越来越大。这些非政府组织具有能够满足多方需要，解决社会问题，而且无须运用政府的资源和权威的明显优势，所以，伴随着非政府组织这些优势的日益显现和传统上由政府执掌的部分公共管理权向这些非政府组织的转移，传统上法律和制度规定由政府承担的公共管理责任便呈现出交由非政府组织和个人来承担的趋势。

（3）多元化的公共管理主体之间存在着权力依赖和互动的伙伴关系。在传统公共管理理论的视野中，人们常常认为，公共管理唯一的权力和责任中心在于政府，即便存在着一些其他的社会公共机构，它们也只是扮演着政府的助手或下属的角色，它们必须服从政府的权威。公共治理理论则认为，多元化的公共管理主体之间存在着一种权力依赖的关系。所谓公共管理主体间的权力依赖，是指参与公共管理活动的各个组织，无论是公共组织还是私人组织，都不拥有独立解决一切问题所需的充足知识和充足资源；它们必须相互依赖，进行谈判和交易，在实现共同目标的过程中实现各自的目的。正是由于公共管理主体之间存在着这种权力依赖的关系，所以公共管理过程便成为一种互动的过程。在这种互动过程中，政府与其他社会公共机构建立起各种各样的合作伙伴关系。这些伙伴关系主要有三种：一是主导者与职能单位之间的关系，即主导者雇用职能单位或以发包方式使其承担某一项目；二是组织之间的谈判协商关系，即多个平等的组织通过谈判对话，利用各自的资源在某一项目上进行合作以达到各自的目的；三是系统的协作关系，即各个组织之间相互了解，结合为一，树立共同的目标，通力合作，从而建立一种自我管理的网络。

（4）治理语境下的公共管理，是多元化的公共管理主体基于伙伴关系进行合作的一种自主自治的网络管理。与传统公共管理单一等级制下的协调方式和依靠"看不见的手"来进行操纵的市场机制不同，在公共治理理论的视野下，多元化的公共管理主体及其相互间的权力依赖和合作伙伴关系，以及其中的协商、谈判和交易机制，最终必然会推动公共管理朝着一种自主自治的网络化的方向发展。在这种网络化的公共管理系统中，参与公共管理的各方主体为了获得他人的支持和帮助必须放弃自己的部分权利。对于社会组织和个人而言，其放弃的是自己的部分经济自主权；对于政府而言，其放弃的则是自己的部分强制权。通常，这些公共管理主体依靠自己的优势和资源，通过对话以增进理解，树立共同目标并相互信任，建立短期、中期和长期的合作以减少机会主义，相互鼓励并共同承担风险，最终建立一种公共事务的管理联合体。这种网络化公共管理的特征不再是监督，而是自主合作；不再是集权，而是权力在纵向和横向上的同时分散；不再是追求一致性和普遍性，而是追求多元化和多样性基础上的共同利益。

（5）治理语境下的政府在社会公共网络管理中扮演着"元治理"角色。关于政府角色和地位的研究是公共治理理论的重要内容之一。公共治理理论在关注公共管理主体多元化的同时，对政府的"元治理"角色进行了定位。所谓"元治理"，是指西方学者为寻求解决公共治理理论失灵所用的词，但实际上，"元治理"只不过是公共治理理论重视政府在社会公共管理网络中的重要功能的另一种表述而已。公共治理理论认为，在社会公共管理网络中，虽然政府不具有最高的绝对权威，但是它却承担着建立指导社会组织行为大方向的行为准则的重任，它被视为"同辈中的长者"。特别是在那些"基础性工作"中，政府仍然是公共管理领域最重要的行为主体。

综观公共治理理论的基本内容，我们不难发现，它不仅更新了公共管理的基本内涵，拓宽了公共管理的参与主体，而且也延展了公共管理的职能范围，充实了公共管理的方式和手段。尽管治理理论尚存在如鲍勃·杰索普所说的合作与竞争的矛盾、开放与封闭的矛盾、可治理性与灵活性的矛盾、责任和效率的矛盾等内在困境，甚至因其在意识形态倾向、理论基础和实际操作等方面存在的不足而遭到了各种各样的批评，但是，作为合作型网络管理在理论上的映射，这种一开始就表现出强大生命力的新型公共管理理论，不仅为我们反思传统公共管理理论和超越新公共管理理论与新公共服务理论提供了一种新的认识方式，而且也是我们认识公共事务领域正在发生的显著变化的一种组织框架。作为当代公共管理理论的最新发展，也作为一种新兴的公共管理理论范式，公共治理理论不仅已经在一些国家和地区发起治理变革的过程中发挥了重要的指导作用，而且正在人类社会的集体决策和公共活动产生深远的影响。

治理理论是当代国际社会科学领域出现的前沿理论之一，它所提倡的一些价值日益具有普遍性。治理理论是经济市场化和全球化、政治民主化、世界多极化的世界性潮流和发展趋势的产物，是新古典自由主义兴起的结果，它反映了 20 世纪 70 年代以来西方发达国家政治治理和公共管理的新趋势，成为当代西方国家行政改革的重要理论指导。合作网络的治理是一种新型的治理模式，强调治理的主体不只是政府一个中心，社会的治理应是多中心的，每一个主体都是一个中心。合作网络为处理公共事务引入了新的机制，也为集体行动提供了新的途径。因此，治理理论对于创新中国公共管理体制，整合公共资源，提高公共管理水平，健全党的领导、政府负责、社会协同、公众参与的社会公共管理格局，具有一定的借鉴意义。

但是，治理理论，尤其是全球治理理论，还是建立在"政府的作用和国家的主权无足轻重、民族国家的疆界模糊不清"这个前提之上的一种理论，强调了治理的跨国性和全球性。因此，在客观上可能为强国和跨国公司干涉别国内政、推行国际霸权政策提供理论上的支持。

第 2 章
公共管理案例与案例分析

案例是对现实生活中某个真实事件的特定情景的客观描述。公共管理案例则是对公共管理过程中的某个公共管理事件特定情景的客观描述，而公共管理案例分析就是应用有关公共管理理论知识，对某一实际公共管理情景进行分解、剖析、讨论、交流，从而实现"理论与实践相结合，知识转化为能力"的目标。这个过程通常通过案例教学实现。

2.1 公共管理案例的基本内涵

在众多探究与获取公共管理规律与知识的方法中，案例分析是其中一种非常重要的方法，其在发掘社会问题、探究成因、总结解决之道的过程中具有重要作用。在公共管理教学中，使用公共管理基本理论、知识体系及研究方法对公共管理领域中的现象进行问题提炼、成因探究、规律总结的案例教学成为探究与传授公共管理规律与知识的有效手段。公共管理案例则是这种教学方法的重要载体。

2.1.1 公共管理案例的界定

"案例"概念源于英文词汇"case"，本身具有个案、实例、个例、事例等意思。一般来说，案例是指按照特定方法，经过选择和加工的特定事例，是案例采集和制作者对于实际生活中某些特定方面发生的事情的真实情景的描述。案例在描述事实、分析原因及指导实践方面具有不可替代的作用。但是在不同专业领域，对案例的理解不同，案例所发挥的作用也各不相同。在法学和医学领域，案例产生于专业实践过程：在法学中，案例是指一个审判前的特殊事件，或该事件的一个书面记录及其裁决；在医学中，案例是一个待诊断症状的患者及对他的治疗，即一份症状、诊断及治疗的记录可被看作是案例。但是在企业领域及公共管理领域，由于缺乏类似于法律领域的严谨制度规范或者医学实践规律性的专业规范，同时缺少完整界定的专业知识基础和形式逻辑，实践管理者往往只能在面临压力和掌握不充分信息状况下作出决策。在这种情况下，大部分企业与公共管理事件只能部分地被记录下来，或者无法被记录下来，同时经过案例作者的提炼加工，而且案例的形式与目标极为丰富。可见，在不同专业领域，案例的存在价值、基本构成与分析思路或多或少都存在一些差异。

不过，总体上，无论是用于研究目的还是用于教学目的，案例都应该是基于特定目的，对某项具体的、实际的、具有典型意义的社会事件所作出的客观而准确的记叙。简而言之，案例源于实践，又高于实践，是案例作者根据一定的研究或教学目的，对具有典型意义的各种专业实践进行加工整理后的产物。

由于公共管理的研究对象包括政府、非政府组织，以及政府内部事务与社会公共事务，对象具有复杂性与多样化特点，作为对公共管理实践的记录，公共管理案例在结构与内容上也呈现出复杂多样的形式。学术界对公共管理案例含义的界定没有较为一致的看法，本书认为，公共管理案例是基于研究或教学的需要，对具有典型意义的某个具体、真实的公共管理现象或事件的客观记叙，学习者经过认真研究和分析后会从中有所收获。

2.1.2　公共管理案例的特点

公共管理案例既有案例的一般规定性，又有自身的特点。结合国内外学者对公共管理案例特点的描述，可将其归纳为目的性、公共性、拟真性、开放性、可读性。

1. 目的性

案例分析不是由教师在课堂上进行"填鸭式"教学，而是让学生结合自己所学的理论知识对案例进行分析。因此，公共管理案例内容的采集、编写与分析均是为提供某种有意义的典型，促使分析者对特定情形或事例进行分析，作出判断。经由这种分析或者研究的目的主要在于：一是促进学生运用理论分析与解决现实公共管理问题能力的提高；二是试图说明、验证某个公共管理原理、原则或者现象；三是通过对典型案例的研究，对一些颇有争议性的事件提出一些替代性应对办法。从这个角度来看，公共管理案例还具有典型性特征，即要有一定的代表性。一般而言，典型材料，首先要能概括某类事物的本质属性，要能发挥以一当十的作用；其次要能以个性反映共性，能发挥以小见大的作用。案例是由一个或几个问题组成的，内容完整、情节具体详细，是具有一定代表性的典型事例，代表着某一类事物或现象的本质属性，概括和辐射许多理论知识，包括学生在实践中可能会遇到的问题，从而使学生不仅掌握有关的原理和方法，而且也为他们将这些理论和方法运用于实践奠定一定的基础。对于实际从事咨询与诊断工作的案例分析人员而言，这更是首要性工作。无论具体目的如何，公共管理案例的采编与撰写都应该有益于特定研究或教学目的的达成与实现。

2. 公共性

公共管理案例是把国家机关等公共管理组织在一定环境下发生的有关公共管理的具体事实，按照时间顺序客观地记载下来，经过典型化处理后所形成的案例。当然，案例不同于一般的举例，也不同于故事、新闻采访和报告文学之类，是根据教学研究目的要求，理论结合实际地对素材加以整理、加工、编写，以适应教学研究的需要，并达到提高学以致用水平的效果。公共管理案例最鲜明的特点就是它所反映的事实具有公共管理性，也就是说，公共管理案例所反映的事实必须是公共管理事件，事件的主体是公共管理机关或公共管理人员，事件的内容是公共管理范畴，而不是企业管理或其他。

3. 拟真性

一个好的公共管理案例应具备高度的拟真性，也就是要有真实性和客观性。

所谓真实性，就是要求每个公共管理案例所描述的事件是确有其事，不是虚拟或由作者闭门造车，随意杜撰出来的"事实"。案例必须是公共管理实践中真实发生的历史事件、现象或行为的记叙，不能是随意虚构的故事或道听途说的小道消息。真实性是案例的基础与前提，否则将无法发挥其应有价值。应绝对禁止为达到"理想"的教学或研究效果而在案例的写作中杜撰事实，甚至使案例戏剧化或小说化。值得强调的是，这里所谓的真实性主要是指针对行政现象或事件及其内容发生的历史真实性而言。至于事件所涉及主体的真实姓名、案例发生的具体地点等具体构成要件，如果不会破坏事件内容与性质的真实性，则可以有所更换。但是，诸如公共管理主体的职位或者行政级别等身份因素涉及管辖范围与纵向隶属关系的行政区划因素，以及涉及重要公共管理事件等带有专业色彩的重要现象或事件构成要素则不能随意更换。

所谓客观性，是指公共管理案例只能是对具体公共管理事件进行客观的描述，不能按照作者的主观意愿随便变更事实真相。这里主要是针对案例编撰时所采用的语言风格和体裁而言。案例只能是对特定公共管理现象或事件的客观记叙与说明，对事实的清楚交代，而不包括主观性评价或倾向性意见。案例的编写必须是对所涉及事件的客观记叙和说明，对案例事件的评述则属于案例分析的任务。作者在编写时只能采取记叙文或者记叙性说明文体裁，不应先入为主，将个人主观评述掺杂其中。为此，案例所使用的主体人称一般不用第一人称，而是尽可能使用第三人称。此外，信息的完整是确保分析得以深入进行的前提和保证，直接影响和制约着案例撰写与分析目的实现的可能性。因此，案例必须是对所涉及公共管理现象或事件较为完整的描述。它至少应该提供足够的信息确保使用者能够进行较高质量的分析。但是，需要指出的是，案例采编的完整性并不意味着信息的全面性，即并不要求将真实公共管理现象或事件的全部有关信息都必须一一披露。一般来说，教学案例的编写都有明确的教学目的，它是应用于某一单元的某次专题教学中的特定案例，在编写的过程中须将已掌握的事实或材料"聚焦"于对某一个或某几个相关公共管理专题的理解与分析上，而对其他不直接相关的事实材料则应该予以简化或删节。

4. 开放性

案例应当对分析者的认知能力和决策能力形成一定的挑战，进而使得这些能力经由不断磨炼而得以加强。为此，案例不应该过于简单，不能使得分析人员很快地得出一个明显正确的简单答案，而是要经过反复琢磨才能有所收获，并且最好是能够提供多种合理答案以激发分析人员进行批判性、分析性的思考。简而言之，案例提供了一个冲突的情景，却没有明确的答案，甚至存在多个替代性决策方案。由此，它所提供的是一个开放性的分析机会，能够引发不同的观点、思考和争论。在案例讨论中，教师应该鼓励学生更多地提出解决问题的办法。教师必须假定不存在唯一最佳办法。其实，恰如前文所述，公共管理实践由于缺乏法律领域严谨的制度规范或者医学实践规律性的专业规范，从而缺少完整界定的专业知识基础和形式逻辑可资应用，实践管理者往往只能在面临压力和只掌握不充分信息状况下作出决策与实施决策。更为重要的是，公共管理实践往往与政治和价值直接相关，根本就不存在本质上唯一"正确的答案"。在这种情形之下，现实公共管理实践恰恰存在众多不确定性与复杂性，对于同一公共管理现象或事件，往往存在众多的分析与解决途径和方法。可以认为，除了案例分析能力的培养需要之外，公共管理案例的开放性正是公共管理实践复杂性与开放性在案例分析与研究过程中的体现。

5. 可读性

好的案例往往会更好地引导人们进行积极思考、讨论。这一般从案例内容与语言手法两个方面达到。就案例内容而言，事件要具有典型性、开放性、真实性及完整性等，这些都是确保一个案例具有挑战性和吸引力的前提保证。但是，即使是最复杂的主题和故事也可以用一种有趣和吸引人的方式来讲述。为了增加可读性，根据公共管理案例本身的需要，作者可以借用一些文学描写手段，如运用暗示、伏笔、悬念等手法，把有关内容做一定的加工，突出重点，削弱甚至省略某些不需要的方面，使公共管理案例具有故事情节、人物活动、矛盾冲突、背景描写等，使内容引人入胜，激发读者深入到案例之中，认真分析，积极思索。恰当的故事情节安排、简洁流畅的写作风格、生动优美的语言，简而言之，案例材料的可读性是公共管理案例编写应该力图实现的要求。

此外，由于材料搜集以及案例选编目的等方面的原因，特定案例在内容与编写上往往省略了某些关联性不那么直接的真实信息与构成部分，难免会具有一些局限性与片面性。同时，由于公共管理实践自身的某些特性，往往可能并不存在"放之四海而皆准"的公共管理范例。因此，尽管公共管理案例都具有程度不等的借鉴与参考价值，在案例编写、分析和研究过程中，一般要避免简单普遍化的思维方式。

2.2 公共管理案例分析的目的及方法

对案例进行分析是案例教学的重要一环。案例教学方法是教师以案例为基础，在课堂中或案例教学实践中帮助学生达到特定教学目的的教学方法及技巧。因此，了解案例分析的目的及方法，无论是对教师还是对学生而言，都非常重要。

2.2.1 公共管理案例分析目的

案例分析以学生对案例的运用和讨论为特征，帮助学生掌握对实际问题进行分析和反思的方法，最终达到提高学生的分析研究能力、解决实际问题能力，以及培养团队合作精神的目标。对公共管理案例进行分析的主要目的可以归纳为以下几个方面：

1. 帮助学生掌握公共管理理论

公共管理案例是活的公共管理教科书。与传统教学方式不同，公共管理案例分析多采用启发式、讨论式、探究式方法。传统教学方式是教师讲学生听，偏重于知识的讲授，很大程度上是辐射知识，虽然也有论证、实践的过程，但往往局限于验证理论知识的正确性，必然使接受知识限制在被动状态下。公共管理案例分析以培养个人独立思考和处理问题的能力为基点，直接运用理论知识来分析、研究、解决案例中的问题，学生的学习处在主动地位，可以将个人专长发挥应用其中，使公共管理理论与实践衔接起来，有利于灵活主动地理解公共管理理论，把握公共管理规律。

公共管理案例分析必须以一定的公共管理基础理论为铺垫，因此学生在使用案例之前必须进行必要的基础理论学习。公共管理案例分析把基础理论学习与案例学习有机地结合起来，使学生以事论理，通过对大量的公共管理案例进行分析，从具体的、典型的公共管理事件引出相应的公共管理理论，获得自己的观点和经验。公共管理案例分析的目的就在于培养学生分析、解决问题的能力。因此，对公共管理案例进行分析的要求不仅仅在于明确结论是什么，更重要的是弄清得出结论的过程和理由是什么，从而达到提升学生分析问题能力的目的。

2. 提高学生实际公共管理能力

公共管理案例分析为我们提供了众多真实且情况各异的公共管理实例，并通过提供可以选择的模拟实践机会，弥补了学生实践的不足，开阔了视野。通过对案例的思考、推理、判断与处理，锻炼和提高学生独立、综合、灵活运用所学理论解决公共管理过程中所遇到的实际问题的能力，为工作中可能出现的突发情况的正确处理奠定良好基础。公共管理案例兼容公共管理的理论与实际，通过对各种类型的案例进行剖析，一方面，运用发散性思维，将大量感性经验升华到理论高度，从而提高学生的理论水平；另一方面，学生可以学到公共管理的实际经验，提高实务技能。MPA 学生一般都是具有一定实践经验的现职公共管理人员，通过公共管理案例分析，可以开阔视野，培养和提高他们的实际公共管理能力。

公共管理案例分析不仅为学生提供了许多具体事实和信息，开阔视野，丰富了知识，更重要的是为学习的集体提供一个共同关注的焦点，一个互相取长补短、互相启迪的机会。通过对公共管理案例的集体讨论，各抒己见，展开争论，形成一种百家争鸣的气氛；通过互相交流、互相启发，集百家之长于一体，获得共同提高；通过参与者思维的碰撞和集体智慧的综合，迫使每个学生进行思考，使个人的观察能力、逻辑分析能力、组织能力和人际交往能力得到锻炼与提高，为公共管理水平提高奠定能力基础。

3. 促进主动学习实现教学相长

应用公共管理案例进行教学打破了教师讲、学生听的传统教学方法，教师与学生共同对案例进行分析研究，拉近了教师与学生的心理距离，有利于教师与学生共同提高。案例教学的精髓就是学生参与，学生在参与中可以习得各种技能，如分析、陈述、组织、领导与合作等技能。学生作为教学活动中的主体，认真进入案例所模拟的情景，扮演一定的角色，充分发挥自己的才能，积极汲取他人的长处，不断地对自己进行自我鉴定、自我发现、自我完善，使自己的潜在能力得以充分施展，以达到强化自己能力的目的。教师在引导学生分析案例的同时，本身也要和学生同步思维，参与讨论。因此教师通过组织教学，发现并吸收学生分析处理问题的好方法、好经验，使自己得到充实和提高。

2.2.2　公共管理案例分析方法

公共管理案例是已发生过的具体公共管理事件的再现。对公共管理案例分析的要求，不仅仅是得出明确的结论，更重要的是弄清得出结论的思维过程和理由。

1. 公共管理案例的分析角度

为了能达到分析的目的，在对公共管理案例进行分析时，要从两个基本角度出发，即当事人角度和中心角色角度。

（1）当事人角度。公共管理案例教学是一种"代理式"教学活动，教与学双方一般不可能是公共管理案例所描述的事件当事者。学生对公共管理案例分析活动的实质是一种"模拟式"训练。学生在进行分析时，不能站在局外人或者旁观者的角度，做"纯客观"的学究式分析，品头论足、说三道四，而应当站在公共管理案例中当事人的立场，充当角色，认真阅读、思考和分析，设身处地地去体验，才能真正深入到案例所描写的事件中去，做到忧其所忧、急其所急。只有站在当事人角度，才能身临其境，才能有真实感、压力感与紧迫感，才能真正实现预期的教学目标，提高公共管理理论水平和公共管理能力。

（2）中心角色角度。每一个公共管理案例都是由各种各样相关人员充当多种角色的，在诸多角色之中，往往有一个主导整个案例情节发展的中心角色。尤其是在综合性的公共管理案例中，中心角色的地位非常重要，一般是由具有决策权力的领导充当。在对公共管理案例进行分析时，学生应当把自己的立足点放在中心角色的位置上，充当决策者，以便全面地了解情况，综合地进行分析研究，科学地进行决策。只有这样进入角色，才能使自己在这种高度拟真的模拟训练中得到全面而深刻的锻炼。

2. 公共管理案例的分析步骤

对公共管理案例的分析，一般要经过以下三个主要步骤：

（1）阅读案例。阅读公共管理案例的基本要求是以尽可能高效率地了解和掌握案例的内容和所提供的情况，弄清案例所隐含的各种矛盾。阅读的方法因人而异，一般都是先粗读而知其概貌，再精读而究其细节。粗读是浏览式的。在编写公共管理案例时，开头部分往往是集中介绍背景情况及主要人物所面临的关键问题与各种机会，因此，对开头部分要细读。通过细读，要全面透彻地了解背景情况，直到能用自己的语言描述出来为止；在这个基础上，再较快速地浏览正文中的其他部分和附录部分。精读是在经过粗读，对某个公共管理案例所描写的公共管理事件整体情况有了一个完整了解的基础之上进行的第二遍阅读。精读时应该做阅读笔记，把自己的心得、体会，以及下一步分析时要用到的概念、事实等记录下来。要分清人物、事实、观点，并把三者有机地串联起来，即分清什么人干什么事，是什么态度，使之成为分析的依据。

（2）明确关键问题。一个完整的公共管理案例分析应包括四个部分：一是背景分析，即分析公共管理事件发生的社会背景；二是案情分析，即分析公共管理事件发生、发展的详细过程；三是环境分析，即分析环境对公共管理事件发生、发展的影响；四是症结分析，即分析公共管理事件的问题所在。案例所反映出来的问题往往不是单一的，而是错综复杂的，因而在整个案例分析过程中，要善于在错综复杂的现象中抓住关键问题，进而找到解决案例的关键所在。

（3）明确主次关系。公共管理案例分析的论据主要是公共管理案例本身所提供的信息。在进行案例分析时，通过对各种信息的整理，即所谓"梳辫子"，把公共管理案例提供的大量杂乱无章的信息归纳出条理与顺序，搞清楚它们之间的关系是主从关系还是并列、叠加关系，或是平行关系等。在这个过程中，有时不能仅仅局限于案例本身所提供的信息，而需要去查找与案例发生的相关背景资料，如国家政策、相关文件、案例发生的其他外部环境等。在此基础上，明确分析的系统与主次关系，并选用合适的分析技术和分析工具对信息进一步处理，找出构成自己分析逻辑的依据。

2.3　公共管理案例教学的基本步骤

案例教学法是一种运用典型案例，将真实生活引入学习之中，模仿真实生活中的职业情境，创作"剧情说明书"来做详细的检查、分析和理解，帮助学生像从业人员那样思考和行动的教学方法。公共管理案例教学是指围绕一定的教学目的，把从公共管理实践中收集到的、加以典型化处理的真实事例，供学生思考、分析和决断，以提高理论水平及运用理论解决实际问题能力的一种教学方法。其主要目的在于学生理论理解能力的深化或经验性专业实践能力的培训。

公共管理案例教学源远流长，可以追溯到古代。在西方，人们认为案例教学的发展，可以追溯到 2000 多年前的古希腊时代。2000 多年前，古希腊哲学家、教育家苏格拉底创造的"问答法"教学就是案例教学的雏形，从而开案例教学之先河。苏格拉底的教学是围绕一定的问题，根据学生所学到的知识，结合他们所了解到的情况，以求教的口吻平等地进行讨论，引导对方得出结论。其主要目的是启发学生思考问题，发挥学生的主观能动性，通过学生自己的分析与讨论，找出问题的真正解决办法。他的学生柏拉图师承了这种教学方法，将他的"问答法"编辑成书，通过一个个故事来说明一个个道理，从而首创了历史上最早的案例教学法。在我国，古代诸子百家在其著述中，常常用事例来阐发事理，启迪人们的思维。先秦时期的《春秋》和西汉时期的《战国策》《史记》都有不少关于历史事件的叙述和评论，使读者从这些史实中获得有益启示。宋代司马光编著的《资治通鉴》，数历代王朝的盛衰兴亡之实例，以案说理，告诫后人。

在现代，最早用公共管理案例来进行公共管理学教学和研究的是美国哈佛大学等一批著名学校。一提到案例教学，人们自然会想到美国哈佛大学的商学院。其实，案例教学最早由哈佛法学院于 1870 年率先使用，接着哈佛医学院也开始引进使用案例教学。在哈佛法学院和医学院两大学院案例教学成功实践的鼓舞之下，哈佛商学院才于 1921 年正式采用案例法教学，经过其完善推广，最终在全球范围内产生了广泛的影响。20 世纪 30 年代至 40 年代，案例方法在商业教育中广泛普及，美国的公共管理学院在此间也纷纷效仿该种教学方法。截至 20 世纪 60 年代末期，美国已有 100 所公共管理学院（系）先后采用公共管理案例方法教学。此后，公共管理案例教学逐渐在世界各国推广使用。案例教学被证明是帮助学生获取和进一步拓展其职业能力、技能的重要方法，甚至成为美国公共管理教育的标准模式。

近些年来，为了使公共管理学教学适应我国政治、经济体制改革和建设具有中国特色社会主义的需要，特别是为适应我国干部教育工作的需要，公共管理学界也日益重视公共管理案例研究和公共管理案例教学。作为一种教学方法，案例教学的有效实施需要遵循一定的基本步骤。①

2.3.1 案例教学的计划与准备

案例教学方法是教师为了达到特定教学目的而采用的，经由案例分析与讨论达成特定教学目的的系列方法和技巧的统称。案例教学并不是一件很容易的事情，它既需要采用一个合适的案例，也需要良好的计划与组织准备。一般地，案例教学的计划与准备包括教案准备、组织动员、器材条件与讨论环境准备等基本内容。

1. 教学计划准备

作为案例教学的主要组织者，教师在正式实施案例教学之前，应该对教学有个全盘安排，确保教学有序进行，促成教学目的有效实现。为此，在课堂案例教学实施之前，教师要做好教学计划安排，也就是要做好教案，它是一个能够为指导教师在备课或讲授案例时提供详细信息的非常完善的大纲或计划，通常包括以下内容：

（1）案例概要。该概要通常是一段言简意赅的介绍，是对案例所反映公共管理现象或事件的简要概述。概要要突显案例材料的主题，包含案例所反映的典型公共管理现象或事件的内容梗概，并且要尽可能体现出案例所描述故事的价值与感染力。

（2）教学与培训对象和前提条件。前者是指案例教学的适用对象，不同类型的案例材料和主题适用于不同的教学与培训对象；后者则提出案例教学与培训对象在接受教学和进行案例分析之前应该掌握的基础知识、技能和经验要求。

（3）教学或学习目的。这主要是指围绕特定案例展开的某次教学所要实现的具体目标。前文已经从一般意义上概括了公共管理案例分析的基本目的，不过对于某次具体的案例教学而言，其教学或学习目标可以是其中一项，也可以是其中全部。不过，具体案例教学所能实现的功能取决于选用的案例所体现的公共问题主题、材料信息类型，以及学生的自身条件等种种因素，因此，具体案例教学的目标要综合考虑这些因素后才能具体确定。

（4）补充思考题。除了案例材料设计中已经包含的情景模拟题与分析思考题之外，为了确保案例教学目标的实现，针对不同案例教学与培训对象具体情况，任课教师可能还要补充设计一些更为详尽的问题系列，以期利用这些问题在教学过程中引导学生的学习过程，促成教学目标的更好实现。

---

① 本节内容参见陈世香.公共政策案例分析 [M].武汉：武汉大学出版社，2011：20-26.

（5）课堂计划。这主要包括讨论内容管理、时间安排、不同教学工具使用等方面的实施性计划。内容管理即处理课堂讨论的基本内容和可能论题，时间安排要确保有限课堂时间的有效利用，教学工具计划则要使教师在讨论期间能够根据教学目标和具体情形及时有效地采用不同教学工具和手段。

（6）案例分析。这里的案例分析是指对案例材料及其相关思考题进行详细的剖析，并列出解决这些问题的各种可能替代途径以及教师本人的选择和理由。案例分析其实就是任课教师本人对案例思考题的分析与答案，也是将给予学生的参考答案。

（7）注释和附加信息。主要是对一些关键术语、历史事件的解释，以及可以利用的参考文献或者其他类似资料的介绍等方面的信息。

2. 组织准备

案例教学工作的组织准备主要包括案例分析小组设计和学习动员两个方面的内容。

小组的设计要考虑小组人数规模、成员观点的差异性、性别与性格搭配，对于非全日制学生来说，还应考虑其工作性质、工作岗位、工作经历等因素。简而言之，要确保教学目标的实现，如果可能的话，就要尽可能维持适当的小组规模，维持小组成员观点的多样性，确保不同性别、性格与气质学员的合理配置。

学习动员的主要目的就是鼓励学生积极参与课前准备和课堂讨论，其中最为重要的就是动员他们做好参加课堂学习与讨论的准备。这就要求学生能够在充分阅读案例材料的基础上，对案例材料所反映的故事情节有着较为充分的理解和把握，并且初步形成有关案例主题和案例思考题的个人看法与分析思路。如果事先进行了案例讨论小组的组织安排，还要通过小组成员之间的课前讨论形成小组较为一致的意见，或者是针对情景模拟及辩论等案例讨论方式做好小组成员之间的角色分工和讨论组织安排等课堂展示准备。

学习动员是任课教师必须考虑的基本组织问题，教师应采取各种可能措施动员学生的参与兴趣和积极性。教师可通过灵活运用讨论、辩论、模拟表演等案例讨论方式来鼓励和吸引学生的参与积极性。

3. 器材条件与讨论环境准备

这主要是一个创造良好的案例讨论条件和环境的问题。案例讨论往往要求充分使用投影仪、黑板、语音系统等各种教学设施，这要求任课教师在上课前充分考虑所需要使用的器材条件及其设备情况。同时，教室合适的座位安排、空间布局以及灯光效果等因素也是案例讨论，尤其是类似于情景模拟、辩论这类案例讨论与分析方式得以有效进行的前提条件。例如，现代案例教学往往对教室有更多要求，应确保教室空间与座位等设施可以按照具体要求进行灵活的布置，使得教师和学生能够在教室里自由移动。这是现代案例教学情景模拟或者自由讨论会等组织方式得以实施的先决条件。

2.3.2　案例讨论与分析

一旦计划与组织准备实施完毕，案例教学就进入了案例材料讨论与分析环节。这是公共管理案例教学的实践阶段，也是案例教学效果得以展现的关键环节。根据案例教学的基本思路，案例讨论与分析通常要经历一个针对案例材料的"事实分析—主题分析—逻辑分析—情景模拟与案例思考题对策分析—分析报告完成"的逻辑过程，也要经过一个针对教学与授课对象群体的"个体分析—小组预讨论—课堂集体讨论"的组织过程。当然，前一逻辑过程贯穿于后一组织过程的每一阶段。总体上，可以把案例讨论与分析活动进一步划分为个体分析、群体分析、分析报告撰写与课堂总结三个基本阶段。

其中，个体分析将包含针对案例材料的"事实分析—主题分析—逻辑分析—情景模拟与案例思考题对策分析—初步分析报告的撰写"这一逻辑过程的全部五个步骤。其实，这五个步骤是案例分析一般逻辑过程的体现，也是任何案例分析组织形式都必须完成的分析过程。至于群体分析阶段，如果组织了案例分析小组，则群体分析就应该包括小组预讨论与课堂集体讨论两个层次的群体分析，其中每一个组织层次除了要完成个体分析所涉及五个步骤的逻辑分析过程外，还要根据不同讨论方式的安排完成学生群体成员（可以是小组成员或者是小组成员代表）的角色分工与群体讨论活动。不过，如果没有组织案例分析小组，则直接进入课堂集体讨论阶段。

1. 个体分析

这是学生个人根据案例教学的要求，在教师的要求与引导下，在课堂讨论之前利用课余时间独自完成的案例分析基本任务，主要包括五个基本环节。

（1）事实分析。通过对所讨论案例的仔细阅读与分析，在全面把握案例材料基本信息的基础上，用简洁的专业语言形成关于案例故事的事实判断与描述。也就是要描述案例相关事实，聚焦于案例的主体、地点、时间、事件内容、影响因素、发生过程等基本信息要素。其中，尤其值得强调的是对案例材料中公共管理现象或事件所涉及的相关主体判断。由于公共管理现象或事件是主体角色行为的体现与结果，这些主体之间的角色关系是理解特定公共管理"故事"之所以能够得以发生的基本切入点和实践依据。案例分析过程中，主体判断的主要任务就是要确定案例所涉及的各方面主体构成及其相互间角色关系，主要包括：确定案例材料所涉及的各方面相关主体，确定所有相关主体之间在案例材料中所体现出来的角色关系，判断案例的核心主体及其所承担的具体角色，判断案例的次要主体及其所承担的具体角色。

（2）主题分析。所谓案例主题，就是案例编写者或任课教师通过案例组织所试图体现和分析说明的特定公共管理现象、事件、理念、方法、工具或其他公共管理实践构成要素。在事实分析与判断基础上，确定案例中公共管理现象或事件所体现的主题构成，还要发现案例材料中围绕其关键主题发生的各种现象或事件的主要表现形式，主要包括：确定案例材料所可能体现出来的各种公共管理相关主题，判断相关主题之间的内在逻辑关系，判断案例材料所体现出来的或者是案例编写者试图体现的关键主题或核心主题，确认关键主题在案例中的主要表现形式。

（3）逻辑分析。所谓逻辑分析，在这里是指对案例材料中围绕案例主题展开发生的公共管理现象或事件发生发展的内在逻辑过程的分析。其目的在于确保学生能够运用所学相关理论知识分析案例材料所体现出来的公共管理现象或事件发生发展的内在逻辑过程，尤其是要能够分析与理解案例主题是如何通过这一逻辑过程得以展示和突显出来的。简而言之，逻辑分析主要是要将案例材料围绕主题展开现象或事件发生发展的内在逻辑关系提炼出来。这一分析通常包括以下几个基本环节：一是相关规范背景分析。分析对象包括正式法律法规、伦理规范、政治规范，以及可能对公共管理现象或事件的发生发展产生影响的任何其他类型规范。这些规范既是特定公共管理现象或事件得以发生的动力机制，也是案例分析以及特定分析报告得以拟定的基本依据。二是相关理论背景分析。主要是分析与把握案例分析所能或者打算运用的各种相关专业理论知识与技能。三是确认案例内在逻辑关系。基于相关理论与案例材料事实，分析所涉及公共管理现象或事件发生与发展过程的内在逻辑关系，主要涉及因果关系和时间承接关系，如果是探索型或者验证型案例，则可能要探讨所涉及理论与案例中公共管理实践之间的一致性关系及其因果关系。

（4）情景模拟与案例思考题对策分析。在上述分析基础上，基于相关公共管理理论，结合案例材料及其背景，根据案例中提出的情景模拟和案例思考题的要求，初步拟定可能对策与答案，即案例分析方案。由于公共管理案例具有开放性特征，这一分析方案往往应该存在多个可替代性方案。因此，理想的案例分析是要求学生能够找到尽可能多的可替代方案，并且阐明方案之间的分类标准，以及各个方案的内在逻辑，包括分析依据、目标与实施举措等内容。但是，在实际教学工作中，通常只能要求单个学生拟定一个分析方案，再经由不同案例分析个体或小组之间的互动来实现不同分析方案之间的互动。

（5）初步分析报告的撰写。初步报告其实就是对上述事实分析、主题分析、逻辑分析、情景模拟与案例思考题对策分析四个步骤分析结论的初步汇总。不过，分析报告不应该是对上述四个步骤分析结论的简单罗列，而应该是基于一定逻辑关系的组织与撰写，尤其是要阐明分析报告得以形成的理论与逻辑依据。

2. 群体分析

在个体分析工作完成之后，就可以进入群体讨论环节。除了群体讨论的组织方式这一问题之外，这一阶段在讨论内容上其实就是个体分析阶段所述五个步骤的重复。不过，群体讨论更加注重的应该是个体表达与辩护、群体智慧运用、群体协商与互动能力等实际技能的培养。此外，群体讨论人数应该控制在一定数量之内。学生人数较多时，应该细分为若干小组，先进行小组预讨论，然后由各小组选派代表进行课堂讨论。

教师在组织讨论过程中应注意以下三个问题：

（1）小组预讨论。以小组为单元，在课堂正式讨论之前，小组成员之间围绕案例主题，按照前述五个步骤依次进行群体分析。讨论的质量关键在于个体成员的充分准备、意思的充分表达与共识的充分达成程度。在这一过程中，如果成员之间产生矛盾，应该分析分歧根源，采取必要的方法，达致小组成员之间最后的观点协调。当然，由于案例及案例教学的开放式特征，往往会出现在小组预讨论阶段最终无法达成一致的情况。果真如此，这也并不意味着预讨论的失败。只是选取小组代表参与课堂讨论，需要在清楚介绍本小组预讨论各种不同观点主要内容及其逻辑的同时，还应该介绍分歧之所在及其根源。

（2）情景模拟。这是一种基本的案例教学与学习方法。具体做法是让学生模拟案例中的某个主体，要求从其在案例材料中各自扮演角色出发，模拟案例发生发展过程，演示其可能发展趋势。除了情景模拟之外，往往还可以采取辩论、对演法、头脑风暴法等其他案例讨论组织方式。

（3）群体人数限制。群体人数的规模是一个需要认真处理的问题。这需要综合考虑案例材料难易程度、所需理论知识与技能基础、学生学习积极性、工作背景、教学条件等多方面的因素。有学者认为，团体讨论的规模在 15~35 人可能较好。不过，经验表明，如果是一个学期的完整案例课程教学，且采取集体自由讨论这一典型案例教学方法，个体数目一般不能超过 12 人，也不能少于 5 人，以 6~8 人为宜。由此，如果一个学生群体成员人数超过一定规模，就必须分成小组，先组织小组预讨论，然后再从各小组挑选代表参与课堂群体讨论。但是，如果群体人数不到 20 人，则一般无须分成小组，直接由课前的个体分析进行课堂群体分析即可。

3. 分析报告撰写与课堂总结

这是案例讨论与分析阶段的结尾环节，从程序上来讲，就是对初步分析报告撰写环节的重复，在报告内容的结构方面也相似。不过，由于这一分析报告是在群体讨论与分析之后完成的，就应该尽可能吸收群体讨论的集体意见，对初步分析报告加以修改和完善。

在分析报告完成之后，任课教师的一项任务就是要在计划的剩余时间内对本次案例讨论与分析过程进行即时总结。这要求任课教师对学生及其案例讨论小组的准备、实施情况及其效果进行较为全面的分析，并且要肯定与奖励积极表现，指出其中不足，对于有些不良现象，还要提出适当的批评与惩处措施。评价一方面要贯彻"百家争鸣、百花齐放"的方针，善于捕捉学生发言的"闪光点"（如独特的视角、创新性的想法等），另一方面也要基于对学生观点的归纳、综合和引申，努力做到去伪存真，从理论联系实际的角度加以点评，以帮助学生提高分析和判断能力，并将讨论引向纵深。这种点评的目的不在于统一思想或者认识，甚至不是统一设定理论分析框架，而是突出强调学生各种分析的不同视角和方法的独特性及在应用其解决现实问题的适用边界。同时，就讨论中的各种代表性意见所涉及的理论问题作出分析。除此之外，教师还应该提供自己对案例的分析思路与结论，并且阐明理由。

2.3.3 案例教学的总结与反馈

案例讨论与分析的结束并不是案例教学过程的终结。案例教学是一个循环推动的重复过程。在一次具体课堂讨论结束之后，任课教师应对这次案例教学过程进行总结，搜集反馈意见，从而推动所使用案例和案例教学方法的不断完善。

（1）案例教学大纲的总结与反馈。对于任课教师而言，所拟订案例教学计划是否科学、有效，案例教学实践是最好的检验过程。因此，任课教师应该尽可能在每一次教学实践之后，对教学实践中可能获得的经验与教训及时总结，对教案进行反思，使得教案不断得以完善。

（2）教学案例的总结与反馈。教学案例能否达到预期目标？案例信息是否完备？所设计问题是否科学？对于任课教师来说，这是一个所选案例是否合适的问题；对于案例编写者来说，则是一个案例撰写与设计是否成功、是否需要进一步修改与完善的问题。所有这些问题只有通过案例教学实践才能最好地得以检验。

（3）案例教学方法与知识的积累和完善。任课教师的案例教学技能一般是在对具体案例教学实践的不断总结和反馈之后才能得以完善，而学生的知识与技能也需要在案例教学实践的磨炼与反思过程中得以强化和提高。

2.4 公共管理案例教学的角色定位

案例教学是一个教师与学生之间围绕特定教学案例的准备和分析所进行的一个互动教学过程系统。一般认为，案例教学方法经历了一个以教师为主导向以学生为中心的演变过程。早期案例教学以讨论引导方法为导向，这种方法主要采用教师提问与学生回答的答辩式分析形式，学生通过自己寻找答案的方式来学习。很明显，在这种方法中，教师占着明显的主导地位，而学生处于一种被动应答的局面。不过，随着案例教学的教学目标越来越倾向于增强学生的评论性与分析性思维，提高学生的概括能力、辩论能力及说服能力等方面的能力和自信心，开放性教学方式也就成为现代案例教学方法的主流模式，相应地，教师主导模式让位于以学生积极参与为中心、教师承担指导角色的现代开放式教学模式。①

2.4.1 案例教学中的教师角色

在公共管理案例教学中，通常学生是关注的中心，任课教师主要承担以下几种角色。

1. 案例提供者与教案的主要设计者

任课教师是案例教学方法的采用者，在教学目标与主题的确定、教学个案选择、具体讨论与分析方式的确定以及教学实施方案的制定等教学环节都发挥主导作用。简而言之，就是教师充当教学案例的提供者和教学大纲的主要设计者。为了确保教学目标的实现，任课教师应该综合考虑学生的知识与技能基础、案例主题与具体情节特征等方面因素，通过不断摸索与验证，探寻更为合适的案例与更为优化的教案及其实施方式。

2. 组织者与动员者

教师在案例教学方法中的一项基本任务就是要运用各种组织与动员手段，唤起学生的兴趣和积极参与案例讨论与分析过程的动机。现代案例教学是一种以学生积极参与为前提的开放式教学方法。学生对案例材料的兴趣、课前准备与课堂参与的积极性等主观因素直接影响教学目标的实现程度。这就要求教师采取各种可能措施动员学生的参与兴趣和积极性，尤其是要鼓励他们作好参加课堂学习与讨论的准备。

---

① 本节内容参见陈世香. 公共政策案例分析 [M]. 武汉：武汉大学出版社，2011：26-34.

3. 主持人

作为案例教案的主要设计者，任课教师的一个任务是确保教案得以顺利实施。这就要求教师做好案例讨论与分析过程中的指导与控制工作，也就是要承担一个主持人的角色。在案例讨论过程中，教师要确保课堂计划得以顺利实施，使得讨论与分析过程始终围绕案例主题进行而不脱离正轨，确保有限课堂时间的有效利用，保证正常、有序的课堂讨论秩序，监督不同教学工具和手段的合理使用。当然，或许更为重要的是，一个好的主持人应该能够维持一种和谐、积极的讨论氛围，要杜绝冷场或者过激场面的出现。

4. 仲裁者

所谓仲裁者，并不是意味着教师要充当论点正确与否的法官，而是指教师应该承担为参与讨论的学生提供有关专业背景知识和分析技能方面的疑问解答角色，以及有关案例材料信息理解与认定纷争方面的澄清角色。比如，对于案例思考题的理解如果出现了分歧，任课教师应该予以澄清；又如，对于一些专业理论与观点方面的分歧，教师也应该予以解释与说明。必须强调的是，在案例讨论与分析过程中，任课教师切忌充当学生之间论点分歧的裁判员角色，更不能对学生的论点随意加以驳斥和指责，否则会影响学生的参与积极性，不利于教学目标的实现。同时，教师要发挥好引导者的角色，即引导学生对自己所提出的论点不断进行补充论证，并且得以在这一补充论证过程中不断加以完善。在扮演这一角色过程中，教师一定要让学生明白，教师并不是要提出自己的"正确"观点，而只是由于暂时需要才参与讨论过程。为了确保案例教学目标的实现，教师切忌过多地观点表达与参与，更不能颠倒案例讨论中教师与学生的主次之分，充当演讲者角色。

5. 书记员与终结者

在课堂讨论过程中，教师要当好书记员角色，对学生或者学生代表的发言要点尽可能详细地记录。这既有助于为今后教学方式与案例本身的完善积累教学经验素材，也是为案例讨论与分析的课堂总结作准备。此外，教师还要充当案例讨论与分析活动的终结者角色，按照教学计划适时结束学生的课堂讨论活动。这既是教学管理的基本要求，也是培养学生守时观念和控时能力的需要。终结者角色还应承担对课堂讨论进行总结的任务。在总结中，教师必须在提出自己对案例及其思考题的分析意见和理由的同时，对整个案例讨论的准备与实施情况进行认真、全面总结，并且对学生行为要做到表扬积极参与，批评不良表现。

值得强调的是，教师不能在总结过程中仅仅采用预先准备好的总结，而对学生的意见置若罔闻。这样做不仅会挫伤学生的参与积极性，其最大危险在于，学生由此极有可能会轻视他们在实际讨论中提出的见解或观点，并不假思索地认为老师的总结是权威的或全面的，从而不利于养成他们独立思考的意愿、能力和自信心。

2.4.2 案例教学中的学生角色

案例方法是一种开放式的，以学生参与为核心的教学方法。其中，学生承担的角色，或者说他们有责任承担的义务，就是对自己的学习负责，做好准备并在讨论中积极参与，抓住机会表达自己的思想，珍惜向他人学习的机会。相对于传统教学，案例方法为学生在高水平的技巧和意识层次上全力展现自己提供了机会，也为其评论性、分析性思维和概括能力、辩论能力以及说服能力等多方面能力和自信心的提高创造了机会。正因为如此，一般来说，在案例教学实施过程中，学生不被允许只是充当纯粹的旁观者角色，或者逃避发言责任。总体上，在案例教学过程中，学生要扮演一个积极参与者的角色。这一角色具体体现在以下几个方面。

1. 积极的课前准备者

就个人而言，每个学生在课堂案例讨论开始之前的课余时间内，首先，要根据案例思考题以及相关提示，认真阅读和分析案例材料，必要时还要主动查阅相关背景资料与专业理论知识，尽可能充分掌握案例基本结构与相关信息要素。其次，还要运用所学专业知识与技能，分析与理解案例材料所反映现象或事件的内在逻辑及其经验启示与教训，对于案例所反映的实践问题还要提出相应的替代性解决方案及其理由。最后，在此基础上，还要按照案例思考题的要求，提出个人的初步分析报告和个人发言提纲。

如果组织有案例讨论小组，同学们还要主动参与小组的组织分工，努力完成所在小组所分派的任务，积极参与小组内部课前预讨论与分析活动。一般地，小组成员之间要通过讨论与协商，尽可能达成一致意见，并且能够选派本小组代表发言人参与课堂群体讨论活动。值得注意的是，小组成员之间意见一致的达成应该是一个民主协商、观点互动、相互说服与妥协的过程，无论是否达成共识，最终形成的结果应该是共同讨论与集体意见的体现。

2. 积极的表达者

在课堂讨论中，同学们应该利用一切可能的机会使自己的观点得以充分表达。其中，可以采用不同的表达方式，比如情景模拟、角色表演、辩论、演讲等。不过在这一过程中，一定要注意做到虚心、宽容待人，不能感情用事，既要竭力通过讲事实、摆道理去说服别人，也要认真听取别人意见，不要随意打断别人的发言，更不能强词夺理，把自己的意见强加于人。在小组或课堂讨论过程中，要坚持在相关公共管理理论知识基础上进行有效表达，坚持以理服人。与此同时，同学们也应该知道，自己的知识是有限的，"三人行，必有我师"。为此，要在讨论过程中积极听取、理解并吸取他人合理的观点，及时对自己不甚充分或不很合理的观点进行修改和完善。

3. 认真的总结者

在参与案例教学过程中，同学们要始终认识到，这是一个学习过程，"学而不思则罔"。为此，同学们不仅要在课余准备、课堂讨论过程中虚心听取同学与教师的讲解，更要始终不断对自己的观点和已有的知识积累进行反思，总结不足，分析根源，力图取得新的收获。对于学生而言，做一个认真的总结者，是实现案例教学目标的基本要求。其中，尤其是要认真听取任课教师的总结发言，并且参照教师的观点与分析思路，对自己观点的长处和不足进行比较分析。一般地，在每次案例教学结束之后，同学们都应该对自己在准备阶段所做的初步分析进行认真分析与修改，并在此基础上，认真撰写最终的案例分析报告。

除了上述角色外，同学们还要尽可能地创造机会与任课教师进行交流，这样不仅可以更为准确地把握住案例的主题与内在逻辑，而且还可以有效地锻炼与培养自己的表达与交流能力。当然，就案例材料、案例主题，以及个人观点等方面问题与同学们进行积极交流，也是一种不错的学习方式。

2.4.3　案例教学中的基本要求

案例教学是一个教师与学生之间的互动过程。这一过程要实现其教学目标，除了教师和学生要充分履行好上述角色使命外，还有一些值得注意的基本要求。

1. 选择具有典型意义的案例

案例教学的目标得以实现的一个基本前提就是围绕主题选择具有典型意义的公共管理现象或事件作为分析材料，以便能够吸引和鼓励学生主动参与案例的分析与讨论过程。确保案例的典型性既是公共管理教学案例的基本特征，也是案例教学的基本要求。为此，所选用的案例应该符合公共管理案例的基本特征要求，必须在信息方面是真实、准确、客观、完整的，在逻辑思路上是开放的，在语言安排上具有一定的可读性，更应该确保其主题与材料内容具有启发与借鉴价值。

一般认为，在案例选用过程中，要确保案例的典型价值，以下几点情况要加以注意。

（1）案例所反映的公共管理现象或事件是否应该避免成功型事件的问题。有学者认为，尽管成功的故事对学生会有激励作用，但能激发大家思考和分析的问题却很少。在这类学者看来，一个什么事都很顺利的故事很难让人得到什么收获。"失败比成功使我们更能有所收获，因为失败会迫使我们去反省，而成功只是让我们庆祝而已。"不过，这种说法值得商榷。由于现代公共管理实践的复杂性，要想成就一项能够被称为"什么都很顺利和成功"的案例不是一件很容易的事情。在公共管理实践中，除了屡见不鲜的失败事件外，更多的是成败参半的情形。如果确实有完全成功的个案，其成功经验与启示恰恰值得认真研究与分析。而且，这同样可以锻炼与培养学生的分析与批判性思维能力。这或许是军事管理领域成功战例往往被视为经典案例的缘故。在一般公共管理领域，也应该不仅仅是分析相对更普遍的失败事件。

（2）案例材料应该避免采用只会偶然发生的公共管理现象或事件，或者是不可捉摸，使得人们不可能有所启发的某种独特公共管理情景。换句话说，此类现象或事件，由于其极端独特性，缺乏先例，从概念分析上来讲，就很难回答"这个案例讲的是什么公共管理现象或事件"这种试图得出定性结论的描述性问题。原因在于，从案例分析中得出定性结论需要借助于某种概念模型，以便识别影响答案的关键变量或主要考虑。如果没有必要的概念化过程，就会削弱学生的归纳与表达能力，那么这很可能不是一个值得分析或研究的案例。而且，不可能再次发生的偶然个案或者不可捉摸的独特事件在实践上不会有典型性或借鉴价值，因而从教学功能上讲也是没有价值的。不过，应该强调的是，这里主要是从概念体系与认识论上来讲的，并不是强调公共管理现象或事件的概率或独特性问题。在公共管理实践中，很难发生在特定情势下只发生一次从而不能加以借鉴的事件，甚至也几乎难以判断特定事件是否真的只会发生一次。

（3）就是教学案例应该不包含案例所提出问题的"正确答案"，也没有思考或分析某一情况的"确切"方法，更没有唯一的"最佳方法"。简而言之，案例必须具有开放性与挑战性。

2. 围绕主题展开分析与讨论

案例分析与讨论必须围绕案例展开，以案例所提供的事实材料作为分析与研究的主要事实依据，围绕由案例思考题所展示的案例主题展开。切忌滔滔不绝、离题万里，也要避免主观臆断、脱离案例主题和材料事实。这需要教师做好课前的组织动员与辅导工作，也是其课堂讨论主持人角色的基本职责。对于学生而言，首要的是要做好课余准备工作。

3. 提升理论分析的高度

在对案例材料的具体分析过程中，学生不能局限于就事论事，而是要善于发现其中所包含的有普遍性意义的东西。事实上，案例思考题一般正是遵循"事实分析—主题分析—逻辑分析—情景模拟与对策分析—分析报告完成"这样的逻辑过程进行设计的。因此，案例分析的基本分析思路一般也是按照"描述与说明（解释）—预测与对策"这样的分析逻辑展开的。由于教学案例分析更加强调实践能力的培养，而且，单一案例一般不能作为理论构建的充分依据，教学案例讨论与分析的预测环节往往是采取要求学生分析案例事件的经验启示与失败教训这类隐喻类推式分析形式。不过，也有些案例设计的思考题更加强调案例分析的对策性抉择与思维能力的培养，通常是以要求提出问题解决替代方案这类思考题结束。

4. 提倡争鸣，不强求思路与结论的统一

案例教学不同于科研案例研究方法，其基本目标就是要培养学生的批判思维与多角度分析能力，而不是探寻唯一正确的答案。因此，开放性是教学案例的基本特征之一，这就使得分析思路与结论的多元性成为案例教学过程的自然结果。除此之外，强调公共管理案例分析与讨论过程不能强求思路与结论的统一，还有以下几个方面的原因：

（1）公共管理现象与事件的复杂性与价值多元性。公共管理现象与事件往往涉及价值判断，而且价值多元甚至相互冲突。比如，公共管理实践中，民主参与与科学效率理性都是基本价值，然而对于不同价值主体，甚至对于同一价值主体而言，这些价值之间并不总是一致的，甚至相互冲突。如此基于不同的价值取向，不同的学生在讨论与分析过程中必然会得出不同的分析思路与结论。公共管理价值多元性与主体价值多元性从根本上决定了公共管理案例分析过程中观点、思路与结论的差异性，而不是一致性。

（2）案例分析角度与方法的多样性。一方面，公共管理现象与事件一般具有多种分析视角，比如，对于一个公共管理事件，决策视角、执行视角、信息视角、监控视角，或者是发展趋势、动力与阻力、改革内容，或者是制度、心理行为，等等，这些都可以作为分析视角。另一方面，公共管理分析又是一门综合应用性很强的问题取向型学科，在学科历史发展中，已经产生且正在产生着种种不同的分析方法。无论是视角的选取，还是分析方法的采用，这些方面的多样性，使得公共管理案例的分析过程只能是百家争鸣，而不可能强求统一。

（3）信息的片面性。典型案例是真实发生过的公共管理现象或事件的客观记述，但这种记叙并不是对所描述事件照相式的反映，案例采编都是根据一定的教学目的加以整理和取舍后的产物。也就是说，案例材料所提供的信息在技术上是完整的，但不是对故事原型所包含信息的全部记录。即使是对于关键性的信息，甚至在编写过程中也可能有所疏忽。在这种情形下，案例材料所记叙的故事与故事原形之间往往存在着种种程度的不相一致。这种信息上的技术处理甚至是缺陷，就为案例分析提供了出现不同分析思路与结论的可能。比如，同样是对于一次政策抉择事件，案例采编者或许是试图突显抉择过程中主要领导意志的决定性作用，从而可能忽略制度、政策对象等其他因素对信息完整性的保持。如此，则领导意志对政策抉择发挥影响的作用机制究竟是受制度因素的影响多一些，还是受人格因素或者对象主体因素的影响多一些呢？对于类似问题的分析，就可能有着完全不同的分析路径与结论。

5. 适度把握完全理性与现实主义两种极端思维的关系

在公共管理领域，教科书中关于公共管理行为抉择或执行的完美例证和理性思维常常会与社会实践相矛盾。在实践中，更经常的情况是，抉择者往往只是根据感觉或在对最表层因素进行浅显分析之后就作出决定。案例教学的主要目标之一是帮助学生了解公共管理现实和培养公共管理实践能力。为此，案例教学方法不可能也不应该过于书本化、理想化。但是，与此同时，尽管务实主义管理技能与决策方法可能更实际，而且在政治上更可行，但这种不理想的方法既不应该作为管理的目标，也不应该作为未来管理者的训练手段。因此，作为公共管理行为抉择与执行官员重要培养手段的案例教学方法，既要避免片面强调公共管理"全面理性化"的教科书思维，也要避免过于务实的现实主义思维模式，而是要力图寻找一种在教科书和现实之间的折中。简而言之，案例教学以及其中的案例讨论与分析过程既要吸收现实主义分析模式的折中、复杂性与现实主义的特点，同时也要借鉴理性主义分析模式力求科学理性与民主决策的理论主张，并且避免走向这两个极端。

第 3 章

公共政策理论及案例分析

公共政策是公共权力机关经由政治过程所选择和制定的，为解决公共问题、达成公共目标，以实现公共利益的方案，其作用是规范和指导有关机构、团体或个人的行动，其表达形式包括法律法规、行政规定或命令、领导人口头或书面的指示、政府规划等。公共政策案例分析的主要目的在于提高学生解决公共政策管理相关问题的能力和判断力，重点在于解决问题的过程。案例分析人员要把自己当作案例中的当事人，身临其境地进行分析和决策，提高分析和处理管理问题的技能。通过案例分析，可以牢固掌握与案例相关的公共政策知识点，同时还能促进深入思考，找出自身思维中的盲点，相互启发、借鉴、学习和交流，充实、完善自己，从而达到提高自身的交流能力、沟通能力及决策能力的目的。

3.1 公共政策分析的概念框架

公共政策是目前世界上公共管理研究的主要范畴。传统的公共政策研究派生于政治学和行政学，意在从规范意义上探讨国家、社会和公民之间的利益制衡，通过政治学和行政学的原理及模型分析，对国家、地方和团体层面的政策制定、执行与评估进行研究，为高质量的公共政策提供咨询。公共政策分析涉及的内容非常广，在此我们仅从公共政策的内涵、政策系统的构成及公共政策过程进行简要介绍。[①]

3.1.1 公共政策的内涵

公共政策是指国家（政府）、执政党及其他政治团体在特定时期为实现一定的社会、政治、经济和文化目标所采取的政治行动或所规定的行为准则，它是一系列谋略、法

---

① 本节内容参见陈振明.公共政策分析导论 [M].北京：中国人民大学出版社，2015：21-22，25-26，35-41.陈振明等.公共管理学（第二版）[M].北京：中国人民大学出版社，2017：221-222.吴江.公共政策学 [M].北京：科学出版社，2017：48-62.胡晓东.公共管理案例分析实验实训教程 [M].武汉：华中科技大学出版社，2019：226-227.

43

令、措施、办法、方法、条例等的总称。这个定义强调了公共政策的如下内涵：

（1）公共政策由特定的主体，即由国家或政府、执政党及其他政治团体所制定及执行。

（2）公共政策具有特定的价值取向，要实现特定目标或目的。

（3）公共政策是政府为解决特定社会问题，以及调整相关利益关系而采取的政治行动。

（4）公共政策是一种行为准则或行为规范。

公共政策是决定、决策的一种特殊形态，它具有决定、决策的一般特征；是公共权力机关的基本的活动方式或活动过程，是公共权力机关的权利意识的表现；是经由政治过程而进行方案的初拟、优化和择定的结果，主导这一过程的基础是公共权力机关与公民的关系。公共问题、公共目标和公共利益是公共政策的三大要素。公共政策是一种权威性的价值分配方案。公共政策作为对社会利益的权威性分配，集中反映了社会利益，从而决定了公共政策必须反映大多数人的利益才能使其具有合法性。因而许多学者都将公共政策的目标导向定位于公共利益的实现，认为公共利益是公共政策的价值取向和逻辑起点，是公共政策的本质与归属、出发点和最终目的。

公共政策是国家或政府、执政党的公共事务管理和各种利益关系分配、调整的工具或手段，它服务于社会经济发展和文化的进步，是各种利益关系的调节器。它的基本功能可以概括为如下四方面：

（1）导向功能。公共政策所要针对的是由社会利益矛盾所引发的社会问题。政府制定公共政策是为了使社会生活中复杂的、相互冲突的行为有效地纳入统一、明确的目标上来，从而使社会有序地前进。公共政策的导向作用不仅体现在行为方向上，还体现在观念的转变中，它能够告诫人们应该按照什么原则做什么事和不做什么事。公共政策的引导功能有两种作用形式，一种是直接导向，另一种是间接导向。例如，党的许多农村政策，既直接引导了农民发展农业生产的行为，又间接地对城市居民的工作与生活发生了影响，引导和制约了他们的行为。

（2）规范功能。公共政策在社会实际生活中为保证社会的正常运转起着规范性的作用，即通过公共政策的制定和实施，使人们遵守社会规范、维护社会秩序。政策的规范功能首先体现在它的监督作用上，而监督的基本任务在于发现社会中非常规、不安定的因素，保证社会的正常运行。另外，公共政策还通过教育与处罚两方面作用的发挥，使其对象以自我约束或外界强制的方式遵循特定的行为准则，从而将整个社会的运行纳入规范化的轨道。

（3）协调功能。公共政策有意识地去调节人与人、人与社会、人与事物、事物与事物之间的关系，从而保证公众利益的均衡协调，保证社会发展健康、有序。例如，环境保护政策协调的是人与自然之间的关系，加强精神文明建设协调的是物质生产与精神生产之间的关系等。政策的协调依赖于全面、配套的政策体系，即政策之间既要纵向一致，又要横向协调，相互间形成相互配合、相互协调的优化配置。

（4）控制功能。控制是指政策能对人们的行为和事物的发展起到制约或促进作用，从而实现对整个社会的控制。公共政策的控制功能与协调功能是紧密联系在一起的，人们往往是在控制某种利益矛盾时调节、平衡各种利益关系的，人们也都是在调节各种利益关系的过程中来实现对社会利益矛盾的控制。

3.1.2 政策系统的构成

政策系统是公共政策运行的载体，是政策过程展开的基础。它是指政策制定过程所包含的一整套相互联系的因素，包括公共机构、政策制度、政府官僚机构以及社会总体的法律法规和价值观，可以把它界定为由政策主体、政策客体及其与政策环境相互作用而构成的社会政治系统。政策系统是研究政策过程的前提或出发点，其内部各因素的联系是否得当，直接影响到政策的运行是否顺畅，并决定政策效果的好坏。

1. 公共政策主体

政策主体（政策活动者）是政策系统的核心成分，是指直接或间接地参与政策制定、执行、评估和监控的个人、团体或组织。但是，由于各国的社会政治制度、经济发展状况、文化传统等方面的不同，各国政策主体的构成要素及其作用方式也有所不同。政策主体的类别多以官方决策者和非官方参与者进行划分。

1）官方决策者

（1）立法机关。立法机关是政策主体最重要的构成要素之一。在西方国家，立法机关主要指国会、议会、代表会议一类的国家权力机构，在我国则是指全国及地方各级人民代表大会及其常务委员会。立法机关的主要任务是立法，即履行制定法律和政策这一政治系统中的主要职责。在我国，人民代表大会是权力机关和立法机关，它是我国的政策制定及立法的主要机关，也是政策执行的监督机构。就其法律地位来说，人民代表大会的地位是至高无上的，它决定着我国社会发展的方向。人民代表大会作为国家的权力机关和决策机关，有两个重要职能：一是把执政党，即中国共产党对国家和社会的政治领导及其政治路线、政治纲领、政治意志以国家法律的形式体现出来，使其成为国家的意志；二是建立政府权力体系——国家行政机关、司法机关等。此外，它担负着审议批准政府机关所提出的重要政策方案或法案的职责，尤其是审查和批准政府的预算和预算执行情况的职责，并监控政府行政机关的政策执行。就全国人民代表大会来说，它享有最高的立法权、最高任免权、最高决策权、最高监督权。

（2）行政机关。行政机关是公共政策制定和执行的主要行为主体。在西方，特别是美国，无论是政策的制定还是政策的执行，政府的效能从根本上取决于行政领导，尤其是总统。在英、美等西方国家，行政部门既是政策执行的主要机构，也是立法或政策建议的重要来源。在我国，中央人民政府（国务院）是最高国家权力机关的执行机关，是最高国家行政机关，而地方各级人民政府是地方各级国家权力机关的执行机关。根据《中华人民共和国宪法》第八十九条，国务院行使下列职权：根据宪法和法律，规定行政措施，制定行政法规，发布决定和命令；向全国人民代表大会或者全国人民代表大会常务委员会提出议案；规定各部和各委员会的任务和职责，统一领导各部和各委员会的工作，并且领导不属于各部和各委员会的全国性的行政工作；统一领导全国地方各级国家行政机关的工作，规定中央和省、自治区、直辖市的国家行政机关的职权的具体划分；编制和执行国民经济和社会发展计划和国家预算；领导和管理经济工作和城乡建设、生态文明建设；领导和管理教育、科学、文化、卫生、体育和计划生育工作；领导和管理民政、公安、司法行政等工作；管理对外事务，同外国缔结条约和协定；领导和管理国防建设事业；领导和管理民族事务，保障少数民族的平等权利和民族自治地方的自治权利；保护华侨的正当的权利和利益，保护归侨和侨眷的合法的权利和利益；改变或者撤销各部、各委员会发布的不适当的命令、指示和规章；改变或者撤销地方各级国家行政机关的不适当的决定和命令；批准省、自治区、直辖市的区域划分，批准自治州、县、自治县、市的建置和区域划分；依照法律规定决定省、自治区、直辖市的范围内部分地区进入紧急状态；审定行政机构的编制，依照法律规定任免、培训、考核和奖惩行政人员；全国人民代表大会和全国人民代表大会常务委员会授予的其他职权。国务院以及各级人民政府不仅是政策执行的主要机构，而且它有权根据基本国策制定出具体的政策法规。

（3）司法机关。作为国家机构组成部分的司法机关，也是政策主体的构成要素之一。在美国，司法机关（法院）通过司法审查权和法令解释权对公共政策的性质和内容产生很大影响；通过判例对经济政策（财产所有权、合同、企业、劳动关系等）和社会政策（福利政策、基础设施建设等）产生影响。法院不仅参与政策制定，而且在其中扮演重要角色，它不仅规定政府不能做什么，而且规定政府应该采取何种行动以符合宪法和法律的要求。在我国，司法机关也在政策过程中起到某些类似的功能。我国司法机关主要是指人民法院和人民检察院。人民法院是国家审判机关，其主要职能是运用国家法律，独立行使审判权，保障正确运用法律，维护国家和人民的合法利益。人民检察院独立行使检察权，对各级国家机关及其工作人员、公民是否遵守宪法和法律实行监督，以保障宪法和法律的统一实施。我国的司法机关是政策执行和政策监控的重要主体之一。

（4）政党。政党，尤其是执政党，是政策主体中的一种核心力量。公共政策在很大程度上可以视为执政党的政策。现代国家的政治统治大多通过政党政治的途径来实现。西方国家一般都采用两党制或多党制，而在我国则采用中国共产党领导的多党合作和政治协商制度，因而中西方的政党在政策过程中的地位和作用是不同的。在西方两党制或多党制条件下，政党首先与权力而不是政策相联系。也就是说，政党的主张转变为国家或政府的公共政策是靠选举来实现的，只有在大选中获胜、取得政权的政党才能成为直接的政策制定者，把它的纲领、主张转变为公共政策。在我国，中国共产党是全国人民的领导核心，它在政策的制定、执行、评估和监控中起着主导作用。作为执政党，中国共产党代表着广大人民群众的根本利益和普遍意志。中国共产党在政策过程中的主要作用是政治领导，以及向国家机关，尤其是政府部门推荐重要干部。党对国家事务实行政治领导的主要方式是：使党的主张经法定的程序变成国家的意志，通过党组织的活动和党员的模范带头作用，带动广大人民群众，实现党的路线、方针和政策。因此，政策方面的领导是党的政治领导的主要内容。

2）非官方参与者

（1）利益团体。利益团体是基于某种共同价值、共同利益、共同态度或某种职业和行业而形成的正式、非正式团体和群体等社会组织，它是非官方政策主体的最重要构成要素之一，它在公共决策过程中起着重要作用。由于各国的社会、政治、经济和文化等方面的具体情况不同，利益团体的数量、成熟程度、合法性、组成方式、对政策决策的影响力是有区别的。在西方，利益团体影响公共决策的途径或方式是多种多样的，如游说、宣传、捐款、抗议等。在我国，随着市场经济体制的建立和完善，以及利益多元化格局的出现，各种利益团体也将进一步形成或发展，成为一种重要的社会力量，并将对政府的公共决策产生日益重要的影响。如何充分发挥利益团体的积极作用，尽量限制其消极作用，将是我国公共决策过程中面临和必须加以认真处理的新问题。

（2）大众传媒。大众传媒是现代社会最强有力、最直接、最方便的沟通手段，被视为政策主体的一个重要组成部分，有着"第四种权力"之称。现代大众传媒主要是指广播、电视、报纸、杂志、书籍、电子信息网等人们借以表达思想和意愿、传播各种信息的舆论工具。它既是社会公众参与公共决策的途径、工具，又借助"舆论控制"和"舆论导向"对政府政策制定执行产生制约。大众传媒在公共政策过程中的主要功能具体表现为以下三点：引导功能，影响政策议程的建立；传播功能，发挥信息传达中介的作用；解释和监督的功能，监督公共政策制定或执行。

（3）思想库。思想库或智库是现代政策研究组织的别称，是政策主体的一个十分独特而又非常重要的构成部分，被认为是现代决策链条中不可缺少的一环。美国的兰德公司、斯坦福国际咨询研究所、世界观察研究所，英国的伦敦国际战略研究所，日本的野村综合研究所等，都是具有世界影响力的著名思想库。这些思想库在决策咨询和社会政治、经济、军事研究领域里发挥了无可取代的巨大作用。思想库既从事理论研究又从事应用研究，既关注学术问题又关注现实问题。其服务对象、成员组合、研究领域和构成形式有很大差别，在政策制定过程中所起的作用也不相同。

（4）公民个人。公民个人是政策主体的一个重要组成部分，或者说是一种最广泛的非官方政策主体。在现代民主社会中，公民通过各种政治参与途径，去影响或制约政府公共政策的制定和执行。公民不仅是政策主体的构成要素，而且是政策发生作用的对象即政策客体。在现代国家，公民主要通过以下途径决定或影响政府公共决策：第一，以国家主人或主权者的身份，对某些重大政策问题直接行使主权；第二，用间接或代议的方式，选出自己的代表者制定或修改并执行公共政策；第三，使用各种威胁性方式（如请愿、示威游行、罢工、罢课等）去反对某些政策或表达制定新政策的要求；第四，通过参加利益集团，借助团体的力量去影响政策，或通过制造舆论或以游说的方式去影响政策；第五，对政府通过并实施的政策采取合作或不合作的态度，以此影响政策结果等。在我国社会主义民主政治制度下，人民群众是国家的主人，他们在政策过程中起着重大作用。党和政府通过各种渠道，尤其是通过"从群众中来，到群众中去"的路线，让人民群众参与公共事务的管理以及公共决策活动，参与政策的制定、执行、评估和监控。党和国家的各项政策实质上反映了广大人民群众的根本利益，是他们的意志和要求的集中体现。

2. 公共政策客体

公共政策客体是相对于主体而言的，是指政策发挥作用时所指向的对象，或者说，政策主体就哪些问题、针对哪些人制定政策。公共政策是针对特定的事件、问题或社会群体而制定的行为准则。因此，可以从"事"（政策所要处理的社会问题）和"人"（政策发生作用的目标群体）两个角度来认识公共政策的客体。

1）直接客体：社会问题

从"事"的角度看，公共政策直接客体就是社会问题。社会问题是公共政策的起点和诱因，是公共政策的直接客体，政策制定的预期结果是公共问题的某种解，从某种意义上，社会问题既是公共政策的起点，又是公共政策的落脚点。需要说明的是，社会问题中的"社会"是一个广义概念，即社会是政治、经济和文化等领域的统一体，而不能把社会理解为与政治、经济、文化等领域相并列的一个领域。按照社会生活领域的不同，我们可以将社会问题划分为四个种类：政治领域问题，包括政治体制、机构、外交、军事、行政、人事、民族、阶级等方面的问题；经济领域的问题，如生产、流通、分配、消费等生产过程各环节的问题，或者财税、金融、产业等方面的问题；社会领域问题，如环保、人口、福利、治安等方面的问题；文化领域的问题，包括科技、文教、体育、卫生等方面的问题。

2）间接客体：目标群体

从"人"的角度来看，公共政策的间接客体是目标群体。目标群体是指受公共政策影响和制约的社会成员。人们在社会生产和生活中所处的地位不同，社会分工不同，必然产生各种不同性质、不同层次的利益和需求。这些利益和需求相互影响、碰撞、摩擦，从而产生了各种现实的矛盾，它可能发生在个人之间、个人与群体之间、群体与群体之间，甚至政府与群体之间。公共政策所要调整和规范的对象就是这些具有不同性质和类型的利益要求的社会成员间的关系。

目标群体作为公共政策所发生作用的对象，对政策会产生一系列根本性的影响。这种影响取决于目标群体对公共政策认同或抗拒的态度。目标群体对一项政策认同的原因主要包括：政治社会化的影响，传统思想观念和行为习惯的制约，对政策形式合理与实质合理的看法，对成本收益的权衡，对大局或整体的考虑，避免受到惩罚，环境条件的变化等。而目标群体之所以产生政策抗拒，主要是基于以下几个原因：合法性危机，缺乏对政府官员的信任，政策自身存在缺陷等。

3. 公共政策环境

所谓政策环境，是指影响政策产生、存在和发展的一切因素的总和。从系统论的角度看，凡是影响政策的存在、发展及其变化的因素皆构成政策环境，包括自然环境和社会环境两大部分。自然环境主要是指一个国家的地理位置、面积大小、气候条件、山川河流、矿产资源等，它对一国的内外政策具有影响和制约作用。社会环境主要包括政治状况、经济社会状况、文化状况、教育状况、法律状况、人口状况、科技状况、国防状况等，它对公共政策起着更直接、更重要的影响、制约甚至决定的作用。

1）社会经济状况

社会经济状况或发展水平是一国或地区的公共决策的最重要的依据。政府要想制定出合理的政策方案，并使它取得预期效果，首先要从本国或本地的实际情况尤其是社会经济发展的现实出发，任何超越或落后于社会经济发展水平的政策注定是要失败的。

2）体制或制度条件

所谓体制，是指国家机关、企业事业单位的机构设置、隶属关系和权责划分等方面的体系和制度的总称。政策总是在一定经济和文化体制或制度下制定和实施的。体制或制度为公共政策提供外部的组织环境，其中尤以政治体制和经济体制最为重要。政策过程的状况如何，在很大程度上受制于现实体制。

3）政治文化

政治文化是人类政治生活中的主观意识范畴，是人们对有关政治方面的信仰、理论、感情、情绪、评价和态度等历史和现实的总和。作为政策环境的重要组成部分，政治文化对政策过程产生深刻的影响。政治文化的各个层次（政治意识、政治价值观和政治理想等）会影响或制约公共政策过程。

4）国际环境

政策环境还有国内与国际之分。一国或地区的公共政策不仅受制于国内环境，而且受制于国际环境。国际的政治、经济、军事、外交和科技文化方面的条件，是一国或地区的公共政策制定与执行必须认真考虑的因素，特别是当代全球化、市场化和信息化浪潮的出现，使得国际环境因素在一国或地区的政策制定与执行中的地位和作用日益加强。

3.1.3 公共政策过程

一般认为，公共政策过程主要包括政策制定、政策执行、政策评估、政策监控、政策变迁与终结五个环节，这些环节构成了一个政策周期。

1. 政策制定

政策制定又被称为政策形成或政策规划，它是公共政策过程的第一阶段，包括政策问题界定、构建政策议程、政策方案规划、政策合法化等阶段。

（1）政策问题的界定，其主要包括思考问题、勾勒问题边界、寻求事实依据、列举目的和目标、明确政策范围、显示潜在损益、重新审视问题表述等七个方面。

（2）构建政策议程，其主要途径有：政治领导人、公共组织（包括立法机构、司法机构、行政机构和其他履行公共管理职能的组织）、利益集团、大众传媒、公众突发事件、技术创新和变革、政治运动、原有的政策、专家学者、社会公众等十个途径。

（3）政策方案规划，主要指决策者为处理政策问题而制定相应的解决方法、对策和措施的过程，具体涉及确定目标、拟订方案、预测方案后果、抉择方案的目的。

（4）政策合法化，主要包括法治工作机构的审查、领导决策会议的讨论决定、行政首长签署发布政策，其过程主要包括提出政策议案、审议政策议案、表决和通过政策议案、公布政策。

2. 政策执行

政策执行是指在政策制定完成之后，将政策由理论变为现实的过程。其形成过程主要包括以下六点：设置政策执行机构、政策执行资源配置、政策宣传、政策分解、政策试验、政策实施。更确切地讲，政策执行是指政策实施的具体过程，包括使政策作用于目标群体，以及使政策目标得以实现。政策执行研究一般涉及政府机构及其官员，他们所依赖的行政程序和技术（工具），他们所遇到的政治上的支持和反对，以及目标群体给予的服从与反抗。所以政策执行所关注的是日常的政府运行过程。政策执行需要通过一定的组织形式，运用各种政策资源，经解释、推动、宣传、服务、协调、指挥、控制等行动将政策观念形态的内容转化为现实效果。影响政策执行的因素主要包括政策问题的特性、政策本身因素、政策之外因素三方面。政策执行手段包括政治手段、法律手段、经济手段等，使用时应多样化、交叉化，结合实际情况运用相应手段。

在政策执行过程中行政部门所要做的事，大部分是一些日常的、例行的、看似很乏味的事务性工作，如处理请求或申请、检查文件记录、收集相关信息、撰写请示报告等。普通大众很少能够清楚地了解行政机构都在做些什么，除非一些与他们直接有关的工作。然而，正是这些普通和琐碎的工作导致了政策执行的结果，对政策内容的贯彻、政策影响的大小、政策成功的程度都有着非常重要的影响。毫无疑问，如果执行失败了，那么先前所做的一切就没有任何意义了。

3. 政策评估

政策评估是公共政策运行的重要阶段，加强公共政策评估，对于检验公共政策效果、决定公共政策的存废都具有十分重要的意义。一般认为，政策评估是指依据一定的标准程序和方法，对公共政策的效率、效益和价值进行测量、评价的过程，它的主旨在于获取公共政策实行的相关信息，以作为该项政策维持、调整、终结、创新的依据。评估政策实际上就是对现行政策做利弊分析，所谓利是指政策带来的那些预期的、好的结果，所谓弊是指那些非预期的、不好的结果。利弊分析的目的是发现现行政策需要持续和加强的部分以及需要修补和改进的地方。如果一项政策看起来不仅是不足与缺陷的问题，而且是完全失效或失败的问题，那么就需要进行终结或替代了。一般来说，政策低效或失败的原因是多方面的，或是因为根本没有按计划进行，方案没能得到有效实施（执行中的问题），或是因为政策在目标或手段上存在缺陷（制定中的问题），很难达到预期的效果。评估的目标是试图更多地发现缺陷与不足，设法对现行政策加以修补与改善。

4. 政策监控

公共政策监控贯穿于政策过程的所有环节，对公共政策的制定、执行、评估和终结都起着重要作用。它主要是在公共政策制定、执行、评估等环节中，通过全方位监督，发现各种主客观因素导致的政策制定失误、政策目标偏差、政策执行效能低下、方案缺乏可操作性等影响政策产出及效果的问题，并及时反馈于相应环节，以对政策进行不断的修正、补充和发展。其目的在于保证政策系统的顺利运行、提高政策制定与执行的质量、促进既定政策目标的实现和提高政策效率。

5. 政策变迁与终结

政策变迁是指现行政策被新政策取代的现象，包括新政策的采纳、现行政策的修正或废止。政策变迁是政策过程中的常态现象，是决策者为适应内部和外部环境变化作出的调适性变革。政策变迁具有三种表现形式：

（1）现行政策的局部修改，根据环境变化对现行政策作出渐进修正，表现为对政策目标、政策工具的局部调整，但并不涉及价值定位、总体目标等基本政策安排。

（2）现行政策的重大调整，这种调整涉及特定领域的基本政策改革，如新一届政府上台后在某一政策领域进行的重大调整。

（3）创设新的公共政策，这种政策变迁不再遵循已有的政策安排，而是通过制定新的公共政策形成新的制度安排。

政策终结是指公共决策者通过慎重的政策评估之后，采取必要措施，终止那些过时、多余、无效或失败的公共政策的过程。它与一般意义上的终结有一定的区别，即政策终结不是一种自然形成的现象，而是一种人们的主动性行为，是人们在政策执行过程中发现问题并予以纠正，旨在提高政策绩效的政策行为。从政策过程的角度来看，政策终结往往发生在政策评估之后，一般是针对以下四种情况：一是已经实现了政策的既定目标，二是发现政策背离了既定目标，三是发现政策完全是多余的或无效的，四是发现政策的实施引发了更为严重的问题。从政策终结的结果来看，其作用突出表现在以下三个方面：一是有利于节省政策资源，二是有利于提高政策效率，三是有利于政策过程的优化和政策质量的提高。所以，建立有效的政策评估和终结机制，有利于及时地发现问题、纠正错误、总结经验、吸取教训。这对政策过程各个环节的工作改善和公共政策内容质量的提高都是非常有益的。

3.2　政策分析的研究途径

公共政策分析具有研究的多学科视角和研究方法的多样性等特点。政策分析的方法论是一种综合和提炼，它派生于政治学、社会学、心理学、经济学、哲学等诸多学科。公共政策分析的多学科视角和研究方法多样性对于我们全面、深入地理解和把握公共政策的本质和运动规律，深入分析各类公共政策都大有裨益。政策分析是一个跨学科、综合性的研究领域，它可以有不同的研究途径、方法或观点。首先，政策分析可以从不同的社会科学学科的框架中来加以研究，在政策分析的发展中，形成了一些较有影响的学科途径，包括政治学途径、经济学途径、管理学途径、社会学途径等。其次，可以从某些社会科学的理论、假设或模型出发来研究公共政策及其过程，由此形成的研究途径更是多种多样。研究途径、方法的不同，导致对公共政策的性质、原因和结果以及公共决策系统及其运行作出不同的描述或解释，从而形成不同的政策分析理论。[①]

3.2.1　政治学的研究途径

关于政治学的研究途径，托马斯·R. 戴伊在《理解公共政策》中概括了八种模型或途径，即制度模型、过程模型、集团模型、精英模型、渐进模型、对策模型、系统模型

---

① 本节内容参见陈振明. 公共政策分析导论 [M]. 北京：中国人民大学出版社，2015：4-6. 宁骚. 公共政策学（第三版）[M]. 北京：高等教育出版社，2018：44-47.

和理性模型。安德森在《公共决策》一书中则将西方政策分析的研究方法或观点归纳为五种理论，即系统理论、过程理论、团体理论、杰出人物（精英）理论、制度理论。

（1）系统理论。这种途径是由戴维·伊斯顿等人提出，它从系统论的角度来研究公共政策问题，将公共政策看作对周围环境所提出的要求的反应。或者说，将公共政策看作政治系统的输出。系统途径注重社会环境与政治系统的相互作用。

（2）过程理论。这种途径的要点是将政策看作一种政治行为或政治行动，通过政治与政策的关系对政策的政治行为进行阶段性或程序化研究，这是行为主义政治学观点在公共政策研究上的反映。政策过程被视为由一系列的政治活动构成。根据政策过程的每个步骤的特点，对政策加以分析，从而发现政策是如何形成的以及决策应当如何作出。

（3）团体理论。这种途径将公共政策看作利益集团之间相互作用、相互斗争以及彼此协商、定约和妥协的产物。团体理论是美国政治学的主导理论。它认为，利益团体的相互作用和争斗是政治生活的主要行为，政治系统通过各种手段来处理各种利益集团之间的关系；政策制定被视为一种处理来自各利益集团压力的活动，政策则是这些利益团体之间斗争、妥协的结果。

（4）精英理论。这是由戴伊和汤姆逊等人提出的一种途径。公共政策研究的精英途径从政治学精英理论出发，认为政策反映的是精英的偏好、价值观和利益，而不是群众的要求；政策的变化或完善实际上是精英们的价值观变化的结果。因此，政策实际上变成领袖按自己的偏好做选择，而政府不过是执行领袖们做出选择的机构；政策是自上而下由领袖提出并加以执行的，而不是自下而上产生于群众的要求。

（5）制度理论。这种途径将政策看作政府机构或体制的产出。国家或政府机构历来是政治学研究的焦点，传统政治学则以政府机构作为主要的研究对象。政策是由政府机构制定并加以实施的，一项政策方案若不被政府采纳和执行，就不能成为政策。这正是公共政策区别于其他社会团体或组织的规章制度或个人决策的根本所在。

3.2.2　经济学的研究途径

经济学研究途径历来是政策分析或政策研究的一个主导途径。它采用经济学的理论假定、概念框架、分析方法及技术来看待公共政策问题。在当代政策分析学科中，最有影响的经济学途径是福利经济学理论、公共选择理论和新制度主义，后两种途径可以合称为"新政治经济学"的途径。

（1）福利经济学理论。福利经济学也许是被最广泛地运用于公共政策研究的途径。它认为，应该通过市场机制，依靠个人而作出大部分的社会决策。然而，市场是有缺陷的，它并不能总是有效地分配资源，或者说，不能简单加总个人的效应最大化行为而最优化全体社会福利。在存在市场失灵的情况下，必须依靠政府来补充或取代市场机制。从这种假定出发，福利经济学家发展出一种关于公共政策制定的理论，认为政府有责任纠正市场失灵，因为最优化的社会结果并不是由纯粹的个人决策所产生的；面临着行动要求的政府必须首先确定市场失灵是否正在产生社会问题。如果确定需要政府干预，那么关键是要发现最有效的干预办法（即政策手段），而最有效的方法是成本最低的方法，用来确定它的分析技术是成本 - 效益分析。

（2）公共选择理论。公共选择理论是 20 世纪 70 年代发展起来的一种"新政治经济学"或"政治的经济学"理论，20 世纪 80 年代以后被广泛地应用于公共管理和公共政策领域。公共选择理论将"经济人"假说、交换范式与方法论个人主义应用到政治和公共政策领域。作为一种公共政策的研究途径，公共选择理论假定政治行动者个人（无论是决策者还是投票者）都被自利的动机所引导而选择一项对其最有利的行动方案。由这一假定出发，公共选择理论得出了一系列关于公共政策及其过程的理论解释。根据这种途径，投票者更像是一个消费者；利益团体可以被看作政治消费者协会，有时也可作为合作者；政党变成企业家，他们提出一揽子服务和税收政策用于交换选票；政治宣传相当于商业广告；政府机构就是公共公司，它们依靠动员和获得充分的政治支持来掩盖成本。

（3）新制度主义。新制度主义或新制度学派是一种新的、影响深远的公共政策研究途径。它强调制度在政治生活中的决定性作用，认为制度自身是人类设计的产物；制度之所以在社会中存在，是因为它们可以克服社会组织中的信息障碍，以及减少交易成本；在社会中，两种能使交易成本最小化的组织是市场和等级制（官僚制）；作为持续不断的正式或非正式的规则，制度规定行为角色、约束行为和形成期望，因而它们不仅增加或减少交易成本，而且也形成偏好。政策分析的新制度主义途径认为，持续不断的制度结构是社会和政治生活的基本建筑材料，个人的偏好、能力和基本的认同以这些体制结构作为条件；历史发展是路径依赖的，一旦做出某种选择，它便限制了未来的可能性；决策者在特定时期可利用的选择范围是那些早期确定了的制度性能的函数。依照这种分析途径，并不是制度直接引起行动，而是它们形成问题的解释和可能的解决方案，通过限制解决方案和选择它们被执行的方式来影响行动。

3.2.3　管理学的研究途径

管理是按照一定的计划和步骤，服从一定的指挥和原则，从而使个人和各个方面的活动协调一致，以便用最小的代价实现既定目标的活动。管理是人类的一种基本社会实践活动，是人们进行社会活动、实现特定目标的必要手段。管理科学是研究管理理论、方法和管理实践活动的一般规律的科学，它以运筹学、信息科学、系统科学、管理经济学和社会心理学等为基础，内容包括公共管理和企业管理，其理论核心是改进管理决策。管理科学对公共政策研究的最大贡献是决策科学。决策是人们为实现一定目标而制定行动方案并准备付诸实施的过程，它是一项重要的管理职能，是管理过程的首要环节。没有决策就无从管理，任何管理都必须以决策为前提和依据。正是在这个意义上，以西蒙为代表的决策理论学派认为，组织就是作为决策者的个人所组成的系统，管理活动的全部过程都是决策的过程。制订计划的过程是决策，在两个以上的备选计划中选择一个也是决策。组织的设计、部门化方式的选择、决策权限的分配等，是组织上的决策问题；实际绩效同计划的比较、控制手段的选择等，是控制上的决策问题。所以说，决策贯穿于管理的各个方面和全部过程，管理就是决策。西蒙把决策的制定过程分为四个阶段：收集情报阶段、拟订计划阶段、选定计划阶段和对已选定的计划进行评价阶段。西蒙等人还提出用"令人满意"准则代替"最优化"准则作为决策的准则，同时对决策技术和决策中的思维过程进行了深入研究。这些都为后来的公共政策分析作出了重要贡献。

由于公共政策从总体上来说是一种抽象的行为原则与规范，只有通过管理，才能将公共政策的目标变为现实。公共政策学与管理科学，尤其是公共管理学在研究对象上有很多共同之处，它们都是管理社会公共事务、解决社会公共问题，都要经过从确认问题、制定方案、实施计划到结果评估的程序。管理学对公共政策理论与实践发展的影响是非常广泛的。20 世纪 60 年代，总体规划一类的管理理念在政策分析中占据优势，对各国政府都有着重要的影响；从 70 年代末到 80 年代初，在公共财政越来越大的压力之下，管理方法从理论到实践都有了飞速的发展，为新公共管理范式的兴起准备了条件。进入 21 世纪以来，管理学研究更加突出以人为本和可持续发展，更加注重多学科方法和信息技术的应用，这些都会对公共政策理论和实践产生积极的影响。

3.2.4　社会学的研究途径

社会学简单来说就是研究社会现象的科学。1838 年，法国哲学家孔德在其著作《实证哲学教程》中首先使用"社会学"一词。19 世纪后半叶至 20 世纪初，社会学形成一门独立的学科。社会学主要研究构成社会结构的单位和适应社会结构的人类行为的变化。社会结构是指任何一种有选择的、周期的、有规律的和通过各种社会控制来调节的社会相互作用的模式。社会结构的基本单位是社会角色和社会组织。社会学的理论体系包括各种描述性模型：静态模型（通过对各种变量进行组织来说明结构的特征）、过程模型（描述社会结构中各种变量的变化）、动态模型（描述一个社会结构本身的变化）等。这些模型应用了多元统计分析，特别是应用了"路径分析"、构造非实验数据的因果模型的有关程序和调查研究方法。公共政策研究的大量具体政策都属于社会政策，这种研究须以社会学知识和研究成果为基础。社会学对公共政策分析的主要贡献在于它对社会问题、种族关系、家庭问题、犯罪学和社会变革所进行的研究。社会学中关于政策的研究是描述性的，主要集中在政策过程特别是集中在公共政策的制定、实施和效果评估等几个阶段。社会学在社会控制、社会化和社会变革等广泛领域内，发展了大量的实证知识和理论，这些也都有助于理解不同公共政策的效果及公共政策制定者和执行者的行为。社会学对公共政策研究的另一大贡献在于微观的实证研究方法。

3.2.5　马克思主义的阶级分析观点

马克思主义为公共政策研究提供了一整套系统的理论和方法论。公共政策分析的马克思主义途径典型地体现在阶级分析上。公共政策研究的阶级分析途径认为，资本主义社会的公共政策反映的是资产阶级的利益，是资产阶级不同集体利益冲突的表现；公共政策是资本家手中的工具，它被用于维护资本主义制度和增加剩余价值，并以牺牲劳动者的利益作为代价。

3.3　政策分析的理论模型

在政策科学中，模型得到了广泛应用。这些模型是政策科学工作者为了帮助人们理解和解释公共政策产生的原因、认识和分析其社会效果、思考和预测未来的发展，在公共政策研究中不断总结出来的。在此，我们从公共政策过程的各个环节分别对其涉及的相关理论进行简要介绍。①

3.3.1　政策制定的理论

政策制定包括政策问题界定、构建政策议程、政策方案规划、政策合法化等阶段，涉及的主要理论包括政策议程理论和政策决策理论。其中，在政策议程领域影响最为广泛的理论当数约翰·金登的多源流分析模型。在政策决策理论模型中，存在两种不同的逻辑维度：一种维度从政治博弈的视角，关注行动者之间的博弈及结果；另一种维度从知识和信息应用的视角，关注决策者的理性状况及目标选择。

1. 多源流分析模型

政策制定需要先构建政策议程，约翰·金登将影响政策议程的四个源流提炼为三大源流，即问题源流、政策源流和政治源流。他认为，政策议程制定是这三大源流共同作用的结果。这三个源流彼此独立，具有各自的运作机制和特点，当这三股力量汇合在一起时，政策制定的机会之窗就会打开。

（1）"问题源流"涉及对需要处理的问题的界定。它包括问题是如何被认知的、客观情形是如何被界定的。问题是人为感知的结果，它包括觉察、判断、阐释等认知过程。人们认识到存在问题后，常常通过一些数字或指标来展现问题。一些重大事件、危机事件也会导致决策者关注某个问题。此外，政府项目在运行中反馈的信息也能让人意识到存在的问题。

（2）"政策源流"涉及解决问题的技术可行性、解决方案的预算可行性、公众的接受性、与主导价值观的协调性等内容，它与政策讨论、设计和分析的过程密切相关。"政策源流"需要发挥专业分析人员的作用，他们针对问题提出建议和方案，并不断讨论和修改。为此，"政策源流"也要召开讨论会、听证会，邀请专家、意见领袖和公众参与，探讨方案是否可行、是否与主流价值观冲突、如何完善等。这个过程也是试图"软化"议案的反对者，争取各种支持的过程。在不断的讨论和观点碰撞中，政策方案会被不断修改，逐渐走向成熟。

（3）"政治源流"是指影响问题解决的政治因素，包括国民情绪、利益集团之间的竞争、政府的变更、国会议席的重大变化、重大人事调整、舆论焦点的变化等。国民情绪的变化使某些议题受到关注，并被纳入官方政策议程，甚至被置于优先地位。一般来讲，与国民情绪相一致的议题更容易得到支持。"政治源流"中各种力量发生的变化，也会影响政策议程的设置。从政治的视角看，议程设置并不是依靠科学分析和理性说服

---

① 本节内容参见杨宏山. 公共政策学 [M]. 北京：中国人民大学出版社，2020：51-56，73-82，101-106，120-124，141-145，173-177.

来推动，而是通过妥协和讨价还价来实现的。

2. 博弈维度的决策理论

政治博弈维度的决策理论关注政策制定中行动者之间的互动、博弈及结果，聚焦于占主导地位的行动者。该研究视角的代表性理论有精英主义理论、多元主义理论、国家主义理论、合作主义理论、专业主义理论。

1）精英主义理论

精英主义理论认为，政策主体可分为精英和大众两个群体，精英在决策过程中占据主导地位，公共政策主要反映了精英的偏好和价值诉求，大众在相当程度上受精英操纵。在这一理论看来，精英是社会中的少数人群，包括高级官员、企业家、知名学者等，他们在心智、能力、社会地位、资源占有上处于优势，其立场和观点具有更大影响力。精英主义理论的主要观点是：第一，社会分为有权的精英和无权的民众，精英是少数人，他们掌握着政策制定权；第二，精英大多出自社会上层，拥有特殊的资源和禀赋；第三，在民主制度下，非精英也有渠道上升到精英阶层，但需要付出超常的努力，并要接受精英的基本观点；第四，精英们在公共政策的最基本准则方面保持一致，只在具体问题上存在分歧；第五，精英受民众意见影响较小。

2）多元主义理论

多元主义理论认为，利益集团在政策制定中居于中心地位，公共政策是社会中多元团体相互博弈的结果，任何单一的团体或个人都不能左右政策制定。多元主义理论对精英主义理论持批判态度，其观点主要有：第一，社会存在多元的利益团体，它们分别具有各自的利益诉求；第二，在民主体制下，各种利益群体都会通过一定途径对决策产生影响；第三，领导者的职务是流动的，领导者之间也存在着竞争，政治权力实际上是分散的；第四，公共政策是多元力量相互博弈的结果，没有任何一个群体能够支配所有的政策议题；第五，在政策制定过程中，协商、交易和妥协是常见的决策方式。

3）国家主义理论

国家主义理论将国家视为政策制定的关键主体，认为国家在运用权力来构建社会关系和制度方面具有垄断性，在重新安排公共政策方面具有自主性。国家主义理论强调全民利益导向，主张运用国家力量从道德和制度两个方面遏制利益集团的行为，确保国家体系的自主性，主张政策制定机构超然于社会的利益诉求之上。在这一理论看来，政策制定不应当允许以金钱力量操纵国家机器或收买官僚。国家主义理论排斥以社会为中心的分析框架，主张以国家为中心解释政治生活。国家主义理论将国家看作自主的行动主体，拥有其他组织不具有的强制资源，认为国家有能力规划和实现自己的目标，国家不会屈从于社会团体的压力。国家主义理论为理解一些国家的长期战略目标提供了解释，对于威权主义国家的发展模式具有较强的解释力。

4）合作主义理论

合作主义理论认为在国家和个人之间存在着利益中介组织，作为交换条件，这些中介组织须遵守国家确立的管制规则。公共政策是国家和利益集团之间相互作用的产物。不同利益集团之间也会相互作用，但须在国家的制度框架内开展活动，并由国家来仲裁。合作主义的基本观点是：第一，政策制定中既有国家的作用，也有功能团体的参与，两者互相承认对方的合法性资格和权利；第二，功能团体的数量有限，它们在各自领域被国家赋予代表性的垄断权；第三，功能团体的中心任务是将本领域的利益诉求传导到决策系统中去；第四，体制认可的功能团体之间是一种非竞争性的关系，各功能单位内部存在层级秩序；第五，国家对功能团体的行动具有一定控制权，可影响其领袖选举、利益诉求等。

5）专业主义理论

专业主义理论认为，随着公共事务趋于复杂化，政策制定须运用专业知识，更多地发挥专家的作用，拥有专门知识的专家成为政策决策的真正主导者。为了提升决策的科学性，政策制定需要运用大量的专业知识。专业主义理论主张在知识与权力之间建立密切联系，充分发挥专家的作用，构建专家参与机制和智库系统，引入决策咨询机制，提升决策的理性化水平。专业主义理论普遍采取"专家 - 公众"二分法的分析框架，认为公众参与虽然能够提升公共政策的正当性，但其耗费大量行政资源，无助于知识的合理运用，主张对于技术性事务应优先采用专家理性的政策制定模式。在高新技术、基础设施建设、区域发展、战略规划等领域，专业主义理论得到了一些实证研究的支持。

3. 理性维度的决策理论

理性维度的决策理论关注决策者的理性和认知能力，学者们从不同的假设出发提出了多种理论模型：理性决策模型、有限理性模型、渐进决策模型、混合扫描模型、垃圾桶决策模型等。

1）理性决策模型

理性决策模型也称"完全理性决策模型"，它以"经济人"假设为前提，认为决策者应具有完全理性，以最优决策为目标追求，全面收集决策所需要的知识和信息，了解社会群体的各种价值偏好，研究各种可能的方案，通过分析排出优先次序，追求效果最大化，从中作出最优选择。理性决策的基本步骤包括：认定政策问题、收集尽可能完备的事实和信息、确定决策目标、考虑所有可能的政策方案、分析备选方案并进行评估排序、选择最优方案。该模型认为，一切社会问题都可以通过"科学""理性"的方式来解决，相信政策制定存在一个最好的方案。理性决策模型的缺点在于：第一，并非所有决策都能获得充分信息，有些决策只能在信息不充分的情况下作出；第二，它过于相信人类的理性认识，实际上任何政策分析都不可能穷尽所有备选方案；第三，理性决策需要花费大量时间，成本过于高昂；第四，在决策过程中，事实和价值不能截然分开。

2）有限理性模型

有限理性模型的提出源于对理性决策模型的批评，著名管理学家赫伯特·西蒙在其中作出了突出贡献。有限理性模型认为，个人受知识、能力、精力、心理、信息等因素的影响，不可能达到理性决策模型提出的要求，决策行为实际上是有限理性的产物。在此过程中，管理者追求"满意"而不是"最优"。根据有限理性模型，决策的基本步骤包括：发现并确定问题、分析问题的产生原因、提出解决问题的备选方案、评估备选方案、做出次优选择。有限理性模型既是对理性决策模型的批判，也是对后者的修正。西蒙的有限理性模型匡正了人们对决策过程的理解。在这一模型中，决策者不需要穷尽所有的选择方案，只需要采用相对简单的经验法则。考察实践中的决策过程可以看到，公共决策并不是追求收益成本最大化，而是在追求令人满意的标准。

3）渐进决策模型

在批判理性决策模型的基础上，美国学者查尔斯·林德布洛姆提出了渐进决策模型。他认为完全理性只是一种理想，在现实中是不存在的，决策是根据以往的经验对现有方案进行渐进调适。决策者需要根据环境的变化情况，不断地对以往的政策进行局部调整、补充和修正，逐渐把一项旧政策转变成为一项新政策。渐进决策模型具有以下特征：第一，决策者以现行政策为基础，着眼于发现现行政策存在的问题和缺陷；第二，决策者通常只考虑数量有限的备选方案；第三，备选方案立足于对现行政策进行修改与补充，以适应环境变化，弥补政策缺陷，而不是全盘代替现行方案。

渐进决策模型由以下过程组成：第一，分析关注少数比较熟悉的政策方案，它们与现实方案具有细小差别；第二，更多地关注经验层面；第三，更多地关注补救缺陷；第四，分析是一个不断试错的过程；第五，分析只能发现某一个方案的部分结果，而不是全部可能结果；第六，很多参与者的存在使分析工作碎片化。

在渐进决策模型的视角下，政策过程是一个不断学习和试验、不断反馈和调整的过程。在政策制定时步子迈得小一些，发现了问题就能及时纠正，这样做可能会避免在决策层内部引起紧张和冲突。政策制定提出的目标和手段是在反省中渐进调整，在试错中不断优化。政策决策是对现行政策存在问题的修正和补充，而不是对目标和工具的全面替换。

4）混合扫描模型

在对理性决策模型的批评中，一些研究者认为理性模型并非一无是处，决策过程既要具有宏观视野，也要扎根现实，进行深入、细致的观察和分析，试图将理性模型与渐进模型结合起来。美国学者埃齐奥尼提出的混合扫描模型就体现了这一研究路径，它试图以理性主义的政策视野和愿景追求，加上渐进主义的落脚点，形成政策焦点，更好地解决政策问题。埃齐奥尼提出决策可分为基本决策和渐进决策两类：基本决策是基本方向的规划设计，需要运用理性模型加以分析；渐进决策是对基本决策的聚焦和细化。一个好的决策既要审视和评估整体情况，也要将注意力集中在选择出的政策方案上，形成政策焦点。

5）垃圾桶决策模型

垃圾桶决策模型认为，理性决策路径描绘的连贯有序的决策是不真实的，渐进决策描绘的渐进调适也一样不真实，这两种方法都错误地认为在决策中具有太多的确定性和理性。实际上，许多决策过程都存在目标不清、因果关系模糊、关键行动者注意力不集中、决策结果不可预料等问题。垃圾桶决策模型认为，组织在决策时存在非理性的因素，存在着一种类似垃圾桶的混乱状态。参与者会不断提出问题并给出相应的解决方案，这些都传递给政策系统，就相当于扔进了一个垃圾桶，只有极少数会成为最终决策的组成部分。根据垃圾桶决策模型，决策结果是未知的、随机的。最终决策取决于问题、解决方案、参与人员、决策机会四股力量的互动。这四股力量有时候各自流动、互不相干，有时又汇合在一起。每个参与人员都有自己的偏好，都会倾向于选择与自身偏好相近的问题解决方式。政策议程提供了一个垃圾桶，当四股力量汇合起来，政策之窗就会打开，从而形成决策。

从政策制定的真实过程看，渐进决策理论更符合大多数的决策活动。然而，在特定情境下，全面理性分析、垃圾桶模式等决策模式也会付诸实施，一些实证研究已得到检验。决策研究需要厘清决策模式与具体情境的关系，弄清楚在何种情境下应采取何种决策。

3.3.2　政策执行的理论模型

根据政策执行研究的发展演进，本节从第一代、第二代和第三代研究中分别选取代表性的理论模型予以介绍。

1. 史密斯的政策执行过程模型

美国学者史密斯在 1973 年发表的《政策执行过程》一文中提出了政策执行过程模型，简称"史密斯模型"。

史密斯认为，政策执行涉及很多影响因素，其中核心变量包括四个：理想化的政策、目标群体、执行机构、环境因素。其中，理想化的政策是指政策方案合法、合理，具有可行性，社会对政策内容具有较好认知；目标群体即政策对象，是指由于某项政策实施而必须调整自身行为的群体；执行机构是指负责政策实施的机构；环境因素是指可能影响政策执行的更宽泛因素，包括政治环境、经济环境、文化环境等，其构成了政策执行所置身的约束性通道（见图 3-1）。

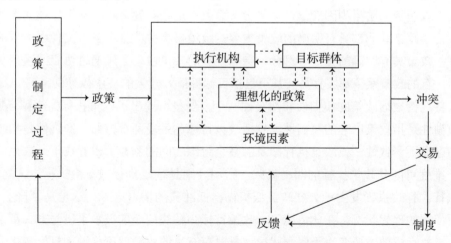

图 3-1　史密斯的政策执行过程模型

史密斯认为，当理想化的政策、执行机构、目标群体、环境因素之间存在冲突时，行动主体之间就会产生交易行为，形成尚未定型的新规范，并通过反馈环节将相关信息传递给执行系统的核心变量，从而导致政策内容发生变化。该模型提出，反馈是政策执行过程的重要组成部分，它表明政策执行是一个连续过程，存在持续的互动和调适。

2. 利普斯基的街头官僚模型

美国学者利普斯基在《街头官僚：公共服务中的个人困境》一书中，提出了著名的街头官僚模型，也称基层官僚模型。基层官僚是指那些工作在一线的执行官员，他们直接面对民众，需要在接触和互动中开展工作。基层官僚一般包括警察、税务官员、公立学校的教师等，他们地位不高，但在政府雇员中占很大比重，直接与目标群体接触，拥有较大的自由裁量权，其在一线工作中的判断直接影响执行结果。

利普斯基从"自下而上"的视角关注于基层官僚在政策执行中的行为。他提出，基层官员常常处于自相矛盾的情绪之中。一方面，他们认识到自己就像一个大系统中的齿轮，在其所处的行政体系的压抑中进行工作；另一方面，他们又常常被认为具有相当大的自主裁量权。基层官僚只对自己承担的工作负责，对整个系统的投入和运作节奏没有控制力，对结果也无法预料。同时，他们还承担着工作过多、休闲时间不充裕带来的压力。上级部门为了防止政策执行失败而实施的控制和考评进一步强化了这些压力。为了应对这些不确定性和工作压力，基层官员既要注重程序和规则，也要采取调适行为，对稀缺资源的使用作出选择和决定，以满足服务对象对他们工作的较低期望值。利普斯基被视为第二代政策执行研究的关键人物，他剖析了基层官员的工作环境及在政策执行中发挥作用的策略。这种对基层官僚面临的执行情境和行动策略的关注形成了"自下而上"的研究路径。

3. 马特兰德的模糊 - 冲突模型

美国学者马特兰德对"自上而下"和"自下而上"的研究路径进行综合，提出了政策执行的模糊 - 冲突模型。马特兰德提出，对于"自上而下"和"自下而上"的争论来讲，搞清楚"成功执行"的含义对于准确理解政策执行具有根本意义。"自上而下"途径倾向于以明确的结果为因变量，而"自下而上"途径更愿意接受一个广泛的评估。他指出，公共政策并非都具有明确的政策内容，政策目标并非都在官方文件中得到清楚描述，有些政策具有明确的指令、目标、指标，有的政策由上下级通过协商或谈判决定具体目标，有的政策赋予基层官员（甚至包括目标群体）较大的自由裁量权。

马特兰德根据政策的模糊性和冲突性两个自变量，提出了政策执行的模糊 - 冲突模型。模糊性是指政策内容的模糊性，包括政策目标和手段两个方面；冲突性是指政策目标之间存在不一致性，或政策执行涉及的多个组织之间的利益诉求存在不一致性。根据这两个维度可区分政策执行的四种模式，它们分别是行政执行、政治执行、试验执行、象征执行。行政执行发生于公共政策低模糊、低冲突的情境之下，这也是"自上而下"运作所使用的理想状况。在此情境下，政策目标和解决问题的技术手段与方式都是已知的，政策执行成效主要取决于资源状况，只要有充足的资源就可将预期目标转化为实际结果。政治执行发生于公共政策低模糊、高冲突的环境下，政策执行的目标和手段都很清晰，但多元目标或涉及的多元主体之间存在冲突性。在此情况下，政策执行的结果取决于权力的运用，成功的执行要求执行者与目标群体之间进行互动调适，运用一定策略。试验执行发生于公共政策高模糊、低冲突的情境下，成功的执行取决于恰适的"背景条件"，满足一定的背景条件可更好地组织政策学习，及时总结经验教训，反馈执行结果。象征执行的发生情境是政策高度模糊且高度冲突，在这种情况下，地方层次的联盟力量往往决定着执行结果。如果各地都采取观望态度，一项政策就可能束之高阁（见表 3-1）。

表 3-1　马特兰德的模糊 - 冲突模型

政策内容的模糊性	政策的冲突性	
	低 冲 突	高 冲 突
低模糊	行政执行 （取决于资源条件）	政治执行 （取决于权力的运用）
高模糊	试验执行 （取决于背景条件）	象征执行 （取决于地方层次的联盟力量）

马特兰德的模糊 - 冲突模型在政策执行模式的类型学研究方面作出了重要贡献。需要说明的是，政策模糊也可能是政策制定者有意追求的结果。在决策过程中，为了减少争议和冲突，政策制定者常常有意对政策目标做模糊化处理。政策模糊并不一定是坏事，在认知不足、环境不确定的情况下，政策模糊给予执行者较大的自主空间，有利于推动政策创新，也可避免因决策偏差而损害中央政府的权威性。

3.3.3　政策评估的方法

政策制定并执行后，往往需要对政策效果进行评估。无论是预测政策方案的结果、检测政策执行情况，还是评价政策执行绩效，都需要采用一定的方法和技巧。政策评估的方法很多，在此介绍几种常用的方法。

1. 前后对比分析法

政策评价的目的是对政策干预的效果进行评价，最常用的方法是对政策实施前后的情况进行比较分析，以判断政策执行是否产生了预期的结果。常用的前后对比分析法主要有简单的前后对比分析、投射结果与实施结果对比分析、实验对比分析等。简单的前后对比分析是指选择政策实施前后的两个时间节点，对政策实施的结果进行对比分析。这种政策评估通常只对单组目标群体进行检测，先检测政策实施前的结果（R_1），再检测政策实施后的结果（R_2），政策效果即为 $R_2 - R_1$。投射结果与实施结果对比分析是指对无政策干预的投射结果与干预后的实施结果进行对比，以评价政策实施的效果。实验对比分析将目标群体分为实验组和控制组，对实验组施加政策干预，对控制组不采取政策干预，通过比较两个组干预前后的差异可评判政策实施的效果。

2. 成本 - 效果分析法

这种方法通过将政策实施的总成本与总效果进行量化分析，用以评价政策执行的结果。它可进一步分为成本 - 收益分析法、成本 - 效益分析法。

成本 - 收益分析法建立在追求社会福利最大化的基础之上，它关注如何实现公共项目、公共投资的净收益最大化。所谓净收益，即总收益减去总成本。从经济学的视角看，公共部门在开展活动时也要对投入与产出关系进行估计，以判断具体行动在经济价值上的得失。如果一个项目的净收益大于零并高于其他公共或私人投资方案的净收益，则该项目被认为是有效率的。成本 - 收益分析法以货币单位为基础，对政策实施的投入与产出进行估算和衡量。随着实践的发展，这一方法已经拓展到更广阔的领域，它试图衡量公共项目可能产生的所有成本和收益，包括货币的成本和收益，以及难以用货币来计量的无形成本和收益。

成本 - 效益分析法则通过对政策实施的总成本与总效果进行量化分析，从而对政策方案或执行情况进行评价。与成本 - 收益分析不同，成本 - 效益分析在计算成本时用货币计量，而在计算效益时则用单位产品、服务或其他指标来计算。成本 - 效益分析法不能对不同项目的净效益进行比较，但可对具体方面的成本 - 效益比率进行比较。成本 - 效益分析主要适用于不用货币来表示收益的政策目标，如国防支出、警务装备更新、戒毒治疗、大众健身、交通基础设施建设、环境保护等领域的项目。这些项目不追求经济收益最大化，更注重政治、社会、文化或生态收益，政策结果很难用货币来衡量。

3. 问卷调查评价法

政策评估还可依靠专家和公众的直觉判断，通过收集专家和利益相关者的评价，对政策方案或执行结果进行评估，具体方法主要有德尔菲法、利益相关者分析法等。德尔菲法采取专家参与、背对背交流方式，通过发放和收回、整理问卷调查表，形成对政策问题或可行方案的充分意见的方法。利益相关者分析法是指从目标群体或其他利益相关者中收集关于政策评价信息的一套手段和方法。采用这种分析方法收集信息的基本工具可以是开放性的面谈问题提纲，也可以是系统设计的一套调查问卷。对这些问题或问卷的回答可提供政策评估所需要的各方面信息，包括对政策目标的理解、利益相关者的期望、实现期望的主要障碍、政策实施采取了哪些有效行为、政策目标的实现程度等。

3.3.4 政策变迁的理论

政策变迁是政策周期的重要环节，学者们提出了一些理论模型对政策变迁的演进作出了解释。下面四种理论从不同的视角展示了公共政策演化的一些规律性特征。学习这些理论有助于增进对政策变迁规律的认知。

1. 循环式变迁理论

循环式变迁理论认为，公共政策在自由与平等、公平与效率、公共利益与个人利益等价值诉求之间存在周期性摆动的现象。小施莱辛格对 20 世纪美国政策演化进行分析，提出了政策变迁的循环式论点。他发现公共政策的演进遵循着一定规律：依赖私人解决问题之后，总是紧接着政府干预和改革的时期；在经历一个自由主义时期后，总是跟着一个保守主义时期。国家的政策走向总是在自由主义与保守主义、公共目的与私人利益之间循环摆动。小施莱辛格认为，这种循环性的政策变化与代际更替有关。30 年左右就是一代人的成长期，当一代人掌权后，他们往往追随年轻时的理想。当强势的总统推进积极政策时，政府发挥的作用更为突显，为了增进公共利益，财政支出大幅增加，普通家庭的税负增多，最终弄得民怨四起。随之，保守主义成为一种政治理想，每个公民都会受到影响，人们希望调整政策取向。国民情绪的这种变化会引发新一轮的政府改革。

2. 锯齿式变迁理论

锯齿式变迁展现了政策变迁的另一种轨迹，即从有利于一个群体转向有利于另一个群体，两者之间形成锯齿状的作用力与反作用力关系。美国学者阿门塔、斯考切波提出了政策变迁的"锯齿式"论点，认为政策变迁是刺激和反应交替作用的过程，一个时期出台的公共政策是对前一时期政策导致的负面结果做出的反应，是对过去政策的反作用。在持续的反作用中，公共政策经历着"锯齿式"变迁过程。当公共政策偏向于某个社群，导致一部分人获益时，利益显著受损者就会联合起来进行抗争。随着抗争者不断聚集、联盟不断扩大，会形成一股反作用力，促使公共政策出现新的调整。由于内外部因素的变化，这种调整并不意味着旧政策的回归，它总是在多元博弈中形成新的均衡。锯齿式变迁理论认为政策变迁存在一种刺激和反应机制，一个时期的公共政策为下一个时期的政策变迁提供了刺激，结果是公共政策不断经历着变化，但这种变化并不是在两端之间循环摆动，而是从有利于一个群体转向有利于另一个群体。

3. 倡议联盟框架

倡议联盟框架由萨巴蒂尔及其同事提出，他们把政策变迁看作两方面因素共同作用的结果：一方面是政策子系统内部相互竞争的倡议联盟之间的互动，另一方面是经济社会环境变化、新技术应用、新的执政联盟等外部因素。根据该框架，在政策子系统中，参与者可分为不同的倡议联盟，每个联盟的成员具有共同信念，通常也会采取一致的行动。各个联盟的目标诉求相互冲突，通常由第三方斡旋调解，致力于寻找妥协方案，减少激烈冲突。根据倡议联盟框架，当外部的社会经济状况、占据支配地位的联盟力量或者来自其他政策子系统的政策产出发生重大变化时，不同联盟之间针对某个信息充分的问题难免会产生认知冲突。在这种情况下，如果存在开放性的论坛，就会发生跨越不同信念体系的政策学习。根据外部获取的新信息，每个倡议联盟都可能修改其信仰体系或改变行动策略。当政策子系统内部成员在信念体系的次要方面发生变化时，公共政策就会出现小幅修改；当其在信念体系的主要方面发生认知变化时，公共政策则会发生重大变迁。

4. 间断均衡理论

间断均衡理论由鲍姆加特纳和琼斯提出，他们发现政策制定通常遵循稳定和渐进的逻辑，偶尔也会出现公共政策的重大变迁，并对这种现象作出解释。间断均衡理论建立在政治制度与有限理性决策的双重基础之上，它聚焦政策过程中的问题界定和议程设置两个环节，这两者相结合导致现行政策要么被加强，要么受到质疑。根据间断均衡理论，政策变迁既有平衡的时期，也有不平衡的时期。在平衡时期，政策变迁是渐进发展的，有的时候在一段时间内近乎停滞；在不平衡时期，政策问题被纳入宏观政治议程之中，客观环境的微小变化可能引起政策的重大变革。

3.4 公共政策案例分析

3.4.1 案例:《民法典》诞生记

准备工作:《中华人民共和国民法典》是新中国历史上首部以"法典"命名的法律,它共有 7 编 1260 条,各编依次为总则、物权、合同、人格权、婚姻家庭、继承、侵权责任,以及附则。它被称为"社会生活的百科全书",是市场经济的基本法,是权利保障的宣言书。民法典的诞生承载着几代立法者、法律工作者,乃至亿万人民的梦想,对《民法典》诞生过程的分析可以更深刻地体会公共政策的制定过程。为更好地进行案例分析,在案例分析之前应做到:

（1）提前阅读案例,对案例思考题进行提前准备。

（2）查阅相关资料,在条件允许的情况下对政府相关部门进行调研,取得对公共政策制定的直观认识。通过资料准备,为有效分析案例相关问题打下基础。

摘要:2020 年 5 月 28 日,十三届全国人大三次会议表决通过了《中华人民共和国民法典》,自 2021 年 1 月 1 日起施行,《婚姻法》《继承法》《民法通则》《收养法》《担保法》《合同法》《物权法》《侵权责任法》《民法总则》同时废止。1954—2020 年,中国民事法律前进的脚步从未停歇。立法工作者深入基层,广泛吸纳各方意见,让立法理念与社会发展同步、法律条文与百姓期盼同频,把对人身权、人格权的保护放在更加突出的位置。《民法典》是一部具有中国特色、体现时代特点、反映人民意愿的法典,《民法典》的施行将开启中国民事法律的新时代,必将助推"中国之治"跃上更高境界。①

2020 年 5 月 28 日下午,共和国法治建设迎来了历史性的一刻——在北京人民大会堂,十三届全国人大三次会议以 2879 票赞成、2 票反对、5 票弃权,高票表决通过《中华人民共和国民法典》,热烈的掌声,在万人大礼堂久久回荡。

《中华人民共和国民法典》共 7 编 1260 条,各编依次为总则、物权、合同、人格权、婚姻家庭、继承、侵权责任,以及附则。这是新中国历史上首个以"法典"命名的法律,承载着几代立法者、法律工作者乃至亿万人民的梦想,宣告中国迈入"民法典时代"。

1. 开启中国民事法律新时代

民法是民事领域的基础性、综合性法律。编纂《民法典》,是一个国家法律传统和法治信仰的生动写照,映射出一个民族的不懈奋进。

重庆,嘉陵江畔,歌乐山下。近百岁高龄的法学家金平,清晰记得自己亲历的新中国三次民法起草工作。

"第一次是 1954 年,第二次是 1962 年,第三次是 1979 年,"金平说,"必须承认,只有经济社会发展、人民安居乐业、法治深入人心,《民法典》才具备成功编纂的条件。"

中国民事法律的前进脚步从未停歇。新中国成立以来,我国曾于 1954 年、1962 年、

---

① 资料来源:罗沙,杨维汉,白阳,熊丰. 新时代的人民法典——《中华人民共和国民法典》诞生记 [EB/OL]. 新华网,2020-05-28. 笔者做了相应的整理和改动。

1979 年和 2001 年 4 次启动民法治定工作，都因种种原因没有取得实际成果，因此采取了先制定民事单行法的办法，如《民法通则》《婚姻法》《继承法》《收养法》《担保法》《合同法》《物权法》《侵权责任法》等一系列民事法律，这些法律在经济社会发展中发挥了重要作用，我国的民事法律规范体系也逐渐完备。党的十八大以来，保障人民权益、增进民生福祉的目标任务越发迫切，一部适应时代要求的《民法典》对于推进全面依法治国意义重大。

经济发展行稳致远，要靠民法治度调整关系、维护秩序；社会生活风清气正，需要民法治度立规明矩、激浊扬清；法治建设劈波斩浪，离不开民法治度夯实基础、与时俱进。

2014 年 10 月，党的十八届四中全会通过《中共中央关于全面推进依法治国若干重大问题的决定》，明确提出"编纂民法典"。

"这无疑是我们国家民法史上一个突破性的节点。"白发苍苍的金平回想彼时，仍难掩激动，"只有这个时代，才能诞生我们自己的民法典。"

伟大的时代，催生伟大的法典。编纂一部符合我国国情和实际，体例科学、结构严谨、规范合理、内容完整并协调一致的《民法典》，离不开坚强的领导核心和科学的思想指引。

2016 年 6 月、2018 年 8 月、2019 年 12 月，习近平总书记三次主持中央政治局常委会会议，听取并原则同意全国人大常委会党组就《民法典》编纂工作所作的请示汇报，并对《民法典》编纂工作作出重要指示，为民法典编纂工作提供了重要指导和基本遵循。

"自始至终，《民法典》编纂工作都是在党中央的领导下进行。"全国人大常委会法工委民法室负责人说，根据编纂《民法典》的指导思想，立法机关确立了"编纂式立法"这一重要理念：不是制定全新的民事法律，而是对现行的民事法律规范进行编订纂修；不是简单的"麻袋装土豆"，而要对已经不适应现实情况的规定进行修改完善，针对经济社会生活中出现的新情况、新问题作出有针对性的新规定。

为做好《民法典》编纂工作，全国人大常委会党组先后多次向党中央请示和报告，就《民法典》编纂工作的总体考虑、工作步骤、体例结构等重大问题进行汇报。

"党中央的坚强领导，是我们圆满完成《民法典》编纂的决定性因素。"全程参与本次民法典编纂的全国人大代表、中国社会科学院学部委员孙宪忠透露，不少立法中的关键问题和重大争议，都是党中央在科学研判的基础上拍板解决。

源于风车水磨时代的《法国民法典》，因其对现代民法治度的"启蒙"而著称。来自工业化社会初期的《德国民法典》，以其逻辑严谨、体系周密而传承。世界百年未有之大变局下，中国《民法典》如何呼应时代，为人类法治文明写下浓墨重彩的一笔？

欲茂其枝，必深其根。这是一部具有鲜明中国特色的《民法典》——弘扬社会主义核心价值观，强化对人格权的全面保护，维护家庭成员合法权益……民族精神融入《民法典》，引领传统美德和社会公德深入人心。

时移世易，法随时变。这是一部充分体现时代特点的《民法典》——协调经济发展与环境保护的关系，破解人工智能发展带来的矛盾冲突，强化互联网时代个人信息保护……《民法典》与时俱进，为解决 21 世纪人类面临的共同问题贡献中国智慧。

民为邦本，法系根基。这是一部有效反映人民意愿的《民法典》——破解高空抛物坠物难题，维护小区业主合法权益，明确禁止高利放贷……《民法典》聚焦百姓关切，强化保护人民权利，为百姓安居乐业提供法治保障。

"在法律体系中，如果说宪法是天空中高扬的旗帜，那么民法就是大地上坚实的脚步。"孙宪忠说，"每一步也许平淡无奇，但正是这些扎实的脚步，让整个国家的治理水平不断提升。"

2. 一场新时代科学立法、民主立法的生动实践

一部《民法典》，映射一个国家的立法水平。

时间回溯到2015年3月，全国人大常委会法治工作委员会启动《民法典》编纂工作。结合我国民事法律体系现状，一开始就明确了"两步走"的规划。

"'两步走'是《民法典》成功编纂的重要保障。"孙宪忠说，首先制定《民法总则》，调整民事活动必须遵循的基本原则和一般性规则等重要内容，属于大的创新。然后对其他现行民事法律进行整合修订，编纂《民法典》各分编。

"创新"与"整合"协调搭配，让《民法典》在最大限度保持民事法律制度连续、稳定的前提下，体现立法的前瞻性和开放性，有效回应时代要求。

2017年3月，十二届全国人大五次会议表决通过《民法总则》，《民法典》编纂顺利迈出第一步。

2018年8月，《民法典》各分编草案亮相。此后的一年多时间里，全国人大常委会对民法典各分编草案多次进行拆分审议。

广袤的神州大地，十里不同风，百里不同俗。编纂《民法典》，寻求经济发展和群众生活基本规范的广泛共识，必须扑下身子，倾听民声。

——开门立法，求得社会共识"最大公约数"。2020年1月，一场关于《民法典》草案的意见征询会在上海市长宁区虹桥街道召开，来自各行各业的居民各抒己见，与立法机关面对面交流。"大家针对涉及老百姓切身利益的问题提出了许多意见建议，也切实感受到国家法治的不断进步。"基层立法联系点信息员卜小林说。全国人大常委会10次审议，10次向社会公开征求意见，3次组织全国人大代表研读讨论，针对意见反映集中、争议较大的问题专门召开座谈会……一场广泛而热烈的"民法典大讨论"，成为法治中国的亮丽风景。

——深入实际，让人民的法典更接地气、更具实效。通过代表工作广纳民意，2019年办理全国人大代表提出涉及民法典编纂的议案32件；选取生态环境、公益诉讼、夫妻共同债务等重点问题，专程奔赴有代表性的地方调研；针对物业纠纷等老百姓反映强烈的问题，走访小区、居委会……立法工作者深入基层，广泛吸纳各方意见，让立法理念与社会发展同步，法律条文与百姓期盼同频。

2019年12月，由《民法总则》与《民法典》各分编草案"合体"而来的完整版《民法典（草案）》首次展现在世人眼前。全国人大常委会审议了《民法典（草案）》，并决定将《民法典（草案）》提请十三届全国人大三次会议审议。

2020年两会期间，代表委员们对《民法典（草案）》进行了认真审议和热烈讨论。大家认为，《民法典（草案）》符合我国国情和实际，反映了人民意愿，体现了民法基本

原理、基本精神和民事活动的内在规律。

根据各方面意见，《民法典（草案）》又作了 100 余处修改，其中实质性修改 40 余处：

明确建筑物及其附属设施的维修资金的筹集、使用情况应当定期公布；

禁止物业公司用断水、断电等方式催缴物业费；

再次完善了防止性骚扰有关规定，将"文字、图像"纳入性骚扰的认定范围；

针对地面塌陷伤人问题作出规定；

明确公安等机关对高空抛物坠物的调查责任；

……

《民法典》的画卷上，立法者们秉持"人民至上"理念，确保党的主张通过法定程序成为国家意志。

3. 保障人民权利，在"民"与"法"之间彰显为民情怀

大数据和信息技术的发展，让个人隐私边界日益模糊。

试衣间可能暗藏"第三只眼"，手机被骚扰电话轰炸，照片被人肆意丑化……互联网时代，法律能否更好保护你我权利？

翻开《民法典》，"人格权"一编格外引人注目。明确"隐私"的定义，完善对肖像权的保护，确立器官捐献基本规则，加强个人信息保护……人格权独立成编被认为是《民法典》的突出亮点和重大创新，将我国法律对人身自由、人格尊严的保护提升到了新高度。

人们也许不知道，在《民法典》编纂之初，对于"人格权是否独立成编"曾有过一番激烈的讨论：

有人提出，要最大限度体现对"人"的尊重和关怀，必须通过单独的分编对人格权的类型和保护措施作出全面规定。

也有人认为，民法典对人格尊严的保护，通过总则编以及侵权责任编的有关规定即可实现。

"无论是哪一种意见，大家有着共同的目标，就是要加强对人格权的保护，只是立法形式有分歧。"全国人大常委会法工委民法室副主任石宏说，"立足于破解人格权保护领域新情况新问题，强调全面保护，我们经过反复研究，决定将人格权独立为一编。"

——这是关乎 14 亿人民生老病死、衣食住行的"权利宣言"。

从呱呱坠地享受百般关爱，到两鬓如霜儿孙绕膝；从清晨迎接第一缕阳光，到下班回家休息打开电视，我们时时刻刻都在与民法打交道，受法律规制，受法律保护。

享受天伦之乐，却不知孩子几岁能打酱油？《民法典》总则编告诉你，限制民事行为能力人的年龄标准已经从 10 岁调整为 8 岁。

迎来"乔迁之喜"，却遭遇蛮横物业？《民法典》合同编增加规定了物业服务合同，更好保障业主权利。

暮年想修改遗嘱，却已无力前往公证处？《民法典》继承编增加了录像等新的遗嘱形式，公证遗嘱也不再效力优先。

……

"《民法典》的编纂以'保护民事主体权利'作为主线，对人民权利的保障可谓事无

巨细。"石宏介绍，编纂《民法典》，把现行民法中已经滞后的规定找出来加以完善，形成更加完备的民事权利体系，更好地维护人民权益。

——这是镌刻在字里行间的"人民情怀"。

去世亲人的照片被人恶意损毁，珍藏多年的书籍被借走后"一去不返"……遭遇物质与心灵的双重创伤时，法律能否给出解决办法？

《民法典》作出回应：扩大精神损害赔偿范围。

"这代表着法律从注重物质保护，向精神权益、人格权益的保护拓展。"北京理工大学法学院民法典研究中心主任孟强如此评价。

从总则编明确规定胎儿利益保护，到婚姻家庭编加大对婚姻无过错方的保护，再到继承编强调尊重立遗嘱人的真实意愿……对个人权利实现"从出生到坟墓"的全面保护，是民事法律的价值归属，更是民法典的鲜明态度。

——这是贯穿始终的精神脉络。

立足社会发展热点难点，聚焦百姓身边"堵点""痛点"，《民法典》以立法回应人民群众所急所需所盼。

回应公众对性骚扰行为的深恶痛绝，明确有关认定标准和单位制止性骚扰的义务。

聚焦各界反映强烈的"霸座""抢方向盘"现象，细化客运合同双方的权利义务。

……

有法律界人士感慨，《民法典》把对人身权、人格权的保护放在更加突出的位置，有利于满足新时代人民群众日益增长的美好生活需要，提高人民群众获得感、幸福感、安全感，促进人的全面发展。

4. 推动"中国之治"进入更高境界

法者，治之端也。伴随着《民法典》表决通过，这部"社会生活百科全书"已经走进你我生活，在经济社会方方面面发挥基础性和全局性作用。从民法到《民法典》，一个"典"字折射出整个国家治理水平的提升。

近年来，不少进城务工农民遇到了新问题："家中承包地闲置，能否'出租'出去进行农业生产？"

民有所呼，法有所应。《民法典》吸收承包地"三权分置"改革成果，完善土地承包经营权相关规定，删除耕地使用权不得抵押的规定，为"三权分置"后承包地经营权流转打牢法律基础。

"这是一个巨大进步，有助于用活土地承包经营权，更好激发农村社会活力。"全国政协委员、上海外国语大学法学院副教授黄绮说。

《民法典》是权利的宣言，更是国家治理的基本遵循和依靠。

从体现交易自由，到强调契约精神；从设立"特别法人"，到健全现代产权制度，《民法典》体现社会主义市场经济的基本要求，明确民商事活动的行为规则和基本遵循，营造良好的法治化营商环境，保障经济高质量发展。

规定环境污染和生态破坏的惩罚性赔偿，为基因胚胎科研活动划定规范，确定网络虚拟财产受法律保护……《民法典》紧扣时代脉搏，有效增强民事法律规范的时代性、系统性和协调性，进一步完善中国特色社会主义法律体系，也为世界法治文明贡献中国方案和中国智慧。

——一部《民法典》，熔铸中华民族的"精气神"。

2020 年两会期间，一段"修空调小哥徒手爬上 6 楼救女童"视频广泛流传，令许多人赞叹；"撞伤儿童离开遇阻猝死案"写入最高人民法院工作报告，法院公正判决得到网友点赞……风清气正的社会风尚，不会让仗义出手者陷入法律与道德困境。《民法典》鼓励见义勇为，明确减免救助人责任，不让"英雄流血又流泪"。

编纂《民法典》，诠释民族精神的立法表达。厚重的《民法典》，1200 多个条文之首，"社会主义核心价值观"庄重醒目。区别于西方民法典的价值理念，我国《民法典》清晰地将社会主义核心价值观注入我国民事法律制度的价值内核之中。

对禁止结婚的情形作出完善，明确夫妻共同债务范围，设立离婚冷静期……以《民法典》为纲，将相敬如宾、相濡以沫的优良传统继续发扬传承。"树立优良家风"写进法律，弘扬家庭美德；完善代位继承制度，减少遗产纠纷……《民法典》托举"家"的温暖，用千万个家庭"小幸福"融汇成国家民族"大和谐"。为解决小区纠纷提供法律依据，维护和谐邻里关系；规定"自助行为"制度，引导社会成员合理维权；完善离婚损害赔偿制度，保护无过错方权益……《民法典》树立鲜明导向，引领公序良俗，彰显法安天下、德润人心。

——全面修典，不止于立法，更在于法之必行。

法律的生命在于实施。实施《民法典》，是一项系统工程、长期工程，需要各方面共同努力，常抓不懈。司法是维护社会公平正义的"最后一道防线"，也是法律得到有效实施的关键。

"对处于人生观、价值观形成阶段的青年学生来说，学习《民法典》不仅是一次普法的过程，更有利于树立契约精神、规则意识和诚信意识。"全国人大代表、湖南师范大学教授谢资清说，建议各行各业尽快开展学习《民法典》的活动，为法律的顺利实施打好基础。

立法、执法、司法、守法各环节各司其职，广大人民群众共同参与，让《民法典》的精神和内容内化于心、外践于行，融入日常生活，成为全体社会成员的行为规范。

缘法求道，道立国坚。以民为本，循法而治。

这部具有中国特色、体现时代特点、反映人民意愿的《民法典》，必将助推"中国之治"跃上更高境界，在习近平新时代中国特色社会主义事业奋斗征程上树起又一座法治丰碑。

思考题：

1. 结合案例材料和我国国情，选择合适的政策制定理论对本案例进行分析。

2. 分析案例中相关政策制定过程的基本流程和运作机制，重点关注特定政策得以制定和形成的基本过程。

3. 分析案例中相关政策制定过程的主要影响因素及其各自功能，以及这一过程可能存在的问题。

4. 结合国情，谈谈这一政策制定过程可能体现出来的经验与启示。

3.4.2 案例：精准扶贫政策的基层执行

> **准备工作**：甲村是我国众多贫困村中的一个缩影，在脱贫过程中，村民们经历了从无奈，到欣喜，再到期盼的过程。本案例详细叙述了甲村的脱贫故事，介绍了甲村在精准扶贫中的具体工作方法及其取得的成效，提出了当前面临的主要难题。为更好地进行案例分析，在案例分析之前应做到：
>
> （1）提前阅读案例，对案例思考题进行提前准备。
>
> （2）查阅相关资料，包括扶贫的背景知识、不同时期我国扶贫工作的重点、精准扶贫的相关政策文件、各地的具体扶贫实践及典型案例等。结合自己的工作，选择合适的地区进行实地调研，取得对扶贫工作的直观认识。通过资料准备，为有效分析案例相关问题打下基础。

摘要：本案例介绍了江西省一个偏远小山村——甲村的脱贫故事。甲村是江西省省级"十三五"规划扶持贫困村，不便的交通、陈旧的基础设施、落后的文化卫生状况、几乎为零的村集体经济、稀缺的劳动力，让甲村慢慢被人"遗忘"。实施精准扶贫以后，在帮扶单位的资助，以及以第一书记为带领的村干部、致富带头人和村民的共同努力之下，甲村结合当地实际切实执行精准扶贫政策，从最初"被遗忘的角落"，变为乡里乡外的"香饽饽"。甲村以整体脱贫带动个体脱贫的思路，通过"互联网＋"打开农产品销路，大力发展村集体经济，成立合作社、养殖场，逐步将村民带上脱贫路，但发展过程中，又遇到了产品供给不足、人口流失严重、劳动力短缺等问题。案例描述了甲村在实施精准扶贫政策过程中的具体做法和面临的困难，提出了公共资源公平配置以及如何让公共政策有效执行等思考。[①]

故事发生在"中国面包之乡"——江西省资溪县的一个偏远小山村。甲村位于资溪县西北部与南城县交界之处，这座村庄见证了资溪"面包之乡"的发展，也经历了从小富到没落的转变。随着外出从事面包产业的人数越来越多，并在致富后举家搬迁，甲村人口流失严重。人口越来越少、村民越来越穷，成为这座村庄的真实写照。

2015 年，A 大学在江西省的统一部署下开始定点帮扶贫困村甲村，并选派一位副处级干部担任第一书记，驻点帮扶甲村。2015 年 9 月 15 日，甲村迎来了一位特殊的村民——蒋书记。

1. 山村旧貌

甲村隶属江西省资溪县石峡乡，位于石峡乡的西北部，距石峡乡政府 7.5 千米，下辖 6 个村小组，辖区面积 20.8 平方千米，其中山林面积 32565 亩，耕地面积 1260 亩（人均 0.98 亩）。

---

① 本案例由南昌航空大学 2017 级 MPA 研究生邱劲之、2017 级区域管理与公共政策专业研究生张雨婷共同编写，王秀芝教授指导。案例于 2018 年 6 月入选"中国专业学位教学案例中心"公共管理案例库。

长期以来，由于地处偏远、交通不便，甲村经济社会发展严重滞后。一是交通基础设施建设缓慢，进村公路因年久失修，通行极为不便。2015 年以前，村民出行和外运毛竹等农产品的主干道——甲村姚坊至王圩路还是泥土路，凹凸不平，雨天更是"一踩一脚泥"，车辆进出严重不便；从石峡乡政府到甲村要翻过一座山，转 120 多个弯；各村小组之间有 10 多里路，有些还是石头泥巴路，急需改善。二是农田水利设施陈旧，全村农田水渠均为二十世纪六七十年代人工开挖的泥土水渠，渗水严重、效用较低，直接影响农户粮食生产。三是生活卫生设施建设落后，部分村民住的还是 50 多年前的老房子，6 个村小组中有 4 个尚无公厕和生活垃圾集中处理场所，直接影响村容和村民健康。四是经济发展缺乏产业支撑，由于资金、技术等要素缺乏，村里的主要资源——毛竹的利用率和附加值很低，且难以形成产业，村集体经济几乎是零发展。

2008 年和 2010 年，甲村接连遭受冰灾和特大洪灾，致使原本较为脆弱的基础设施受到冲击，竹林和农田大面积损毁，造成大部分村民收入锐减，直接降至国家贫困线之下，甲村成为资溪县重点贫困村，全村 246 户农户中，有贫困户 23 户，社会保障户 15 户。

甲村山林居多，为毛竹盛产地。在 2006 年以前，村里设有毛竹拉丝加工点，该加工点为县城毛竹厂提供原材料，在一段时间内经济效益较好。但由于毛竹加工手艺落后，以及市场行情不佳，甲村毛竹加工点转手几任老板后均以亏损告终。而在县城毛竹厂倒闭后，由于交通不便利及市场风险等原因，至今未有毛竹厂商进驻县城，以前一直依靠砍毛竹、卖毛竹为生的村民失去了一个重要的经济来源。

恰逢此时，资溪面包产业风靡全县，在大量能人成功创业的带动下，通过"一户带一姓，一姓带一组，一组带一村，一村带一乡，一乡带一县"的方式，资溪面包从业人员呈几何速度发展，全县 12 万人中有 5 万人在外做面包，每个村、每个村小组都有人外出从事面包产业。在这样的大环境中，甲村到县城学习和从事面包产业的村民也越来越多，全村 246 户中有 100 多户加入面包大军，许多村民在脱贫致富后举家搬迁，遍布全国各地。但是，由此造成的后果是甲村各村小组人口流失严重，剩下的青壮年劳动力寥寥无几。到 2015 年，全村已有两个村小组基本成为空心村，实际常住人口仅 200 余人。"村民越来越穷、人口越来越少"已成为甲村的真实写照。而正是由于人口过少和交通不便，历届县领导都不曾来过，甲村成为"被遗忘的角落"。

2. 脱贫之路

不便的交通、陈旧的基础设施、落后的文化卫生状况、几乎为零的村集体经济、稀缺的劳动力——这便是蒋书记初来甲村时的现实情况。为了让甲村尽快摆脱贫困，蒋书记充分利用大学的资源优势，请来自己的同事，为甲村出谋划策。2015 年 10 月，一份根据中央和江西省委关于精准脱贫攻坚、定点帮扶贫困村工作要求，并结合甲村实际情况制订的《A 大学帮扶甲村扶贫开发行动计划（2015—2018 年）》（以下简称"扶贫开发行动计划"）初步完成。

"扶贫开发行动计划"提出的总体目标是：通过三年的努力，使甲村的基础设施、村容村貌有明显改善；特色增收产业形成思路，初成规模；村民聚集地、村小学等文化设施、教育资源明显提升。努力实现村民人均可支配收入达到江西省小康考核标准，基本公共服务主要领域指标达到全县平均水平，为同步全面建成小康社会打下坚实基础。

"扶贫开发行动计划"一经发出，在村民之间引起了强烈反响，一部分村民认为，驻村第一书记带来了好政策，大家的日子一定会好起来；而另一部分村民认为，扶贫政策年年出，每次都是"雷声大、雨点小"，政策的春风永远都吹不到甲村。原来，早在2011 年，石峡乡已制定扶贫开发工作规划，提出加强道路交通为重点的基础设施建设，解决老百姓温饱等任务。但由于资金短缺，2011 年以来，省、市、县投入的 1600 余万元主要用于以石峡乡的保上、云溪两个村为主体的"整村推进"扶贫开发项目，并未惠及甲村这样的边远山村，"僧多粥少"的局面让甲村一次次错失良机。

1）要想富，先修路

没有便利的交通就不可能有发展，这个道理谁都懂、谁都明白。对于甲村这个"孩子"，石峡乡政府不能说不疼，每年的贫困户低保资金、政府补助都做到了全面覆盖，但是由于没有支柱产业，全乡 920 人的贫困群体，首先要保障的是吃、住问题。这笔钱一出，财政捉襟见肘，基础设施建设就只能一拖再拖。

甲村姚坊至王玕路，是村民出行和外运毛竹等农产品的主干道，该段公路长 1.5 千米，是该村对外交通最便捷的通道，但因常年失修导致路面坑洼难行，泥土路面凹凸不平，雨天更是"一踩一脚泥"，不仅影响村民出行，而且阻碍农产品外运，成为村民出行和致富的"拦路虎"。在"扶贫开发行动计划"中，最重要的一项任务就是交通延伸工程，蒋书记把整修该段道路作为精准扶贫工作的首要之选，希望通过打通出村的"最后一千米"，助力甲村迈上脱贫致富的康庄大道。

为了让甲村早日脱贫，A 大学作为帮扶单位决定出资 15 万元，但是对于 1.5 千米的水泥路，15 万元显然捉襟见肘。蒋书记深知，要想改变甲村的落后面貌，这条路一定要修好！蒋书记评估了一下修路方案，规划、设计、土建、环评、给排水都能利用本校资源，可工人、材料费用还是存在 30 多万元的缺口，为此，蒋书记不知去了县交通局、县扶贫办跑了多少趟。

县交通局、扶贫办也有难处和顾虑，项目建设资金需要上级拨款，使用也有严格的程序，在上一轮扶贫重点村建设中所实施的基础设施工程由于受资金等方面的制约主要集中在公路沿线经济条件较好、群众积极性高的村组。而像甲村这样的边远村组由于人口偏少，其项目建设成本往往与所产生的效益成不了正比，修一条通村路所需资金近 50 万元，但解决的也仅仅是这一个村几十口乃至上百口人的行路问题，其项目效益相对较低，短期内扶贫效益难以显现。

而更让蒋书记没有想到的是，修路难的原因并不完全是县政府财政资金问题，由于甲村姚坊至王玕路段有一部分位于南城县和资溪县交界，属于南城县管辖，尽管道路颠簸破旧，且没于小溪内，但对南城县辖区村民并无影响，而该路段属于甲村村民外出必经之路。按照属地管理规定，资溪县政府无权在南城县境内修缮公路，而南城县政府基于财政及多方面考虑，也有足够的理由对资溪县提出的修缮申请不予通过。因此，该道路维修长期处于搁浅状态。

路不修，何以真脱贫？在经多次协调和沟通下，南城县政府终于同意了该路段的维修，但要求由对方自筹资金。最终，甲村村小组自发筹集资金 10 万元，县里同意拨付余款，村里姚坊至王玗 1.5 千米的水泥路终于修好。道路修通后，甲村到高速路口的车程缩短了约 40 分钟，极大地便利了百姓的出行和产业发展。

同时，A 大学出资 2 万余元给全村各小组和村小学等地安装了路灯；通过上级有关单位"一事一议"项目，上山组自来水工程也同步建好，甲村的基础设施得到了很好的改善。

2）产业扶贫暖人心

"输血"不如"造血"，"造血"离不开产业。但是，对于甲村这个长期贫困的山村而言，由于村民文化层次偏低，小农经济意识较为严重，种植养殖的生产经营方式陈旧，接受新知识文化的能力相对较弱。虽然过去发展了鸡、牛、羊等养殖业，但规模不大、效益不高。同时，由于甲村土地贫瘠且质量不高，特别是水灾后农田受损严重，虽经过复垦，但未达到预期效果。

帮，要怎么帮？扶，该怎么扶？按照"扶贫开发行动计划"的要求，蒋书记将帮扶任务分为短期、中长期和长期三类，他认为，产业帮扶最主要的是打通农产品的产、供、销各个环节。但是，在实施过程中又遇到了难题：一方面，由于长期贫困，村民思维方式非常保守，心理素质极其脆弱，容易满足现状、不思进取，甚至有个别村民自甘贫穷，以享受国家政策为目标。虽然有的村民表达愿意扩大生产，但由于毛竹亏损的经历，产生了畏难情绪，尤其担心毛竹卖不出去、没有销路。另一方面，尽管国家制定了相关资金扶持政策，但由于贫困人口根本没有土地资产可用于抵押贷款，即使政府给予贴息也难以通过贷款审批，造成了资金扶持政策落空，贫困户没有办法获取资金进行大规模生产。再加上贫困人口的受教育程度大都不高，他们对自己脱贫没有信心，甲村迫切需要致富带头人，带动和领导村民走出困境。

（1）致富带头人

蒋书记召集村干部召开了一次会议，了解在外务工的当地村民是否有人愿意返乡当这个带头人，其中，有村干部推荐了邱老板。

70 年代出生的邱老板是甲村当地人，17 岁就离开村子外出打工的他，虽然在 2003年至 2005 年间返乡承接过毛竹加工点的生意，但基本是走南闯北、常年在外，当过面点师傅、开过黄焖鸡餐饮店，算是村里"混得比较好"的人。岁月的历练让他更经得起风雨、经得起锤炼，也更懂得珍惜和感恩。他说自己是甲村的儿子，总想着为村里做点什么。2016 年，当邱老板听到村里开展精准扶贫需要致富带头人的时候，他毅然决定回到家乡。

致富带头人一方面必须有强烈的责任感和使命感，要有带领全村人民致富的强烈愿望；另一方面还要熟悉村里情况，踏实肯干、善于沟通，并且能够理解和掌握新生事物。邱老板恰恰都符合！基于这两点考虑，村里一致同意邱老板当这个致富带头人。

（2）"互联网＋农产品"销售

为带动和帮助甲村产业发展，2016 年，A 大学在校内设置了一个农产品直销点，专门销售甲村生态农产品。尽管在学校，类似的店铺并不多，但甲村直销点却一度陷入"零收入"状态，与其他餐饮、小吃店形成了强烈的对比。A大学消费群体主要为教职工和学生，学生尽管数量庞大，但对于农产品的需求非常有限。而教职工对甲村的生态农产品并不了解，对它们的认可度和信任度不高。

江西省资溪县素有天然氧吧之称，由于自然环境好，加之周围几乎没有工业污染，甲村的农产品都属于纯天然无公害产品，在质量上过得了关。之前农产品认可度不高，主要原因在于教职工对甲村的情况不了解。如果能够让学校教职工了解这些情况，甲村生态农产品的销售应该不成问题。认识到这一点，蒋书记和邱老板一经商讨，决定调整推广策略，将目标群体定位于学校教职工，先通过建立微信群的方式，将甲村生态农产品进行推广，再以点带面地推动甲村农产品销售。2017年10月，在学校的支持下，他们建立了生态农产品对接微信群，实时发布农产品信息。

微信平台建立后，非常火爆，在驻村工作队和邱老板对甲生态农产品的积极宣传下，咨询和购买的教职工络绎不绝。从10月27日开始，每周五，甲村定点送货，教职工只需排队报序号、微信扫一扫，就能将近300千米外甲村的土鸡、土鸡蛋、糍粑和大米带到自己的餐桌。除此之外，校工会、多个学院还通过组织教职工到甲村现场采购、集中订购作为教职工福利等方式，助力产品销售。

甲村以及甲村的生态农产品一时成为全校教职工茶余饭后的讨论话题之一。

随着销量的日益剧增，蒋书记和邱老板努力发动更多贫困户和村民种养土猪、山羊、生态米、红薯、蜂蜜等农副产品，同时，通过微信群吸引更多的教职工和周边社区人员购买甲村生态农产品，形成了良好的市场环境。一边是火爆的销售场面，一边是杀鸡宰羊的热闹场面，甲村的村民们"累并快乐着"。

（3）合作社成立

对于贫困村来说，实现村集体经济发展与贫困户个人脱贫并非相互矛盾，而是互惠互利的关系，村集体经济对造福更多的贫困户及村民意义重大。而当前，政府对于村集体脱贫并没有具体的指导性意见，属于"摸着石头过河"的阶段，只能由各贫困村结合实际自行开展。

驻村帮扶之前，甲村的村集体经济几乎为零。为了发展村集体经济，2016年，甲村成立了农业开发有限公司，重点发展野茶加工、生态米种植和土鸡养殖等产业，整合资源、打造品牌。而随着"互联网＋农产品"进入佳境，如何发展村集体经济渐渐提上议事日程。为此，A大学提出了"村集体＋公司＋合作社＋农户"的产业发展模式，即以学校扶贫资金为撬动、以致富带头人为引领、以村集体和贫困户为主体，整合各种资源，成立了散养鸭、竹林鸡、野茶、山珍等4个专业合作社。

专业合作社和村民自主种养的产品，只需通过公司收购就可以直接运到学校，直达教职工餐桌，而公司也通过将不低于盈利30%的资金无偿捐赠给村集体、雇用有劳动能力的贫困户参与生产等方式，将实惠留给村集体和贫困户，实现了从"输血"到"造血"的转型。目前，公司已经注册了自己的品牌，开始实现盈利，并逐步向多元化、规范化迈进。

此外，为了更好地利用甲村得天独厚的自然资源，A 大学请来省农科院的专家对村里的土壤进行评估，寻找适合的农产品。针对甲村的土壤特点，农科院的专家建议他们种植太子参。

太子参种植具有成活率高、见效快的特点，专家告诉蒋书记，贵州太子参种植已成规模，为此，经多方打听，蒋书记联系到江中集团在贵州的一个供应商，了解太子参种植事宜。蒋书记与村干部商议，选出五人到贵州种植基地取经，聘请来一名专家做技术指导，并积极联系江中集团，产出的所有太子参都定向销售该公司。

3）智力扶贫挖穷根

当前，国家对贫困人口的脱贫目标，是要稳定实现扶贫对象的"两不愁、三保障"，即不愁吃、不愁穿，义务教育、基本医疗和住房安全有保障。在"两不愁、三保障"目标的实现过程中，对于部分贫困户思想落后、自甘贫穷的问题，唯有扶智才能挖"穷根"。

对此，在现有扶贫政策基础上，A 大学积极利用自身资源，着力改善甲村基层教育状况，多形式、多渠道开展适用技术和非农技能培训，这是根本改变甲村面貌的路径。通过开展师资交流、培训等方式，组织安排村小学教师定期赴学校附属小学进行学习培训，提高村小学教师的教学质量。此外，A 大学还投入经费提高村小学的硬件设施，为村小学新建多媒体教室，并为所有学生重新配置了标准的学习课桌椅，提高了学生的学习热情和积极性。同时，通过举办丰富多彩的群众性文体活动，有效提升了群众素质和文明程度。期间，艺术学院的 30 名师生还顶着烈日，利用两天时间完成了近 200 米长廊的墙绘活动，以脱贫攻坚、红色文化传承、移风易俗等为主题的墙绘，打造了一条别致亮丽的风景线。

修好的公路、持续销售的农产品、越来越美的乡村，甲村的村民们感受到了扶贫政策给甲村带来的巨大变化。今年已经 82 岁高龄的老书记激动地说："变化太大啦！""以前村里的饮用水都是河水、井水，现在家家户户都通上了自来水，连最偏僻的地方都已经用上自来水了，而且都是全部免费的。村民再也不用在寒冷的冬天打水喝，太方便了。""村里以前的路都是泥路，一下雨，整个村的道路都寸步难行，现在到处都是公路，再也不用愁雨雪天气了。"

3. 再遇难题

面对甲村的变化，蒋书记的心里暖热暖热的，仿佛看到甲村脱贫后的美好前景。但是，随着脱贫攻坚的进一步推进，新的困难又出现了：其一，产品供给不足。由于对外农产品销售规模的迅速扩大，产品出现供不应求现象，无法满足现有市场。甲村的竹林鸡完全是在山上放养，鸡蛋味道鲜美，深受教职工喜爱，但是由于山上大规模散养土鸡存在一定风险，村民不敢大规模养殖，且村民家中农产品产出存在时间周期，无法满足过快增长的市场需求。除此之外，其他农产品（如羊肉、竹耳等）也同样面临着供不应求的局面。其二，劳动力短缺。随着甲村产业扶贫的推进，劳动力流出现象虽然有所缓解，但仍难以吸引外出务工人员返乡工作。人手不够，不仅影响农产品生产，也无法开发甲村的毛竹资源。在人口流失严重的情况下，如何带领现有村民发展村集体经济？

合作社的建立，旨在集中力量发展村集体产业，通过发展村集体经济，反馈持股贫困户，确保贫困户最低生活保障制度和扶贫开发政策的有效衔接。目前，太子参种植项目还处于起步阶段，暂时未能得出效益；"互联网＋农产品"销售仅限于甲村村民，规模受限；在合作社建立的起步阶段，如何才能实现可持续发展？如何更好地贯彻国家及地方精准扶贫政策来解决这些问题，如何更有效地执行各级部门的精准扶贫政策？蒋书记又陷入了沉思……

思考题：

1. 试使用政策执行的理论模型分析甲村是如何执行精准扶贫政策的？

2. 在精准扶贫政策的执行过程中，地方政府应该如何进行利益选择？

3. 在精准扶贫过程中，公共资源的配置应如何体现公平与效益？假如你是决策者，你会采取怎样的措施，使精准扶贫公共资源的配置体现公平与效益？

4. 公共政策有效执行的影响因素有哪些？各个因素在政策执行中的具体作用是什么？如何让公共政策有效执行？

3.4.3 案例：小山村的蜕变之路

> **准备工作：**资源枯竭城市转型问题是世界各国经济和社会发展中都经历过或正在经历的突出问题。本案例介绍了河南焦作修武县的大南坡村这个因为过度挖煤而遭到破坏的小山村进行乡村改造的过程。为更好地进行案例分析，在案例分析之前应做到：
>
> （1）提前阅读案例，对案例思考题进行提前准备。
>
> （2）查阅我国 2008 年以来资源枯竭型城市转型的相关资料及国外同类城市的转型资料，包括我国国家层面出台的相关政策，各资源枯竭型城市转型的具体做法、主要成效，国外类似城市转型的做法及经验等。收集并了解不同国家中央政府及地方政府在资源枯竭型城市转型发展中的主要做法及成功或失败的典型案例。结合自己的工作，选择合适的地区进行实地调研，取得对资源枯竭型城市转型的直观认识。通过资料准备，为有效分析案例相关问题打下基础。

摘要：坐落于河南焦作市修武县的大南坡村是一个因为过度挖煤而遭到破坏的小山村。它没有全球首批世界地质公园云台山的雄伟壮丽，也没有魏晋竹林七贤吟咏地的人文底蕴，但如今它凭借方所书店（亚洲首个获得伦敦书展全球年度最佳书店的书店）开设的第一家乡村书店和碧山供销社等项目脱贫摘帽，吸引了众多目光。这个曾经的省级深度贫困村，是如何脱贫的？本案例讲述了这个小山村的蜕变过程。[①]

焦作市修武县矿产资源丰富，境内有多个国家大中型统配煤矿。位于修武县的大南坡村，更是凭借其丰富的煤炭资源，于二十世纪七八十年代成为远近闻名的富裕村。然

---

① 本案例由南昌航空大学 2020 级 MPA 研究生韩金銎编写，王秀芝教授指导。案例原始材料来自焦点访谈、澎湃新闻，作者进行了现场调研，依据见闻对相关资料进行了相应的整理和修改。

而到了二十世纪九十年代，村里出了大事。大南坡村村民老张回忆道："犁地的时候，'咕咚'一下就掉进去了，牛也掉到裂缝里了，村西边的房也裂了。"土地、房屋开裂，村民有家不敢回。类似的过度挖煤导致的塌陷事故在进入 20 世纪 90 年代后频繁发生，许多煤窑被叫停，焦作市整体煤矿经济下滑。没了煤炭产业，大南坡村也从当地知名的富裕村逐渐成为省级深度贫困村。245 户村民，贫困户就占 103 户。村子逐年落后，面临着缺少产业支撑、农业发展靠天吃饭、基础设施老旧落后、村民没有出路等窘境。青壮年更是都外出务工，返乡创业的大学生及外出打工返乡人员比例过低，村子缺乏年轻主力军，呈现"空巢化"状态。

1. 风景带来转机

焦作市作为国家首批资源枯竭型城市，在 2008 年提出了"黑转绿"的转型思路，位于焦作市修武县的云台山景区便是其转型之路中开发运营最成功的项目之一。2016 年，修武县提出了以"美学经济"引领高质量乡村振兴和"255+X"的理念，即以"群众动员、资金的多元投入"为基本手段，以"乡村自然景观、乡村建筑、乡村民俗、乡村产业、乡村生产生活方式"五种乡村文化的美学设计和价值变现为基本途径，实现"留住乡愁、传承文脉、调动原住民积极性、全民美育、投入产出相对平衡"的五大愿景。2019 年，修武县依靠云台山等景区周边"旅游 + 民宿 + 扶贫"的开发建设，实现旅游综合年收入 46.03 亿元，占 GDP 比重 30.6%。省委、省政府看到焦作转型的成绩，要求焦作为全省提供示范。

修武县的转型重点是对旅游业、产业集聚和现代农业等方面进行探索，让旅游业这一优势产业更优，加快由门票经济向产业经济、观光旅游向休闲度假游转型，在推进旅游多元化、品牌化、产业化、市场化方面下功夫，用旅游带动经济。此外，修武县还提出"针灸点穴"（不同于传统的大拆大建、整村新建模式）形式的乡村建设，让村民的生活环境变美的同时，提升"村落运营"的水平，使美丽乡村成为人们的生活常态。由于大南坡村最能代表当地乡村的实际面貌并且迫切需要改变，这样的村庄如果能够成功，不仅可以帮助村民脱贫，更是有推广的价值，因此大南坡村成为首批乡村改造试点。

2. 执行遇上难题

乡村改造的消息传到村子里来，村民的想法却没那么积极。"咱们村不比云台山，虽然早个几十年还算得上绿水青山，但是之前挖煤挖得灰头土脸，地跟房子都裂开了，哪还有什么'美'可言？咋搞旅游？"村民老牛质疑道。"就是啊，旅游、民宿，咱村也没啥景点，而且电视上那民宿都装修得可好了，咱村房子老了，孩子也都出去打工了，既没人又没钱，民宿估计弄不成。"赵阿姨跟着道。在村民的意见声中，修武县政府专门聘请来的国家乡村旅游人才培训基地产业导师陈奇和小伙伴们走进了大南坡村。他们从在村口的大槐树下和村民闲聊开始，每家每户地收集大家对村里改造的意见。在实地入户调研中，他们发现"大南坡很普通，没有什么资源，可能做不了大众旅游。"他们还发现村民的愿望其实很简单。"没有哪一个村民说我们马上要致富，我们马上要多少游客来，而是希望老有所养，希望小孩子有好的教育，有很多的中青年说如果村子里有工作，或者能挣到这份收入，他们就愿意回来。"

村庄的改造虽然肯定要兼顾游客的需求，但首要受益人还应该是生活在这片土地上的村民。于是试点改造总负责人在充分了解村民的意见和村庄现状后决定和县里领导面对面沟通："我们能不能暂时放弃文旅的思维，根据村子实际情况，来制定一个相对来说适合它发展的道路？"县委郭书记表示，县里非常重视这次脱贫尝试，"试点的一切困难我们都要迎头解决！"经过县里讨论，决定立足村子实际情况，暂时放弃风景旅游带动经济的改造方案，按照全县以美学为引领的思路，结合大南坡村的实际进行探索，并提出要充分尊重村民意见，打好"合力牌"，确保村民在改造过程中的知情权、选择权和决定权。

接收到县里的工作指示后，大南坡村村委会联合之前入户访谈的陈奇团队，为村民举办了一场"南坡讲堂"。邀请了专业人士向村民讲解分析了规划设计、村落运营等理念，让村民看到了利益保障和美好前景。同时，依据之前收集来的村民们对村里改造的小愿望，比如解决农田用水、修复公共建筑、改善卫生环境、恢复解散的剧团等，一一和村民探讨，共同制定了初步解决方案。讲堂结束后，大家心里都很激动，一致同意了先用设计手段改造旧大队部、大礼堂及校舍这些集体荒废资产，以促进乡村经济振兴。

3. 村民意识的转变

和很多乡村一样，由于过去基础设施不完善，以及村民意识不到位，大南坡村的林间、路边有不少塑料、旧衣服、纸等白色垃圾。驻村的陈奇团队提出建议，大南坡村在建设改造公共设施前更应该走好的第一步是清理垃圾、环境治理。"我们首先要做的是进行垃圾分类，提升环境质量，让村民心情更好、身体更健康，继而让更多人喜欢来。"他们的想法得到了村委会的高度赞同，村委会动员小孩老人共同参与清理房前屋后垃圾，"美丽南坡环保队"就这样成立了。"那一天，我们清理干净了入村的道路，树林里散落已久的塑料垃圾、旧衣服、旧鞋子、旧瓶子，一件件被捡起，不一会儿，杨树林变得干干净净。"陈奇回忆道。接着有越来越多的村民自觉参与到垃圾清理中。从开始的每天一小时到后来的每周一次，活动步入常态化，村子变得干净整洁，村民都说"舍不得往地上丢垃圾了"。此外乡里还为村民订制南坡环保布袋、提倡大家出门带水杯、手帕，减少塑料袋、纸巾的使用，以期从源头上减少垃圾的产生。

4. 改造工作再遇难题

村子卫生变干净了，村民们心情好，积极性也高了不少。但很快老牛又打了退堂鼓："等到集体资源改造好之后是不是就该改我们的房子了，我家几代人都住了这么多年了，我可不想拆了啊。"苏大叔则觉得："咱村离云台山也不远，我觉得民宿能挣钱，问题是咱这房子要想住游客是肯定要翻修的，可装修却没钱，这不是死循环吗！唉！"

随着政府对过去采煤塌陷区的统一浇筑回填，老牛坐不住了，来到村委会表达了意见。村委会的小赵听了老牛不想改造的原因后，先是表示非常理解，然后向他阐述了一下村委会的计划：想要借助全县域旅游的东风和便利的交通区位优势，将村内现有废弃农宅院落租下来，并改造成为独立运营的民宿，预备建成后由专业团队统一运营管理。最后小赵表示希望老牛先不要急着全盘否定，给她和同事们一些时间来了解一下其他村民关于老宅改造的意见，再给出解决方案。都是乡里乡亲，村委会的同志们也同样对家里的老宅有很深的感情，所以非常理解村民不想拆除老宅的心情。经过反复商讨，最后敲定由政府引入设计师，上门针对想改造民宿的村民开展一对一设计，让村民记忆里的每一棵树、每一块老砖都能得到保护及再利用，设计风格村民自己说了算。同时针对村民装修缺钱的情况，政府协助统一采购建筑材料，帮助降低装修成本。此外还对接中国银行进行年息 5.0% 的低息抵押贷款。疫情期间，政府还协调银行主动降低年息至 4.6%。

与此同时，村委会也实施了改造废弃院落的计划。村民流转出的 6 座老宅院，被改造成山居院落式民宿，由专业团队负责运营。房主通过培训后变身"大管家"，村民不仅有了稳定的租金收益，还可以就近务工实现增收，实现了在家门口打工的愿望。"我们与运营团队签订协议，从项目每年收益中拿出一部分，优先用于贫困户增收，每户贫困户年预计增收 1066 元，"村支部赵书记介绍说。下一步，村里计划推动"旅游＋扶贫"模式，鼓励更多的群众在家门口就业，通过餐饮、娱乐、销售土特产等经营性项目，持续增加收入，彻底甩掉"穷帽子"，走上致富路。

5. 小乡村有了新活力

公共建筑方面，旧粮库由北京来的设计师们保留了原有的砖墙外形和老木门，内部重新加固装修变成了碧山供销社，用于销售村民手工艺品、土特产及竹林七贤文创等。解决了老宅问题后的村民们没了后顾之忧，更加支持起了公共资源的改造工作。他们纷纷把自家种的农产品放在这里寄卖，货柜里花椒、决明子、连翘、山楂、枸杞，各类农产品上分别放着村民的名牌，每月一结算，非常方便。店员介绍，2020 年 10 月 30 日开业当天，碧山供销社销售额就突破了 3 万元。

现在，2019 年脱贫摘帽的大南坡村已经逐步实现了投入产出循环的平衡。"店里的产品基本是由我们本地农产品加工而成。我们在碧山供销社（焦作店）为村民设置格子铺，代售村民的农产品。此外，还成立了村民合作社、发展电商，对农产品进行加工，以美学设计为农产品提升价值。"大南坡村所在的西村乡党委书记介绍道。

村里的老剧团也进行了改造，对内部进行了整修，摇身一变成了方所乡村文化书店。走进方所书店，入眼的先是一家咖啡厅，也是大南坡村首家咖啡厅。也许在城市中，喝一杯咖啡，打卡高端艺术展览是再平常不过的场景，但是很难想象这些都真实地发生在这个小山村。进门右转是书店的图书板块，分为售卖部和借阅部。借阅部选书更贴近当地需求，为本地村民，尤其是村内完全小学的师生提供图书、音像、有声读物的阅览和外借服务。方所书店建成后，在书店的窗前读书就成了村里孩子们下午放学后最爱做的事。

游客在碧山供销社买点绿色农产品，或者在方所书店喝上一杯咖啡，凭借小票就可以到旧队部会议室办公室改建的艺术中心参观展览，并且有经过培训的村民讲解员讲解大南坡村的古与今。

由于大南坡村本身没有名山大川，也没有深刻的文化底蕴，艺术中心的展览便以它所在的修武县当地的人文风景为素材，分四个单元展出修武的"山川、作物、工艺、风度"。"山川"对应修武县的云台山，"作物"展览的是中原地区传统作物小麦和面食的发展，"工艺"展示的是拥有"世界陶瓷之林的神妙之花"之称、起源于修武的绞胎瓷，而"风度"则非竹林七贤莫属。艺术中心的白墙上，投影播放着广州美术学院刘教授的木刻作品大南坡村版《竹林七贤》的木刻动画，八方游客纷纷驻足观看这样有鲜明地域特色的文创作品。这些展览不仅吸引着远方的游客，也深深吸引着村子里的孩子们，这些艺术作品产生的美学氛围和艺术教育价值，使得他们自小就能对于美有更好的接受度和欣赏能力，起到了不容忽视的美育作用。

在参观展览的最后，村民讲解员还会特别自豪地介绍一种当地村民的娱乐项目——怀梆戏。据村民讲解员讲述："焦作一带，古时候名为怀庆府。怀庆梆子，故名怀梆，属于地方性戏剧。怀梆戏是我们当地老百姓平时一直唱的，我们大南坡村也有自己的怀梆戏团，但是我们已经四十年没有唱了。在陈奇老师的团队为我们做的民意调查中，村民对于我们的怀梆戏团还是呼声很高，就帮我们恢复了怀梆戏团。2020 年 9 月 24 日晚上，我们的戏团时隔四十年再次对外展演《穆桂英挂帅》等怀梆戏剧，让我们村里的老人都很激动，觉得村子的人气回来了。"如今，大南坡村的休闲农业、乡村旅游、民宿经济等特色产业也相继发展起来，吸引了很多在外务工的年轻人返乡建设……

目前，大南坡村村民参与村务的责任意识明显提升，有力推动了乡村振兴。下一步，大南坡村还将和专业团队一起努力，继续壮大原住村民参与，吸引外出打工村民回归乃至新村民入驻，把美学经济作为实现高质量发展的第一动力，最终实现多方共赢的美好愿景。

思考题：

1. 阅读国家有关支持资源枯竭型城市转型的相关文件，分析修武是如何落实这些政策的；

2. 谈谈公共政策制定和实施过程中"政策试点"的作用和意义？

3. 试用公共政策理论分析本案例。

3.4.4 案例：不要在我的"后院"祭祀

准备工作： 党的十八大以来，我国殡葬事业和殡葬改革走过了不平凡的历程。从单一条例到政策合力、从大操大办到移风易俗、从散埋乱葬到节地生态安葬……丧葬习俗改善的背后，是满足群众"逝有所安"的生动体现，是冲破思想藩篱、革故鼎新的探索与实践。然而在具体的实践过程中，不可避免地出现了一些矛盾。本案例聚焦的是 N 市 L 镇一个城郊村在建设千秋堂的过程中引发的一场邻避事件。为更好地进行案例分析，在案例分析之前应做到：

（1）提前阅读案例，对案例思考题进行提前准备。

（2）查阅我国殡葬改革的政策文件，收集并了解不同地区殡葬改革的典型案例。结合自己的工作，选择合适的地区进行实地调研，取得对殡葬改革的直观认识。通过资料准备，为有效分析案例相关问题打下基础。

摘要： 近年，J 省的殡葬改革一直是热点话题，政府出台多个文件推进改革进程，在这个过程中不可避免地引发了一些矛盾。本案例关注的是 N 市 L 镇一个城郊村在建设千秋堂的过程中，由于在项目规划时过分考虑项目的紧迫性和价值，未充分考虑周边的环境及居民利益问题，而引发的一场邻避事件。案例聚焦 L 镇城区建设千秋堂过程中引发的邻避矛盾冲突，以 L 镇分管副镇长和某居民的视角来看整个事件的始末，并由此思考和探讨政府决策应如何更好地反映民意，避免邻避矛盾，政府在决策前应该有哪些考量。[1]

殡葬改革是指积极推行火葬，改革土葬，破除旧的丧葬习俗。殡葬改革关系人民群众切身利益，党中央、国务院对此高度重视，2009 年 12 月，民政部发布《关于进一步深化殡葬改革促进殡葬事业科学发展的指导意见》，2012 年 11 月，国务院发布《殡葬管理条例（2012 年修正本）》。2017 年，J 省为了推动绿色殡葬改革，将殡葬改革工作纳入多项综合考评（绿色发展考评、文明建设考评、民生工程考评），N 市也在同年发布《关于加快推进 N 市殡葬事业发展的实施意见》。然而，殡葬改革在实施过程中遇到诸多阻力，也引发了一些矛盾。

1. 两难决策埋隐患

1）凡事难两全：H 副镇长无奈的选择

L 镇是 N 市 N 县城关重镇，D 村位于 L 镇的最北面，距离 L 镇政府约 5 千米；D 村下辖 7 个村小组，现有人口近 7000 人，只有 7 个简易灵堂，存放骨灰近 5000 个，未建设千秋堂。Z 小区是在原 D 村土地上建起来的小区，已入住 3700 户，13000 余人。

H 是 L 镇的副镇长，分管镇里的殡葬改革工作。D 村的殡改工作一直是 H 副镇长的一块心病，2019 年，这块心病发作了。2019 年 D 村有一条断头路纳入了市里的重大重点项目，此断头路直通隔壁县区的花博园景区，红线区内有两个简易灵堂及部分祖坟须拆除，一旦拆除，灵堂和祖坟将有几千个骨灰盒无处安放，因此建设一座千秋堂成为紧要事情。但由于 D 村土地基本已规划完毕，千秋堂的选址成为一个难题。H 副镇长和党委书记都是从隔壁管委会调过来的，因此，H 副镇长向党委书记提议，是否可以异地选址（隔壁管委会）建设灵堂，此想法得到党委书记的大力支持，党委书记立刻找来 D 村党支部书记商议此事。D 村村委会上，村两委干部一边倒地反对此议案，村干部和村民认为，自己村里是有集体用地的，为何要把灵堂建在别的地方，这给祭奠带来了极大的不便。由于村民的强烈反对，此议案只得放弃。

在断头路的老灵堂旁边有一块集体用地，这也是 D 村仅剩的一块集体用地，D 村党支部书记建议把灵堂建在此处。这让 H 副镇长犯了难，因为此地块距离 Z 小区不足百米，距离花博园景区也不足 200 米。一旦选择此处建设灵堂，有可能遭到 Z 小区居民的强烈不满。但是其他领导认为，虽然新灵堂距离小区比较近，但相比于老灵堂还是要远一点的，而且如果建设新灵堂的程序完善，小区居民未必会反对。

经过县委、县政府与镇党委、镇政府的反复协商论证，为了尽快能够打通断头路，完成市里的重大重点项目建设任务，镇党委、镇政府最终决定在老灵堂旁边建设一个新灵堂。新灵堂的建设经过了县委、县政府的批准，依法履行了程序，并在 D 村进行了公示。但是 Z 小区居民却一直都不知情。

---

[1]　本案例由南昌航空大学 2020 级 MPA 研究生卞圣超编写，王秀芝教授指导。

2）令人惊讶的发现：一座灵堂平地起

谢女士是Z小区的一名居民，总爱在下午到花博园去散步，既能锻炼身体，又可以欣赏美景。2020年10月中旬以后，谢女士注意到在小区旁边的老灵堂附近有个很大的建筑在施工，这让谢女士有种不祥的预感。问一起散步的朋友，大家也都不知道这个建筑是做什么用的。谢女士赶紧拍下照片发到小区的居民群中询问，才发现也有其他居民发现了这栋建筑，但都不知道这是做什么的，有居民说会不会是做灵堂的，这让大家都心里惴惴不安。几天后，有居民经过多方打听，确认此处确实是隔壁D村新建的千秋堂，顿时居民群里炸开了锅。居民们在群里七嘴八舌地讨论开来："千秋堂怎么可以建在我们小区旁边？""小区和景区门口是可以建设灵堂的吗？""这个灵堂是否经过了政府批准，还是D村私自建的？""我们一定要团结起来，保卫我们共同的家园！""我们一定要想办法让它赶紧停下来。"谢女士一夜未眠，进入了深思。

2. 聚集堵路多争端

13日晚，H副镇长吃过晚饭，正在家中看电视，手机铃声响起，是办公室的电话，H副镇长接起了电话。

"哪位？"

"镇长不好了，Z小区居民为了反对D村建设灵堂，现在有几百名居民在灵堂附近的道路上拉横幅、拦马路。"

"怎么会这样？我马上赶过去。你们有没有通知书记？"

"已通知了，书记正在赶往现场！"

"好。"

挂掉电话，H副镇长立马开车赶往现场，并在路上给书记打电话，请示对策。

到了D村大道灵堂施工附近，远远地看到现场聚集着200多名居民拉着横幅吵吵嚷嚷。派出所民警已在现场维持秩序，但仍无法阻挡激愤的群众。副县长、镇党委书记等多名领导也都赶来了现场，并对居民做了安抚工作。经过与居民代表沟通，县、镇领导作出承诺：一是暂时停工；二是派居民代表第二天上午在社区协调；三是明确协调会到场的领导身份。Z小区居民同意不再聚集，镇里也交代D村书记要暂停灵堂建设。

14日早上6点钟左右，有居民看到千秋堂施工现场有几个村民在做事，认为是在开工，这违背了13日晚上的停工协议。Z小区50多名居民立刻聚集赶往灵堂现场。居民推倒了围墙大门并与现场的D村村民发生肢体冲突，直接导致两位居民受伤。镇党委书记、政法委书记、分管领导、蹲点领导立刻再次赶往冲突一线，进行安抚调解，并解释，D村灵堂已停工，目前是准备采购大树遮挡灵堂，村民是在清理，并非施工。

随后，H副镇长和社区分管领导一起到Z小区组织居民代表20多人召开协调会。现场向居民出示了千秋堂建设的批复文件和相关程序，表明千秋堂的建设符合程序要求。但居民质疑千秋堂选址在居民区和景区附近是否合法合规，要求灵堂应立即停工并拆除，否则将赴省、市上访。

14日晚，居民们认为上午的协调会没有得到任何有效答复，镇领导所谓的程序合法是否与国家规定相违背，政府是否与村里沆瀣一气？各种过激的言论和想法在居民群里蔓延，于是几百名居民商议来到小区旁边的交通主干道立交桥口进行聚集、堵路。居民此举严重影响 N 县的道路交通，造成了极其恶劣的社会影响。县公安局派人员到现场，控制了几名带头居民。同时，社区干部、镇领导等干部积极劝导居民，让居民知悉目前千秋堂已停工，这种堵路的维权方式是违法的，希望大家先回去，走合法合规的程序进行维权。软硬兼施下，居民终于同意不再堵路，合法维权。

3. 合法维权路漫漫

经过社区人员挨家挨户地劝导，15 日之后没有再次发生大规模的群体事件。居民们开始了依法信访维权之路。

一方面，居民通过 12345 市长热线、县信访渠道、民声通道等多种网上渠道进行投诉：一是建设骨灰堂已严重影响小区业主居住环境，小区业主已与村民发生肢体冲突，若放任建设，后续问题恐会加重；二是小区附近学校众多，未成年人众多，骨灰堂建立怕影响小朋友成长；三是基础设施建设的目的本是为了提升人民生活质量、幸福感、安全感，在家门口不足百米建设骨灰堂已与民心、民意相违背。总之，希望政务必终止骨灰堂建设。

政府的回复则认为，新灵堂的建设经过村两委会、村民代表大会研究并在全村范围公示无异议，灵堂建设通过了立项、审批等规范程序，且所处位置较原灵堂离 Z 小区位置更远。灵堂周围绿化已经完成，移栽的大树能够有效遮挡视线。

居民对政府的回复自然是不满意的。居民们认为，第一，《中华人民共和国殡葬管理条例》规定，在景区、道路两旁及住宅小区 500 米内，不准建设灵堂、千秋堂等；第二，之前的小型灵堂属于历史遗留问题，对小区影响不大，不代表可以建新灵堂；第三，地方文件不应该大过国家规章制度。

另一方面，谢女士等人到省市进行上访，10 月 26 日以谢女士为代表的 22 人前往市信访局上访；27 日，谢女士等 3 人又到省城试图找到中央巡视组成员反映关于拆除千秋堂的诉求。但是这些上访无一不被劝返。

4. 只停不拆前路难

到如今，千秋堂已停工建设。D 村居民建了一大半的千秋堂被迫停工，前期的投入看不到成效，因拆迁取出来的骨灰盒至今无法得到妥善安置，D 村居民表示很无奈。两年多来，D 村一直都在走审批手续，包括建设工程规划许可证、施工许可证、规划方案等。因千秋堂是在 J 省殡葬改革政策下进行建设的，就 N 市来说，各地的千秋堂都只有政府的会议纪要，没有具体的审批手续。因此，D 村在申请手续过程中遭到诸多阻力，至今大部分证件都未审批下来。一方是政府机关因无经验可借鉴，不愿办理；一方是 D 村无法完善相关手续，不敢再建；一方是附近居民时刻盯着，不让再建。

Z 小区居民看着停工却并未拆除的千秋堂，仍然如鲠在喉，如临大敌。居民成立了几个 500 人的微信群，随时关注在千秋堂的一举一动，部分居民吵闹着要继续聚集、上访……

思考题：

1. 查阅我国殡葬改革的相关文件，分析 L 镇千秋堂的建设是否合规。

2. 本案例中矛盾的根源是什么？

3. 如果你是 L 镇的镇长，面对此情况，你应该如何解决？

3.4.5 案例：计划生育——从独生子女到"三孩政策"

准备工作： 始于 1980 年的"一对夫妻只生一个孩子"的计划生育政策对缓解我国人口快速增长起到了重要作用。然而，随着一孩政策的长期实施，以及人们生育观念的转变，低生育率及随之而来的老龄化又成为困扰中国的人口问题，人口政策的调整也成为我国政府必须考虑的重要问题之一。本案例讲述了我国计划生育政策从制定到实施，再到调整的整个过程。为更好地进行案例分析，在案例分析之前应做到：

（1）提前阅读案例，对案例思考题进行提前准备。

（2）查阅我国计划生育政策，查找各国应对人口快速增长和人口老龄化的政策措施、具体做法及成功或失败的典型案例。通过资料准备，为有效分析案例相关问题打下基础。

摘要： 计划生育是我国的一项基本国策，1980 年，中国开始实施独生子女政策，提倡一对夫妇只生育一个孩子，主要内容及目的是提倡晚婚、晚育，少生、优生，从而有计划地控制人口。进入 21 世纪，计划生育政策作出调整，从独生子女政策到"双独二孩"政策，到全面放开"二孩政策"，再到"三孩政策"，政策的调整与人口变化、政策环境变化等有关，体现渐进调适的特点。本案例介绍了我国计划生育政策从制定到实施，再到调整的背景及内容。案例的决策过程漫长，其间历经很多次大型和中型实地调查，以及会议研讨、上下左右相互沟通、不同政策方案间一个回合又一个回合的博弈等，典型地体现了中国特有的上下来去政策过程模型，为公共政策变迁和调整提供了一个较为典型的案例。[①]

2021 年 5 月 31 日，中共中央政治局召开会议，听取"十四五"时期积极应对人口老龄化重大政策举措汇报，审议《关于优化生育政策促进人口长期均衡发展的决定》。会议指出，要进一步优化生育政策，实施一对夫妻可以生育三个子女政策及配套支持措施。这是继 2015 年"全面二孩"政策，结束历时 35 年的独生子女政策后，中国生育政策的又一次重大调整。同时，这也是在 2020 年第七次全国人口普查数据公布之后，针对中国人口形势所作出的重要政策响应。

1. 独生子女政策的实施

独生子女政策始于 1980 年。同年 9 月 25 日，中共中央发布《关于控制我国人口增长问题致全体共产党员、共青团员的公开信》，号召每对夫妇只生一个孩子。以此为起点，独生子女政策随即在城乡得到普遍严格实施，甚至成了整个计划生育政策的全部内容。

---

① 资料来源：宁骚. 公共政策学（第三版）[M]. 北京：高等教育出版社，2018：276-277. 笔者作了相应的整理和改动。

"一孩政策"的实施导致中国的人口形势从 1992 年起开始发生历史性转变。自 2000 年以来,我国人口学研究者逐渐形成共识,不断呼吁官方正视已发生了逆转的中国人口形势,并试图通过扎实的调研推动政策的调整。与此同时,在公共决策者方面,从直接决策者、核心决策者到边缘决策者、辅助决策者,也一直在密切地关注着我国人口形势的变化和学者们的调研成果。视角的差异常常使双方对人口形势作出不同的判断,因而对现行计划生育政策是继续坚守还是进行重大改变常有激烈争论,其中既有不同智库和领军学者之间的竞争,也有民间社会与官方的博弈,以及中央和地方的利益权衡。

2. 双方博弈

在人口学研究者和民间社会方面,认为中国正经历着和当初实行"一孩政策"时完全不同的人口形势,"特别紧张的人口增长问题"已成过去式,现在困扰中国的人口问题是和低生育率密切相关的人口性别失衡、劳动力短缺及老龄化加剧等问题。这个形势是如此严峻,以至于如果不立即采取相应的渐进式政策调整,中国就将错失良机。而在国家人口政策主管部门和官方智库方面,最大的担心仍然是如果朝着实施"二孩政策"的方向改变,就有可能导致人口失控。人口过快增长,将对中国的经济环境及资源利用等带来负面影响。

2000—2009 年是双方博弈的第一个阶段。2004 年 4 月,中国人民大学教授顾宝昌牵头起草一份调研报告《关于调整我国生育政策的建议》,上报国家计划生育委员会。报告指出:从 1992 年开始,中国总和生育率[①]就低于人口世代交替所需的更替水平(平均每对夫妇生育 2.1 个孩子),到 2000 年更是只有 1.6,跻身世界生育率最低国家行列。报告预测,如果政策不变,我国总人口将在 20 年左右达到零增长。报告建议我国先放开"单独二孩",然后再逐渐过渡到"全面二孩"。这一建议当即引起国家高层领导的重视,但是在根据国家领导的提议召开的一次计划生育政策内部研讨会上,质疑报告的声音占了上风,建议被束之高阁。差不多同时,国家计生委启动了另一项大型调查,课题组由一名时任全国人大常委会副委员长、一名时任全国政协副主席和一名原国务委员任组长,成员由包括 2 名院士在内的 300 多位专家组成,调研的具体组织工作由国家计生委的两个司局级机构负责。调研在全国进行了两年多,于 2007 年 1 月推出了一份近 300 万字的《国家人口发展战略研究报告》[②]。报告公布的统计数据是,20 世纪 90 年代以来,我国总和生育率一直稳定在 1.8 左右,报告以此为基本依据,建议国家继续保持现行生育政策不变。中央对这份报告很看重并采纳了其建议。

2009—2010 年是双方博弈的第二阶段。虽然中央的计划生育政策总体稳定,但是上海、天津、江苏、辽宁、吉林、安徽、福建等 7 省市农村在实施"双独二孩"政策后,早就悄然陆续实施了"单独二孩"政策。这样就为在全国实施"单独二孩"政策提供了试点。同时,全国另有 5 个省份和 4 个地区实施"二孩政策",同样为在全国范围内"放开二孩"起到了政策试验的作用。另外,从 2009 年开始,"二孩政策"是否放开成为每年两会上的热门话题,代表、委员关于"放开二孩"的议案、提案越来越多,要求调整计划

---

① 指在一个国家或地区里,每个育龄妇女平均生育的子女数。
② 国家人口发展战略研究课题组. 国家人口发展战略报告 [M]. 北京:中国人口出版社,2007.

生育政策的呼声渐涨，地方党政领导也不断上书中央反映低生育率带来的日益严峻的弊端。国家计生委感受到的压力很大，着手把调整、完善计划生育政策提上了日程。

人口学研究者再次积极行动起来，他们当中有25人联名上书中央，认为分步"放开二孩"的时机已经成熟，依据是2005年全国1%人口抽样调查显示总和生育率已降到1.33。他们大声疾呼："如果等到中国人口已经开始负增长，再采取措施提高生育水平，将为时已晚。"终于出现了标志性的突破：2010年年初召开的全国计生工作会议提出要在"十二五"期间"稳妥开展"实行"单独二孩"的政策试点工作。显然，多数人口学者提议的首先放开"单独二孩"，然后再考虑放开"全面二孩"的政策方案被国家计生工作决策层采纳。在采纳这一方案之前，计生委展开了一系列的调研、测算和论证工作，以保证数据的可靠性、方案的可行性。2010年11月初，方案由国家计生委提交至国务院，但之后一直没有进展。

2010—2013年是双方博弈的第三阶段。在这个阶段，人口学者说服的对象主要不再是国家计生委决策层，而是中央顶层决策者。2011年4月，国家发布第六次人口普查结果，显示总和生育率仅有1.18。同年6月，全国计生委工作会议通过新的"单独二孩"政策方案，向中央请示能否开始"单独二孩试点"。2012年7月，由15位法学、人口学者签署的一份修法建议书呈送全国人大及其常委会，请求全面修改《人口与计划生育法》，取消对公民生育权的限制，废止生育审批制度。党的十八大召开前夕，20多位人口学者又一次向中央决策层上书强调调整计生政策势在必行，并提出了在全国分步实施"放开二孩"的调整方案。同时，人口学者关于人口红利将在2013年面临拐点的文章经常见诸报端，对决策层形成了舆论压力。2013年年初两会召开期间，许多代表、委员再次提议分步骤"放开二孩"。

3. 政策调整

在这样越来越强的呼声中，中央审时度势，终于在2013年11月15日发布的《中共中央关于全面深化改革若干重大问题的决定》里，作出了放开"单独二孩"的重大决策。2015年10月29日，党的十八届五中全会允许实行"普遍二孩政策"。会议决定：坚持计划生育的基本国策，完善人口发展战略，全面实施一对夫妇可生育两个孩子政策，积极开展应对人口老龄化行动。同年12月27日，全国人大常委会表决通过了关于修改《人口与计划生育法》的决定，宣布新法于2016年1月1日起正式实施。中国从此进入"多孩时代"。

2021年5月31日，中共中央政治局召开会议，决定进一步优化生育政策，实施一对夫妻可以生育三个子女政策及配套支持措施。2021年8月20日，全国人大常委会会议表决通过了关于修改人口与计划生育法的决定，修改后的《人口与计划生育法》规定，国家提倡适龄婚育、优生优育，一对夫妻可以生育三个子女。

思考题：

1. 如何理解人口政策调整过程中体现的基本理念及原则？

2. 政策调整的形式有哪几种？本案例属于哪种类型的调整？

3. 试分析一项公共政策的调整需要经过哪些程序。

第 4 章

公共经济理论及案例分析

在现代社会中，以政府为代表的公共部门和其他非政府组织在社会政治经济生活中起着举足轻重的作用。政府不但承担着纠正市场失灵的重任，而且依靠税收、支出、管制、借债等强有力的政策工具，深刻地影响着社会中每一个人与千千万万家企业的经济生活，影响着生产者、消费者、储户、雇主的经济行为。以政府为代表的公共部门作为市场经济的主体之一，在现代社会中具有很强的资源配置作用。公共经济学作为专门研究政府及各类公共部门配置资源的学科，在公共管理专业学生的知识结构中具有重要的地位。

4.1 公共经济学的内涵与体系概要

公共经济学是研究政府经济行为的科学。本节将对公共经济学的内涵、研究对象及其体系进行简单介绍，以便为同学们在进行公共经济案例分析时养成公共思维和经济学思维打好基础。[①]

4.1.1 公共经济学的内涵

公共经济学又称公共部门经济学，是从经济学的角度来研究、解释、分析和规范政府职能和作用的科学，它是专门研究以政府为代表的公共部门的经济行为及其资源配置效率的一门学问。公共部门主要是指政府及其附属物，人们有时又把公共经济学称为政府经济学。

在市场经济条件下，政府也是一个独立的经济主体。西方经济学把所有经济主体分为公共部门和私人部门两大类。公共部门是指政府及其附属物，私人部门是指企业和家庭。无论是政府，还是企业和家庭，都以各自的方式参与国民经济运行，影响着国民经

---

① 本节内容参见唐任伍 . 公共经济学（第二版）[M]. 北京：科学出版社，2018：1-7. 樊勇明，杜莉等 . 公共经济学（第二版）[M]. 上海：复旦大学出版社，2007：1-5，12-14.

济的发展方向和速度。

宏观经济学的核心理论——国民收入决定理论，把政府、企业和居民看作三个平等的主体，相互关联而又各有自己的运行规律。如果不考虑国际市场的因素，一国国民经济就取决于这三者的经济活动。居民向企业提供劳动、资本、土地、企业家才能等各种生产要素，并从企业取得相应的报酬；居民再以这些报酬向企业购买商品和劳务；企业向居民购买各种生产要素并向居民提供各种商品和服务；政府通过税收和政府支出来与企业和居民发生联系，参与国民经济。经济要保持正常运行，不仅要使企业的投资等于居民的储蓄，而且要使政府从企业和居民取得的税收与其向企业和居民的支出相等。国民经济运行出现不均衡时，政府可以调节税收和支出，居民可以调节消费与储蓄，企业可以改变投资与生产，从而使国民经济重新恢复稳定。

虽然政府与企业、居民共同参与国民经济，但是其行为方式和目的却大相径庭。企业和居民作为私人部门，是以收益最大化为前提和目标的。但是政府却不能如此，它的经济活动一方面不能忽视收益与成本，另一方面又必须以全社会公正和公平为前提和目标。市场经济并不是任何时候都有效，市场也会失灵，而政府有时可以弥补市场的不足与失灵。在市场经济条件下，政府的作用主要有三个：收入再分配功能、社会资源配置功能和宏观经济稳定功能。换言之，政府是以自己独特的方式和规律，与企业、居民一起参与和影响国民经济的。公共经济学就是经济学中专门研究政府经济行为特殊规律的分支学科，是论述各级政府部门和公共组织的存在意义和行为，回答政府必须做什么以及应该怎样做的学问。

4.1.2　公共经济学的研究对象

公共经济学的研究对象是公共部门，即政府及其附属物。政府是国民经济中唯一通过政治程序建立的，在特定区域内行使立法权、司法权和行政权的实体。政府除对特定区域内居民负有政治责任以外，还参与非市场性的社会生产活动和社会财富再分配。政府参与的非市场性生产活动是指政府为满足居民的公共消费需要，通过向社会成员征税和强制转移财富的办法来筹措资金，不以营利为目的，从事生产和提供国防、治安、教育、卫生、文化等公共服务。政府所从事的社会财富分配是指为了保证特定区域内全体社会成员的公平与公正，维护社会的稳定，采取税收或其他强制手段对各社会成员的财富进行重新分配。

公共经济学中，公共部门（即政府）的含义可分成四个层次加以理解（见表4-1）。公共经济学的研究对象是中央政府的经济行为、地方政府的经济行为，以及包括官方金融机构在内的所有由中央与地方政府出资兴办经营的企事业的存在意义和经济行为。

表 4-1　公共部门含义的四个层次

层　次	名　称	涵　盖　范　围
第一层次	狭义政府	中央政府
第二层次	广义政府	中央政府＋各级地方政府及其附属机构
第三层次	统一公共部门	中央政府＋各级地方政府及其附属机构＋中央和地方政府出资兴办的各种企事业（如医疗卫生机构、教育机构及电信等）
第四层次	广义公共部门	中央政府＋各级地方政府及其附属机构＋中央和地方政府出资兴办的各种企事业＋政策性金融机构

需要说明的是，第三、第四层次不包括国有企业和国有商业银行。

在明确了公共经济学的研究对象之后，还必须对中央政府、地方政府、中央和地方政府兴办经营的企事业等主体的经济行为进行界定。从政府三大功能出发，研究政府经济行为也有三个层次的内涵。

第一层次是研究财政收支，即根据法律征收的税费。根据政治程序决定的预算支出各项费用是政府经济行为的核心。既然政府是一个经济主体，其财政收支也应该讲究收益与成本。

第二层次是研究财政收支对国民经济的影响。财政收支原来只是维持政府人员生存和政府机构运作的非生产开支。但是随着政府规模的不断扩大，为自身存续所必需的收支在国民经济中所占比重也越来越大，财政的作用不只限于维持政府自身的存续，而且已经成为调节国民经济的重要手段。

第三层次是研究包括财政收支在内的公共部门经济的合理性与必要性。各国政府出于调节经济和扩大社会福利的需要，出资兴办经营的企事业不断增加，连同财政收支一起成为国民经济中一个庞大的部门。人们不得不对如此庞大的公共经济的合理性和必要性做认真研究。弄清楚为什么要维持如此庞大的公共经济，如何使其发挥应该起到的作用。

4.1.3　公共经济学的体系概要

公共经济学作为一门新兴学科，其研究内容主要包括以下三个方面：第一，清晰地界定公共部门应该从事哪些经济活动，以及如何有效地组织与实施；第二，尽可能地把握与预测公共经济活动的结果；第三，对各种政策的制定和实施进行科学公正的评估。

公共经济学的历史虽然不长，但已经发展成为一门体系完整、结构严谨、内容丰富的学科。大体上可以用两大理论支柱、六大主要内容来概括 [1]。

1. 两大理论支柱

两大理论支柱是指公共产品理论和公共选择理论。

（1）公共产品理论是关于政府作用的理论，是用来解释政府为什么会存在、政府是干什么的理论。公共产品理论的核心是政府是为了向所有社会成员提供满足其共同需求

---

[1]　需要强调的是，这两大理论支柱和六大核心内容只是供初学者进入这一领域的钥匙，绝非公共经济学的全部。

的产品与劳务而存在。换言之，生产、提供和实现公共产品的有效供给是政府的存在价值和主要任务。

（2）公共选择理论是关于政府如何运作、如何决策的理论。公共选择理论的核心是把政府也看成一个"理性的人"，按照"利益最大化原则"行事的经济体，从而对政府决策的合法性和合理性作出经济学的解释。公共选择理论实际上是对以美国为代表的三权分立政治体制之中，通过选举和投票来实现多数决策的经济分析，既论述了以投票为核心的民主多数决策的合法性和合理性，又揭示了民主多数决策的内在弊病和缺陷。

2. 六大主要内容

六大主要内容是：市场与政府的关系、公共支出、公共收入、预算管理、收入再分配和国民经济宏观调控。

（1）市场与政府的关系。政府是通过政治程序建立的，在特定区域内行使立法权、司法权和行政权的行为实体，政府除对特定区域内居民负有政治责任之外，还参与非市场性的社会生产活动和社会财富的分配。市场是指买卖双方进行交易的场所，是社会分工和商品生产的产物，它起源于古时人类对固定时段或地点进行交易的场所的称呼，发展到现在，市场具备了两种意义，一是交易场所，如商品市场、股票市场、期货市场等；二是交易行为的总称。市场与政府的相互关系主要体现在对资源配置优化过程中市场和政府各自的优劣利弊分析之中，也即是对资源配置优化中的"市场失灵"和"政府失灵"作出解释和理论分析。一般来说，市场经济是资源配置的有效方式，但由于垄断、外部效应、公共产品和信息不对称等原因，市场会出现失灵。因此，以政府为代表的公共部门必须运用财政税收等手段，调控经济、纠正市场失灵，解决分配不公、贫困等社会问题，实现效率与公平的平衡，保障经济增长和社会稳定目标的实现。

（2）公共支出，即政府的财政支出。政府财政支出的不断攀升和范围扩大是世界各国的共同现象，也是一条客观规律。由于社会经济的发展，政府的活动范围在不断扩大，政府活动的深度在不断深化，需要投入更多的人力、物力和财力。社会经济的发展是分阶段循序渐进的，发展阶段不同，政府开支的重点和投入的规模也不同，社会经济发展程度越高，对政府的财力要求也就越高。同时，公共部门的非效率性也是政府开支增长的重要原因。

（3）公共收入，即政府取得收入的形式和途径。一般而言，政府收入由税、费、债三大来源构成，其中税收在政府收入中占有重要地位。税收制度实际上是根据市场竞争原理而设定的财政制度中的"自动稳定器"。充分、便利和中性是税收制度设计中要首先加以考虑的因素。

（4）预算管理，即通过一张或几张表来反映政府在一定时间内所有收入和支出计划的制度。均衡预算理论、功能预算理论和结构性预算理论是现今西方主要市场经济国家从事预算编制和预算管理的主要指导原则。三种理论的先后出现，反映了西方国家对政府干预经济方式的变化，折射了由凯恩斯主义向供给学派、货币主义的巨大转变。

（5）收入再分配。社会保障是政府进行收入再分配的重要手段之一，是政府履行公平职责的重要组成部分。市场管效率，政府管公平。对于什么是公平，功利主义、正义论、机会均等论、倒 U 形理论和新老福利经济学给出了不同的答案，提出了政府对收入分配进行调节的不同思路。政府在利用税收对收入分配进行调节的同时，还须花大力气去建立和健全完整的社会保障体系，以编织一张无所不在的"社会安全网"，求得社会的稳定和发展。

（6）国民经济的宏观调控，即政府通过政府采购、发行债券等形式来刺激或抑制社会的消费和投资，使国民经济保持稳定增长。没有一个国家的政府不对宏观经济进行调控，政府有必要，也有可能运用财政政策和货币政策来调节社会总供给和总需求，使经济增长率、失业率、通货膨胀率和国际收支都能保持在社会公众所期望的水平之上。

4.2　公共经济学的主要理论

上述两大理论支柱和六大主要内容涉及公共经济学中的诸多理论，主要包括外部效应理论、公共产品理论、公共选择理论、公共收入理论、公共支出理论、公共预算理论等，本节我们将对上述理论的知识要点进行简要概括。[①]

4.2.1　外部效应理论的知识要点

外部效应是市场失灵的主要表现之一。当外部效应存在时，人们在进行经济活动决策中所依据的价格既不能精确地反映其全部的社会边际效益，也不能精确地反映其全部的社会边际成本，因而达不到帕累托效率准则所要求的最佳状态。因此，外部效应是需要政府运用财政手段对经济运行进行干预的一个重要方面。

1. 外部效应的定义及分类

外部效应也称外部性，是指在市场经济条件下，某种产品的生产和消费会使这种产品的生产者和消费者之外的第三者无端受益或受损。而受影响的第三者因此而获得的效益或为此付出的代价未予以考虑，因而该产品的生产者和消费者没有得到应有的报酬或没有为之承担应有的成本费用。换言之，外部效应就是未在价格中得以反映的经济交易效益或成本。

在现实经济生活中，外部效应的表现形式是多种多样的。一方面，外部效应可能是由生产行为或消费行为引起的；另一方面，外部效应可能对承受者有利，也可能对承受者不利，因而有正的外部效应和负的外部效应之分。据此，外部效应可以分为：生产的正外部性（如养蜂）、生产的负外部性（如污染）、消费的正外部性（如室外摆花）、消费的负外部性（如在公共场所抽烟）。

2. 外部效应与资源配置效应

存在外部效应的情况下，私人的边际效益和边际成本会同社会的边际效益和边际成本发生偏离，因此完全竞争一般均衡将不是帕累托最优。

带有正的外部效应的产品或服务的价格，不能充分反映该种产品或服务所能带来的

---

① 本节内容参见许洁，葛乃旭 . 公共经济学：理论、文献及案例 [M]. 北京：清华大学出版社，2018：40-41，58-60，83-84，103-104，126-127，153-154.

社会边际收益。此时这种产品或服务的私人边际收益小于社会边际收益，导致私人企业对该产品或服务的供给不足，造成效率损失。

带有负的外部效应的产品或服务的价格，不能充分反映用于生产或提供该种产品的社会边际成本，此时的私人边际成本小于社会边际成本，导致供给量过大，造成效率损失。

3. 外部效应的纠正

一定条件下，私人市场可以在没有政府的帮助下解决外部性问题。解决方式主要包括：一体化、明晰产权（科斯定理）、社会合作治理、法律制裁、道德制约等。

公共部门解决外部性的办法分为两大类：基于市场的解决办法和直接管制。基于市场的解决办法通过影响激励来保证经济有效地产出，主要有三种形式：税收（罚款）、补贴、可交易的许可证。政府使用直接管制来限制外部性，主要通过制定强制性标准、环境标志和认证计划、行政命令等。

4.2.2 公共产品理论的知识要点

公共产品理论是公共经济学的核心理论之一，是用于说明政府为什么存在，以及以何而存在的理论。弄清了公共产品理论也就对政府的基本职能有了明确的认识。我们需要理解为什么在公共产品的供给上市场机制会发生失灵，不同类型的公共产品应该如何提供才能实现资源的有效配置。

1. 公共产品的概念及判别方法

公共产品是由政府（公共部门）所生产和提供的，用于满足全体社会成员共同需求的产品和劳务。一般而言，公共产品可以分为纯粹的公共产品、广义的准公共产品和狭义的准公共产品等几个层次。纯粹的公共产品具有两个基本特征，即非排他性和非竞争性。公共产品的非排他性是指只要某一社会存在公共产品，就不能排除该社会任何人消费该产品，因为在技术上无法排除，或者虽然在技术上可以排除，但排除的成本太高。公共产品的非竞争性是指一定数量的公共产品可以由不止一个消费者享用，或者说任何一个消费者的享用不会减少其他消费者享用的数量和质量，此定义包含两个方面的含义，即边际生产成本为零、边际拥挤成本为零。仅具备纯粹公共产品的两个特征之一称为广义的准公共产品或混合产品，可以分为拥挤性公共产品和排他性公共产品。而具有利益外溢特征的产品称为狭义的准公共产品。

公共产品的判别可以按照以下步骤：

如果该产品没有非竞争性，又没有非排他性，则该产品必为纯粹私人产品，如轿车。

如果该产品在消费中有非竞争性，同时具有非排他性，或者排他成本很高，则该产品属于纯粹的公共产品，如国防。

如果该产品具有非排他性，但在消费中有竞争性，则该产品为拥挤性公共产品，如公共资源、拥挤的公路等。

如果该产品具有非竞争性，且具有排他性，而且排他的成本较低，则该产品属于排他性产品，如有线电视节目。

公共产品的分类不是绝对的，它取决于市场条件、技术水平和法律安排。

2. 纯粹公共产品的有效供给

对于纯粹的公共产品来说，它一旦提供出来，任何人都可以消费它，不管是否出于本人的愿望，每个消费者的消费量都是相同的，但是不同的个人从公共产品中获得的满意程度，即边际效用却不会相同。对纯粹公共产品的总需求曲线可以通过将每一消费者在每一可能数量水平上的边际效益加总来得出。也就是说，纯粹的公共产品的需求曲线，是通过把该种产品或服务的所有消费者的个人需求曲线垂直加总而得到的。

纯粹的公共产品的帕累托最优应该在这一点实现，即所有消费者因此而获得的边际效益总和恰好等于该种产品的社会边际成本。

3. 林达尔均衡

林达尔均衡是指如果每一个社会成员都按照其从公共产品消费中得到的边际收益的大小来承担公共产品的生产成本，则公共产品的供给就会达到有效率的水平。林达尔均衡实现的条件相当严格，一般认为需要具备两个条件：第一，每个社会成员都愿意准确地表达自己从公共产品的消费中得到边际收益的大小，不存在隐瞒或低估自己从公共产品消费中得到的边际收益，进而逃避自己应分担的成本的动机；第二，每一个社会成员都清楚地了解其他社会成员的嗜好及收入情况，相互之间知道彼此从公共产品消费中得到的边际收益，从而不存在隐瞒偏好的可能。在人口众多的社会中，上述的两个条件很难具备，因而人们便有可能隐瞒其从公共产品消费中获得的真实收益。

4. 免费搭车者及免费搭车问题的解决

由于林达尔均衡所要求的两个条件在现实中很难具备，人们完全有可能在不付任何代价的情况下，享受通过其他人的捐献而提供的公共产品的效益。这在公共经济学上被称作"免费搭车者"，这是对不承担任何成本而消费或使用公共产品行为的一种形象性说法。

由于免费搭车问题的存在，自愿捐献和成本分摊的合作性融资方式，不能保证公共产品的有效供给。既然公共产品不可或缺，免费搭车的问题又不可避免，那就只有依靠政府部门使用非市场的方式——通过征税这种强制性融资方法来解决公共产品的供给问题了。

5. 准公共产品的提供方式

对于边际生产成本和边际拥挤成本都为零的广义准公共产品，为避免福利损失，这类准公共产品应由政府免费提供，用统一征税的办法筹集资金，以弥补准公共产品生产的固定成本。

对于边际生产成本和边际拥挤成本不为零的广义准公共产品，在发生拥挤现象时，可收取通行费。应该由公共部门来提供这类公共产品，按照额外使用者的边际拥挤成本收费，实际收取的价格应以能保证不出现过度拥挤为准。

对具有利益外溢特征的狭义的准公共产品，为了经济效率的实现，政府可以直接提供准公共产品，以较低的价格鼓励人们增加消费，从而达到有效率的消费量。由于消费该产品的公民可直接受益，所以也应向他们收取一定的费用。

6. 社会产品的提供与生产

不同类型的社会产品需要用不同的提供方式，才能达到资源的最优配置。

（1）私人产品不一定只由私人部门提供。政府提供了很多具有竞争性和排他性的产品。例如，住房和医疗就是两个由公共部门提供的私人产品。同样，公共产品也可能由私人提供，例如，个人捐款建学校、图书馆。因此"私人"和"公共"两个词，并不表明由哪个部门提供。

（2）一种产品由公共部门提供不一定意味着由公共部门生产。例如，街道保洁和垃圾回收，可以由地方政府雇用私人公司来做，本身并不组织生产。

4.2.3 公共选择理论的知识要点

我们不能简单地认为政府对市场的干预就是为了弥补市场失灵或者是为确保社会资源的公平分配。在实践中，政府面临把成千上万个选民的不同偏好加总为一致的政策决策。我们需要掌握公共选择理论如何运用经济学的方法来解释个人偏好与公共选择的关系，揭示公共产品供应和分配的政治决策问题，并且还需要注意政府失灵问题。

1. 公共选择与公共选择理论

公共选择是指人们通过民主政治过程来决定公共产品的需求、供给和产量，是把个人或私人选择转化为集体选择的一种过程或机制，是对资源配置的非市场决策。

公共选择理论对非市场决策的经济学研究，是对政府决策过程的经济分析。它从"经济人"的假设出发，运用经济学的方法研究政治学的主题，解释个人偏好与政府公共选择的关系，研究作为投票人的消费者如何对公共产品的供给决定表达意愿。

2. 市场决策和非市场决策

公共选择理论的切入点是将决策环境划分为市场环境和非市场环境。市场是一种有效的资源配置手段，借助这种手段，经济活动努力实现供给和需求的平衡。价格这个"看不见的手"调节着供求关系的平衡。市场环境中的生产者和消费者都有明确的目标：追求最大的利润和获得最大的效用。在市场环境中，人们的偏好反映在价格体系上，而在非市场环境中，尤其是公共选择理论研究的民主政治过程中，人们通过投票表达他们对公共产品的供给水平的意愿（见图4-1）。对投票机制和投票结果的研究成了公共选择理论的重点。

图4-1　市场环境和非市场环境

在市场环境中进行决策至少要明确两个前提假设：一个假设是价格能够完全反映出消费者的偏好；另一个假设是市场环境中的企业能够提供所有消费者所需的产品。然而在考察非市场决策时，这两个假设不可能得到满足。政府每天都在作出的大量决策，这些决策都很难通过价格调节来反映其需求量和供应水平，它们虽然不满足市场决策的两个前提假设，而它们又确实是经过选择之后的决策，而且具有强制性的执行和巨大影响力，这就是所谓的非市场决策。对政府行为的研究传统上属于政治学的范畴。公共选择理论改变了研究视角，将政府看作具有与市场环境中的企业类似的性质，即把政府看作是一个"理性的人"，由此来解释其在非市场环境中的行为方式，揭示其后果。

非市场决策与市场决策的一项重要区别是：对市场决策而言，在自由竞争的条件下，企业和消费者基本上拥有同等的决策权力来改变市场行为。对于非市场决策而言，政府拥有更多影响非市场行为的权力。

3. 投票规则与投票悖论

无论是直接民主还是代议制民主，都涉及投票的规则问题。主要的投票规则有两大类：全体一致同意规则和多数通过规则。在多数投票原则下，当存在三个或三个以上的备选方案时，投票可能没有稳定一致的均衡结果，通常会出现循环投票的现象，这种现象被称为投票悖论。

4. 阿罗不可能定理

阿罗认为，在民主社会里，满足一切民主要求而又能排除投票悖论困境的决策机制是不存在的。单峰和多峰偏好之间的矛盾证实了民主政治的内在缺陷：要么循环投票，要么多数人暴政，要么限制投票偏好，要么进行投票交易。投票交易包括互投赞成票、投票操纵，其对资源配置效率产生的影响是不确定的。

5. 中位选民定理

处于所有投票者最优偏好结果的中间状态的投票者被称为中位选民。中位选民所选择的公共产品供给水平往往是多数决策机制下可能得出的政治均衡。中位选民并非一定是中产阶级。

6. 寻租行为

寻租行为是利益集团或者个人通过影响公共选择和决策为己谋利的行为。寻租活动可以采取合法或不合法的形式。寻租者在寻租活动中也可能不伴随着货币支付。取得和保持垄断地位的支出、政府部门为寻租行为做出的反应、寻租行为引起第三方的各种扭曲行为构成了寻租成本。

7. 公共选择中的政治行为

投票者是否参与投票，主要取决于其参加投票的效益和成本及其投票对公共选择产生影响的可能性。官僚（公务员）不以营利为目的，而是以追求所属部门权力的最大化为目标，公共权力的大小与其所控制的资源规模成正比，因此官僚们会追求其所在部门的预算规模极大化。这必然导致公共产品的供给量过剩，而高于其最佳的供给水平，从而造成效率损失。政治家（政党）追求选票极大化，赢得选举。在西方民主中，选举行为是周期现象，伴随这种周期，政府的行为也形成政治经济周期。

4.2.4　公共收支及预算理论的知识要点

1.公共收入理论

公共收入是指政府为满足公共支出的需要，从企业、家庭取得的一切货币收入。按公共收入的形式标准，可以把公共收入分为税收、公债和其他收入三大类。

（1）税收是政府为实现其职能的需要，凭借其政治权力，并按照特定的标准，强制、无偿地取得公共收入的一种形式，是政府取得公共收入的最佳形式。

（2）公债是政府举借的债，是政府为履行其职能，依据信用原则，有偿、灵活地取得公共收入的一种形式。弥补财政赤字是公债最基本的功能，发行公债有时还是政府资本性支出的财源。

（3）其他收入包括使用费、行政收入、公有财产收入、共有企业收入、捐赠、货币发行收入等。

1）税收的分类与构成要素

各税种根据不同的标准可以有不同的分类。以对象为标准，可以分为所得税、流转税、财产税等；以课税市场为标准，可分为产品税与要素税；以税负能否转嫁为标准，可分为直接税和间接税；以税收收入的形态为标准，可分为实物税和货币税；以计税依据为标准，可分为从量税和从价税；以税金与价格的关系为标准，可分为一般税和特定税；以课税权的归属为标准，可分为中央税和地方税。

税收有三个基本要素：课税主体，亦称纳税人；课税客体，即课税对象；税率，分为比例税率、累进税率和累退税率。

2）税收的转嫁与归宿

税收的转嫁是指纳税人在缴纳税款后，通过经济交易将税收负担转移给他人的过程。税收的归宿就是税收负担经转嫁后最终的归着点或税收转嫁的最后结果。税收的转嫁可分为前转、后转、消转和税收资本化。

税收对价格和产出的效应与对供给方征税还是对需求方征税无关，需求和供给的弹性是决定税收转嫁和归宿状况的关键。

政府对某一生产部门的产品课税，其影响会波及整个社会的所有商品和所有生产要素价格，政府对某一生产部门的某一生产要素课税，其影响也会波及整个社会的资本所有者。

3）税收的效应分析

税收效应通常归纳为收入效应和替代效应两个方面，这些效应可以归纳为以下五种情况：

（1）税收对消费行为的收入效应和替代效应。税收对消费者选择的收入效应表现为政府课税之后，会使消费者可支配收入下降，从而降低商品的购买量，而处于较低的消费水平。税收对消费者选择的替代效应表现为政府对商品课税之后会使课税商品价格相对上涨，造成消费者减少对课税或重税商品的购买量，而增加对无税或轻税商品的购买量。

（2）税收对生产行为的收入效应和替代效应。税收对生产者行为的收入效应表现为政府课税之后，会使生产者可支配的生产要素减少，从而降低了商品的生产能力，而处于较低的生产水平。税收对生产者行为的替代效应表现为政府对商品课税之后，生产者得到的课税商品的价格相对下降，造成生产者减少课税或重税商品的生产量，而增加无税或轻税商品的生产量。

（3）税收对劳动投入的收入效应和替代效应。税收对劳动投入的收入效应表现为政府征税会直接降低消费者的可支配收入，为了维持已有的消费水平，纳税人会更多地增加劳动投入而减少休闲。税收对劳动投入的替代效应表现为政府对劳动力投入课税（所得税）会降低工资率，纳税人会以休闲替代劳动，从而减少劳动供给。

（4）税收对私人储蓄的收入效应和替代效应。税收对私人储蓄的收入效应表现为政府课税会减少纳税人的实际利息收入，降低储蓄对纳税人的吸引力，从而引起纳税人以消费替代储蓄。税收对私人储蓄的替代效应表现为政府课税减少纳税人的可支配收入，从而促使纳税人减少现期消费，为维持既定的储蓄水平而增加储蓄。

（5）税收对私人投资的收入效应和替代效应。税收对私人投资的收入效应表现为政府课征公司所得税压低纳税人的投资收益率，减少纳税人的可支配收益，促使纳税人为维持以往的收益水平而增加投资。税收对私人投资的替代效应是因课税导致投资收益率下降，降低了投资对纳税人的吸引力，造成纳税人以其他行为如消费替代投资。

2. 公共支出理论

公共支出是以政府为主体，以政府的法定事权为依据进行的一种货币资金的支出活动。公共支出的数额反映着政府介入经济生活和社会生活的广度与深度，也反映着公共财政在经济生活和社会生活中的地位。根据公共支出的性质，可以分为消耗性支出和转移性支出；根据公共支出的目的，可以分为预防性支出和创造性支出；根据政府对公共支出的控制能力，可分为可控制性支出和不可控制性支出；根据公共支出的收益范围，可分为一般利益支出与特殊利益支出等。

1）消耗性支出和转移性支出

消耗性支出直接表现为政府购买产品或服务的活动，包括购买进行日常政务活动所需的或用于进行投资所需的产品或服务的支出。前者如政府各部门的管理费、国防支出、公共教育支出、公共医疗保健支出；后者如政府各部门的投资拨款。

转移性支出直接表现为政府资金无偿的、单方面的转移，主要包括政府部门用于各种财政补贴、补助、养老金、失业救济金、捐赠、债务利息等方面的支出。

2）实物补助与货币补助

实物补助不仅可有效地增加受领者对受补产品的消费量，还可有效地提高受领者所获得的效用水平。一般地说，货币形式的补助在增加受领者对受补物品消费量上的效应小，但在增加受领者所获得的效用水平上的效应大；补助的发放无论是以实物形式还是以货币形式，其作用范围都不仅限于受补物品，而会扩展到其他物品。它在带来受补物品消费量增加的同时，也会带来其他物品消费量的增加。

3）公共支出的经济影响

公共支出的经济影响可以分为消耗性支出的经济影响和转移性支出的经济影响。这两类支出分别通过流通领域、生产领域以及分配领域对经济产生影响。

4）公共支出的增长规律

关于公共支出增长现象的理论解释主要有五种：

（1）瓦格纳的"政府活动扩张法则"，认为政府职能的扩张和经济的发展，要求保证行使这些职能的公共支出不断增加。

（2）皮考克和怀斯曼的"梯度渐进增长论"，认为公共收入和公共支出总是同步增长的，公共支出增长的原因可以分为内在原因（GDP上升—收入上升—税收上升）与外在原因（战争、饥荒及其他社会灾难），外在原因是公共支出增长速度超过GDP增长速度的主要原因。

（3）马斯格雷夫和罗斯托的"公共支出增长的发展模型"，他们从经济发展的不同阶段要求公共支出结构根据相应变化的角度作出解释。

（4）鲍莫尔的"非均衡增长模型"，认为公共部门劳动生产率偏低必然导致政府部门的规模越来越大，负担越来越重。

（5）"多因素影响说"。福利经济学认为公共产品需求的变化、公共产品生产活动中组织形式的变化、公共产品的质量、公共产品生产投入的价格和人口数量等因素会影响公共支出的增长。

3. 公共预算理论

公共部门的收支决策是通过预算的编制过程来完成的。所谓公共预算，指的是政府部门在每一个预算年度的全部公共收入和支出的一览表。公共预算的功能主要有：规定政府部门的活动范围和政策取向；监督政府收支运作；控制政府规模。在预算的编制过程中，通常要面临两个互为关联的问题：一是公共支出的规模应当控制在怎样的水平上；二是如何保证公共部门的资源分配具有更高的经济效率。

1）公共预算的原则、程序

公共预算的原则包括：公开性、可靠性、完整性、统一性、年度性。公共预算的政策程序包括编制、审议批准、执行、决算四个阶段。

预算年度是预算的时间界限，各国的起讫时间不尽相同，一般根据公共收入的高峰及立法机构开会的时间来决定。中国、法国、德国和意大利等国家采取历年制（从每年的1月1日至12月31日），美国、英国、日本采取跨年制（中间历经12个月，跨越两个日历年度）。

2）公共预算的编制方法

主要预算编制方法有分项排列预算、计划-方案-预算、零基预算、绩效预算等。

分项排列预算是以预算支出的若干特定目标为核心，将每一部门的每一项的具体支出及资金来源列出，并进行详细说明。在确定拨款数额时以上一年度每一项支出数额为基数，考虑各种影响因素或按一定比例，确定下一年度各项支出数额。

计划-方案-预算（planning programming budgeting system，PPBS）指的是由计划制定、方案评估和预算编制三阶段组成的体系。这种方法将各种支出方案与政府活动的目标联系在一起，综合考虑每一种方案的一年产出（收益）-成本和多年产出（收益）-

成本，有助于提高政府资源的配置效率。

零基预算是指新的预算年度财政收支计划指标的确定，不考虑以前年度的收支执行情况，而以"零"为基础，根据新一年度经济发展情况及财力可能，从根本上重新评估各项收支的必要性及其所需金额的一种预算形式。

绩效预算是指将政府活动的绩效作为编制预算的指标，根据成本 - 效益比较的原则，决定支出项目是否必要及其金额大小的预算。绩效预算具有成果性、灵活性、包容性、长期性的特点。

　　3）成本 - 收益分析

成本 - 收益分析是通过比较各种备选项目的全部预期收益和全部预期成本的现值来评价这些项目，以作为决策参考或依据的一种方法。

使用成本 - 收益分析的步骤如下：计算各个项目或方案的效益和成本，计算出各个项目或方案的效益和成本的比率，确定各个项目或方案的优劣次序，进行各个项目或方案的选择和决策。

在使用时应考虑以下三个问题：第一，真实收益与真实成本，货币收益与货币成本。真实的收益和成本包括直接的与间接的、有形的与无形的、中间的与最终的、内部的与外部的，都应计入效益和成本。第二，贴现。贴现就是在项目的成本和效益中考虑时间问题，把未来金额换算成现值的过程。第三，贴现率的选择。公共支出的成本 - 收益分析时采用社会贴现率，在实际操作中，各国一般采用公债利率作为贴现率。

4.3　市场失灵与政府失灵

在亚当·斯密"看不见的手"的原理中，市场是资源配置的最有效手段，在资源配置中起着决定性作用。然而市场并不是万能的，市场有时也会失灵。凯恩斯认为，市场不是万能的，供给不会自动创造需求，政府必须参与经济，这就是"看得见的手"，即国家干预经济生活。但是，在政府为弥补市场失灵而对经济、社会生活进行干预时，政府行为自身的局限性和其他客观因素的制约会导致新的缺陷，进而无法使社会资源配置效率达到最佳。当政府政策或集体行动所采取的手段不能改善经济效率或道德上可接受的收入分配时，政府失灵便产生了。正是由于市场失灵与政府失灵的存在，许多学者认为，单纯的市场机制或单纯的政府干预都是不可取的，两者虽然都有优越性，但也都有其自身不可克服的缺陷。只有两种机制相互配合的混合经济体制才有助于实现理想目标，但是，在使用时既要注意克服"市场失灵"，又要防止"政府失灵"。[①]

4.3.1　市场失灵及表现形式

市场失灵是指市场无法有效率地配置资源。市场失灵也通常被用于描述市场力量无法满足公共利益的状况。按照经济学主流的看法，市场机制这只"看不见的手"可以

---

① 本节内容参见唐任伍 . 公共经济学（第二版）[M]. 北京：科学出版社，2018：36-38，55-57. 樊勇明，杜莉等 . 公共经济学（第二版）[M]. 上海：复旦大学出版社，2007：37-41.

使资源的配置达到最优状态，以亚当·斯密为代表的诸多优秀的古典经济学家对这一点深信不疑。但是随着市场经济从古典自由竞争向现代市场经济的发展，当进入市场的卖者和买者不是非常之多，即存在垄断时，当进入或退出市场存在障碍时，当经济活动产生外部效应时，当存在公共产品时，当市场参与者存在不完全信息时，都会导致市场失灵，出现资源配置缺乏效率的状态。

1. 市场失灵的原因

引起市场失灵的原因主要包括以下几个方面：以垄断为代表的市场势力、外部效应、公共产品与不完全信息。在每一种情况下，要么导致生产的低效率或无效率，要么导致消费的低效率或无效率。

（1）市场势力。微观经济学的一个基本假设是，市场是完全竞争的。但现实世界中的竞争并不完全。在一些市场上，只有一个卖者或买者（或一小群卖者或买者）可以控制市场价格，这种影响价格的能力被称为市场势力。根据市场势力的大小，可以将市场划分为完全垄断、寡头垄断、垄断竞争三种形式。市场势力可以使市场无效率，因为它会使价格和数量背离完全竞争的供求均衡。当生产者或要素供应者拥有市场势力时，资源配置的无效率就会产生。生产者或要素供应者所拥有市场势力的情况又被称为不完全竞争。在完全竞争的市场条件下，任何企业或个人都无法影响价格。而当卖者或买者能够拥有一定的市场势力并能够左右某种商品的价格时，就出现了不完全竞争。例如，当产品的卖者拥有市场势力时，他就可以索取高于边际成本的价格。不完全竞争导致价格高于边际成本，消费者购买量低于效率水平。过高的价格和过低的产出，是伴随不完全竞争而来的非效率的标志。

（2）外部效应。市场价格能够将信息正确地传递给生产者和消费者，从而使价格机制有效运行。但这是以假设消费者或生产者的行为对他人的经济福利不发生影响为前提的，这种假设往往与经济现实相背离。经济现实是，消费者和生产者是相互联系、相互作用的经济单位，一个消费者的行为会影响到其他消费者的经济福利，一个生产者的行为会影响到其他生产者和消费者的经济福利。当这些生产或消费的某些外在影响未被包括在市场价格中时，就会产生外部效应问题，或称外部效应。例如，造纸厂在生产过程中产生的化学物质影响人们的生存环境，并引发其他健康问题，但造纸厂并没有因此而对遭受影响的居民支付赔偿，这显然是对社会不利的行为。在相互作用的经济单位中，一个经济单位对其他经济单位产生影响，而该经济单位没有根据这种影响对其他单位支付赔偿，或从其他单位获得报酬，则这种影响就被称为外部效应。换言之，外部效应是指企业或个人向市场之外的其他人所强加的成本或利益。当外部效应存在时，社会对市场结果的评价扩大到市场中买者与卖者的社会福利之外，包括对受影响的第三者的福利。而买者与卖者在决定需求或供给多少时并不考虑他们行为的外部效应。在此情况下，私人成本同社会成本、私人收益同社会收益不相一致。价格机制被扭曲，不再传递为获得效率所必需的正确信息，结果市场均衡并不能使资源达到有效率地配置，不能使整个社会的总利益最大化。

（3）公共产品。在提供人们所需的产品方面，市场能否完美地发挥作用，完全取决于所涉及产品的性质。如果所涉及的是私人产品，则市场可以完美地发挥作用，因为私人产品既有排他性又有竞争性。公共产品具有非排他性和非竞争性，因此市场本身提供的公共产品数量将低于最优数量。这就需要政府自己来提供公共产品或为私人企业提供生产公共产品的激励。

（4）不完全信息。完全竞争的一个重要假设是完全信息，即买者和卖者双方对交易的商品和服务有充分的信息；企业了解其产业经营范围内的各种因素并能预见发展前景；消费者非常清楚商品的质量和价格。但是，现实状况与以上理想世界相差甚远。在现实的经济活动中，参与经济活动的当事人往往具有不完全信息，其中不同的当事人拥有不同信息的情况（这种情况被称为信息不对称）尤为突出。如果消费者对市场价格或商品质量没有正确的信息，则市场机制就不会有效地运行；如果生产者缺乏信息可能导致向市场提供的某些商品过多，而另一些商品又过少；如果消费者缺乏信息可能导致没有购买可以使自己获益的商品，而购买了对自己无益的商品。信息的不对称还可能产生逆向选择[1]，阻滞一些市场的正常发育，如保险市场。总之，信息不完全会导致市场配置资源的无效率。

2. 市场失灵的表现形式

正是由于上述原因，市场才会出现失灵的情况，具体来说，它主要表现在下列方面。

（1）收入与财富分配不公。这是因为市场机制遵循的是资本与效率的原则。资本与效率的原则又存在着"马太效应"。从市场机制自身作用看，这属于正常的经济现象，资本拥有越多，在竞争中越有利，效率提高的可能性也越大，收入与财富向资本与效率也越集中。另外，资本家对其雇员的剥夺，使一些人更趋于贫困，造成了收入与财富分配的进一步拉大。这种拉大又会影响消费水平从而使市场相对缩小，进而影响生产，制约社会经济资源的充分利用，使社会经济资源不能实现最大效用。

（2）竞争失败和市场垄断的形成。竞争是市场经济中的动力机制。竞争是有条件的，一般来说，竞争是在同一市场中的同类产品或可替代产品之间展开的。但一方面，分工的发展使产品之间的差异不断拉大，资本规模扩大和交易成本增加，阻碍了资本的自由转移和自由竞争；另一方面，市场垄断的出现，减弱了竞争的程度，使竞争的作用下降。造成市场垄断的主要因素如下：技术进步、市场扩大、企业为获得规模效应而进行的兼并。当企业获利依赖于垄断地位时，竞争与技术进步就会受到抑制。

（3）失业问题。失业是市场机制作用的主要后果。从微观来看，当资本为追求规模经营、提高生产效率时，劳动力被机器排斥；从宏观来看，市场经济运行的周期变化，对劳动力需求的不稳定性也需要有产业后备军的存在，以满足生产高涨时对新增劳动力的需要。可以说，劳动者的失业从宏观与微观两个方面满足了市场机制运行的需要。但失业的存在不仅对社会与经济的稳定不利，而且也不符合资本追求日益扩张的市场与消费的需要。

（4）区域经济不协调问题。市场机制的作用会扩大地区之间的不平衡现象，一些经

---

① 当一个人拥有了某个产品的隐藏特征信息并根据这个私人信息决定是否参与交易时，就出现了逆向选择（adverse selection）。旧车市场存在逆向选择问题，因为卖者知道自己车的质量但是买主不知道；医疗保险市场也存在逆向选择问题，因为保险的买者拥有信息优势，他们比保险公司更了解自己的健康状况。

济条件越优越，发展起点越高的地区，发展也越有利。随着这些地区经济的发展，劳动力素质、管理水平等也会相对较高，可以支付给被利用的资源要素的价格越高，也就越能吸引各种优质的资源，以发展当地经济。那些落后地区也会因经济发展所必需的优质要素资源的流失而越来越落后，区域经济差距会拉大。

（5）公共产品供给不足。如前所述，公共产品是指消费过程中具有非排他性和非竞争性的产品。从本质上讲，生产公共产品与市场机制的作用是矛盾的，生产者是不会主动生产公共产品的。而公共产品是全社会成员所必须消费的产品，它的满足状况也反映了一个国家的福利水平。因此，公共产品生产的滞后与社会成员及经济发展需要之间存在矛盾。

（6）公共资源的过度使用。生产者受市场机制追求利润最大化的驱使，往往会对这些公共资源掠夺式使用，而不能给资源以休养生息。有时尽管使用者明白长远利益的保障需要对公共资源进行合理使用，但因市场机制自身不能提供制度规范，又担心其他使用者的过度使用，从而出现使用上的盲目竞争。

市场失灵的表现还有许多，它要求人们科学地认识市场机制的作用，并发挥其积极作用，避免消极之处。

4.3.2　政府失灵及其表现

1. 政府的经济职能

市场经济运行中所产生的无效率、不公平及宏观经济失衡要求政府从多个方面介入社会经济运行，从而使众多国家的经济成为市场机制和政府机制的混合体。混合经济的基本特征是市场的自发调节和国家的行政干预相结合。在混合经济体制中，政府的具体经济职能一般被概括为三个方面：资源配置、收入分配和稳定经济。

1）资源配置

由于在市场机制中存在着竞争失效、公共产品问题、外部性问题、信息不完全、市场不完全、偏好不合理等方面的市场失灵，从而市场不能提供有效的资源配置，因此需要政府承担资源配置的职能。以财政手段进行资源配置，主要可利用以下政策工具：

（1）公共支出。一是政府可直接提供某些市场供给不足的产品，如公共产品、准公共产品、私人经营容易产生垄断的产品、市场不完全的产品等，但是政府提供不一定直接由政府生产，比如国防属典型的公共产品，应由政府提供，但某些具体的国防产品可由私人企业生产，再由政府购买并提供给公众；二是财政补贴，政府也可以通过财政补贴的方式刺激私人企业生产市场供给不足的产品，达到与政府直接提供相同的目的；三是政府购买支出，从一般意义上讲，政府对私人产品的购买均可视为对该产品的补助，因为它直接体现为对该产品的需求，可起到刺激该产品的生产、扩大供给的效果。

（2）政府税收。政府可以通过调整税率来鼓励或限制某些产品的生产和消费。

2）收入分配

由于市场机制不能避免收入和财富分配的不公平，因此需要政府来执行收入分配职能。政府为了改善收入分配不平等状况而采取的财政措施主要有：

（1）税收-转移支付制度。它包括按照支付能力原则设计的税收制度和按照受益能力原则设计的转移支付制度。政府可以通过征税强制性地把财富从那些应该减少收入的人手中收集起来，再通过补助金或救济金制度用货币或实物形式把财富转移给那些应该增加收入的人们。

（2）政府可将征收累进所得税筹集的收入用于公共事业投资，如公共住宅等，以利于低收入阶层。

（3）政府可对奢侈品以高税率征税，对日用品进行补贴，借以加重高收入阶层的负担，减轻低收入阶层的负担。

3）稳定经济

由于市场机制不能自发实现经济稳定发展，因此需要政府的干预和调节，执行稳定经济职能。目前世界公认的宏观经济稳定的四大目标是充分就业、物价稳定、经济增长、国际收支平衡。在政府可采用的各种宏观经济政策手段中，财政政策的地位举足轻重，它在影响总需求方面有着不可替代的作用，这体现在两个方面：

（1）相机抉择的财政政策。这是指通过调整预算收支来调节社会总需求。在经济过热时，财政可以减少支出或增加税收，或者两种手段同时采用，在经济萧条时则相反。在这个过程中，政府财政收支不平衡是可能的，而且是允许的，因为这正体现了以政府财政收支的不平衡来换取整个社会总供求平衡的意图。

（2）自动稳定器。这是指通过财政的某些制度性安排来发挥对经济的"自动"稳定作用。比如，累进的所得税制就具有这种功能，当经济过热时，投资增加，国民收入增加，累进所得税会自动随之递增，从而可以适当压缩人们的购买力防止发生通货膨胀。当经济衰退时，投资减少，国民收入下降，累进所得税又会自动随之递减，防止总需求过度缩减而导致萧条。在支出方面，失业救济金制度也可以发挥类似的功能。由于它规定了领取失业救济金的收入标准，当人们的收入因经济过热而普遍增加时，可领取失业救济金的人数自然减少，救济金支出随之减少，从而财政总支出"自动"得到压缩；反之，当人们的收入因经济不景气而普遍下降时，有资格领取失业救济金的人数自然增加，救济金支出随之增加，从而财政总支出"自动"获得增加。

政府还可通过货币政策达到稳定经济的目的，而且两种政策必须密切配合才更有助于达到满意的效果。当然，现代世界各国的稳定政策相当复杂，各个经济学流派的主张各不相同，在此不赘述。

2. 政府失灵的原因

政府失灵是指政府为弥补市场失灵而对经济、社会生活进行干预的过程中，政府行为自身的局限性和其他客观因素的制约导致新的缺陷，进而无法使社会资源配置效率达到最佳的情景。所谓"政府失灵"大致可以将其概括为以下几个方面。

（1）信息有限。不完全信息是"市场失灵"的原因之一，然而现实经济生活相当复杂，许多行为的结果是难以预料的，私人经济部门难以掌握完全的信息，事实上政府也很难做到这一点。因此，即使抱着全心全意为社会服务的目的，政府也难免出现决策失误，政府"犯错误"并不少见，一再修改自己的决策，甚至否定过去的做法也是常事。

（2）对私人市场反应的控制能力有限。政府采取某种政策后，它对私人市场可能的反应和对策往往无能为力。例如，政府采取医疗保险或公费医疗政策，却无法控制医疗费用的飞速上升；一些国家为了吸引外资或鼓励投资，对外来资本或国内某些领域实行税收优惠政策，却难以阻止许多不应享受优惠的投资者也钻了空子等。

（3）决策时限与效率的限制。这首先体现在政府作出一项决策要比私人部门决策慢得多，因为当中要经过以下几个时滞。

① 认识时滞，即从问题产生到被纳入政府考虑的这一段时间，如果是中央政府决策，那么还要加上地方政府反映、报告问题的时间。

② 决策时滞，即从政府认识到某一问题到最后得出解决方案的这一段时间，当中可能要经过反复讨论、争论。

③ 执行与生效时滞，即从政府公布某项决策到付诸实施以致引起私人市场反应的时间。

任何公共决策都不可避免上述时滞，在一些时候，当针对某一问题的政策真正起作用的时候，情况可能已发生了变化，它已不是重要的问题了，而解决新问题的对策又要经过上述时滞。

除时滞问题以外，有时政策实施情况和最初政策意图可能不一致。因为政策制定者和执行者一般不是同一个政府机构。这种问题可能纯粹由于政策意图的模棱两可，执行机构对政策的解释和理解不一定符合政策制定者的初衷，虽然这不一定是前者有意所为。在更多的时候，由于政府的执行结果在很大程度上取决于执行人员的效率和公正廉明，而政府官员自己的利益或偏好与社会的利益往往并不完全一致，这会使政策的执行结果大打折扣。虽然可以通过教育和监督要求政府官员克己奉公，但这事实上不可能完全做到。

（4）政治决策程序的局限性。政治决策程序本身的局限性也是政府不可克服的缺陷之一。现代民主制度并不能很好地解决个别社会成员的偏好显示和偏好加总的问题——后者是指如何综合社会成员的个别偏好形成社会偏好，从而不能实现有效的决策结果。政府的决策会影响到许多人，但真正作出决策的只是少数人，不管这少数人是由选举产生的还是其他方式指定的，他们在决策时总会自觉或不自觉地倾向自己所代表的阶层或集团的偏好和利益，而一旦既得利益集团形成，这种格局就很难打破。基于上述原因，可以认为政府能够发挥的积极作用也是十分有限的，对于一些市场在经济效率方面的失灵现象，许多人更倾向于通过分权式的私人决策来解决。例如，外部效应是要求政府介入的一大理由，但是，按照著名经济学家科斯的观点，政府只需界定和保护产权，市场机制就可以克服这种现象。

（5）成本过高。政府干预本身也是有成本的。税收是政府筹资的主要方式，在征税过程中会产生征收成本，由于税收干扰了私人经济部门的选择，往往还会带来额外的效率损失，即税收的超额负担。只有在市场失灵导致的效率损失大于这些税收成本的情况下才需要政府干预。在一些竞争性领域尤其不应出现政府投资与私人部门相交叉竞争的现象，因为在这些领域公共经营效率低下，政府与私人部门相竞争难免要倚仗其固有的行政垄断力量，这也会破坏市场机制作用的发挥。

3. 政府失灵的表现形式

1）政府决策失效

政府主要通过政府决策（即制定和实施公共政策）的方式去弥补市场的缺陷，因此政府失灵通常表现为政府决策的失效。它包含以下三个方面：第一，政府决策没有达到预期的社会公共目标；第二，政府决策虽然达到了预期的社会公共目标，但成本（包括直接成本和机会成本）大于收益；第三，政府决策虽然达到了预期的社会公共目标，而且收益也大于成本，但带来了严重的负面效应。

2）政府机构和公共预算的扩张

公共选择学者尼斯卡宁认为官僚主义会导致政府扩张，他把薪水、公务津贴、权力、声誉、机构的收益以及管理的便利性看作官僚效用函数中几个重要变量来理解，从而得出政府机构有自身增长的结论。布坎南指出，政府官员也是个人利益最大化者，他们总是希望不断扩大机构规模，增加其层次，以相应地提高其机构的级别和个人待遇，导致资源配置效率低下，社会福利减少。政府在管理社会公共事务的过程中，由于特殊利益集团以及"财政幻觉"的存在，官僚机构、立法机构和特殊利益集团形成"铁三角"的关系，公共产品评估困难。针对不同的利益结构和经济行为，必然会呈现公共行动费用的分散性、利益分配的集中性、政府机构的扩张性。帕金森指出，官僚主义者有喜欢"无事忙"和扩大下属机构，从而抬高自己身份的毛病，致使行政机构总是按照一定的速度向上增长。这样就会造成预算约束的软化，使公共预算呈现增长的趋势，而忽视社会公共价值的存在。

3）公共产品供给的低效率

缺乏竞争和追求利润的动机，利润的作用变得非常虚幻，以至于在公共机构就会产生 X—低效率[①]。垄断使公众的群体效应失去作用，即使公共机构在低效率操作下运转也能生存下去，因为政府垄断公共产品的供应，消费者就不可能通过选择另外的供应者以表示其不满，只能预期一种新制度的安排与供给。

4）政府的寻租活动

公共选择理论认为，一切行政权力干预市场经济活动造成不平等竞争环境而产生的收入都称为"租金"，而对这部分利益的寻求与窃取行为则称为寻租活动。如果政府行为主要限于保护个人权利、人身与财产安全，以及确保自愿签订的私人合同的实施，市场这只"看不见的手"将能保证市场中所出现的任何租金随着各类企业的竞争性加入而消失。许多国家在发展过程中，政治体制和经济体制中传统和现代的因素交替运行，致使官场经济中权力的货币化、市场化以及广泛寻租机会的存在，以权寻租的官场经济带着重商主义时代的色彩应运而生，因为"奉公守法的回报率越低，代理人为寻租者提供的权力服务供给量就越大"。

---

① 　X—低效率，由哈维·莱宾斯坦 1966 年最早提出。它实质指一种组织或动机的低效率。其中 X 代表造成非配置（低）效率的一切因素。X（低）效率是客观存在的，如：在厂商要素投入量给定的情况下，如果要素投入变化可以使得某些产品的产出增加但并没有使其他产品产出减少，这就说明该厂商不存在 X—低效率，反之，则说明它有 X 效率。X 效率理论强调人在生产过程中的作用。

4.3.3 政府失灵的治理对策

1. 确立政府干预原则

为了减轻或避免政府失灵，必须确定政府干预或调控经济的宗旨。对此，可以借鉴世界银行在 1991 年以"政府和市场关系"为主题的世界发展报告中提出的所谓"市场之友式的发展战略"。这一战略提出，"经济理论和实际经济都表明，干预只有在对市场能产生'友善'作用的情况下才可能是有益的"。而对市场"友善"干预应遵循三个原则：一是不做主动干预，除非干预能产生更明显的良好效果，否则就让市场自行运转；二是把干预持续地置于国际和国内市场的制约之下，确保干预不致造成相关价格的过度扭曲，如果市场显示出干预有误，则应取消干预；三是公开干预，使干预简单明了，把干预置于制度的规范约束下，而不是由某些个人、官员的好恶或判断来左右。

2. 大力推行电子政府

电子政府是一项克服公共决策失误、实现政府决策优化的重大举措。电子政府是指运用信息及通信技术打破行政机关的组织界限，建构一个面向政府机构、企业及社会公众的电子化的虚拟机关。它借助信息技术改变了政府决策的条件和状态，深刻影响着政府决策的过程，对政府决策理念、程序、机构和范围等产生了重大的冲击，在提高决策质量和水平方面显示了其比较优势，是对传统政府决策模式的再造，是政府决策优化的理想选择。

电子政府具体来说有以下几个方面：

（1）政府决策系统信息化。信息技术是电子政府运行的基础、政府决策优化的保证，为克服政府决策失效提供了技术上的支持。电子政府可以使政府决策系统在决策信息的输入、传递、加工、反馈方面实现信息化。

（2）政府决策观念转向服务型。电子政府的实施，必然使政府决策观念发生重大变化，服务观念将是政府决策观的必然选择。电子政府将使为公民服务、为社会服务、为国家服务成为政府决策的主要目标，而效率与效益将是政府决策的价值取向。

（3）电子政府的实施使大量共享信息流通于互联网，并且信息不会因为传播渠道障碍而失真，信息占有上的不对称现象大量减少，由此决定了政府职能范围要适当收缩，即政府因信息不对称而具有的协调作用要减小，某些权力要归还于社会。这种行政权向社会的回归集中表现为政府决策权的回归，即某些原本由政府决策的领域或事项交由社会、公众自己管理、自己决策。政府决策范围的缩小使政府决策机构有限的资源得到更加合理的配置，政府可以更有效率地行使对社会的宏观决策管理，从而使政府决策得到优化。

（4）政府决策组织网络化。信息技术的发展使政府决策机构完成与过去同样的工作量所需人员大为减少，组织更加精干高效，从而限制了政府决策机构的膨胀，提高了决策质量，减少了决策失效现象的发生。

（5）政府决策过程公开化、民主化。电子政府最大限度地完善了监督机制，限制了暗箱操作带来寻租的可能，减少了权力滥用的现象，使政府决策的透明度得以提高，决策的民主化得以实现。

3. 在公共机构中引入竞争机制

公共选择理论认为"没有任何逻辑理由证明公共服务必须由政府官僚机构来替代"。

在政府各个官僚部门之间引入竞争，这样既可以提高政府提供产品和服务的效率和质量，又可以控制政府机构和预算规模的扩大。20 世纪 90 年代以来，美国陆续将一部分政府内部的环保、卫生、保安等工作出租给私营部门管理；英国甚至设立了一座私人监狱来从事犯人的监管和改造工作。中国经过改革开放的积累，从根本上结束了短缺经济时代，在中国目前公共服务需求增加而政府资源投入有限的矛盾状态下，国家不应该再像过去那样把各行政部门的活动范围规定得过于死板，只要打破公共产品生产的垄断，在政府机构内部建立起竞争机制，就可以消除政府低效率的最大障碍。例如，可以设置两个或两个以上的机构来提供相同的公共产品或服务，使这些机构之间展开竞争而增进效率（城市供水系统、公交系统就可以采用这种办法）；又如，可以把某些公共产品的生产（如政府投资的高速公路）承包给私人生产者，可以在不同地区设立相同的机构展开竞争，加强地方政府之间的竞争。

4. 加强政府法治、规则及监督制度建设

公共选择理论强调立宪改革，注重宪法、法律、规则的建设，尤其是公共决策规则的改革。为此，布坎南指出："要改进政治，有必要改进或改革规则，改进或改革做政治游戏的构架，一场游戏由它的规则限定，而一场较佳的游戏只产生于改变规则。"过去的着重点放在道德高尚的领导者的培养和选择上，出了问题就把责任推给当事人，完全忽略当事人所接受的规则是否有效。现在的着眼点应放在规则上，放在各种法律规范的制定和完善上。在全面依法治国、大力加强社会主义法治建设的过程中，我国尤其要注意把行政决策行为、执行行为、监督行为纳入法治化的轨道中，并通过制定各种科学严密的行政规则、市场规则、社会规则来保证政府行为的合法化和高效率。

4.4　公共经济案例分析

4.4.1　案例：北京市公共交通涨价之争与福利投向之辩

> **准备工作**：城市轨道交通系统是城市交通的骨干，在许多城市交通中担负着主要的乘客运输任务。截至 2022 年年底，我国共有 55 个城市开通城市轨道交通运营线路308 条，运营线路总长度 10287.45 千米（不含港澳台地区）。在一些地区，轨道交通系统的票价采用定额制，但是也有很多国家的轨道交通票价是按照乘坐距离（或依里程划分不同区间）来决定的。作为带有福利性的社会公共服务，地铁在一定程度上具备公共产品属性。但是，公共产品供给是否能作为一项福利？本案例中北京地铁票价的调整正是基于此的争论。为更好地进行案例分析，在案例分析之前应做到：
>
> （1）提前阅读案例，对案例思考题进行提前准备。
>
> （2）查阅相关资料，包括国内外各城市轨道交通系统的票价制定原则和方法，各城市地铁定价的相关资料、文件，在条件允许的情况下对政府相关部门进行调研，取得对公共交通定价的直观认识。通过资料准备，为有效分析案例相关问题打下基础。

摘要：北京地铁曾经实行的"2元随便坐"票制，始于2007年。作为一项惠民利民的民心工程，"2元票"降低了市民出行成本，也为鼓励公共交通出行，缓解交通拥堵与空气污染起到了巨大作用。然而北京地铁从2007年的5条运营线路、总里程180千米、客流总量6.55亿人次，到2013年14条运营线路、总里程437千米、客流总量27.39亿人次，不变的"2元随便坐"票价让单张车票的补贴猛增。就地铁是否涨价的问题，各方进行了探讨。本案例讲述了2014年北京地铁票价调整过程中的各方声音，引发对公共交通定价的思考。①

2014年12月28日，北京地铁正式实施轨道交通新票价方案，首都从此彻底告别"地铁2元，公交4角"的时代。大多数人的通勤费用直接翻番，"从此再不能肆无忌惮地坐着地铁横行北京了"。

1. 曾经的"民生名片"

2014年北京市两会期间，北京市常务副市长接受媒体采访时表示，公共交通票价调整最终方案将于年内出台。

北京地铁票价即将调整引发了广泛关注。自2007年实施公交低票价政策以来，"低出行成本"一直是北京的一张"民生名片"。然而与此同时，北京市的公交补贴也连年上涨，财政负担加剧，公交补贴连年突破百亿元。财政对某一领域的过高补贴，意味着什么？

从第一条线路开通运营至今，北京地铁已经运行了43个年头，这期间，票价也经历了几次调整。"每一次票价调整，都会对客流有所影响。"

1988年夏天，从重庆一个山村考入北京大学历史系的潘洪其独自拎着行李来到北京。

他回忆那个时候坐地铁"并不像现在这么拥挤"。1991年，北京地铁票价涨到0.5元后，当年客流量就下降了1000万人次。

可"宽松的地铁环境"并没有持续多久。1992年从北大毕业后，潘洪其当上教师，有了固定收入，乘坐地铁的次数也越来越多。也就在那几年，他发觉，坐地铁已经成了挤地铁。很多时候自己是被后面的人挤进车厢去的。1995年，他在一次乘坐地铁时甚至被扯掉了衬衫上的扣子，也就是那一年，北京地铁客流达到了5.58亿人次，创造了历史新高。

政府方面，为了拉低地铁客流量，减少对运营安全的冲击，第一次针对地铁运用了价格杠杆。1996年元旦，北京地铁票价从0.5元涨到2元。而当时，北京市城镇居民人均可支配收入也提高到了6000多元。不过，地铁票价一下子涨了1.5元，也影响了很多人的出行方式，调价后，地铁年客流量下降了1亿多人次。

紧接着，2000年，地铁票价又涨至3元。而当时，北京市城镇居民人均可支配收入已经到了9000多元，也就是说，票价的涨幅与当时的人均可支配收入是挂钩的。

与前两次上调价格不同，2007年，北京地铁票价下调回2元。尽管这一年，北京市

---

① 资料来源：郝帅.北京地铁涨价之争与福利投向之辩[N].中国青年报，2014-2-13，05版。笔者作了相应的整理和改动。

城镇居民人均可支配收入达到了 2 万多元。

"当时是考虑到奥运会的原因,要解决交通拥堵,所以鼓励大家乘坐公共交通出行。"中国道路运输协会副会长王丽梅说。

彼时的北京小汽车保有量已经从 2003 年的 300 万辆猛增到 400 万辆。对此,北京市交通委运输局副局长马伯夷曾公开说,2007 年,轨道交通推出低票价政策的主要目的是利用方便、准时、快捷、出行成本低等优势,引导市民放弃小汽车出行,缓解城市地面交通拥堵。

2008 年北京奥运会结束后,北京地铁新增线路越来越多,客运量也越来越多,2009 年北京地铁四号线运行前,就已经有人担心票价是否会涨。2010 年,北京主要的 8 条地铁线路日客流量达到 400 万人次,当时有市政协委员提出"地铁高峰时段加价五六元不为过"。对于这样的建议,官方回应,"目前 2 元一张的地铁票不够支付运营成本,只能靠政府财政补贴。但北京暂时没有提高票价的想法"。

对于当时政府表示"不涨价"的做法,已经从学校转投媒体工作的潘洪其撰文评论,低票价不但明确了公共交通的公共产品性质,是政府职责的体现,也是北京的一张"民生名片",是城市形象的一部分。

2. 刚性需求群体将付出更多出行成本

地铁涨价进入实质性讨论是在 2013 年年底,北京市政府发布了《进一步加强轨道交通运营安全的工作方案》,方案提到,制定高峰时段票价差别化方案并择机出台,通过价格杠杆分散高峰时段客流压力,降低大客流风险。

在北京的早高峰时段,地铁一平方米就要挤八九个人,龚杰每天从六号线金台路站出发,转十号线到海淀上班。相同的路程,乘坐出租车上班要花近 100 元。而坐地面公交需要将近 70 分钟。周边与他一同挤地铁的人,都是上班族,"在北京,地铁跟住房一样,是刚性需求。"如果按照传闻中涨到 6 元的说法,龚杰需要每个月多支付 200 元。他的态度也很明确,"一分钱难倒英雄汉,能少涨就少涨一点"。

可以肯定的是,不管采用哪种方案,2 元票价时代终将结束。

"势易时移,反对也没用。"如今,潘洪其也成为地铁的刚需族。两年前,原本在朝阳区居住的他开车上下班。儿子上学后,潘洪其为了方便孩子上学,就在孩子学校附近租了房,自己却离单位远了,一旦限号,地铁就成为他的首选交通工具。

"即便涨价也会坐的,因为比开车便宜,也比开车方便。"根据之前的方案,提高价格主要是为了在高峰时段分流客源。交通专家徐康明说,通过价格杠杆分散高峰时段客流压力,对于刚性需求乘坐地铁上班的群体意义不是很大。

潘洪其也这么认为:"他们那个理由,只有在非高峰时段是成立的。"王丽梅也认同,地铁虽然拥挤,但与地面公交不同,地铁不涉及堵塞、交通事故、天气的影响,所以在时间上有保证,"这也是上班族选择地铁的原因"。

中国道路运输协会副会长王丽梅认为,乘坐的里程越长,发生拥堵的概率越高,如果是短途,地铁和公交差别不大,在优化公交线路的前提下,提高地铁票价后,可以分流一部分短途乘客改乘公交车。"调整票价是为了提高地铁的效率"。

3. 福利应与发展阶段匹配

王丽梅说："人们习惯了低票价带来的高福利，所以很多人从心理上不愿意地铁涨价。"但与此同时，在票价不变的时候，北京地铁的线路一直在不断延展着。

2007年实行2元票价的时候，北京地铁线路长度是200千米左右，而现在已经翻了一番，总长度突破了400千米。"相当于北京到石家庄走一个来回，"王丽梅说。

而不管坐一站，还是坐十站都是2元。她认为："当初收2元钱的时候，是考虑到当时的线路长度，现在线路一直在增加，过去的价格与现在已经不匹配了，因为线路和资源、人力是配套的。当线路增加时，运营成本也比过去翻了一番。"

"衡量福利的标准是可不可持续"，她的理解是，无论是公交福利，还是其他福利，都应该与经济发展水平相适应，如果福利与经济社会服务发展不匹配的话，会产生抑制作用，从公共管理角度讲，单方面的高福利会制约地铁的后续发展。

"公共交通首先是公益性的，现在低票价做法就是把它当成福利了，谁都享受了，其实这是不对的。"北京交通发展研究中心主任郭继孚认为。

他说，住和行是一个城市里居民最基本的权利，是刚性需求，公共交通就相当于保障房一样，具备兜底功能。但是，公共交通和保障房不一样的地方是，保障房是保障社会低收入群体的住房，而公共交通不是低收入群体专用交通工具，社会的各个阶层都可能用到公共交通。所以低票制在保障中低收入群体的同时，也为条件好的阶层提供了服务。

郭继孚认为，可以采取定向补贴。他介绍，日本在20世纪60年代，城市交通也很拥堵，当时政府规定企业不能给职工在小汽车出行上补贴，特别明显的就是在停车问题上，不能给职工提供低价的免费停车位，相反地，允许企业给职工提供公共交通补贴。

"在德国法兰克福，当地政府通过老年人管理机构，把财政的钱转到机构，再由机构给到需要补贴的人身上。"郭继孚说，北京也可以效仿这样的定点补贴。

对于调价方案的选择，郭继孚认为，应该按照里程来计价。"对公共资源的使用，一定要体现用多用少的原则，但并不是完全按照里程去定价，比如短距离的平均费用要高一些，长距离的平均费用要低一些，这就可以分流一部分短途乘客选择地面公交。地铁可更多承担中长距离的出行，短距离出行更多利用地面公交，这是我们设计交通系统时候的一种安排。"

但他强调，价格怎么体现调节作用还需要探讨："认为票价要高到高峰期不挤了，是一种误读。"

他提议，应该建立起票价动态调整机制，公共交通的票价跟居民收入水平、购买力、物价指数、经济增长情况及成本变动情况挂钩，制定出一个公式，达到一定幅度，就启动这种调价机制。

4. "羊毛出在羊身上"

调整票价还在于财政上的压力。

2013年年底，北京市人大财经委召开2014年预算初审会时，参与审查的北京市人大城建环保委认为，自2007年实施公交低票价政策以后，随之而来的是财政补贴连年增长和财政负担不断加重。

因此，北京市城建环保委建议，应科学合理安排公共交通财政补贴，调整完善公共交通定价机制，在体现其公益性定位的同时，适当体现运营成本，减小财政压力，将财政投入更多用于公共交通服务体系的提升。

从实施低票价起，北京市财政用于交通的补贴就开始逐年增加。

2008 年，北京的公共交通补贴中，地面公交拨付资金 91.5 亿元，地铁拨付资金 7.9 亿元。2009 年，地面公交补贴达到 104 亿元，地铁补贴达到 15 亿元。2010 年、2011 年、2012 年，北京市财政用于公共交通补贴的资金分别达到了 128 亿元、156.9 亿元、175 亿元。其中 2012 年地面公交补贴 138.1 亿元，轨道交通补贴 36.9 亿元。

在担任北京市人大代表期间，王丽梅就曾提出过财政用于公交的补贴过高，应当调整票价。"我当时提的意见是，与其补在票上，不如把这个经费用在尽快完善城市公共交通体系的建设上。"王丽梅说，补贴票是表面上的补贴，交通问题根源是基础设施的不足，应该加强基础设施的建设。

参加北京市人民代表大会的郭继孚也提到，地铁票价一直是代表委员热议的话题。他认为，从老百姓来讲，什么东西都免费才好，"但是羊毛出在羊身上，补贴的钱就是纳税人的钱，用在这儿就用不了那儿。现在公共交通的投入，总体上还是不够，地铁建设资金还是很紧张的，现在地铁的票价，仅仅考虑了运营成本，建设、折旧、维护成本都没有算进去。政府补贴也没给这块。"所以他提议，轨道交通公益性是要坚持的，另外要提高补贴的效率，形成一个票价动态机制。

"财政的钱是有限的，既要打酱油又要买醋，过多地投给某一个领域会影响到其他领域，"王丽梅说。据媒体报道，2013 年北京市公共交通财政补贴总额预计在 180 亿元以上，占到民生支出总额的 7.9%，超过了对医疗卫生领域的补贴。

在郭继孚看来，财政对某一领域投入过高补贴，甚至对房价都会带来影响。一个逻辑是，高额的补贴来自政府财政，而政府财政有一部分来自卖地。

以北京为例的话，2012 年北京市的地方财政收入为 3314.9 亿元，其中 2012 年上半年，房地产收入在财政收入中的占比达到了 14%。而在 2010 年之前，房地产行业在北京市财政收入中的占比一直保持在 20% 左右，稳居各行业之首。

"地方财政在压力很大的情况下，要满足某项高额补贴，不利于降低政府对土地财政的依赖度，高额的补贴会使政府追求财政收入的增长，而收入来得最快的就是卖地。政府会依赖土地财政，加大土地出让金的收入，不断产生'地王'，地产商会跟着推高房价，如此一来，城市的房价就很难降下来。"王丽梅表示，用高房价来维持某项高福利，其实得不偿失。

5. 结束语

1971 年北京地铁一期试运营，凭证件购票，每次 1 角；1987 年地铁票价调整为 2 角、换乘 3 角；1991 年地铁票价上涨为 5 角可随意换乘；1996 年地铁票价调整为 2 元，可随意换乘；2000 年，价格为 4 元或 5 元；2007 年，价格调整至 2 元随意换乘。这个价格持续了 7 年。2014 年，北京地铁结束 2 元时代，正式进入计程时代。

从 1 角，到最高的 5 元，到 2 元，再到按里程收费，在北京地铁迅猛发展的同时，地铁车票的价格也在悄然发生着变化，见证着地铁几十年发展的风雨历程，也见证了北京地铁 2 元时代的结束。北京公共交通涨价历经多时，终于尘埃落定。老百姓对这一涉及民生的重要变革各执一词，实属正常。此番地铁票价上调能否带来预期的客流量下降？是否有违优先发展公共交通的初衷？是否会伤害不同群体的利益？这些都值得政府部门通盘考虑。

思考题：

1. 试从排他性和竞争性分析城市公共交通的特征。

2. 你认为财政对公共交通的补贴应该遵循什么原则？

3. 如何理解福利应与发展阶段匹配？

4.4.2　案例：方章圆章之争

准备工作： 社会保险补贴政策是指为鼓励就业困难人员灵活就业，减轻其以个人身份缴纳社会保险费用的压力，或为降低企业的用人成本，鼓励其吸纳就业困难人员就业，对上述个人或单位在缴纳社会保险费用后实行先缴后补，给予一定费用补贴。社保补贴的具体申请各地都有相关规定，符合条件的人员一般按照属地管理原则进行申请。本案例讲述了万某在申请社保补贴过程中的"难忘"经历，也从一个侧面反映了政府部门规范办事标准、信息互通共享、实现上下链接的重要性。为更好地进行案例分析，在案例分析之前应做到：

（1）提前阅读案例，对案例思考题进行提前准备。

（2）查阅相关资料，包括我国社会保障制度及相关政策文件，国家层面和不同地市对各类特殊群体（如，"4050"人员、农民工、残疾人员等）实施的养老、医疗、工伤、失业等社会保障政策及相关文件，各类媒体的类似报道，等等。通过资料准备，为有效分析案例相关问题打下基础。

摘要： 家乡在江西省 H 市 Y 县的万某居住在江西省 N 市，并在 N 市工作十余年后因公司破产倒闭而失业。为申请社会保险补贴，万某按 N 市有关规定携带相关材料到相关部门办理手续。然而，由于《N 市就业失业登记实施细则》规定，劳动保障行政部门需要在申请表中加盖圆形章、发放部门加盖方形章，而万某户籍所在地 Y 县劳动就业服务局没有方形公章，只有圆形公章，万某无奈之下求助媒体，最终如愿领取到社会保险补贴。[①]

万某的家乡在江西省 H 市 Y 县，2006 年以来一直在 N 市工作。N 市虽与 Y 县仅一个多小时的车程，但在行政区划上却属于不同的地级市。十多年来，万某一直在同一家公司就职，工作生活也算稳定，他和家人在 N 市工作、定居并缴纳社保，本以为再干个

---

① 本案例由南昌航空大学 2018 级区域管理与公共政策专业研究生钟燕春，2019 级 MPA 研究生张晓晨、王春芳，2020 级 MPA 研究生王小琪、邱丹共同编写，陈爱生教授指导。编入本书时进行了适当修改。案例原始材料来自中国记协网，网址链接：http://www.zgjx.cn/2019-06/23/c_138140527_2.htm。

几年就可以退休了，然而，突如其来的现实打破了其平静的生活，2016 年，他供职十余年的公司破产倒闭，万某失业了。

工作辛苦，生活艰辛，一个人肩负一家人的生活重担，多年来起早贪黑的体力劳动让万某浑身充满了岁月的痕迹。这些年感受了城市加班带来的车水马龙川流不息，却从未感受过城市夜晚的霓虹璀璨。尽管辛苦，生活仍要继续，照着既定的步伐走下去，50 岁有余的万某期盼过几年退休，有了稳定的退休金，自己的生活就能相对轻松一点。谁知，天有不测风云，劳累了一辈子的万某万万没有想到，在 N 市工作十余年的公司说倒闭就这么倒闭了。公司倒闭意味着失业无收入，没有了生活来源，自身又没有一技之长，家庭负担瞬间沉重，万某不知道接下来的生活该如何是好。家里的柴米油盐还能通过自己的双手劳动换取，但失业后需自己全额缴纳的每年 6000 余元社会保险费用让万某苦不堪言、有心无力。

失业后，万某申请了失业保险金，并办理了《就业和失业登记证》。经社保部门核定，从 2016 年 11 月起，批准其按 1000 元/月的标准领取失业保险金，直至 2018 年 4 月。虽然这每月 1000 元标准的失业保险金对万某一家人来说也只不过是杯水车薪，但在一定程度上，也缓解了家庭拮据的经济状况。

1. 申领社保补贴的艰难历程

时间过得很快，转眼间，万某的失业保险金领取期限就要到期了，万某听说江西省针对灵活就业困难人员开展了社会保险补贴工作，只要符合条件，就可以申请社会保险补贴。得知这一消息，万某很是激动，年过五十，没有一技之长，屡次想找个工作都遭到拒绝，如果能申请社保补贴，也能给自己窘迫的生活舒缓一些压力。万某随即开始了解办理社会保险补贴的相关条件和政策文件。

万某了解到，江西省于 2017 年 6 月出台的《江西省就业补助资金管理暂行办法》中提到，就业困难人员可以享受社会保险补贴。对于就业困难人员灵活就业后缴纳的社会保险费，补贴标准原则上不超过其实际缴费的 2/3。意味着符合条件的人员可以申请 4000 元的社会保险补贴。按照 N 市有关规定，就业困难人员，包括登记失业人员中符合"4050"（指女满 40 周岁、男满 50 周岁）年龄条件的人员可享受社会保险补贴。申请人只需携带《就业和失业登记证》、人事档案、由县（区）以上人力资源保障行政部门审批的《N 市就业困难人员认定申请表》（下称《申请表》），就可办理并享受社会保险补贴。得知这个消息，万某激动不已，按说，自己样样条件都符合，只需要按照规定完成上述材料的提交便能领到这笔 4000 元的补贴了，虽说金额不大，但好歹能够缓解一点经济压力。

谁想，事情远没有这么简单。接下来的几个月，万某和妻子将经历一生都难忘的盖章之旅。

1）难以跨越的户籍门槛

在了解了相关办理手续和涉及材料后，万某兴冲冲地领取了《申请表》，根据文件要求，社保补贴申请要到社区、劳动保障事务所、劳动保障局同意并加盖公章。于是，万某找到了实际居住地——N 市经开区金牛社区，要求对方帮忙盖章。

原本以为自己符合条件，只要走完流程，就不会有什么问题，然而让他没想到的是，在社区这一关就吃了闭门羹。社区以其户籍不在本地为由，拒绝开具相关证明。金牛社区工作人员表示："尽管他是社区居民，但他不是 N 市户口，我们没法加盖公章。"原来，虽然万某从 2006 年来到 N 市工作、居住，却一直没有把户口从老家 Y 县迁到 N 市，换句话说，在户籍的层面上，他还不能真正属于这个社区。

为了让社区同意并加盖公章，万某按要求办理了《居住证》，以为这下应该万无一失了。但是，当他来到居住地所在的 N 市经开区冠山人力资源和社会保障所，却又一次被工作人员告知无法办理，理由是，根据上级部门的规定，外地户口不能办理 N 市社保补贴。

来 N 市 10 余年，万某工作、生活方方面面都已经转移到 N 市，之前的就业单位也一直是在 N 市为他缴纳社保。万某感到无力，但社保补贴还要继续申请。为了解具体政策，万某和妻子前往上级管理部门 N 市劳动就业服务管理处了解情况。在这里，工作人员的解释又一次让他看到了希望，原来，享受社保补贴并无户口限制。依据《N 市就业失业登记实施细则》相关规定，享受社保补贴可不受户口限制，从万某的经历来看，他在 N 市定居、工作、缴纳社保、失业，是符合享受社保补贴条件的。不过，按照《N 市就业失业登记实施细则》的要求，申请人需要到户口所在地的社区及劳动保障部门开具证明，说明申请人确系"4050"人员。

2）自证年龄的奔波

N 市劳动就业服务管理处对于户籍进行了解释，告诉万某申请社会保险补贴没有户口限制，但是需要开具申请人确系"4050"人员的证明。对于此证明，万某心中疑问："认定'4050'人员，身份证不能确定年龄？"

虽然万某和妻子内心充满疑惑，但为了开具所需要的"证明"和材料，顺利办理到社保补贴，两人还是按照相关部门的要求在户籍所在地 Y 县和实际居住地 N 市之间"跑"，每到一个单位，面对不同的办事人员，都需要反复说明来意。

万某的妻子吴某回忆："为了认定属'4050'人员，我们已记不清去过 Y 县多少次，来来回回跑了两个来月，每一次为了能早一点赶到 Y 县，我们要 6 点起床从家里坐近一个小时公交车赶到汽车站，再转车去 Y 县。到了 Y 县，又要坐公交车到户口所在的社区和劳保部门盖章。"终于，在 2018 年 5 月中旬，户口所在地社区居委会、社会保障所、Y 县人力资源和社会保障局先后同意并加盖了公章，Y 县劳动就业服务局也认定万某为"4050"人员。与此同时，万某与 N 市经济技术开发区冠山人力资源和社会保障所签订了《灵活就业协议书》以及《灵活就业证明》，加盖了该单位公章。到此，万某两口子终于长舒了一口气，虽然这段时间来来回回地折腾，但好歹是看到了"胜利的曙光"。

想着胜利已在眼前，领取社保补贴之路不远了吧！

3）公章扯皮的无奈

眼看万事俱备了，万某早早地抱着各种证明材料来到 N 市劳动就业服务管理处窗口，拿出准备好的相关材料，可让万某万万没想到的是，在审批完他的材料后，N 市就业服务处工作人员摇摇头，表示依然无法办理，这一回急坏了万某，他赶紧询问原因。

工作人员表示，根据《N 市就业失业登记实施细则》规定，劳动保障行政部门在《N 市就业困难人员认定》申请表上签署意见并签章，申请表印章文字内容统一为"XX 市、县区人事劳动保障局就业困难人员认定专用章"（圆形），印章规格为"直径 38 毫米、字体为标宋体"，并委托发放部门凭《N 市就业困难人员认定表》中劳动保障行政部门的审核意见，在《就业和失业登记证》上加盖"XX 市、县区就业困难人员认定专用章"（方形），印章规格为"20 毫米 ×8 毫米、字体为楷体 GB2312"。而 Y 县劳动就业服务局在《就业和失业登记证》上加盖的并非 20 毫米 ×8 毫米方形专用公章，而是 38 毫米的圆形公章，不符合规定，所以不予办理。听完原因，万某当即欲哭无泪，都是政府部门加盖的公章，是方的还是圆的有那么重要吗？他欲找工作人员理论，但得到的回复却是："我只是个办事员，我说了也不算，规定既然有要求，就要严格按照规定执行，你就不要为难我了。"

无奈之下，万某只好又一次回到 Y 县，说明 N 市方面拒绝办理的理由，对于万某的遭遇，Y 县公共就业人才服务局工作人员表示无能为力。工作人员说："我们这根本没有方形公章。"为了证实所言非虚，工作人员还从抽屉里面取出了仅有的两枚涉及《就业和失业登记证》年检的圆形公章。对于万某的遭遇，他们也是心有余而力不足，只能由申请人再次找 N 市劳动就业服务管理处协调解决。原来，Y 县在行政上并不隶属于 N 市，而是属于相邻的 H 市，虽都属于江西省，但不同地市在政策执行上却存在着操作的差异。《N 市就业失业登记实施细则》上所规定的"方章"在 Y 县并没有相关的要求。

万某再次回到 N 市劳动就业服务管理处协商，却被告知，根据《N 市就业失业登记实施细则》，社保补贴申请表应该加盖"方章"，既然文件有相应规定，就应该严格按照规定执行。如果 Y 县方面无法提供方形公章，那万某肯定无法办理社保补贴业务。工作人员认为，Y 县应该有方形专用公章，建议万某再找 Y 县方面协调。

至此，事情仿佛进入了一个两难的死局。双方就像踢皮球一样推来推去，而万某无疑就是那个被踢来踢去的"球"。从自己了解办理社保补贴各种材料，到自己找各个部门交材料，各种盖章，其中因户口问题跑社区，因"4050"人员证明跑 Y 市劳动部门，这前前后后走的路程，面临的工作人员，心中无奈何处去说？现在，公章问题，谁来解决？怎么解决？

2. 媒体介入

为了办理就业补贴，万某夫妇在 N 市和 Y 县各个部门之间跑来跑去已有两月有余，一个公章一个公章地盖完。每跑一次政府部门，心中烦躁与郁闷就不知道要增加多少，但为能够成功申请，只能不断压抑自己的怒气，保持耐心。然而，都已经这样了，N 市就业管理服务处和 Y 县劳动就业部门还推来推去，公章问题始终不给予解决，社保补贴是不能办了吗？望着 N 市劳动就业服务管理处门口墙壁上金闪闪的"为人民服务"五个大字，万某无奈地耷拉着脑袋，一颗颗汗珠从他的头顶冒出，滑过满是沟壑的脸颊，碎落在他的脚下。

万某想到自己和妻子近三个月来在两地各个部门 20 余趟的奔波，想到自己明明符合政策条件，为什么因为一个章子的形状不同就办不下社保补贴？他不理解，也想不明白，一种无力绝望之感油然而生。脑海里回忆着整个过程，带着这份无解与心中怒气，2018 年 6 月，万某不得已求助媒体——《新法治报》。

"为了开个证明，我们在各个部门前前后后跑了 20 多趟，还是没有办成，现在已经身心俱疲……这个公章的问题，我真是没有办法了……"

《新法治报》从万某描述中了解到事件的始末，并查看了万某之前办理的材料，记者就公章问题陪着万某再次走进 N 市劳动就业服务管理处和 Y 县公共就业人才服务局，希望此次能够将问题解决。然而，N 市劳动就业服务管理处工作人员坚称规定就是规定，既然 N 市规定需要方形公章，你就让户口所在地盖上方形，盖不了是 Y 县工作的问题。Y 县公共就业人才服务局也强势回答我这里也是有文件规定的，没有就是没有，圆形公章已盖，N 市劳动就业服务管理处需要的方章盖不了。

记者了解到，2017 年 6 月 6 日江西省财政厅和江西省人社厅下发的《江西省就业补助资金管理暂行办法的通知》（赣财社〔2017〕15 号）规定，享受社会保险补贴的人员范围包括就业困难人员和高校毕业生。其中，"就业困难人员包括登记失业人员中符合'4050'（男年满 50 周岁、女年满 40 周岁）年龄条件的人员、零就业家庭成员、符合相关条件的残疾人、享受城市居民最低生活保障、因承包土地被征用而失去土地的人员以及在工业园区就业的贫困户和 40 岁以上本省劳动力。"对于就业困难人员的社会保险补贴，"对招用就业困难人员、与之签订 1 年以上劳动合同并缴纳社会保险费的单位（企业），以及公益性岗位招用就业困难人员、与之签订 1 年以上劳动合同并缴纳社会保险费的单位（企业），按其为就业困难人员实际缴纳的基本养老保险费、基本医疗保险费和失业保险费给予补贴。对就业困难人员灵活就业后缴纳的社会保险费，补贴标准原则上不超过其实际缴费的 2/3。就业困难人员社会保险补贴期限，除对距法定退休年龄不足 5 年的就业困难人员可延长至退休外，其余人员累计最长不超过 3 年（以初次核定其享受社会保险补贴时年龄为准）。"社会保险补贴实行"先缴后补"的办法。申请社会保险补贴人员应向当地人社部门提供以下材料：《就业创业证》复印件、身份证复印件、灵活就业证明材料、社会保险费征缴机构出具的社会保险缴费明细账（单）等。经人社部门审核后，按规定将补贴资金支付到申请者本人个人银行账户。

"既然省里文件没有对公章形状作出规定，为何开个证明这么烦琐麻烦？不能灵活变通，或者修改这些不便民的规定吗？"东奔西跑让老万烦恼不已。

记者多次询问两部门，面对如此境况，双方可否协调解决此事，让万某社保补贴办理顺利，无果。记者也只能叹气，为保证万某权益，2018 年 6 月 21 日，《圆章？方章？一章卡住办补贴？》一文刊登在网，讲述了万某办理灵活就业困难人员社会保险补贴之路的艰辛万苦，并将其中关键疑问"户口限制""年龄证明""公章问题"重点报道，认为此事完全就是相关部门作风建设问题，机械、古板、不敢为、不愿为、懒、推却等问题导致万某事件迟迟不能解决，评论此事过程中政府办事过于机械，只为方便自己的工作作风问题，希望借此能够引发大众讨论，推进事情的解决。

3. 问题解决

《圆章？方章？一章卡住办补贴？》报道刊发后引发了大众、知名人士与其他媒体的争相讨论。《廉政时评》评论此事就是政府"花式刁难"百姓，只为方便自己。高校学者表示部分职能部门方便自己麻烦百姓、同一系统不同上下级之间存在步调不一等现象非常不利于现代治理体系的完善；认为必须摒弃"认方不认圆"的形式主义，懒政怠政现象、担当意识的缺失不利于为群众排忧解难和维护政府信用。网友们也纷纷表示此事的发生是"官僚主义害死人"，公章形状的规定是一种奇葩规定，相关政府部门应解决万某一事，并促进政府改革。

除了媒体、学者、网友们的评论，报道的刊发也引起了上级部门的关注，国务院主要领导作出重要批示，人社部、江西省委、N 市市委主要领导也先后提出整改要求，要求有关部门深刻分析问题产生的根源，举一反三。万某社保补贴"公章打架"问题终于在 2018 年 6 月 21 日——报道发文当天，得到了解决。

万某事件已经解决，但它给我们留下了更多的思考。为何万某奔跑那么多次工作人员还不主动沟通解决？为何事情的解决一定要经媒体、社会关注才受相关部门重视？为何一定要等国务院主要领导批示才能解决……

思考题：

1. 试结合本案例，解释政府的收入分配职能？

2. 了解我国的社会保障制度，分析我国不同历史时期对各类特殊群体提供的社会保障及其差异。

3. 你认为"方章圆章打架"背后的根源是什么？

4. 如果你是人社部门的相关领导人，在媒体《圆章？方章？一章卡住办补贴？》报道刊发之后，你应该如何应对？

4.4.3　案例：低保申请的艰难之路

> **准备工作**：最低生活保障是指国家对家庭人均收入低于当地政府公告的最低生活标准的人口给予一定现金资助，以保证该家庭成员基本生活所需的社会保障制度。我国的最低生活保障制度在惠民生、解民忧、保稳定、促和谐等方面作出了突出贡献，有效保障了困难群众的基本生活。但一些地区在最低生活保障制度的执行过程还不同程度存在对最低生活保障工作责任不落实、管理不规范、监管不到位等问题。本案例中，于建国先后三次为家人申请农村最低生活保障的经历就是这些问题的一个写照。为更好地进行案例分析，在案例分析之前应做到：
>
> （1）提前阅读案例，对案例思考题进行提前准备。
>
> （2）查阅相关资料，包括我国城乡居民最低生活保障的相关文件，各省、自治区、直辖市人民政府关于城乡居民最低生活保障的相关实施办法，各类媒体的类似报道及典型案例等。结合自己的工作，选择合适的地区进行实地调研，了解城乡居民最低生活保障对象的认定范围及申报的相关程序，取得对低保申请的直观认识。通过资料准备，为有效分析案例相关问题打下基础。

摘要： 农村最低生活保障制度是解决农村贫困人口温饱问题的重要举措，也是建立覆盖城乡的社会保障体系的重要内容。本案例介绍了 A 县 B 乡大路村村民于建国先后三次为家人申请农村最低生活保障，但始终无法进入村里的低保评定初选名单，迫不得已将 A 县民政局、B 乡人民政府告上法庭，最终获得农村最低生活保障待遇的故事。[①]

2016 年，A 县 B 乡大路村村民于建国的儿媳郑萍萍突然患上中枢神经系统疾病"僵人综合征"，四处就医花费了 10 多万元，长期需要药物维持，生活自理能力缺失，让于建国一家的生活陡然陷入窘境。

在此之前，于建国的母亲查出子宫癌，术后一直瘫痪在床。祸不单行，他父亲又在 2017 年因直肠癌去世。几年间，家里因两位老人治病陆陆续续花费了几万元。于建国有一子一女，儿子在当地一家食品企业上班，每月收入 3000 元左右，儿媳患病后被认定为一级肢体残疾，丧失工作能力。于建国平时会做一点小生意补贴家用，主要是到女儿女婿的窗帘店帮忙。女儿女婿淘汰下来的一辆二手代步车，平时由于建国用来谈业务和送货。

1. 遭遇：连续 3 年申请低保被拒

2017 年，于建国作为户主，以患癌的父母作为低保救助对象，向所在的 B 乡大路村委会申请评定低保。当年 6 月 27 日，B 乡民政所出具《关于于建国申请低保补助问题的回复》，说明了其家庭未能评上低保的原因：第一，于建国母亲户口不在 B 乡，近几年也不住在大路村，申请低保不应在本乡评定；第二，于建国本人有一辆起亚 K3 汽车，平时开车往返 A 县和 B 乡，不符合 A 县民政局低保审核的要求。

2018 年，妻子的离世让家庭的重担完全落到了于建国的身上。当年，于建国因妻子病故、母亲患病、儿媳郑萍萍病情加重，要求将自己和郑萍萍纳入农村低保，仍然未能被纳入村委会召开的低保民主评议会进行讨论。

2019 年 6 月，B 乡大路村召开农村低保动态调整民主评议会，于建国再次尝试单独为郑萍萍申请低保救助，还是未能通过。

据了解，A 县开展农村低保评定工作制定的审核标准中规定，"拥有私家车辆和大型农机具人员及其直系亲属"不能享受低保。这一标准连续 3 年把于建国和家人排除在低保评定之外。于建国觉得很委屈："那辆车是我女婿的财产，我就是工作才会用到，我不可能为了评低保而不开车工作。"

2. 起诉：把县民政局、乡政府告上法庭

于建国查阅《C 省农村居民最低生活保障办法》（下称《保障办法》）发现，"农村低保对象是指家庭年人均纯收入低于当地最低生活保障标准的农村居民，主要是因病因残、年老体弱、丧失劳动能力以及生存条件恶劣等原因造成生活常年困难的农村居民"。"没有明文规定，我这种家庭情况要被排除在低保评定初选名单之外，"于建国说，"A 县执行的评定标准与《保障办法》的初衷相违背，是否低于当地最低生活保障标准，应通过详细调查来证明。"据了解，于建国曾向 A 县民政局反映情况，民政局针对郑萍萍

---

① 本案例由南昌航空大学 2020 级 MPA 研究生张律编写，王秀芝教授指导。案例中所涉及相关人名使用化名。

患病情况给予了 4000 元临时救助和 4600 元大病救助，但低保待遇问题一直悬而未决。

2019 年 8 月，于建国作为儿媳郑萍萍的诉讼代理人，把 A 县民政局、B 乡人民政府告上法庭，起诉被告方三次不予评定低保的行政行为违法。

A 县人民法院认为，原告第一次向法院递交诉状的时间是 2019 年 8 月，距离 2017 年 6 月底、2018 年 6 月底均超过了一年的起诉期限，故对该两次不予评定低保的行为不予审查，该案审查的是 2019 年两被告对原告不予评定低保的行为。在一审中，B 乡政府对该乡的低保评定程序进行了陈述：户主申请—乡村入户调查—村里召开民主评议大会—符合条件的村里进行公示—公示期满报乡政府—乡政府审核后公示—公示期满后报县民政局。对于郑萍萍不予认定低保，B 乡政府在庭审中解释说，低保管理按照民政局要求，实行层层上报程序，首先要经过村委会评议，而郑萍萍未通过评议。A 县民政局则指出，郑萍萍未如实陈述家庭情况，就了解到的情况，不符合最低生活保障的要求。A 县法院经审理后认为，县民政局和 B 乡人民政府在对于郑萍萍的低保评定中，并无违法之处，一审判决驳回郑萍萍的诉讼请求。

3. 法院：民政部门应对低保初审工作承担举证责任

按照《C 省最低生活保障操作规程》规定，"乡镇人民政府（街道办事处）应当自受理低保申请之日起 10 个工作日内，在村（居）民委员会协助下，组织驻村干部、社区低保专干等工作人员对申请人家庭经济状况和实际生活情况逐一进行调查核实"。于建国表示，无论是村委会还是属地政府，都未进行过入户调查，核实他的家庭真实收入情况。于建国说："我觉得应当按照低保评定的要求去严格执行，所谓的民主评议会都流于形式，讨论的家庭情况太过表面。"很快，于建国递交了上诉状。2020 年 8 月，D 市中级人民法院依法对此案进行了审理。法院经审理后认为，B 乡村委会实施低保民主评议等初审工作本身是协助被上诉人 A 县民政局作出低保审批工作的阶段性工作，被上诉人 A 县民政局作为低保申请的最终审批机关，应当对低保申请的初审工作向法庭承担举证责任。法院依据《中华人民共和国行政诉讼法》的相关规定，要求 A 县民政局提供 2019 年度 A 县农村低保标准、郑萍萍家庭年人均纯收入状况等关键证据予以佐证。在庭审中，A 县民政局未能提供。

最终，法院作出二审判决：撤销一审法院的行政判决书，确认被上诉人 A 县民政局作出的涉诉最低生活保障待遇不予批准行为违法，责令被上诉人 A 县民政局于本判决生效后三十日内就上诉人是否符合农村最低生活保障待遇重新作出决定。

4. 县民政局：入户调查后确认符合低保条件

A 县民政局对郑萍萍是否符合农村最低生活保障待遇重新进行了认定，入户调查后确认郑萍萍符合低保条件，于建国终于走完了历时 4 年的低保申请之路。

A 县农村低保评定工作于每年 4、5 月份启动，6 月底进行公示，各乡镇（街道办事处）都会在评定工作前进行农村低保评定工作专项部署，有车不能享受低保的评定标准贯穿始终。然而，对于于建国这样，因无法进入村委会民主评议会低保初选名单，而产生的争议依然存在。有不少村民质疑，评定标准就让很多应保尽保的家庭户被排除在民主评议会的初选名单之外。

对此，A县民政局副局长表示，这样的评定标准在执行过程中并非唯一标准："如果严格执行，符合标准又被排除在名单之外的人会非常少，所以现在乡镇在执行过程中，都会视当地情况进行相应的调整。"对于郑萍萍及其家人3年来未予低保评定的情况，A县因为"放管服"改革，县级审核审批权已经全部下放给了乡镇，"低保评定这一块同样是由乡镇主导，民政部门主要是监督指导，可能是村委会没有及时关注到郑萍萍家庭情况的动态变化"。

思考题：

1. 基层公务人员在面对情况不同的困难对象时，如何更好地核实申请低保人员的家庭状况？

2. 你认为各级政府部门应该如何解决群众实际困难？以及如何平衡实际困难与规章制度之间的矛盾？

3. 如何避免对困难群众的家庭经济状况调查流于形式？

4. 政府相关部门应该如何防止类似本案例中因病等原因导致的返贫返困现象？

4.4.4 案例："十四五"时期的战略导向和主要目标

> **准备工作：**五年规划全称为中华人民共和国国民经济和社会发展五年规划纲要，是中国国民经济计划的重要部分，属长期计划。五年规划主要是对国家重大建设项目、生产力分布和国民经济重要比例关系等作出规划，为国民经济发展远景规定目标和方向。中国从1953年开始制定第一个"五年计划"。从"十一五"（2006—2010年）起，"五年计划"改为"五年规划"（除1949年10月到1952年底为中国国民经济恢复时期，以及1963年至1965年为国民经济调整时期外）。回顾五年计划/规划的历史，不仅能描绘中华人民共和国成立以来经济发展的大体脉络，也能从中探索中国经济发展的规律，通过对比与检视过去，可以从历史的发展中获得宝贵的经验，从而指导未来的经济发展。本案例摘选了"十四五"规划中的战略导向和主要目标。为更好地进行案例分析，在案例分析之前应做到：
>
> （1）提前阅读案例，对案例思考题进行提前准备。
>
> （2）查阅我国的"十二五"规划、"十三五"规划、"十四五"规划，以及不同领域专家学者对这些五年规划的解读材料。通过资料准备，为有效分析案例相关问题打下基础。

摘要：《中华人民共和国国民经济和社会发展第十四个五年规划和2035年远景目标纲要》（以下简称《纲要》）主要阐明国家战略意图，明确政府工作重点，引导规范市场主体行为。《纲要》指出，"十四五"时期推动高质量发展，必须立足新发展阶段、贯彻新发展理念、构建新发展格局。按照全面建设社会主义现代化国家的战略安排，"十四五"时期我国经济社会发展主要目标是：经济发展取得新成效，改革开放迈出新步伐，社会文明程度得到新提高，生态文明建设实现新进步，民生福祉达到新水平，国家治理效能得到新提升。①

2021 年 3 月 13 日，中华人民共和国中央人民政府网站公布了《中华人民共和国国民经济和社会发展第十四个五年规划和 2035 年远景目标纲要》。《纲要》根据《中共中央关于制定国民经济和社会发展第十四个五年规划和二〇三五年远景目标的建议》编制，共十九篇六十五章，主要阐明国家战略意图，明确政府工作重点，引导规范市场主体行为，是我国开启全面建设社会主义现代化国家新征程的宏伟蓝图，是全国各族人民共同的行动纲领。

《纲要》指出，"十四五"时期推动高质量发展，必须立足新发展阶段、贯彻新发展理念、构建新发展格局。把握新发展阶段是贯彻新发展理念、构建新发展格局的现实依据，贯彻新发展理念为把握新发展阶段、构建新发展格局提供了行动指南，构建新发展格局则是应对新发展阶段机遇和挑战、贯彻新发展理念的战略选择。必须坚持深化供给侧结构性改革，以创新驱动、高质量供给引领和创造新需求，提升供给体系的韧性和对国内需求的适配性。必须建立扩大内需的有效制度，加快培育完整内需体系，加强需求侧管理，建设强大国内市场。必须坚定不移推进改革，破除制约经济循环的制度障碍，推动生产要素循环流转和生产、分配、流通、消费各环节有机衔接。必须坚定不移扩大开放，持续深化要素流动型开放，稳步拓展制度型开放，依托国内经济循环体系形成对全球要素资源的强大引力场。必须强化国内大循环的主导作用，以国际循环提升国内大循环效率和水平，实现国内国际双循环互促共进。

《纲要》提出，展望 2035 年，我国将基本实现社会主义现代化。经济实力、科技实力、综合国力将大幅跃升，经济总量和城乡居民人均收入将再迈上新的大台阶，关键核心技术实现重大突破，进入创新型国家前列。基本实现新型工业化、信息化、城镇化、农业现代化，建成现代化经济体系。基本实现国家治理体系和治理能力现代化，人民平等参与、平等发展权利得到充分保障，基本建成法治国家、法治政府、法治社会。建成文化强国、教育强国、人才强国、体育强国、健康中国，国民素质和社会文明程度达到新高度，国家文化软实力显著增强。广泛形成绿色生产生活方式，碳排放达峰后稳中有降，生态环境根本好转，美丽中国建设目标基本实现。形成对外开放新格局，参与国际经济合作和竞争新优势明显增强。人均国内生产总值达到中等发达国家水平，中等收入群体显著扩大，基本公共服务实现均等化，城乡区域发展差距和居民生活水平差距显著缩小。平安中国建设达到更高水平，基本实现国防和军队现代化。人民生活更加美好，人的全面发展、全体人民共同富裕取得更为明显的实质性进展。

按照全面建设社会主义现代化国家的战略安排，"十四五"时期经济社会发展主要目标如下：

第一，经济发展取得新成效。发展是解决我国一切问题的基础和关键，发展必须坚持新发展理念，在质量效益明显提升的基础上实现经济持续健康发展，增长潜力充分发挥，国内生产总值年均增长保持在合理区间、各年度视情提出，全员劳动生产率增长高

---

① 资料来源：中华人民共和国国民经济和社会发展第十四个五年规划和 2035 年远景目标纲要，中华人民共和国中央人民政府网站，网址链接：http://www.gov.cn/xinwen/2021-03/13/content_5592681.htm。

于国内生产总值增长，国内市场更加强大，经济结构更加优化，创新能力显著提升，全社会研发经费投入年均增长 7% 以上、力争投入强度高于"十三五"时期实际，产业基础高级化、产业链现代化水平明显提高，农业基础更加稳固，城乡区域发展协调性明显增强，常住人口城镇化率提高到 65%，现代化经济体系建设取得重大进展。

第二，改革开放迈出新步伐。社会主义市场经济体制更加完善，高标准市场体系基本建成，市场主体更加充满活力，产权制度改革和要素市场化配置改革取得重大进展，公平竞争制度更加健全，更高水平开放型经济新体制基本形成。

第三，社会文明程度得到新提高。社会主义核心价值观深入人心，人民思想道德素质、科学文化素质和身心健康素质明显提高，公共文化服务体系和文化产业体系更加健全，人民精神文化生活日益丰富，中华文化影响力进一步提升，中华民族凝聚力进一步增强。

第四，生态文明建设实现新进步。国土空间开发保护格局得到优化，生产生活方式绿色转型成效显著，能源资源配置更加合理、利用效率大幅提高，单位国内生产总值能源消耗和二氧化碳排放分别降低 13.5%、18%，主要污染物排放总量持续减少，森林覆盖率提高到 24.1%，生态环境持续改善，生态安全屏障更加牢固，城乡人居环境明显改善。

第五，民生福祉达到新水平。实现更加充分更高质量就业，城镇调查失业率控制在 5.5% 以内，居民人均可支配收入增长与国内生产总值增长基本同步，分配结构明显改善，基本公共服务均等化水平明显提高，全民受教育程度不断提升，劳动年龄人口平均受教育年限提高到 11.3 年，多层次社会保障体系更加健全，基本养老保险参保率提高到 95%，卫生健康体系更加完善，人均预期寿命提高 1 岁，脱贫攻坚成果巩固拓展，乡村振兴战略全面推进，全体人民共同富裕迈出坚实步伐。

第六，国家治理效能得到新提升。社会主义民主法治更加健全，社会公平正义进一步彰显，国家行政体系更加完善，政府作用更好发挥，行政效率和公信力显著提升，社会治理特别是基层治理水平明显提高，防范化解重大风险体制机制不断健全，突发公共事件应急处置能力显著增强，自然灾害防御水平明显提升，发展安全保障更加有力，国防和军队现代化迈出重大步伐。

思考题：

1. 实现"十四五"规划目标任务，政府应承担哪些经济职能？

2. 实现"十四五"规划目标为什么需要政府承担经济职能？

3. 仔细阅读"十二五"规划、"十三五"规划和"十四五"规划的相关内容，分析不同时期政府经济职能有没有变化。

4. 结合"十四五"规划，谈谈你如何认识国家战略规划对社会发展的意义。

第 5 章

城市治理理论及案例分析

从 20 世纪 80 年代起，治理不仅作为一个理念，而且作为一种风起云涌的运动，在发达国家和发展中国家迅速地展开，成为变革时代的一个标志性符号，影响公共管理的各个领域。在治理理念的指导下，许多国家改变传统的政府单中心、政府与市场二元对立的管理理念，充分发挥市场力量、社会组织的作用，构建新的社会发展模式，这在地方层次和城市区域中表现尤为明显。在全球化和城市化迅猛发展的背景下，地方层次上的创新已经极大地影响了区域发展方式，尤其是在城市区域，城市治理成为谋求社会和谐、可持续发展的新方式。尽管城市治理还是被当作一种新理念、新运动看待，但是它已经展现了对于区域和城市发展的重要价值。城市之间竞争的加剧对城市治理提出了巨大的挑战，为了适应时代变革的需要，必须对城市治理加以探讨。

5.1 城市治理的理论基础

城市是一种处于"宏观"的国家与"微观"的社区之间的一种"中观"主体，掌握城市治理的理论基础，探索城市治理创新方式，不仅可为国家治理提供接地气的经验，还可为社区治理提供中观的视野。本节主要从理论上探讨城市治理问题，以便为后续案例分析奠定理论基础。[①]

5.1.1 治理与城市治理

1. 治理

治理是当今社会科学研究中的一个主流话语，它既是一种分析和解释途径，又是实践中的一种创新性活动。作为一套复杂的思想和理论体系，治理理论力图说明社会变革

[①] 本节内容参见王佃利. 城市治理中的利益主体行为机制 [M]. 北京：中国人民大学出版社，2009：21-22，25-27. 罗月领. 城市治理创新研究 [M]. 北京：清华大学出版社，2014：12，20-23，73-77，109-111. 王枫云，韦梅. 城市治理概论 [M]. 广州：中山大学出版社，2021：3. 杨宏山. 转型中的城市治理 [M]. 北京：中国人民大学出版社，2017：19，50-58.

中各种组织和秩序发生的变化，并倡导分权、参与、多主体的网络合作体系，这对于协调利益矛盾、解决各种复杂问题具有启发意义。

英语中治理（governance）一词的原意主要是指控制、引导和操纵，长期以来它与统治（government）一词交叉使用，并且主要用于与国家公共事务相关的宪法和法律执行问题，或指管理利害关系不同的多种特定机构或行业。但是，20世纪90年代以来，西方政治学和经济学赋予governance以新的含义，不仅其涵盖的范围远远超出了传统的经典意义，且其含义也与government相去甚远。它不再局限于政治学领域，而被广泛运用于社会、经济领域。

在《现代汉语规范词典》中，"治理"有两种含义：一是统治、管理，使之安定有序，如治理国家，治理家务；二是处理、整修，使之不发生危害并起作用，如环境治理、污水治理、综合治理等。现代意义上的治理超越了传统意义上的国家统治、政府监管的范畴，治理活动的主体未必是政府，也未必依靠国家的强制力量来实现，治理涉及主体多元化、结构网络化、过程互动化等内容（见表5-1）。治理是在"政府失灵"和"市场失灵"的情况下，多元主体在对权力和权利的结构和运行机制重构的基础上，为实现公共利益而进行的管理和服务活动。治理意味着不仅要运用政府"看得见的手"进行管理和服务，也要运用市场"看不见的手"以借助私人部门的力量，同时还要运用第三部门"自己的手"进行自治。

表5-1　治理与传统的行政、统治的区别

项　　目	治　　理	传统的行政、统治
管理主体	政府、私人部门、第三部门、社会公众等	政府，主体单一
管理手段	行政、经济、法律、行为激励等	以行政手段为主，手段单一
权力运行方向	自上而下、自下而上、平行互动	以自上而下为主，权力集中

在"治理"理论的领域中，存在众多的概念，它们相互关联，却又存在差别，在实际应用过程中，这些概念的内涵和外延在不断地发生着变化，在不同的语境和不同的领域中，其具体的含义也处于变动当中。尽管如此，人们在其特征上仍然逐渐达成了共识。这些共识包括：

（1）来自不同领域、不同层级的行为主体形成了彼此依赖的多主体治理结构。政府地位的转变、私营部门的参与、志愿部门的兴起成为这一网络的主要特征。这样的网络结构涉及多样化的治理主体，不仅包括各个层级的政府、公共组织与私营组织，还包括各种公民组织，各主体之间形成了复杂的纵向、横向关系。

（2）在平等的基础上形成了参与、沟通、协商、合作的主体之间的互动治理机制。治理所依赖的不是传统上政府单一的自上而下的权威统治过程，而是政府作为多中心之一与其他主体在平等的基础上进行沟通交流、对话合作、谈判协商以达成共同的目标。各主体在治理结构中形成了不同的权力结构和责任机制，在参与、沟通、协商、合作的过程中促进治理的发展，寻求有效的制度安排。

（3）在利益整合的基础上形成了以问题为导向、追求共同利益、解决公共产品有效提供的综合社会过程。这是一个政策过程，治理所要谋求解决的是公共产品和公共服务的有效提供问题，治理主体作为治理结构中基于不同利益的利益相关者，在参与公共政策制定和执行的过程中开展合作，在满足各参与行为主体利益的同时，最终实现社会发展和公共利益最大化。

治理特别强调治理主体用于分配权力、管理公共资源，以及形成和执行政策的方法，此外治理还包括机制、过程。由此，不同的主体可以对利益进行协调，运用它们的合法权利，履行自己的责任和义务，解决彼此之间的分歧。从学理上分析，治理观点对理论的贡献并不在于因果关系分析这个层次，也非提供了一种新的规范理论，它的价值在于提供了一种对管理过程进行分析的分析框架。治理的出现表明了一种新的管理方式，其本质特色在于并不完全依靠政府的权威或制裁，在承认公私部门之间以及公私部门各自的内部的界限区域模糊的前提下，依靠多种行为主体及其相互影响来实现治理的目的。

2. 城市治理的内涵

要更好地理解城市治理的概念，应该突破把城市治理当作治理概念的一种应用和自然延伸的观点，深入研讨治理概念在城市环境中的特性和运行方式。治理是指在一个既定的范围内运用权威维持秩序，满足公众的需要。相较于治理，城市治理所表现出的新的特点是：探究在全球经济背景下城市政府恰当的角色定位，以争取发展策略的主动权；探究如何适应经济、社会发展的新特征，以更好地促进私营部门、非政府组织在公共服务中担任更重要的角色；重新界定城市中有关利益主体之间的关系，以及相应产生的许多新权力中心。

广义的城市治理是指一种城市地域空间治理的概念，是指相关主体为了谋求城市在经济、社会、生态等方面的可持续发展，对城市中的资本、土地、劳动力、技术、信息、知识等生产要素进行整合，以实现整体地域的协调发展。狭义的城市治理是指城市范围内政府、私营部门、非营利组织作为三种主要的组织形态组成相互依赖的多主体治理网络，在平等的基础上按照参与、沟通、协商、合作的治理机制，在解决城市公共问题、提供城市公共服务、增进城市公共利益的过程中相互合作的利益整合过程。广义上的城市治理主要涉及城市定位、城市规划、城市可持续发展等问题，主要是处理城市发展的各种要素；狭义上的城市治理主要涉及治理主体的组织形式、利益冲突、利益整合，着眼于城市公共服务的提供。

值得注意的是，城市治理并不等同于政府治理。城市治理首先是多主体参与的过程，除了政府以外，私营部门、非营利组织都会按照其自身的利益机制参与到这个过程中。从理论上看，城市治理是基于对城市政府作用的重新认识，城市治理中关于城市政府作用最基本的特征在于：城市政府作为国家权力在城市中的具体而简化的代表，具有有限的权力并有其独立性；同时，城市政府在个人与公共社会关系方面是一个必需的、合法的和自治的单位。对于后者的强调使城市政府与其他行为主体结成伙伴关系具有了可能性，城市政府的国家职能和城市政府的自主性得以成立，因此，城市政府在城市中的作用就获得了更多的自主性和创新空间。城市政府成了治理体系形成的引导者和维护者，具有其他行为主体难以替代的核心作用。

3. 城市治理的领域

城市治理涉及政治、经济、文化、社会和生态等多个领域。在过去，我国强调以经济建设为中心，因此城市治理也是以经济为中心，但这种认识和实践已难以适应当前的发展需要。研究者和实践者已经认识到了城市治理领域的多样性，具体的观点如表5-2所示。

表5-2　关于城市治理内容的不同观点

观　点	城市治理内容
三领域论	经济、社会、环境
四领域论	政治、经济、社会、文化
五领域论	经济、政治、社会、文化、环境

三领域论认为，城市治理涉及经济、社会、环境三个方面，城市治理应该同时注重经济效益、社会效益和生态效益，这样才能把城市引向经济繁荣、社会公平、生态友好。

四领域论认为城市一般由政治、经济、社会和文化四大领域所构成，需要据此建立一个相对合理的城市治理机构框架。

五领域论认为城市治理是一种既涉及经济管理，又涉及政治、社会、文化、环境等诸多方面管理的综合活动，其实质是一个包含多层次、分系统、纵横交错巨大网络的城市综合协调系统工程。

结合以上三种主要观点，城市治理涉及的主要领域应该包括经济、政治、文化、社会和生态五个领域。因此，城市文明建设的内容应该包括物质文明、政治文明、精神文明、社会文明和生态文明五个方面，城市治理的内容也是这五个方面。

4. 城市治理的使命

城市治理承载着两个方面的基本使命：

（1）提供优质公共服务体系，提升相互配套性，增强对工商业的吸引力，满足市民更高水平的公共服务需求。这里所讲的公共服务体系，包括道路、桥梁、学校、医院、公园等物质性的基础设施，也包括教育、文化、医疗、社会保障、公共交通、环境保护、经济监管、社会监管等非物质性的服务项目。城市善治要求各类公共服务项目相互衔接、彼此配套，形成公共服务体系，共同服务于市民、企业及社会组织。

（2）形成可持续的财政资金筹集机制，不断改进公共服务。城市提供优质公共服务具有成本，需要具有稳定的财政收入来源。城市基础设施建设的资金需求大、回报周期长，成本具有沉淀性，资金一经投入难以改作其他用途。同时，基础设施的规模经济效应也很明显，项目建成以后，随着消费者数量增加，项目运行具有成本弱增性特征。为满足城市政府未来发展需求，需要与致力于促进经济增长的力量合作，支持工商业发展，以增加财政收入。

在市场经济体制下，城市治理要区分"掌舵"和"划桨"职能，城市政府承担着提供公共服务的使命，负责公共服务供给决策，而公共服务的生产既可由公共部门承担，也可通过政府与社会合作的方式，让企业和社会组织参与进来，在不同机构之间展开竞争。掌舵者需要洞察问题，平衡竞争性需求，承担安排者的角色，决定为谁生产、生产多少、如何生产、怎样付费等问题，划桨者则要集中精力于具体事务。

5. 城市治理的目标

关于城市治理目标，经历了从"产出"到"结果"、从"政绩"到"满意"、从"经济增长"到"统筹发展"的转变。

（1）从"产出"到"结果"的转变。在美国，政府绩效的评估大致经历了两个阶段：第一个阶段是 20 世纪 50 年代至 80 年代的效率评估阶段，评估的焦点是产出，主要关注投入、产出与效率信息的收集与评价；第二个阶段是 20 世纪 80 年代至今的结果评估阶段，评估的焦点是结果，主要关注产出、结果与顾客满意指标的设立与测量。相应地，其城市治理的目标也经历了由关注投入、产出与效率到追求产出、结果与顾客满意的转变。20 世纪 90 年代，一些城市政府纷纷进行了绩效测量方面的创新，一些城市还在与民众沟通绩效信息上采用了创新的方法。当然，关于城市治理的绩效测评，评价的不仅是政府的绩效。由于政府通过购买公共服务等途径达成治理目标，城市治理的绩效测评实际上评价的是整个治理网络的绩效。

（2）从"政绩"到"满意"的转变。在我国，长期以来的绩效评估主要是针对行政首长的政绩考核，且局限于经济增长率，考核的中心是国内生产总值、招商引资、财政状况、人均收入等，这在一定程度上导致了重复建设、资源浪费、政绩工程、数字造假等现象的出现。这种绩效考核主要是自上而下进行的，导致行政部门及其相关领导唯上是从，对公众的需要则关注较少。随着城市治理的逐渐完善，公众在绩效评估中的地位越来越突出。在这种背景下，对顾客满意度的测量成为评估治理绩效的重要内容，顾客满意也成为城市治理的重要目标。由追求"政绩"转变为追求"满意"后，必须把以顾客需求为导向的理念，全方位地渗透到城市治理的各种活动中。

（3）从"经济增长"到"统筹发展"的转变。长期以来，由于体制机制的原因，城市治理过度追求"经济增长"，社会、生态等领域被忽视。近年来，随着社会问题日益突出，社会治理成了城市治理的重要内容。同时，在环境危机日益严重的背景下，城市生态文明建设越发受到城市顾客的重视。"政绩"的内涵也发生了变化，生态福利绩效也成为城市治理绩效的重要内容。依照绿色经济理论，生态福利绩效是福利的价值量和生态资源消耗的实物量比值，反映单位资源投入所带来的福利提高程度。生态福利绩效能够反映福利与生态资源消耗的相对变化趋势，携带了经济、社会、生态方面大量的信息，是考虑社会和生态因素的经济增长相对健康程度的量化指标。在这种背景下，"五位一体"的建设（经济建设、政治建设、文化建设、社会建设、生态文明建设）成为城市治理的重要内容，城市治理目标也相应地发生了变化，如表 5-3 所示。

表 5-3　城市治理目标的转变

项　　目	城 市 管 理	城 市 治 理
价值主张	以公共服务为中心	以城市顾客为中心
绩效标准	产出、政绩	结果、顾客满意
绩效内容	经济增长	统筹发展

5.1.2 城市治理的主体

城市治理主体的多元化已基本成为共识，但在具体论述上有所不同。三元治理结构论认为，城市治理的主体由政府、企业、社会组成，运用国家机制、市场机制和社会机制推进城市发展。四元治理结构论认为，城市的治理结构是一个以政府为主导的多元的治理结构，包括政府、非政府组织、私人企业和社会公众，其中政府仍是核心治理者。多中心治理论认为，城市政府是治理中的最重要主体，但城市治理的发展方向是多中心治理，其治理主体是包括政府在内的治理网络体系。伙伴关系论强调政府与第三部门、私人企业形成伙伴关系，并不排斥政府管理，其关注的重点是在公共服务市场化的过程中，私人企业如何参与民营化，以及公私伙伴关系在城市改造、基础设施建设等过程中是如何发挥作用的（见表 5-4）。

表 5-4 关于城市治理主体的不同观点

观　　点	城市治理主体
三元治理结构论	政府、企业、社会
四元治理结构论	政府、非政府组织、私人企业、社会公众
多中心治理论	包括政府在内的治理网络体系
伙伴关系论	政府与第三部门、私人企业形成的伙伴

这些观点虽然略有不同，但其中的基本思想是一致的。结合这些观点，城市治理的主体应该是多元的，这些多元主体在互动过程中构成了城市治理的网络组织。具体而言，这样的网络组织应该包括公共部门、第三部门、私人部门和社会公众，其中前三类主体都是组织，而社会公众则是个人（社会公众在接受服务时是顾客，在参与治理时则成了治理主体）。

现代社会是一个多元、开放、民主、法治的社会，它的一个重要特征就是社会治理主体的多元化，它需要政府、市场、第三部门和公民的共同治理。公共部门、私人部门、第三部门和社会公众等治理主体共同参与城市治理，相互作用，构成城市治理的网络组织（见图 5-1）。

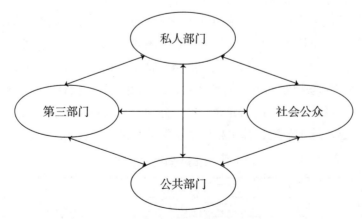

图 5-1 城市治理主体的网络组织

1. 公共部门

在三权分立理论下，西方的公共部门包括立法机关、行政机关和司法机关，三者共同构成广义的政府。而我国，公共部门虽然包括立法、行政、司法三个系统，但其相互关系与西方国家截然不同，同时我国实行的是中国共产党领导的多党合作与政治协商制度，我国的公共部门的内容也与西方截然不同。在我国城市治理主体中，公共部门除了包括立法机关（人民代表大会）、行政机关（人民政府）和司法机关（人民法院和人民检察院）等机构。在网络组织中，公共部门虽然仍然是网络的中心，但它已不再是官僚制下权力集中的中心，而是治理网络的一个节点，它把许多行为主体结合到一起，承担中介人的角色。不同于西方"三权分立"的体制，在中国政府"议行合一"的体制下，人民代表大会是最高权力机关，同时，中国政党与政府"党政合一"的现象十分突出，政党影响着公共生活的各个方面。

2. 私人部门

私人部门参与城市公共服务的供给时，其动机是追求利润。但城市治理之所以需要私人部门的参与，主要是因为"政府失灵"的存在。和公共部门相比，私人部门有较强的利润动机，并且在资金、技术、管理和人才等方面有较多的优势。目前，城市治理中的基础设施建设、环境治理等都有私人部门的参与。在网络组织中，私人部门的参与必然与公共部门、第三部门和社会公众发生各种各样的联系，从而也成为治理网络的一个节点。当然，以企业为主的私人部门参与城市治理，也会出现"市场失灵"的情况，这就需要采取相应的措施弥补其先天性的缺陷。

3. 第三部门

公共部门和私人部门都有其天然的局限性，如果没有合理的制度安排，人性的"自私"往往阻碍城市的"善治"。埃莉诺·奥斯特罗姆在《公共事物的治理之道》一书中认为，传统的分析公共事务的理论模型主要有三个，即哈丁的公地悲剧、戴维斯等人的囚徒困境、奥尔森的集体行动逻辑，但他们提出的解决方案不是市场的，就是政府的，且得出的结论往往是悲观的。埃莉诺·奥斯特罗姆指出，以政府为唯一途径或者以市场为唯一途径解决公共事务问题都是有问题的。我们不能局限在政府与市场之间做单项或双项选择题。在埃莉诺·奥斯特罗姆看来，所有个体与组织均是追求自我利益最大化的单位，无法带来公共领域的公平与效率，应在政府与市场之外寻求新的路径。

为了解决"政府失灵"和"市场失灵"问题，在城市治理领域，第三部门也是重要的治理主体。第三部门是介于公共部门和私人部门之间的非营利组织和非政府组织，它在社会大型机构（政府）与公民之间搭起了一座沟通的桥梁，一方面它传达政府政策，另一方面又反映民众的诉求。正是因为具有这样的功能，第三部门才成为治理网络的节点，向公共部门反映公众的利益要求和价值倾向，也向公众传达公共部门的政策。同时，第三部门也是公共部门和私人部门、私人部门与公众之间相互联系的节点。

4. 社会公众

接受服务时，社会公众是顾客；参与治理时，社会公众则成了治理主体。作为城市社会的主体，社会公众是城市文明的创造者，在城市治理中的直接参与不仅能够培育他们对所在城市的归属感和认同感，还能更加有效地整合与发掘城市自身的各种资源，提高城市治理的科学性和民主性。社会公众参与城市治理的问题受到了不同学科的关注：在政治学领域，学者对参与的主体、参与的对象、参与的方式都进行了相关分析；在环境科学领域，如何在环境治理中有效地引进公民参与成为学者关注的对象；在城市规划领域，市民参与城市规划被认为是一项基本权利；在公共决策领域，公众参与是推动决策民主化的重要内容。可见，社会公众在城市治理中担当着重要的角色，在城市治理中必须建立健全能够发挥社会公众聪明才智的体制机制。

5.1.3 城市治理的理论演进

城市治理主体包括政府、企业、社会组织、居民等多方行动者，其行动逻辑和运作机制各有不同。其中，政府以公共价值为导向，主要通过自上而下的命令—服从机制进行运作；企业以利润为导向，在市场机制的引导下进行运作；社会组织以共同体利益为导向，通过自组织方式进行运作；居民既是个体参与者，也通过组织化形式发挥作用。根据对上述行动主体在城市政策决策和公共服务提供中的地位和作用的不同理解，研究者提出了不同的理论模式。

1. 精英主义理论

精英主义理论建立在社会分层的概念上，关注城市统治权问题，认为城市的社会结构就像一个金字塔，拥有广泛支配权力的人站在顶端，没有权力的人处于金字塔的底端。

经典精英理论将国家作为分析的基本单元，逐渐地，一些学者将精英理论应用到城市政治分析中，并以城市为单位开展实证研究。美国学者弗洛伊德·亨特在这方面进行了开拓性研究，得出城市社会由精英掌握和控制的观点。在政策科学教科书中，政策制定被理解为民选代表将公众的期望转化为公共政策的过程，亨特对美国亚特兰大市的研究发现，这一观点不符合实际情况，现实中的政策制定更多地发生于政府系统的外部，工商精英对政策过程具有支配性影响力，如果不是工商精英的经济利益考虑发生改变，亚特兰大市的统治秩序就不会有所变化。在此基础上，亨特得出结论：美国的地方代议制民主实际上只是占支配地位的经济利益的幌子而已。这一论断引发了精英主义与多元主义的理论之争。

多元主义论者指出，亨特运用的实证研究方法并不恰当，他对社区影响力人员的列表和定义的方式，对研究发现起着预先决定的作用。批评者还认为，没有有力证据证明那些拥有权力声望的人会在特定情形下使用支配权。多元主义者的决策研究大多关注于"具有争议"或利益冲突议题的政府决定。他们从大批政策领域中找出对决定最有影响力的个人，发现这些个人在不同案例中的作用有所不同。这一研究方法也受到新精英主义者攻击：真正拥有权力的人可能早在问题引起争论之前，就将其放到议题之外，从而避免这些问题被公开讨论。

罗根和莫洛奇进而提出增长机器理论，从城市增长的角度理解城市政治，进一步拓宽了精英理论的研究视野。该理论将注意力集中于商界的权力，认为"企业家的行动主义一直以来都是形成城市系统的关键动力"，主导城市发展的是致力于促进经济增长的各种力量的联盟。罗根和莫洛奇认为"食利者"处在城市发展的核心地位，他们经常通过强化财产（土地、建筑物）的使用或发展更高层次的使用价值来增加租金，使自身收益最大化。食利者不能仅靠自身力量达到目标，他们必须与其他致力于促进增长的行动者合作。在增长机器理论看来，城市政治的增长联盟包括核心成员、非核心成员、辅助支持者。核心成员直接从发展过程中获利，包括开发商、土地所有者、金融机构等；非核心成员通过为发展项目提供产品和服务而获利，如地方政治家、当地媒体、公用公司等；辅助成员与当地有联系，可以从当地发展中获得部分利益，如大学、文化机构、俱乐部、自主经营者和零售商等。

2. 多元主义理论

多元主义理论认为，城市权力实际上是分割的、分散的，即使政府不能遵照社会团体的要求行事，所有团体也都有一定的资源来表达自身诉求。罗伯特·达尔在《谁统治：美国城市中的民主与权力》一书中对多元主义权力结构进行了经典阐述。达尔认为，尽管决策权被限制在少数人手里，但城市中的民选决策者仍对政策议题的形成起着关键作用，城市仍在民主信条下运行，并且仍受公众制约。多元主义理论认为，在民主体制下，城市政治具有可渗透性，政策过程保持开放透明，有组织的、希望被听取诉求的社会团体能够通过一定途径对决策保持影响。

对于多元主义论者来讲，城市社会可以理解为数百个小型特殊利益团体的聚集体，这些团体有着不完全的人员重叠、广泛分散的权力基础，以及对重要决策施加影响的大量手段。多元主义把自治性社会团体的存在视为民主政治的根本，但对于多元主体如何运行才能更好地促进公平与正义，它并没有给出具体答案。多元主义者强调的是，在西方政治制度下，由一群有凝聚力的领导集团统治的政治体系，已经让位于由许多拥有不同政治资源组合的多群领导共同统治的政治体系。简单地说，就是多元主体体系。

20 世纪 80 年代以来，一些研究者提出城市机制理论，认为当代城市中大众控制的操作方法大致是政府与市场劳动分工的结果，进一步拓展了多元主义的适用性，也被称为"新多元主义"。根据城市机制理论，城市中生产资料的所有权控制在私人部门手中，公共部门的官员与这些私人掌控者一起分担提高公民福利水平的责任，但这些官员不能命令经济绩效，只能进行诱导。在此过程中，政府必须考虑城市环境中的不同力量，在多元力量中建立联盟，推动有关力量作出决定。为此，政府、企业、社团之间需要建立协调、合作机制。城市机制理论首先由费恩斯坦夫妇提出，他们概括了第二次世界大战之后美国三种比较典型的城市机制：管制型机制、授权型机制、保守型机制，提出了四种城市机制类型：维持型、发展型、中产阶级改革型、低收入阶层机会扩展型。在城市机制理论看来，政治组织、经济组织、社会组织分别掌握不同的资源，任何一方都无法独立地实现城市发展目标，多元主体之间的"联盟"就成为一种必然选择。

3. 公共治理理论

公共治理理论的兴起，与政治与行政二分法面临的思想危机和现实挑战密切相关。威尔逊提出政治与行政二分法，为行政学发展奠定了学科基础。经典行政学基于政治与行政二分的思想，认为行政是国家意志的执行、政策的实施过程，强调公共行政的目的在于效率。早在20世纪40年代，沃尔多就指出，行政固然要追求效率，但这不是行政的核心价值，也不是终极目标，好的公共行政应通过沟通对话来促进政府与公众真诚互动。20世纪60年代以来，在质疑经典公共行政理论的思想交锋中，公共治理研究不断发展并壮大起来。它基于民主或效率的价值追求，提出在公共行政中引入企业运作、社会组织或公众参与，运用多种治理工具，致力于实现善治（good governance）和良治（better governance）。学者们从不同的制度环境和价值诉求出发，构建了多中心治理、新公共管理、新公共服务、自主治理、协同治理、整体治理、运动式治理等理论模式。

文森特·奥斯特罗姆基于民主行政的价值诉求，提出了多中心治理理论，发出了公共治理研究的先声。他以美国大都市地区的公共服务提供为例，论证了多中心体制的合理性。那里存在许多相互独立的公共机构，包括联邦和州政府的机构，以及县、市、镇和特区，它们分别履行各自的职能，同时又展开竞争与合作。在多中心体制下，多个自治单位的管辖权互相交叠，它们通过多种制度安排进行协调，包括互利性交易和协议、竞争性对抗、裁定冲突，以及有限的命令权。由于存在多个权威，每个机构的权力和能力都有限，同时又可能利用其他机构的权能，结果是，"协作生产"成为公共服务供给的一种制度安排。

新公共管理理论强调市场化、分权化、顾客导向、绩效评估，主张在公共服务领域引入市场机制和社会力量，提出"政府应多掌舵少划桨"，发展公私伙伴关系。胡德总结了新公共管理的七个要点：专业化管理、绩效标准和测量、产出控制、公共部门内部的分化、公共服务竞争、私人部门管理方法、纪律和节约。萨瓦斯通过区分"掌舵"与"划桨"、"提供"与"生产"职能，总结了公共服务提供的多元化制度安排，指出除政府生产外，还可通过政府间协议、合同外包、特许经营、政府补助、凭单制、志愿服务等途径提供。

新公共服务理论源自对新公共管理理论的批评，它将公共利益、公民权利、公共服务视为核心价值，认为城市政府不应像企业那样运作，而应民主化运作。登哈特认为，新公共管理过于强调执行部门的权力，但忽略了公民参与的价值，"行政官员负有倾听公民声音并对其话语做出回应的责任，在认真清楚的倾听中，行政官员在一种相互反射的关系中使自我与社会结合在一起"。作为一种民主行政理论，新公共服务更强调治理过程的重要性，认为"公共利益就是通过一种允许利益得以集聚、平衡或调解的特定过程来实现的"。

自主治理理论以公民权为价值导向，力求将公共行政纳入民主运作的轨道。埃莉诺·奥斯特罗姆基于大量案例研究，提出除了政府与市场机制之外，公共事务还存在第三种治理机制，即自主组织和自主治理，并剖析了自主治理的制度设计原则。理查德·博克斯提出公民治理理论，主张建立小规模的地方政府，将公共行政纳入民主和服务的轨道。莱斯特·萨拉蒙对美国的非营利组织进行实证分析，提出了第三方治理理论，展示了活跃的非营利组织运作机制。

协同治理理论针对跨越行政组织职能、能力边界的公共事务，提出将利益相关者纳入集体论坛，在"协商"和"一致同意"的基础上进行集体决策，以整合各方面的信息和知识，建立合作伙伴关系，提高治理绩效。协同治理界定的利益相关者，可能是公共部门，也可能是私人部门、公民组织或个人。协同治理理论认为，在公共事务治理中，多元主体之间的合作不会自动形成，不论是部门间协作、区域协作还是公私伙伴关系，都需要构建一定的治理结构或机制。

整体治理理论是回应行政部门碎片化、分散化造成应对复杂问题效率低下，探寻公共部门整合机制而提出的一种理论建构。整体治理通过构建跨部门、跨领域、跨层级的协作机制，使公共机构更好地分享信息、协同作战，提供整体化的公共服务。佩里·希克斯认为，整体治理是针对部门碎片化实施的治理创新，目的在于提升行动主体之间的相互依赖性。整体治理理论主张通过机构重组、流程再造、技术应用等途径，构建政策网络，发展大部门体制，提供"一站式"服务。

运动式治理理论是一种公共治理模式，其突出特点是暂时打断、叫停官僚体制中各就其位、按部就班的常规运作过程，以自上而下的大规模动员方式来调动资源，集中各方力量和注意力完成某一特定任务。公共行政主要依赖于官僚制的科层化运作机制，科层制度也会出现内在困难，导致组织失败和治理危机。作为应对工具，运动式治理机制依赖于大规模组织动员，在一定程度上缓解常态治理面临的困境。只要中央集权和行政主导的制度环境没有根本改变，运动式治理就会持续存在下去。

除上述学说外，城市治理研究还提出了网络化治理、电子治理、数字化治理、网格化治理等政策工具，它们主要关注于公共治理的技术、工具和手段。

梳理公共治理的相关理论可以看到，对于政府在公共治理中发挥什么作用，如何看待效率与民主的关系，不同理论的价值诉求存在差异性。概括而言，公共治理存在民主和效率两种价值导向。前者强调开放性参与，主张通过直接民主、协商民主弥补代议制民主的缺陷；后者注重结果导向，主张有限参与，由政府主导决策过程并组织实施。

民主导向的治理理论认为，公共利益的内容远没有实现公共利益的方式更为重要，善治的基础来自公民参与和自治。在代议制民主下，对行政的控制主要来自政治机构，行政决策即使背离公共价值，公众也缺少手段予以纠正。为弥补这一缺陷，一些学者提出发展"对话式民主"，建立开放论坛，促进平等参与和互动交流，在交换信息、辩论和协商中增进共识，运用协商民主改进公共治理。登哈特提出，"在一个民主政体中，需要做的正确事情恰恰是更多地参与"，更多地参与有助于强化政府责任，改进公共政策质量，提升政策执行成效，增加对政府的信任度，建立一种新型合作关系。

效率取向的公共治理并不排斥公民参与，但它将公众参与限定在有限的范围之内，并遵循一定的秩序。公众总是既希望参与行政决策，又要求政府能够迅速采取行动。在高度复杂的社会环境下，公众也不具有足够的信息和知识来参与复杂问题的讨论。如果开放公众参与，政府决策就不得不花费大量时间和精力来集聚共识，这势必导致行动迟缓，还可能错失最佳时机。效率取向的研究者认为，政府治理必须平衡及时决策和公众参与的双重需要，形成一套规范，对参与的范围、方式、时限进行限定。对于跨界事务的冲突解决，效率导向主张应用必要的权威和司法裁决化解矛盾。

公共治理的理论图谱如图 5-2 所示。

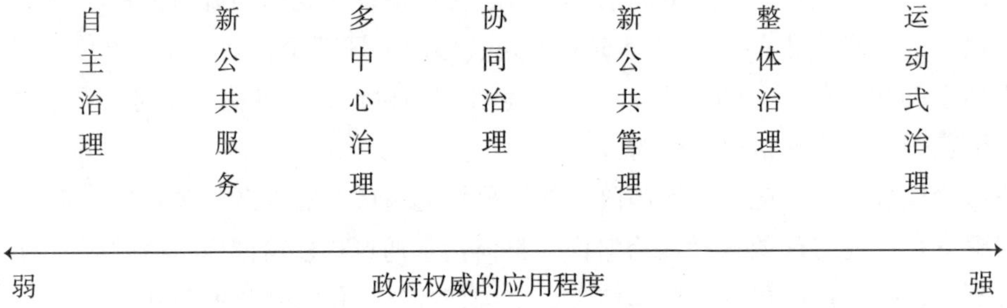

自	新	多	协	新	整	运
主	公	中	同	公	体	动
治	共	心	治	共	治	式
理	服	治	理	管	理	治
	务	理		理		理

弱　　　　　　　　　政府权威的应用程度　　　　　　　　强

图 5-2　公共治理的理论图谱

5.2　城市治理模式及其变迁

城市治理模式是在城市治理过程中所形成的权力与权利的结构形式和运行机制及其呈现的整体形态。城市治理没有固定的模式，不同国家、不同区域的城市治理具有不同的特征，甚至同一城市在不同的时期也可能呈现出不同的特点。在城市治理的发展过程中，其治理结构、治理重点、治理目标等都存在很大的差异。西方学者在研究中根据不同的标准，对城市治理模式进行了划分。这些模式在行为主体、目标、手段等方面都各有特点，也存在着不足之处。然而这些模式很难照搬到中国的实践中。中国城市管理体制的变迁有着特殊的轨迹，其发展目标也是在改革过程中逐渐明确并完善的。[①]

5.2.1　国外城市治理模式

不论在发达国家还是在一些新兴工业化国家，有效的城市治理成功地带动了经济发展已经是不争的事实，构建一个既公平、公开，又具竞争力的城市治理模式，对保障城市的可持续发展具有特别重要的意义。但城市治理模式要受制于诸多的因素，如国家政体背景、城市发展阶段、经济发展水平、政府职能转变、公众参与程度、历史文化背景、城市地理状况等，诸多因素造成了城市治理模式的千差万别。归纳城市治理模式的研究路径，可以发现有两种主要的研究模式：一种是侧重于从城市的发展阶段来分析城市治理模式，在解决城市问题时侧重于行政区之间的调整和整合；另一种侧重于从城市治理的参与主体来分析城市治理模式，强调各个主体作用的变化和彼此之间的关系构建。

1. 城市发展与城市治理模式

从城市规划和城市经济发展的角度看，城市治理模式是伴随着城市发展而转变的。城市的大都市区就其形成来说大多是由一个核心城市和周围的辐射区域所构成，这些区域之间具有完善的社会经济联系网络，构成一个有着相对密度的、广阔的多中心区域结

---

① 本节内容参见王佃利. 城市治理中的利益主体行为机制 [M]. 北京：中国人民大学出版社，2009：49-53，63-70. 杨宏山. 转型中的城市治理 [M]. 北京：中国人民大学出版社，2017：59-65.

构。因此，大都市区既是一个相互关联的经济空间，也是包括各种层次政府的政治和行政空间，正是这些政治和行政空间（不一定是整合的政治或行政空间）成为治理的主要空间。

美国国家研究委员会认为，大都市区治理就是在一个扩大的大都市的政治空间里，运用政府的制度和规程，在公众参与政策制定、资源分配及其他一切事务的政治过程中的管理决策过程。大都市区治理是发现和采用一种机制，建立一种整合的政府或专门的机构和委员会，运用社会及非政府组织的力量，在充分尊重并鼓励公众参与下，进行的一种解决大都市宏观和微观区域问题的政治过程。这一概念以政府行为和管理程序、大都市区内地方政府之间的关系，以及相关的各种政治过程作为研究内容。强调大都市区域是一个客观存在的城市景观，不能因为行政界线而割裂其本来就有的经济联系。把大都市区的发展演进分为不同的发展阶段，其城市治理也呈现出不同的特色（见表 5-5）。

表 5-5 大都市区各发展阶段的治理及特征

时 期	大都市区发展阶段	治理及特征
胚胎	绝对的城市中心集聚化	出现大都市，提供简单的区际服务
形成	相对的城市中心集聚化	形成大都市政府
调整	相对的离心化	大都市政府结构调整，产生区域服务协调组织和专门的公共服务组织
扩展	绝对的离心化	明确大都市政府区域职能，地方政府合并与兼并
整合	离散不经济现象出现	政府结构更大范围和幅度的整合

当都市区处于第一阶段的胚胎时期，城市仅仅出现几种简单的公共服务需求，治理的模式比较单一；第二阶段，郊区城市人口集中，区际服务要求开始出现，都市区区际协作和联合关系开始萌芽；第三阶段，郊区继续发展，人口不断增加，区际联系越来越频繁，此时的都市区域组织不得不进行调整，以适应公共服务发展的要求；第四阶段，城市发展中的郊区化阶段，中心城市人口相对减少，郊区势力逐渐强大，地方政府开始进入兼并与分权并存的时期，都市的区域职能虽然开始逐步明确，但是区域之间的合作和协调还得依靠一些区域性的松散组织和机构来提供；第五阶段，都市区发展的最高阶段，郊区势力明显超过中心城市，人口、产业和经济的高度离散造成了不经济现象，因此，大都市区政府开始进行更大幅度的调整和整合。城市治理所采取的模式依据城市发展状况不断进行调整和作出新的选择。

这种城市治理模式主要是从城市规划、城市经济法的角度展开的，其实质还是通过行政区划来调整和规划城市的发展。它强调大都市地区治理必须建立一种整合的政府或专门的机构，这种想法并不符合治理的本意，在实践中也面临着巨大的困难。尽管有许多城市曾经进行过尝试，但是这种试图把城市搞成一种"巨人国"的想法很难成功。

2. 治理主体与城市治理模式

从政治学和公共管理学的角度看，城市中的不同利益主体之间的关系决定了城市治理模式的构成和形式，其中最主要的就是政府的作用，如城市政府在发展经济中的角色、分配方式以及地方政府与市民社会的关系。私营部门和非营利组织的参与也有着重要的影响。如在美国的城市中，私营部门组成的商业集团具有很大的势力，城市政府的操作依赖于政府和商业利益集团组成的治理联盟的力量，城市政府的税收依赖于商业，城市治理是否成功取决于经济表现。因此美国城市治理模式依赖于私营部门的表现。据研究，美国在第二次世界大战之后经历了三种城市治理体系，1950—1964年是指导性治理体系，在地方政府的赞助下，城市治理联盟制订和实施了大规模的城市更新计划；1964—1974年是让步性治理体系，商业利益仍占有主导地位，但是对低层的城市市民作出一些让步，向其提供福利；1975年以来是保守性治理体系，维持财政稳定，让步和福利逐渐减少，但是保留政治和经济控制。由此可见，城市治理的过程就是城市中的不同利益主体之间的利益调整过程，既包括一些利益主体之间的联盟，又存在一些冲突。

由于这些利益主体的不同利益需求和作用，城市治理呈现出许多不同的模式，即使同一国家背景下的城市也可以显示出不同的治理模式。皮埃尔根据参与者、方针、手段和结果，将西方种类繁多的城市治理方式归纳为管理模式、社团模式、支持增长模式和福利模式。这些模式表现了不同治理主体的行为取向，他们的共同点就是政府不再是单独的权威中心，私营部门和非营利组织都成为积极参与的主体，它们的差别就在于主导者、目标、手段、结果的不同（见表5-6）。

表 5-6　不同城市治理模式的区别

区　别	管理模式	社团模式	支持增长模式	福利模式
主导者	职业管理者	大众与利益组织	商业界精英、高官	地方政府、国家政府
目标	提高公共服务的生产和传递效率	保证组织成员的利益	经济持续增长	国家支持地方经济
手段	与私营部门的合作、公职招募、提高公务员素质	使社会主要成员参与到城市治理中	城市规划、改善基础设施、改善投资环境、吸引投资	政府的政治和管理网络
结果	提高了服务生产率，对服务市场和消费者选择的效率作用不大	削弱了财政平衡，私营部门与其他组织不平等	对地方经济起到了主要作用	中央政府的财政赤字不断增长，地方政府权力下降

（1）管理模式。该模式强调专业参与而非政治精英的渗入，其口号就是让管理者管理。其主要参与者是组织生产和分配公共服务的管理者，同时也强调消费者的重要性。好的城市治理，不仅要求政府的良好管理，也要求非政府部门的充分发展和服务水平的提高。实现目标的手段很多，如将公共服务承包给营利组织、增强公共部门管理职位的自主权、建立内部市场和其他相似的竞争、重新定义当选官员的角色等。

（2）社团模式，也称为合作模式。该模式有两个层面的参与，直接参与的是各利益集团的高层领导，间接参与的则是利益集团的基层。该模式的主要目标在于分配环节，即确保以利益集团成员的利益确定城市的服务和政策。关键手段是包容，使所有主要的利益相关者进入城市的决策过程。社团模式削弱了财政平衡，因为利益集团强调各种公共开支，但它们几乎没有什么有力的手段去增加公共税收。社团主义也不断在利益集团与别的社会群体之间制造不平等。

（3）支持增长模式。该模式的主要参与者是商界精英和当选的地方官员，他们在推动地方经济的问题上利益共享。可以使用各种政府手段，如城市规划、运用来自区域或中央政府的资源、发展基础设施，甚至建设良好的城市形象以吸引投资等，实现长期和可持续的经济发展。该模式以制度化的公共部门和私营机构的伙伴关系为基础，使参与者直接分享实施的自主权。

（4）福利模式。该模式的参与者主要是地方政府官员和国家的官僚机构。其短期的目标是确保国家基金的流动以维持地方的活动，长期的目标则不甚明了。该模式的实现主要依赖地方与较高层政府的网络关系，可以是政治的或行政的关系，或两者兼而有之。

除此之外，还有其他多种城市治理模式，如公私合治模式、新精英模式、超多元模式、合作型治理模式、发展型政府模式、规制型政府模式、新管理主义城市治理模式、新自由主义城市治理模式等。

5.2.2　中国城市治理的四种模式

随着市场化改革的推进，中国城市治理的显著变化在于，政府掌握的经济社会资源在比重上明显下降。然而，政府仍承担全面责任，不仅负责提供基础设施和公共服务，还要保障经济增长和社会稳定。在复杂、变化的外部环境下，为提升回应性和公共服务能力，中国城市管理改变了过去的全能主义模式，政府不再垄断公共服务的生产职能，转而引入市场机制和社会力量，强调合作行动、综合应对。从政府与社会关系看，政府代表了一种统合性力量，社会代表了一种自主性力量。根据政府与社会的合作性、政府介入社会的协商性两个维度，可区分出不同的城市治理模式。

政府与社会的合作性是指在城市公共管理中，政府与社会之间开展跨界合作的广度和深度。这种合作既受制于国家治理对政府职能和角色的定位，也取决于社会力量的组织化程度。如果政府全面集权或干预社会，行政体制高度发达，社会成员对政府权力具有高度依附性，无法形成组织化的社会力量，就谈不上政府与社会合作了。如果社会成员具有自主组织管理自身事务的能力，不需要政府介入，政府与社会合作也不会活跃。在人类社会发展的不同时期，政府的角色和职能边界不同，政府与社会的合作差异较大。在自然经济条件下，政府具有无限权力，社会成员受到高度管制，只能以家庭为基本单位进行生产劳动，彼此之间相互隔离，其与政府的合作有限。在自由资本主义时期，国家治理奉行"最好的政府是管事最少的政府"，政府管理的事务仅限于防止暴力、偷窃、欺骗和强制履行契约等，大量社会事务由社区和行业自治运作，政府与社会的合作性较低。在计划经济环境下，政府权力全面介入经济社会领域，以公共部门取代了社会空间，也谈不上政府与社会合作。在市场经济体制下，随着政府与企业、社会组织相互分离，私人部门和第三部门快速兴起，政府与社会合作广泛发展。

政府介入社会的协商性是指政府与社会主体合作过程中，双方之间在权力和地位上的平等程度及协商对话的民主程度。对于涉及多元主体的城市治理行动，其运作存在民主和效率两种价值导向。民主导向强调公众参与和协商对话，主张赋予利益相关者平等的话语权，在沟通和协商中增进共识。效率导向则要求将公众参与限制在一定范围之内，避免久议不决、行动迟缓、错失最佳时机。在城市跨界运作中，社会关注的重大事项的决策需要广泛听取各方意见，尽可能寻求最大公约数；而对于关注度较低的一般性事项，则更注重效率，以节约时间成本。在不同的政治制度下，政府介入社会的协商性也有差异性。一般而言，在地方自治和民主化环境下，政府介入社会更强调对话和共识决策；而在威权体制下，政府在公共治理中居于主导地位，可利用自身掌握的权力、权威和资源，对企业和社会形成潜在影响力，可通过一定的政治动员手段，促使社会力量采取合作行动。

由此，根据政府与社会的合作性、政府介入社会的协商性两个维度，城市治理可分为全能政府、自主治理、整合治理和协同治理四种模式（见表5-7）。

表 5-7　城市治理的四种模式

政府与社会的合作性	政府介入社会的协商性	
	低	高
高	整合治理	协同治理
低	全能政府	自主治理

1. 全能政府模式

全能政府模式由政府垄断经济社会资源，公共部门负责提供各类社会服务，其触角渗入到社会生活的每个角落，所有企业和社会组织都依附于公共部门而存在，它们实际上成为公共部门的延伸体系。在全能政府模式下，公共部门自上而下建立有严密的组织系统，统一调度人力、物力和财力以实现政府目标，政府与社会之间的界限被取消，一切都被纳入公共组织体系之中，所有组织都处于公权力的支配之下，私人空间被挤压到最小状态，形成一种典型的"强政府、弱社会"格局。于是，城市发展的所有决策和政策都由公共部门掌控。个人高度依赖于从公共组织获取资源，离开了公共组织，个人就无所立足。

1949年新中国成立后，经过生产资料社会主义改造，我国城市建立了全能政府模式。在公有制和计划经济体制下，城市政权全面垄断经济社会资源，所有的社会组织，即通常所称的"单位"，不管是政治的、军事的、行政的、事业的或经济的，都由党和政府控制、管理，内设有党组织、行政系统，以及工会、共青团、妇联等群众组织。所有单位都被划分为全民所有制、集体所有制两种身份，都具有一定的行政隶属关系和行政级别，并从政府那里获得按计划分配的资源。几乎所有的城市就业者都被纳入各种单位之中，被划分为干部、工人、农民等社会身份。

在全能政府模式下，政府通过单位进行社会资源分配，单位集政治、经济、社会福利等职能于一身，社会成员依赖于单位获取资源。工作单位往往对它内部的工作人员不仅付给工薪，而且提供住房、医疗、子女的幼儿园教育等服务。一些较大的工作单位甚至还提供食堂服务、商业服务、子女小学以至中学教育等。在此制度下，个人社会地位、发展机会与工作单位密切相关，整个社会被高度组织起来。同时，社会身份制度在城市户口与农村户口、干部身份和工人身份之间建立制度壁垒，使得社会流动面临困难。

2. 自主治理模式

自主治理模式不依赖于政府介入或提供资源，由社会组织自行提供规则，通过自主选择、自主组织和集体行动来治理公共事务。在自主治理模式下，政府与社会之间的跨界行动欠发达。埃莉诺·奥斯特罗姆通过大量的实证案例研究，发现在政府与市场之外，公共事务还存在一种自主治理的运作模式，即相互依存的行动者自主组织起来，通过集体选择的途径组织集体行动。这一治理模式尽管存在不确定性，在运作中可能出现问题，但自主治理的案例却广泛存在。一些自治组织已持续运作了数百年，历史最长的已超过 1000 年。实践表明，相互依存的个体之间可通过自主治理途径，解决集体行动所需要的制度供给、可信承诺和相互监督问题。

实际上，即使在计划经济时期，中国城市也存在自主治理的运作机制，如家庭治理，只是这种运作受到压制，不占主导地位而已。随着市场化改革，企业有了经营自主权，社会自主空间不断扩大，城市基层事务自主治理也在发展之中。1989 年制定的《城市居民委员会组织法》规定，"居民委员会是居民自我管理、自我教育、自我服务的基层群众性自治组织"。为扭转居委会行政化问题，一些城市在社区设立工作站，承接街道委托的行政管理事务，推进居委会和社区工作站分离，促进了社区自治发展。除居民自治外，我国城市社区的业主委员会、志愿者协会、兴趣爱好类协会、邻里互助类协会等自治组织也呈蓬勃发展之势。

在城市治理中，也经常看到自主治理结果并不如意的情况。奥斯特罗姆指出，自主治理的可持续运作需要一些制度支持，主要涉及：清晰界定的边界、占有和供应规则与当地条件一致、集体选择的规则安排、监督机制、分级制裁机制、冲突解决机制、对组织权的最低限度的认可、相互嵌套的组织结构安排。

3. 整合治理模式

整合治理以承认市场机制和社会组织的存在为前提，在公共部门与社会力量的关系上，政府占据主导地位，通过政策手段和工具对企业、社会组织进行跨界整合，调动多方资源，以实现政府目标，更好地提供公共服务。在此模式下，市场机制和社会自治获得了正当性和合法性，但政府权力的行动边界尚不清晰，跨界事务由政府主导，多元主体在协商合作中的话语权差异较大。政府利用自身权威，对企业和社会组织进行跨界整合。在实际运作中，政府不仅是跨界整合的发起者，也是跨界整合的策划者、参与者和主导者，其他行动主体只是作为整合的对象而存在。整合治理模式把政府资源与社会力量掌握的资源结合起来，发挥了多元主体和多元机制的作用，有利于完成政府无法独自完成的任务。

改革开放以来，随着市场经济的发展，中国城市出现了整合治理的运作模式。市场化改革导致民营经济所占的份额越来越大，政府之外的经济社会资源越来越多。结果是，政府占有的资源比重下降，政府能力也由"全能"走向"有限"。这样，政府能力相对下降，而政府责任仍无所不包，就出现了"有限能力"与"无限责任"的悖论。为克服这一悖论，在实践中，城市政府探索出一系列新的运作机制，政府通过与社会建立合作关系，利用体制外资源来实现政府目标。在整合治理模式下，一方面，政府承认市场机制、社会组织的"他在性"，致力于与体制外力量建立合作关系；另一方面，政府与体制外力量在合作中居于主导地位。整合治理不再谋求组织一体化，而是通过一定的强制、利益交换或互利互惠机制，对体制外组织形成隐形控制，确保政府具有强大的动员力、影响力和行动力。

4. 协同治理模式

协同治理以承认多元主体的自主权为前提，通过建立公共论坛或对话平台，将跨界行动涉及的利益相关者囊括进来，彼此在对话中增进共识，形成集体决策，各方采取协同行动。协同治理不再单纯追求政府目标，同时也要保障利益相关者的利益和目标诉求。推进协同治理，关键在于创设公共论坛、识别利益相关者、建立协商对话机制。不同的行动主体存在利益冲突，通过平等协商和对话，可分享知识、信息和资源，增进信任和合作。协商对话并不必然能够消除不同意见，但协商能增进沟通。只要利益相关者拥有充分的话语权，并相互交流，集体讨论就可能产生更好的结果。

在制度主义理论看来，人类社会的制度可分为外在制度和内在制度两种类型。一部分制度是人类社会内生的、社会博弈参与人之间策略互动从而最终自我实施的均衡结果；另一部分制度是外生的，是政府及其代理人精心设计的规则，并强加给社会，被自上而下地执行。按照这一分类，自主治理模式、协同治理模式属于内在制度，它们是行动主体在互动中形成的规则体系；全能政府模式属于外在制度，它由政府所支配和设计，并通过自上而下的途径实施；而整合治理兼有内在制度和外在制度特征，它是政府主导下的一种制度安排，社会互动也在其中发挥作用。

随着市场经济的发展，私人部门（民营企业）和社会力量占有的资源在比重上持续增长。在此背景下，城市治理有必要发挥私人部门和社会组织的作用，合理利用其拥有的资源，不断改进城市公共服务，提升配套性。在中国城市管理实践中，由于法治和民主制度尚不健全，城市政府利用自身在公共治理中的主导性地位，通过强制、互惠、说服等一系列跨界运作手段，对体制内和体制外的多元主体及其掌握的资源进行"整合"，形成了整合治理模式。这种"整合"既包括多元主体之间的跨界整合，也包括多元运作机制之间的整合，从而利用多主体、多渠道的资源，不断改进城市公共服务。在跨界整合中，政府不仅是一方参与者，而且是跨界协商的发动者、策划者和主导者，其他相关主体也参与协商，但只能在"合作"或"退出"之间做出选择，不能对政府构建的整合机制提出异议。这一治理模式不同于计划经济时期的全能政府模式，也不同于西方制度环境下政府与社会的分立合作模式，它是在特定政治经济环境下探索形成的一种新型城市治理模式。

5.3 中国城市治理的制度变迁

我国正处于快速城市化阶段，城市规模不断扩大，城市人口在总人口中的比重不断提升，城市在地方治理中的地位和作用日益凸显。城市治理依赖于外部制度环境，本节从建制市的创设与演进、城市治理的体制结构及城市基层治理的制度演进三个方面，对中国城市治理的制度变迁进行介绍。①

5.3.1　建制市的创设与演进

建制市是地方行政区划的一种形式，主要应用于城市化地区。在西方，建制市起源于中世纪的欧洲。皮雷纳指出，中世纪建制市的一个重要特征是市民阶级的兴起，并形成一套城市特别法和独立的城市组织体系；在城市特别法体系下，市民阶级成为一个特权等级，"他们所享有的特别法使他们与构成人口绝大多数的农村人民群众脱离"。在建制市内，居民不以耕种土地为生，而是从事商业和工业活动。中世纪建制市的另一个重要特征是拥有自治权力，形成其特有的法律和制度。随着城市化的发展，建制市逐渐成为一种常见的地方行政区划。

1. 建制市的创设

西方国家普遍实行城乡分治，建制市属于都市型行政区划，市政府只负责城市公共事务，其管辖区仅限于城市和近郊区，一般不包括广袤的农村地区。在管辖区内，市政府拥有法定的自治权力，对于自治权范围内的事务，不受国家和上层政府干预。在亚洲，日本最早引入市制。1888 年，日本设置第一批 36 个建制市，并将东京、大阪和京都列为特别市。中国建制市的创设相对较晚，其发展经历了从城乡分治走向城乡合治的演进过程。

中国城市建设和发展历史悠久，但建制市的出现相对较晚。直到清末时期，中国才仿效西方地方自治制度，实行市县分治，设置"市"这一地方行政建制。1909 年 1 月，清政府制定并颁布《城镇乡地方自治章程》，在历史上第一次以法律形式划分城、镇区域和乡村区域。该章程规定：凡府、厅、州、县治城厢为"城"，凡集结居住人口满 5 万者为"镇"，城、镇与乡同为县领导下的基层行政建制。该章程赋予各城以市权，计有学务、卫生、道路工程、农工商务、善举、公共营业、财政等。市的组织体制以议事会执掌立法，董事会执掌行政。清末时期关于城镇的规定较为粗略，市制尚在筹备阶段就爆发了辛亥革命，但它标志着中国市制开始出现。

2. 建制市的演进

在我国，作为地方行政区划的一种类型，建制市是晚清改革的产物，当时主要借鉴了日本的市町村自治制度，将其修改为城镇乡地方自治制度。在晚清和民国时期，建制市设置遵循了城乡分治原则，与西方国家的设市模式差异不大。民国初年，中央政府无暇顾及各省，地方自治由各省自行规定。1911 年 11 月，江苏省颁布《江苏暂行市乡制》，规定县治城厢为市，集结居住人口满 5 万者亦为"市"，原来的"城"和"镇"被统称为"市"。1914 年，袁世凯下令停止地方办自治，自治市制暂告终止，代之以行政市制。1921 年 7 月，北洋政府颁布《市自治制》，9 月颁布《市自治制施行细则》，恢复了自治市的建制，规定市分为特别市和普通市两种。特别市与县同级，除京都市受国务院内政总长监督外，其他特别市受省行政长官监督；普通市隶属于县，与乡同级，受县知事监督。

1928 年 7 月，民国党政府颁布《特别市组织法》和《市组织法》，分别规定了特别

市和普通市的组织形式。1930 年 5 月，民国党政府颁布新的《市组织法》，将市分为行政院辖市和省辖市两类，均为自治单位。1943 年民国党政府修改的《市组织法》简化了设市标准，"市以下设区，区之内编为保甲"。1947 年，共设市 69 个，其中北平、天津、沈阳、大连、哈尔滨、上海、南京、青岛、汉口、广州、重庆和西安 12 个城市为院辖市，唐山、太原、包头等 57 个城市为省辖市。

1949 年新中国成立以后，在一段时期内，总体上延续了市县分治的制度安排。20 世纪 50 年代，农村实行统购统销和合作化以后，城乡之间取消了市场和商品流通渠道。为保障大城市的蔬菜和副食品供应，国家批准一些大城市扩大郊区面积，将周边的县划归市管，通过计划手段来组织蔬菜和副食品生产。在 20 世纪 50 年代初，全国只有旅大、本溪、南京、无锡等几个市下辖有县，大多数市与县互不隶属。1954 年宪法颁布后，建制市不再领导县。

1958 年，为促进工农业相互支援，便于劳动力调配，中央提出推行市领导县体制。1959 年 9 月，全国人大常委会通过了《关于直辖市和较大的市可以领导县、自治县的决定》，规定直辖市和较大的市可以领导县、自治县。此后，市领导县的数量不断增多。到 1960 年年底，全国共有 48 个市领导 234 个县、自治县，代管 6 个县级市，市领导县的数量约占全国县总数的 1/8。由于面临经济困难，1961 年中央决定缩小城市郊区，市领导县的数量大幅减少。

改革开放以后，为打破城乡之间的壁垒，中央政府提出了"市管县"的改革思路。1982 年，中共中央下发《改革地区体制，实行市领导县体制的通知》，提出在经济比较发达地区撤销地区行署，推行市领导县体制，并在江苏省进行试点。之后，"市管县"体制改革在全国各地全面推开。随着"市管县"体制的推广，建制市成为一种广域型行政区划，其管辖区域不仅包括城区，还包括县域的广阔地区。这种广域型市建制是中国地方治理不同于西方模式的显著特征之一。

5.3.2　城市治理的体制结构

根据宪法和法律的规定，我国建制市分为设区的市和不设区的市两种类型。设区的市分为直辖市、副省级市、地级市三个等级；不设区的市一般指县级市。目前，地级以上的市普遍设有区、县两级政府，在中心城区实行"两级政府、三级管理"，在郊区实行"三级政府、三级管理"，在外围农村地区实行市领导县体制。在城市基层管理中，街道和居委会发挥着重要作用。

1. 两级政府、三级管理

我国宪法规定，"直辖市和较大的市分为区、县"。从实际情况看，直辖市、副省级城市、地级市普遍设区，并在区之下设置街道办事处，承接政府交办事项，实行"两级政府、三级管理"。县级市则不设区，由镇政府负责城镇化地区的基层管理工作，或在城区撤销镇政府，设立街道办事处，形成"一级政府、两级管理"架构。

在"两级政府、三级管理"模式下，区政府为一级政权，设有完整的行政组织体系，拥有法律授予的完整行政权，而街道办事处不是一级政府，只能履行区政府授予的专项行政权。区政府具有独立财权，街道办事处没有自主财权，其经费来自区财政拨款。为强化城市基层社会管理，20 世纪 90 年代后期，大城市开始下移管理重心，将原由市政府部门承担的很多事务移交给区政府，区政府也将大量属地管理责任移交给街道，街道办事处承担的行政事务不断增多。

2. 街道 - 居委会体制

街道 - 居委会体制也称"街居制"，即设置街道办事处作为城市基层政府的派出机关，负责完成政府交办事项，组织居民成立自治性质的委员会，进行自我管理、自我教育、自我服务。我国 2022 年第六次修正的《地方各级人民代表大会和地方各级人民政府组织法》第八十五条规定："市辖区、不设区的市的人民政府，经上一级人民政府批准，可以设立若干街道办事处，作为它的派出机关。"1954 年，全国人大通过《城市街道办事处组织条例》，为城市基层行政确立了统一的制度框架。该条例规定，城市街道办事处是市或区政府的派出机关，主要任务是办理市、市辖区人民委员会有关居民工作的交办事项，指导居民委员会的工作，反映居民的意见和要求。街道办事处不是一级地方政府，不拥有法律规定的行政权，其事权来源于区政府的授权，开展活动依赖于区级财政拨款或专项经费。

改革开放以来，随着市场化改革的推进，各单位原来承担的社会福利、社会动员、社会管控职能不断被剥离出来。为防止社会管理出现盲区，街道办事处成为单位转移职责的承受主体。随着下岗、失业人员及流动人口数量的增加，街道工作任务大大拓展，街道办事处的行政事项及责任范围也不断扩大，除市辖区政府外，一些城市的主体功能区管委会也设有若干街道办事处，它们负责属地管理，行使功能区管委会赋予的职权。

居民委员会是城镇地区基层群众性自治组织，它实际上受基层政府及其办事机构领导。1954 年，全国人大通过《城市居民委员会组织条例》，规定居委会是群众自治组织，负责办理有关居民的公共福利事项，反映居民的意见和要求，动员居民响应政府号召并遵守法律，领导群众性的治安保卫工作，调解居民间的纠纷等。改革开放以后，随着城市经济体制改革，各单位承担的很多社会职能被移交给了街道办事处，在实际运作中，街道办事处又将大量工作转交居委会去做。1989 年，全国人大常委会通过并颁布《城市居民委员会组织法》，它进一步拓宽了居委会工作范围，包括宣传法律法规和国家政策、维护居民的合法权益、办理公共事务、调解民间纠纷等。

《城市居民委员会组织法》规定，"不设区的市、市辖区的人民政府或者它的派出机关对居民委员会的工作给予指导、支持和帮助"。在实际运作中，社区居委会的工作经费、人员报酬以及服务设施和社区信息化建设等各项经费，纳入财政预算。2010 年 8 月，中共中央办公厅、国务院办公厅印发《关于加强和改进城市社区居民委员会建设工作的意见》，进一步明确社区居委会成员、社区专职工作人员报酬由县级以上地方政府统筹解决，其标准原则上不低于上年度当地平均工资水平。可见，社区居委会与城市政府联系密切，政府部门通过居委会将社区服务与管理的各项工作落到实处。

3. 市领导县体制

市领导县体制也称"市管县"体制，即将城区周边的县置于市的领导之下。目前，市领导县体制已经成为我国地方治理的一种基础性体制，全国大多数县都被纳入建制市的领导之下。

市领导县体制是针对计划经济导致城乡分割而提出的改革思路，即通过行政手段调整城乡关系，更好地满足城市发展需求。市领导县体制对于培育区域经济增长极具有积极作用。从各地的改革成效看，采取市领导县体制以后，地区经济的增长速度确实要快一些。但是市领导县体制在运行中也存在问题：一是市领导县体制导致市、县之间不公平竞争。在市领导县体制下，市与县行政地位不平等，市政府对管辖的县拥有支配权，在城乡规划、基础设施建设、园区建设、招商引资等方面，市政府可通过行政手段优先满足城市发展需求。这样一来，县域经济发展就会因不公平竞争而遭遇"天花板"。二是地级市对外围县的经济辐射作用有限。市领导县体制的初衷是利用中心城市的经济辐射效应，带动县域经济发展。除少数大城市外，大多数地级市的经济实力有限，对周边地区的经济辐射半径较小。在中西部地区，一些地级市规模不大、产业集聚有限，行政辖区却相当辽阔，不仅无力带动县域经济发展，反而要截留上级财政对县的转移支付，以充实市级财政。

为加快县域经济发展，一些省主动探索改革市领导县体制，扩大县级行政自主权。迄今为止，这一改革经历了"扩权强县"、财政"省管县"、行政"省管县"的探索历程。"扩权强县"在不涉及行政区划的前提下，将原归属于地级市的一部分经济社会管理权下放给县政府；财政"省管县"在政府间收支划分、转移支付、资金往来、预决算、年终结算等方面，由省级财政直接对接县级财政；行政"省管县"在干部管理、发展规划、行政审批等领域实行省县对接。

规范地看，建制市是在城市化地区建立的一种行政区划，而县是在非城市化地区建立的地方行政区划。对于远离城市的外围县来讲，中心城市对其带动作用较弱。统筹城乡发展，需要将外围县从依附于城市的地位中解脱出来，转由省政府直接管理。鉴于此，在市县关系上，有必要区分周边县和外围县，主要针对外围县推进行政"省管县"体制改革。对于毗邻城区的县，可继续采取"市管县"体制，这样既可为城市发展预留足够空间，周边县也能从城区扩张中获取收益。

5.3.3 城市基层治理的制度演进

本节从国家与社会关系的视角，通过考察城市居民获取公共和社会服务的基本组织方式，以透视中国城市基层治理的制度演进。新中国成立以来，从国家与社会关系的视角看，中国城市基层治理经历了单位制、街居制、准社区制的制度变迁。为矫正社区治理行政化问题，进入 21 世纪以来，一些城市探索撤销街道办事处，致力于扶持社区组织发展。

1. 单位制：实施全面控制

新中国成立后，为加强国家政权建设，我国在城市基层逐步建立了单位管理制度。作为一种独特的制度安排，单位制奠定了计划经济时代的全面控制型社会秩序，国家几乎垄断了全部经济社会资源，并通过单位进行资源分配，个人依赖单位获取资源。除了政府统一调拨、统一分配外，各单位之间缺少横向联系，要素和资源很难横向流动，单位无法通过非政府渠道获取资源。单位制度给城市居民提供了基本的物质和社会性资源，同时也极大地限制了居民自主选择生活方式的权利，形成一种封闭的社会生活空间。

单位制度的形成，与新中国面临的经济社会状况具有直接关联性。在计划经济时代，单位制不仅保障了各项事业发展，还在政治动员和社会控制方面发挥着重要功能。依托高度行政化的单位组织，党和政府的各项决议可迅速传达到基层组织，各项工作部署也可迅速转化为基层单位的实际行动。

单位制提升了社会生活的组织化程度，也瓦解了社会自组织体系，并塑造了个人的依赖型人格。经过社会主义改造，各种私人组织被改造为公共部门，成为国家机构的下属单位，这样，过去的"国家—私人组织—民众"三层结构改变为"国家—民众"二层结构。在单位制度下，所有单位都有行政级别，并依赖于国家获取资源，国家直接面对民众，社会缺少自我组织体系。单位制严格限制单位之间的横向资源流动，造成单位高度依赖于国家、社会成员高度依赖于所在单位。在此制度下，单位是职工收入和生活福利的唯一来源，个人不仅工资收入来自单位，其住房、医疗、子女入学、副食品补贴、退休金等也都依赖于所在单位。这种自上而下的资源配置方式，将社会成员的活动局限于封闭的单位空间之中，从而塑造了依赖型人格。

单位制运作模式如图 5-3 所示。

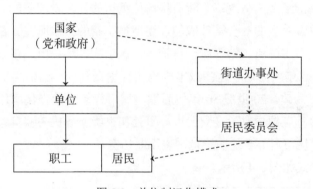

图 5-3　单位制运作模式

注：实线箭头表示主导性流程，虚线箭头表示辅助性流程。

改革开放以后，随着经济体制改革的推进，城市所有制结构出现变化，非公有制经济所占比重不断扩大，社会流动越来越频繁。随着国有单位就业人口所占比重下降，单位制在社会管理中的作用日渐式微。随着单位不断地剥离原来承担的社会管理职能，其对个人的控制力和影响力也呈弱化趋势。作为一种社会控制机制，单位制逐渐失去发挥作用的经济社会基础，开始让位于其他社会管理制度。

2. 街居制：强化属地管理

在我国城市社会管理体系中，街居制创设于新中国成立之初，盛行于改革开放以后。在计划经济时代，城市社会管理主要依赖于单位体制，街居制只是作为一种补充性制度发挥作用，其管理对象为无工作单位的城市居民。改革开放以后，在强化属地管理理念下，街居制转而成为城市社会管理的主导性制度。在街居制下，街道办事处并不控制所有社会资源，无法支配辖区内单位的日常运作。街道办事处根据政府授权履行相关职责，面向居民提供公共服务。

新中国成立后，城市建立了名称多样的政社合一型基层组织。为规范城市基层行政和社会管理体制，1954年，一届全国人大四次会议审议通过了《城市街道办事处组织条例》和《城市居民委员会组织条例》，奠定了街居制的制度安排。《城市街道办事处组织条例》规定，街道办事处是城市政府部门的派出机构，主要的工作任务包括：办理上级人民委员会交办的居民工作相关事务，指导居民委员会的工作，反映居民的意见和要求。《城市居民委员会组织条例》规定，城市居民委员会是"群众自治性居民组织"，任务是办理居民的公共福利事项，向当地人民委员会或者它的派出机关反映居民的意见和要求，动员居民响应政府号召并遵守法律，领导群众性的治安保卫工作，调解居民间的纠纷。

在计划经济时期，大多数城镇正式就业者都被纳入单位制管理之中，隶属于某个具体单位。街居制的工作对象主要针对不属于工厂、企业、学校、机关的无组织的街道居民。20世纪五六十年代，街道既是一级政权，也是经济组织和社会组织，街道党委和街道公社的权力提高。随后，街道权力回落，单位制继续在城市基层社会管理中发挥主导性作用，街居制只是作为一种补充性制度而存在，主要任务是配合政府各部门设在街道的工商、市容、环卫、房管、公安等派出机构开展工作。

改革开放以后，经济体制改革不断地将单位承担的社会管理职能剥离出来，街道办事处不仅承接了单位剥离的社会管理职能，还增加了新的行政职能。在街道辖区内，区政府有关部门还设有工商所、粮管所、房管所、派出所、环卫所、市容所、税务所等派出机构。20世纪80年代前期，这些派出机构实行垂直管理，它们与街道办事处互不隶属，基本上是各自为政。20世纪80年代后期，城市行政开始强化属地管理，各部门的派出机构由过去的垂直领导改为接受街道办事处和上级业务机关双重领导。为协助街道办事处履行职能，城市居委会的职责范围也不断拓宽。

街居制运作模式如图5-4所示。

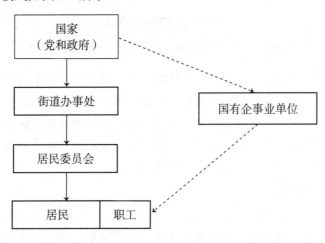

图 5-4　街居制运作模式

注：实线箭头表示主导性流程，虚线箭头表示辅助性流程。

随着街道办事处和居委会承担的管理职责越来越多，城市社会管理出现了新的问题：首先，街道办事处存在职责超载问题。在经济转轨过程中，城市居住区服务业和自组织体系发展欠缺，基层社会管理的各方面工作都要求街道办事处承担责任。街道办事处不仅履行基层行政职责，还承担着提供社会福利、便民利民服务等社会性职责，工作负荷和压力很大。其次，街道办事处的权责配置不平衡。随着单位剥离社会性职能，街道办事处承担的职责不断增多，但作为政府派出机构，街道办事处所获授权和可支配资源有限。其人员编制由上级政府核定，承担的职责有些来自上级政府授权，有些来自行政部门的委托，并不具备独立的行政执法主体资格。街道办事处缺少自主财政来源，财政经费主要来自上级拨款。最后，居委会开展工作面临角色尴尬。从组织性质看，居委会是居民自我管理、自我服务的自治组织。在实际运作中，城市居委会却变成了街道办事处的"腿"，主要忙于街道交办事务。

3. 准社区制：发展多方参与

为满足单位剥离社会性职能后城市居民的生活需求，1986 年，民政部提出在城市基层开展社区服务的工作要求，第一次将"社区"这一外来概念引入城市基层管理。1987 年 9 月，民政部在武汉召开"全国社区服务工作座谈会"，它标志着我国正式开展社区服务工作。1993 年，14 个部门联合制定《关于加快发展社区服务业的意见》，要求将社区服务业纳入第三产业的发展规划。随后，城市开始推进社区建设，在政府主导和规划下，动员社会力量参与社区事务，兴办社会服务事业。1998 年，民政部在原基层政权建设司的基础上设立基层政权和社区建设司，着力推动社区建设。2001 年 7 月，民政部印发《全国城市社区建设示范活动指导纲要》，提出全面增强和提高社区居民委员会和居民群众的自治意识和能力，发动和依靠群众，努力建立一批管理有序、服务完善、环境优美、治安良好、生活便利、人际关系和谐的新型现代化社区。

为厘清社区行政事务与居民自治事务，2005 年，深圳市盐田区率先探索实施"居站分离"改革，即在居委会之外设立社区工作站，将其作为政府向社区延伸公共服务的工作平台，承接居委会原来承担的行政性事务。2006 年以后，这一制度模式在全国很多城市社区得到推广。在"居站分离"模式下，社区工作站负责行政性事务，受街道办事处垂直管理，社区居委会负责居民自治事务。从社区工作站与居委会的关系看，一部分城市社区采取彻底分离模式，两者在机构、人员和运作上彻底分开，工作人员不交叉任职；大多数城市社区采取机构分离、人员交叉模式，即社区工作站与居委会在组织机构上分开，但人员存在部分交叉任职的情况，也有的实行"两块牌子，一套人马"。

经过多年的社区建设，我国已经形成政府主导、多方参与的城市社区服务体系。当前，城市社区服务由街道办事处主导，依靠社区工作站和居委会开展工作，引入物业公司、中介服务机构提供商业服务，并发动社区居民成立楼委会、兴趣爱好性组织、志愿者协会等自治性组织。其中，社区工作站主要承担行政性事务，提供政府服务；社区居委会具有双重属性，它依靠政府获取办公、人员、活动和设施建设经费，协助社区工作站开展工作，并组织居民开展自我服务；物业公司、商业服务机构实行企业化管理、市场化运作；楼委会、兴趣爱好类组织、志愿者协会等民间组织实行自我管理，提供公益性和互益性服务。

准社区制运作模式如图 5-5 所示。

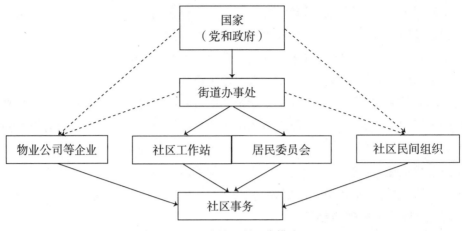

图 5-5　准社区制运作模式

注：实线箭头表示强作用流程，虚线箭头表示弱作用流程。

在现行社区管理模式下，从政府、企业、社区组织的力量对比看，政府和企业的组织化程度更高，社区民间组织不论在经费筹集、组织结构上，还是在行动能力和规范化运作方面，均处于弱势地位。从这个意义上，可以将目前的城市基层社会管理模式界定为准社区制。与街居制相比较，准社区制的特点是城市基层社会管理不再由街道办事处和居委会包办，物业公司、中介服务企业等经济实体也已成为社区服务的重要组织者。从实际运作看，由于大多数社区工作站与居委会并非彻底分离，社区居委会仍主要履行政府交办事项，而不是真正的居民自治组织。构建真正意义上的社区制管理模式，还有赖于推进政社分开，发展业主委员会、社区议事会、志愿者协会等民间社会组织。

4. 社区制：探索去行政化

为扭转城市社区组织行政化问题，20 世纪 90 年代以来，一些城市探索撤销街道办事处，减少行政管理层级，由区政府直接向社区延伸公共服务。撤销街道办事处以后，原来由街道承担的社会管理和公共服务职能移交给区政府相关部门，区政府设置社区服务中心，为相关部门向社区延伸公共服务提供场所。在社区制模式下，政府不再给社区居委会安排工作任务，而是通过合同外包的方式，向社会组织购买服务。这样，双方通过协商达成一致，政府与社区居委会、物业公司等建立合作关系，委托后者承担行政性事务。

社区制运作模式如图 5-6 所示。

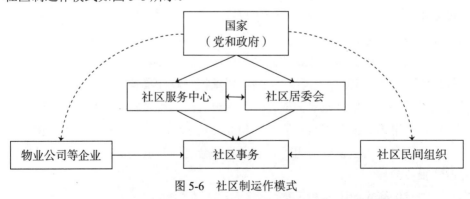

图 5-6　社区制运作模式

注：实线箭头表示强作用流程，虚线箭头表示弱作用流程。

为理顺政府与社区居委会的关系，一些城市主动开展撤销街道办事处试点，探索由区政府直接对接社区服务中心，面向居民提供公共服务。撤销街道办事处以后，城市管理在形式上减少了一个行政层级，精简了行政机构和公务员编制。不过，这一改革也遇到了难以克服的问题。撤销街道办事处以后，政府部门与社区服务中心对接，后者在事实上成为基层政府的派出机构。这样，原街道工作人员变成了社区服务中心人员，他们的工作任务没有大的区别，只是被取消了行政和事业编制，社会地位和待遇不如过去。可见，推进城市社区发展不能简单地理解为撤销街道办事处。在城市基层治理中，行政事务和居民自治事务往往融合在一起，难以明确区分开来。完善社区治理体系，既要推进政府向社会赋权，也要推进政府购买社会服务，支持社区组织发展。

5.4　城市治理案例分析

5.4.1　案例：P 市中央下放煤矿棚户区改造纪实

> **准备工作：**棚户区改造主要针对城镇中历史遗留的集中成片危旧住房、破房烂院，棚户区拥挤不堪，公共设施无法配套，消防出行、生产生活存在明显公共安全隐患的旧村旧城进行。实施棚户区改造的根本目的是改善群众的居住条件，兼顾完善城市功能、改善城市环境。2008 年，中共中央启动保障性安居工程，并将国有林区（场）棚户区（危旧房）、国有垦区危房、中央下放地方煤矿棚户区改造作为重要内容，加快了改造步伐。本案例讲述的就是 P 市有关中央下放煤矿棚户区改造的故事。为更好地进行案例分析，在案例分析之前应做到：
>
> （1）提前阅读案例，对案例思考题进行提前准备。
>
> （2）查阅相关资料，包括我国棚户区改造的工作重点，煤矿棚户区改造和其他类型棚户区改造的差异，等等。收集、了解我国棚户区改造的主要任务、相关政策、不同类型城市棚户区改造的实践及典型案例。对自己所在地区的棚户区改造情况进行调研，取得对棚户区改造工作的直观认识。通过资料准备，为有效分析案例相关问题打下基础。

摘要：本案例描述了 P 市采取"三结合模式"推进中央下放煤矿棚户区改造的过程。P 市是典型的资源枯竭型城市，老城区和老矿区存在着大量的棚户区和需要安置的国企职工。2008 年以来，P 市顺势而为，探索出煤矿棚户区改造"三结合模式"：与国企改革相结合，实现棚户区改造与国企改革"两促进"；与保障性住房建设相结合，实现城市环境和居民幸福感"两提升"；与城镇化建设相结合，实现城市规模和建设品位"两提高"。"三结合模式"打造了中央下放煤矿棚户区改造的"P 市样本"，完善了 P 市的公共服务和基础配套设施，有效地改善了城市的面貌，取得了良好的社会效益。P 市的模式和经验可以为各类棚户区改造提供借鉴。[①]

---

① 本案例由南昌航空大学 2016 级区域管理与公共政策专业研究生周希彤、2016 级 MPA 研究生李小龙、2015 级 MPA 研究生孟志起共同编写，王秀芝教授指导。案例荣获首届"中国研究生公共管理案例大赛"优秀奖。本书中的案例在此基础上经过再次调研之后，进行了修改。案例中所涉及相关人名使用化名。

棚户区是指建筑密度大、结构简陋、安全隐患多、使用功能不完善、基础设施不配套的住房较为集中的区域。棚户区改造既是重大的民生工程，也是重大的发展工程，如何立足区域发展实际进行棚户区改造也成为地方政府面对的重大问题之一。P市是一个老工矿城市，有100多年的开采历史。然而，经过百余年的开采，已进入煤炭资源严重枯竭期，煤矿数量及煤炭产量急骤减少，与此相伴的是大量矿工棚户区、大面积采煤沉陷区、就业困难、社会保障负担重……辉煌的历史，难掩现实的尴尬，亟须解决的棚户区改造问题，难坏了市长贾建民。

1. 改革动因

1）城市转型

被誉为"江南煤都"的P市是我国近代工业的主要发祥地之一，自1898年第一个煤矿开办起，这个地处赣西一隅的重镇便"以煤兴业、以煤旺城"，以平均年产近千万吨煤的贡献，支持着祖国民族工业的发展。新中国成立以来，P市累计生产原煤近8亿吨，运煤的车皮可以绕地球赤道5圈。但是，经过110多年的开采，P市已进入煤炭资源严重枯竭期，全市煤矿的数量从20世纪90年代中期的1116家急剧减少到2009年的132家，且开采服务年限都不足10年，煤炭采掘业产值已下降到全市工业总产值的7.2%。在严峻的现实面前，资源型城市单一产业结构的风险便凸显出来。据统计，P市煤炭系统共有在册职工15.94万人，其中下岗职工就有10多万人。受资源枯竭的影响，资源型行业提供的税收持续萎缩，2005年至2007年分别提供税收3.4亿元、3.28亿元和3.25亿元，占税收比重分别为16%、13.9%和11%。由此而来的还有因煤炭资源枯竭而造成的大批矿井报废或关闭，大多数煤炭企业将不复存在，数万名产业工人将面临失业，采空区沉陷……

除此之外，大规模开采还带来了生态环境的严重破坏，2005年8月P市青山煤矿附近地区降尘量曾经高达380吨/平方千米，超过当年全省平均水平的69倍。"晴天一身灰，雨天一身泥"成为当时P市的真实写照。P市市长贾建民说："作为一个老工矿城市，工业经济的转型是P市转型的首要任务。"

城市面貌需要改变，国企改制后的遗留问题需要解决，困难职工的棚户区需要改造，等等。这就是P市面临的现实。

2）群众疾苦

作为一个因煤而立、因煤而生的城市，P市老城区和老矿区存在着大量的棚户区，包括中央下放煤矿棚户区、国有工矿棚户区、城市棚户区等，其中中央下放煤矿棚户区是需要解决的重点领域，这里的居民多为低收入群体，他们都是煤矿企业的老职工，为新中国的工业化进程奉献了自己激情燃烧的岁月，却一家几代蜗居在低矮阴暗、危旧简陋的棚户区内。城市在长高、在变美，那一个个散落在城中的棚户区像一块块"疤痕"，烙着工矿企业老职工的伤痛，更烙着各级党委政府的心。

周家坊小区不远处，就矗立着一排外表有些泛旧的楼房，10多年来经常不是停水就是断电，居民的日子过得很不安宁。这些外表陈旧的楼房是P市市属工矿企业的职工居住房，当年按照"先生产、后生活"的原则，X矿和其他工矿区职工依矿而居，产生了一些远离城镇或城乡插花的棚户区。市区和周边地区都有大量棚户区需要改造，贾市长看着这大片的棚户区和居住在里面的居民，陷入了深深的沉思。

P 市煤矿棚户区的居住条件差、基础设施简陋状况，周边环境恶劣，如果不加以改造难以适宜居民居住。长期以来，这些老工人居住在矿企周边的低矮棚户区，"外面下大雨，里面下小雨"，这是他们居住条件恶劣的真实写照。

P 市矿区棚户区的住宅基本上是单层建筑，少量的二至三层建筑，人均面积只有13.95 平方米。由于棚户区居民住房紧张，极大部分居民都自行搭建，房屋内基本没有卫生间。供水方面，矿区棚户区的饮用水基本上属于煤矿井下水，未经过消毒处理，其饮用水水质远远达不到国家规定的生活饮用水卫生标准，对矿区棚户区的居民身体健康造成极大的危害。此外，棚户区的各方面居住条件都让人"心酸"。

"有些职工谈恋爱都谈不成，过着缺乏尊严的生活。"贾市长对煤矿工人生活的艰辛感慨颇深。他说，这些工人多为住房、经济双困户，不仅尊严得不到保障，公平得不到体现，甚至连基本需求都得不到满足。因此，棚户区居民盼望改善居住条件和环境的呼声非常强烈。

"我一辈子从没有用过自己的卫生间。"在棚户区改造之前，安源煤矿老矿工郑象明这样说。过去近 50 年，他们一家 8 口一直住在两间狭小简陋的一层瓦房，屋里没有厨房、卫生间，他有生之年的最大愿望就是能用上自己房子里的卫生间。

棚户区改造迫在眉睫，必须要让这些工矿老职工住进安全舒适的楼房里。

3）政策东风

棚户区改造关乎国计民生，也是一项光荣而艰巨的政治任务。工作的推进必定会涉及资金、土地、安置等多个方面，这些都需要强有力的政策保障。2003 年年底，P 市抓住了国家采煤沉陷区综合治理机遇，争取到中央资金 2.6 亿余元。在交通便利、位置优越的 319 国道边开发建设安源新村小区，一次性解决了国有工矿棚户区 2634 户居民住房困难问题。

2008 年，国务院正式确定 P 市为全国首批 12 座资源枯竭型城市之一，在政策、资金上给予支持。同时，P 市还被列为全省 4 个享受东北老工业基地优惠政策城市、全省唯一循环经济试点城市。P 市市委、市政府立即采取行动，积极实施"城市转型"战略，并且将棚户区改造列为全市城市转型的重点工作之一。

2009 年，住房和城乡建设部等五部委出台了第一份全面的棚改工作综合性文件《关于推进城市和国有工矿棚户区改造工作的指导意见》。文件在财政补助资金方面提出，中央采取适当方式，对城市和国有工矿棚户区改造给予资金支持。省级人民政府可采取以奖代补贴的方式，对本地区城市和国有工矿棚户区改造给予资金支持。市级人民政府可以从城市维护建设税、土地出让收入等其他经费中划拨用于符合条件的棚户区改造支出项目。并且提出落实土地供应政策，城市和国有工矿棚户区改造安置住房用地纳入当地土地供应计划优先安排，并简化行政审批流程，提高审批效率。安置住房中涉及的经济适用住房和廉租住房建设项目可以划拨方式供地。

2. 困难重重

有了政策的支持，棚户区改造工作终于可以开始进行了。但是，如此大规模的棚户区改造，在全省尚无先例可循，如何让群众满意？是进城居住，还是就地安置？是政府统一安排，还是把选择权交给群众？这些现实困境都一一摆在贾市长面前。

1）改造资金瓶颈

贾市长发现棚户区改造项目中首先要面临的就是资金瓶颈问题，这也可以说是整个工程运行中最大的困难。P市的煤矿企业棚户区位置偏远，由于缺乏市场运作空间，商业开发的价值不高，仅仅依靠政府资金和国家下拨资金对其进行拆迁和重建还存在一定困难。由于建材和人工费的上涨，一次性改造成本过大，资金很难平衡，项目资金链条预计很容易断裂。再加上拆迁和新建住宅之后，改造完善周边的配套基础设施也需要大量的资金。由于中央下拨的资金只能解决中央下放煤矿企业这一部分的棚户区改造问题，P市市区及周边还有大量的P市市属国有煤矿的棚户区需要改造、职工需要安置。这些居住在棚户区中的退休和下岗职工仅凭个人经济能力还无力改善自身的居住状况。贾市长担心现有的棚户区政策还不足以解决部分棚户区"只有骨头没有肉"的难题。

2）土地问题严峻

住建部等五部委于2009年印发的《关于推进城市和国有工矿棚户区改造工作的指导意见》中明确规定，棚户区配套建设的商业、服务业等经营性设施用地，必须以招标拍卖挂牌出让方式供地。招标拍卖挂牌出让的土地必须是"净地"，这里的问题是，P市原有棚户区必须先被拆迁和土地平整之后，其所属土地才能认定为"净地"，继而用于再开发。如果按照市场化运作，很难找到有意愿的开发企业进入，所以这部分拆迁动工的资金须由当地政府先行垫付。

同时，一些矿区由于多年地下开采，其煤矿地区及周边的土地沉陷问题很严重。多次地下勘探后，得出的结论是部分煤矿棚户区现有土地并不适宜用于居民住房建设。这就需要易地搬迁，由于P市区土地供应紧张，又要考虑搬迁后居民的生活便捷，其土地选址和土地划拨存在不小的问题。

3）征收拆迁难

在现行法律框架下，征收补偿是政府和群众之间的利益博弈，前者希望用最小的成本将事情办好，后者希望自己的利益最大化。

第一，群众的期望过高，虽然棚户区改造是棚户区居民的普遍要求，绝大多数棚户区居民愿意并且支持改造，但要把好事做好并不容易。由于棚户区居民的家庭情况千差万别，要求和期望也各不相同，面对统一的拆迁政策，他们所获得的收益有差异，对棚户区拆迁政策的公平感受也会不同，这些都会影响到棚户区改造项目的进展。

第二，拆迁安置难。由于P市的城市和国有工矿棚户区大都为建筑密度较大、基础设施简陋、房屋建成年限较长、使用功能不齐全、安全隐患突出的居住区域，住在棚户区的家庭大多数都为低收入的困难家庭，很多人只有一套住房，房屋征收的难度很大。再加上棚户区困难户有限的经济能力，居民难以支付产权调换房差价，安置很难一步到位。

第三，居民需求多样化。即使棚户区改造方案能够使棚户区的每个家庭受益，仍然可能遭到部分居民的反对，因为棚户区改造方案无法照顾到棚户区居民的多样化的需求。居民对安置房的面积需求不一。同时还要考虑到一些低保户无力承担政府保障性住房的购买，如何配置出不同安置方案来兼顾其公平性和需求的多样性也是一个问题。

3. 规划蓝图

P 市从未遇到过上述问题，贾市长一时一筹莫展。2009 年 10 月，P 市中央下放煤矿棚户区改造项目终于经国家发改委发改投资〔2009〕2517 号文批复实施，贾市长认为这次一定要用好国家政策，不过，为了更好地完成煤矿棚户区改造任务，先要成立领导班子，做好顶层设计。

2010 年，P 市人民政府专门成立了中央下放煤矿棚户区改造建设工作领导小组（下设办公室在市发改委，以下简称"工作小组"），并且正式启动了 P 市中央下放煤矿棚户区改造项目。该项目总计投入 15.68 亿元，其中国家下拨资金 20642 万元，所在省配套 20642 万元，居民出资 115516 万元。规划新建 14 个住宅小区，计划安置居民总户数 19876 户。这个项目的建成将意味着 P 市国有工矿区及城市周边地区不再有棚户区，近 2 万户、10 余万名居民可迁新居，圆安居梦。

1) 破解难题

P 市财政并不宽裕，但为改善工矿老职工的居住条件，舍得花钱。他们充分利用争取到中央和省级补助资金以及地方财政配套的 5.5 亿元，通过土地等方式投入 12.25 亿元。不仅如此，他们把棚户区改造与保障房建设资金打捆使用，精心运作，提高资金周转率。工作小组多方协调之下部门多头让利。群众只需出小部分钱就可以拥有一套产权房。改制企业的土地优先用于棚户区改造。P 市中央下放煤矿棚户区改造项目 14 个小区 13 个用的就是改制企业土地。

P 市用活用足中央政策，最大范围、最大限度将国有工矿区及城市周边地区纳入中央下放煤矿棚户区改造项目，所有住宅一律实行一次性出售，一次性发放土地证和产权证。

一次性出售的方式有效破解了三大难题：一是解决了群众最关注的房屋产权归属问题，增加了工矿企业职工的财产性收入；二是破解了建设资金难题，实现了资金快速回笼、滚动利用的可持续发展局面；三是破解了管理难题，变出租房为产权房，权属明晰，物业管理规范，管理成本不到其他类型保障房的一半，干部也可从繁重的管理事务中解放出来。

每一笔资金的筹集、每一个小区选址、设计，每一套方案的出炉等等，无不凝结着工作小组成员的真情实感。比如关于房屋面积问题，工作小组就对方案进行了多次调整。在中央下放煤矿项目论证之初，拟定 90 平方米和 70 平方米两种房型各一半。但通过民意调查，居民普遍需求 90 平方米的三室两厅户型。棚改工作小组本着"结合 P 市实际，尊重居民意愿"的方针，力求把事情办好，让回迁居民都能住上称心满意的新房，经过多次开会讨论和论证之后，提出了"三房合一"的建设模式：经济适用房、公租房、廉租房相结合。统一户型、统一面积建成 90 平方米的经济适用房和公租房，再考虑到还有低保户居民和一些确无购买能力的困难职工，还有 50 平方米的廉租房供租住。

2）实施方案

（1）统一规划

P 市在全市范围整体推进棚户区改造，虽存在资金、建设、管理等一系列难题，但好处也是显而易见，那就是在 P 市快速推进新型工业化和城镇化的双轮驱动战略中，棚户区的改造可以纳入全市城镇布局一盘棋统筹。首先，将符合棚户区改造条件的全市工矿企业地块纳入全市棚户区改造的统一规划，统筹安排。其次，按照"企业制定方案、政府批准实施、集中成片建设"的原则，由 P 市棚改办制定改造方案，报市政府审批后组织实施。优先解决 P 市煤矿符合住房保障条件职工的住房困难问题，其余住房统筹用于解决城市其他符合住房保障条件的家庭。

（2）运作方式

一是立足实际，因地制宜进行原址改造或就近改造，这种采用原址建设、就近安置的方式极大地方便了群众的生产生活，且没有改变原有住户的"邻居情结"。二是通过政府补贴大部分、百姓出资一部分的改造模式，使职工可以用很低廉的价格购买住房，得到更多的实惠。三是一次性出售房产，使老百姓有了财产性收入，既减轻了政府的负担，又解决了职工永久住房的问题。

（3）模式创新

一是用活政策。积极争取、充分利用国家有关政策，棚户区改造项目中的新建住房所有规费全免，共减免规费近 2 亿元，同时相关部门和单位的服务性收费也以最低限减半收取，努力争取国家相关的优惠政策，尽最大努力让利于民。二是整合资源。通过整合各种资源，盘活有效资产发展生产，帮助改制国有企业职工 26100 人实现就业。鼓励下岗职工自主创业，对有创业能力的 3000 多名职工发放小额贷款共计 1.5 亿元。既实现了生产发展，又增加了职工收入，最大限度地减轻了有一定条件和能力购房的职工的压力。三是科学安居。棚户区改造项目和保障性住房建设项目相结合，将住房困难的改制企业职工家庭优先纳入保障房的保障范围，整合保障性住房政策资源和企业资产资源为住房困难职工建设保障房，切实解决住房困难职工的"安居问题"。

4."三结合模式"的诞生

在不断的探索中，P 市下放煤矿棚户区改造形成了自己的模式：一是将煤矿棚户区改造与市属国企改革相结合，划拨改制国企存量土地就地新建安置小区，解决煤矿棚户区和改制企业职工住房困难问题，极大化解了国企改制矛盾，有效弥补了棚户区改造建设资金不足，实现棚户区改造与国企改革"两促进"；二是将煤矿棚户区改造与保障性住房建设相结合，在棚户区改造安置小区中，腾出部分土地给住建部门设计建设 50 平方米廉租房，达到棚户区改造与保障房建设项目资金互融互利目的，解决了煤矿棚户区居民无力购买棚改房安置难题，实现了城市环境和居民幸福感"两提升"；三是将煤矿棚户区改造与城镇化建设相结合，把矿区棚户区安置小区选址建设纳入城镇化建设规划，结合城镇化建设需要，完善配建幼儿园、休闲广场等公益设施，实现城市规模和建设品位"两提高"。由此，P 市煤矿棚户区改造"三结合模式"初步形成，打造了煤矿棚户区改造的"P 市样本"。

在中央下放煤矿棚户区改造过程中，P 市整合使用多项资金，发挥其叠加效应，在充分安置煤矿棚户区居民的同时，降低了其他群众享受保障性住房的成本；通过房屋产权一次性出让，增加了居民财产性收入，加快了政府用于棚户区改造和保障房建设的资金回笼速度，使得棚户区改造和政府保障房建设得以迅速、连片、滚动推进。中央下放煤矿棚户区改造项目的"三结合模式"巧解了资金难题，完善了 P 市的公共服务和基础配套设施，有效地改善了城市的面貌，极大地化解了部分国有煤矿和市属工矿企业改制矛盾，解决了政府多年来想解决而未能解决的环境、职工住房困难等问题，取得了良好的社会效益。

走进棚户区改造项目小区，眼前展现的是绿树环抱、青草茵茵、鸟语花香的图画。安源新村项目容积率 1.68，绿化率 30%；丹江小区项目绿化率 25%，容积率 1.5……如此品质就是畅销的商业楼盘也未必具备。通透实用的户型，户户保证有阳光的楼宇间距，平坦的水泥路和绿意盎然的绿化带像双色笔，在小区钢筋水泥的丛林中描摹出条条祥和与秀美的曲线。

60 多岁的刘建桃夫妇是 2011 年 8 月搬入安源新村的，谈到 90 平方米的新居，老两口至今乐得合不拢嘴。之前一家三代 8 口人挤住在巨源煤矿不足 50 平方米的低矮瓦房中，没有厕所，没有厨房，出门没平路，房子产权还是煤矿的。因为资源枯竭，效益不好，加之巨源煤矿属采煤沉陷区，不宜就地拆建，异地安置又非煤矿一家企业力所能及，住新房成为一家几代人的梦想。刘建桃夫妇是棚户区改造的首批受益者，这套三室两厅的新房每平方米 385 元就可买下，而且有房产证，真正是自己的财产了！他打听了一下，旁边的东方巴黎、香溪美林两个高档楼盘当时的均价是每平方米 3600 元，这意味着政府的帮扶让他有 28 万元以上实实在在的收益！

"我 18 岁参加工作就在煤矿，父母、儿子也在煤矿，眼见煤矿出煤越来越少，本以为这辈子住新房无望，没想到国家政策这么好，政府和我们这么贴心，我们想都不敢想的事，政府却做到了，退休后还能美梦成真！"刘建桃说着说着，眼里已泪光闪闪。

5. 结束语

从 2010 年至 2020 年，P 市中央下放煤矿棚户区改造已经进入第 11 个年头，计划建设的 14 个安置小区项目已经完成了 13 个，看着入住新建小区的大爷大妈们一个个脸上露出幸福的笑容，中央下放煤矿棚户区改造办公室刘主任骄傲地说道："老百姓们是真心感谢国家、感谢政府为他们改善了居住条件。"但是，煤矿棚户区改造的任务还未结束，目前，第 14 个项目遇到了新的问题，这个项目位于 P 市 A 区总体规划范围内，原规划建设的滨湖小区 253 亩土地因市重点招商工业项目需置换，待土地置换工作落实后才能开工建设。而对于之前完工的 13 个项目的后期工作还要跟进，涉及相关建设手续办理、住宅不动产登记办理、安置小区居民社会综合管理、小区物业运营管理等方面，还有大量工作需要落实完善。"现在我们在处理后期阶段的一些事情，但是办手续、办产权证的过程中遇到了一些问题，这个项目时间长，从第一个小区建成到现在都过去 7 年了，原来制定的部分优惠政策现在还没有执行下来……"历经十余年的棚户区改造故事还没有结束……

思考题：

1. 试用城市治理相关理论对本案例的棚户区改造故事进行分析。

2. 充分了解我国棚户区改造，尤其是煤矿棚户区改造的社会经济背景，理解在此背景下 P 市煤矿棚户区改造中各主体的决策行为。

3. P 市在煤矿棚户区改造过程中是如何回应社会需求并对资源进行配置的，哪些做法值得借鉴？

5.4.2 案例：X 河十五载整治的"死"与"生"

准备工作：跨域水环境保护与治理涉及政府、企业和社会公众等多元利益主体，是一项复杂而艰巨的系统工程。如何协调多元利益主体的关系，构建有效的跨域水环境治理模式，是跨域水环境保护与治理必须破解的难题。本案例较为全面地介绍了 N 市 X 河十五载整治的故事。为更好地进行案例分析，在案例分析之前应做到：

（1）提前阅读案例，对案例思考题进行提前准备。

（2）查阅相关资料，包括我国江河湖泊治理的相关政策及文件，国内外相关水环境治理的典型案例。结合自己的工作，选择合适的地区进行实地调研，加深对水环境治理的直观认识。通过资料准备，为有效分析案例相关问题打下基础。

摘要：X 河地处城乡结合部，流经 N 市 A 区、B 区、C 区。本案例针对 J 省 N 市 X 河水质污染与治理过程，实地考察了该流域水污染"运动式"治理中多元利益主体之间产生的矛盾和问题。从不想治、到分头治再到一起治，N 市 X 河经过十五载整治，终于取得了胜利。X 河水污染的形成与治理，是中国跨域水环境保护与治理的一个典型现象，其中的经验和做法值得关注和总结。①

X 河是一条"民生渠"，流经 N 市 A 区、B 区、C 区，居民生产、生活用水都靠它。它地处城乡结合部，随着沿线住户的增多、大规模养殖场的污染、C 工业园区建立所带来的工业污染等多种污染混流，河水漆黑恶臭、河道积淤，水体质量急剧下降，失去了水体调节功能，甚至造成了附近湖泊的严重污染。2003—2009 年，村民几度上访都未能解决河流治理问题。2011 年，政府终于重视河流污染问题，农水、环保、C 工业园区几大部门分工行动，取得了一些成绩。但缺少联动配合的治理却只形成了"九龙治水、各管一摊"的局面，成效甚微。直到 2013 年，X 河被纳入整体开发规划，通过 7 年的运动式治理，采取畜禽禁养、截污纳管、河道清淤、生态护坡、引水活化等措施，同时压实河湖长制职责，全面消除了周边的养殖污染、工业污染、生活污染，综合治理取得了巨大成效。然而，X 河的长效治理之路还很长远。

① 本案例由南昌航空大学 2019 级 MPA 研究生李丹、2020 级管理科学与工程专业研究生陈颖、2020 级 MPA 研究生郑小玲共同编写，姚林如副教授指导。案例荣获第五届"中国研究生公共管理案例大赛"三等奖，编入本书时进行了适当修改。

1. 从"清水绕人家"到"龙须沟"

1）渠水清清满荷花，依水而居好时光

X 河水系由 8 条中小水渠组成，全长 23.4 千米，沿线村社 23 个，关系着 18 万人的幸福生活。它是 N 市城东一张密布的水网，承担 N 市城东区域约 30 平方千米范围的排水任务，是附近湖泊的补充水系。行政区划属 N 市 A、B、C 三个区管辖。

水乃生命之源。古今中外，亲水而居都是人居生活的终极追求。X 河就与周边村民的生活息息相关，G 村、B 村等许多村庄便是因河流经而聚集定居。水的贯通与滋养，赋予了村民美好生活与体验。村庄大多位于河流下游，村民依水而居。清晨，被清脆的鸟叫声唤醒，与河流一同迎接晨光，阳光沿着河面慢慢上升，农妇在河边浣衣谈笑。村民们过着"晨兴理荒秽，戴月荷锄归"的田园生活。在走访中，G 村村民 W 回忆道：

"这是一条天然的雨水渠，渠水清清，还种了好多荷花。我小时候经常去采菱角摘莲子，每次一喊就好多人一起去，特别开心。河里的水很干净，一点都不脏，后来啊，哎，说不成。"

2）园区建立创效益，牺牲环境为发展

20 世纪 90 年代，因得天独厚的地理优势和养殖技术，G 村村民们纷纷走上了养殖致富的道路，陆续建起养殖场。而后，根据省委省政府提出的战略部署，2001 年 9 月，N 市 C 工业园区成立，与 G 村村民比邻而居。工业园区定位于承接沿海地区产业转移，为省内外大专院校、科研院所的科技成果提供转化。园区先后引进了针纺、服装、包装、仓储、医药保健、木材加工等企业，大批制造工厂沿着 X 河两岸拔地而起。

在企业入驻的效益带动下，村级产业园因势成立，村民们陆续兴建木材加工、塑料加工等小规模工业加工制造厂，生活水平迅速提高。百姓们盖了新房、圈了院子，大家的钱包鼓起来了，可居住环境也变了。

工业厂房一根根管道露天排放废水，曾经清澈的渠水表面积满了油渍，荷花逐渐破败，河内杂草丛生。再加上村民生活污水、养殖污水的影响，几条水渠的水体质量和周边环境急剧恶化。一到雨季，污水甚至会倒灌进村庄，家家户户都成了"水上漂"，甚至要搭建竹筏才能进出村子。G 村村民 W 叹气说道："那时候河里全是黑色的污水，各种颜色的垃圾漂在河面上。河里污水横流、垃圾成堆，河道周围都是工业厂房，整条河已经不能叫作河了，看起来就是一条水黑如墨的臭水沟。"

2. 污水横流影响大，九龙治水成效微（2004—2013 年）

1）几番上访无回应，民众信任渐崩塌

G 村是受影响最大的几个村之一，部分意识到事态严重的村民第一时间找到村干部，要求停止污水排放，并对已经污染的水域进行治理。"2004 年刚开始有企业排放废水污染的时候，好多村民来找我反映情况，说家里没法住了，水很臭，企业的废水全部冲到了下游，熏得人都不敢出门，要村里向镇政府汇报解决，还有一些村干部也和我说要赶紧解决问题。"G 村 F 书记说道。

村干部当即向 L 镇政府反映此事，然而相关镇领导表示对此无能为力，且劝说村干部要顾全大局，不能因为一点污染小事而耽误了本地经济发展的大事。只有经济得到发展，百姓才能过上好生活。在镇政府"以经济论英雄"的教育下，此次沟通以失败告终。

C是村会计，他向我们回忆了当时的情况："当时书记和大家解释了，镇里不同意因为污染问题去找企业的麻烦，企业停工对镇里的经济也有损害，排放废水也没办法，劝大家忍忍。但是大部分村民都表示不能理解，认为我们没有如实反映相关情况，有些人甚至当场骂人，说我们在弄虚作假，不配当村干部。"

随着河流污染愈加严重，2005年，忍无可忍的部分村民走上了上访之路。村民们越过村干部，直接集合前往镇政府。然而，在一个上午的吵闹过后，村民们只得到了镇政府办公室"领导都开会去了"的托词。此次上访依旧未能解决问题。

2006年，G村村民联同X河周边的Y村、S村共计40余名人员，再次来到L镇政府进行上访。在群情激动的紧张态势下，L镇政府的H委员当时出面处理了此次上访事件。在走访中，他对我们做了解释："当时我们也没办法，C工业园区的效益这么好，我们不可能去关掉，也没这个权力。很多村民在工厂做事，比种田赚得多。还有的村民，园区用了他家的地，都按规定给了补偿。乡镇的中心工作就是要搞好经济发展，这都是要考核的。镇里经济好了，大家都好啊。群众对污水排放有意见，就只能去找区环保局，他们才能管。"

第二次上访依然以失败告终，部分借C工业园区发展而逐渐富裕的村民因自身利益退出了上访队伍，但有些村民还是坚持自己的观点，希望政府能解决污染，还之前干净美丽的河流。

2008年，部分村民开始了第三次上访。这次他们直接找到A区环保局，当面反映X河严重污染问题，希望此事得到解决。区环保局相关人员表示会对村民反映的情况进行调查取证，让村民回去等消息。然而，在村民回到家中之后，并没有等到环保局的任何回复。几次上访无果，区、镇、村三级人员不予解决、敷衍了事，民众对政府的信任逐渐崩塌，决定将此事曝给媒体，通过公众力量帮忙解决。

2009年7月，村民将X河的污染情况反馈给了当地媒体。在媒体质疑与公众批评的双重压力下，几个"有关部门"轮流登场回应。环保部门称，河水污染应该找管委会，他们只负责监督企业排污问题。C工业园区管委会称，水体污染已经很多年，仅仅靠管委会，河道清淤难度太大，无法完成。而区农业水务局则回应，水面污染问题属于水务局管辖范围，污水排放由环保部门负责。

此时，X河的污染已日趋严重，水质一度达到劣五类，以往可以直接饮用的河水成为臭名昭著的"龙须沟"。更为糟糕的是，整条X河水系是A湖上游水系，每日经X河进入A湖的水量约22万吨。群众对河流治理的呼吁愈加强烈，政府终于开始正视污染问题，着手整治。

2）整治工作声势大，分头行动难聚力

2011年6月，N市政府办公厅印发了《X河水系综合整治调度会议纪要的通知》，经研究同意X河水系综合整治工程立项。同年10月，A区政府召开专题会议，要求各责任单位按照《X河流域环境整治项目专项工作推进表》分工，倒排期限，狠抓落实，确保项目建设任务顺利完成。

（1）农水局

A 区农业水务局立即成立了 X 河整治专项领导小组，安排部署河道清理及畜禽养殖整治两大工作。由区农水局组织专业打捞队负责清理河道，同时要求各镇农技站开展养殖场排查整治工作。在"清""捞""疏"一系列工作的努力下，打捞队捞出水系杂物 120 吨、树枝杂物等 25 吨，清除两岸垃圾近 180 吨，一定程度上缓解了河道淤堵情况。然而，在镇一级的养殖场排查整治工作却开展得十分不顺利。

在此阶段，镇农技站的主要工作是入村入户，排查养殖场情况，号召配齐粪便处理设施。然而镇农技站的负责人几乎常年扎根基层，年龄偏大，推广新设备有一定难度。

"我们农技站的主要职责是提供农业技术服务，一直都只有我们 2 个人在这里。要推广新设备，其实我们都不大懂。更重要的是买设备要花钱啊，大家谁愿意多花钱呢，都是能省则省。"时任 L 镇农技站站长的 X 向我们做了上述解释。此外，许多地方的农业局和水务局是平级独立的两个职能单位，在 A 区却是一个农业水务局。A 区辖区面积较小，水系却十分发达。一套人马执行两个职责，人少事多，难免顾不过来，效率不高，长效监管难以为继。

（2）环保局

环保部门的工作以整治企业污染与养殖场污染为主，入户宣传，张贴公告，安排各镇环保所对无相关环保审批手续和无配套污染防治设施的加工厂和养殖场进行依法查处关停。

和农水局的困境类似，区环保局在乡镇一级并未设立独立的环保所，而是乡村建设与环境保护所，承担了住建局与环保局的两大工作职能。这使得镇一级的环保人员任务繁重，身兼数职，工作进展缓慢。我们走访了当时的村建环保所工作人员后，他也向我们阐述了工作困境："我们真的是没那么多人。一个所只有 4 个人，要搞乡镇农民建房和新农村建设，要去做危房改造项目，还要有人在办公室负责内务管理。按照规定，每次下达环保责停通知书都需要至少 2 名执法人员在场，人员排不过来。即使联合了城管去督查，刚下完通知书，好多养殖户过几天又会复工，根本管不过来。"

那为何不由区环保局来直接关停呢？区环保局工作人员也向我们吐苦水："全区有 4 个乡镇、4 个街道办事处、1 个工业园区，加起来有 60 个村民委员会、90 个社区居委会、26 个家委会、238 个自然村。规模太大了！如果不由乡镇提前进行筛查，光靠我们是不可能完成的。"

（3）C 工业园区

C 工业园区作为污染企业的主要聚集地，直接管控园区企业生产，在此阶段也开展了一些工作。管委会集中出击，对工业区范围内的一批非法塑料制品加工厂实施了全面整治，搬迁废物塑料近 70 吨，关停非法塑料加工点 300 余家，同时要求污染企业限期搬迁。

然而，面对河道污染治理的大难题，管委会能做的也仅止于此。从部门职责来看，管委会只能管理企业生产，企业效益能否达标才是他们更关心的问题，至于已经污染的河道整治工作，管委会无法处理。

一条河流的整治并非易事，X河水系横跨3个区，其治理并非易事，病症在水里，病根却在岸上。各部门面对民生所盼，对河流进行了清理、疏浚和治污，然而只局限在自己系统内的行动，没有其他部门配合和支持，工作得不到有效衔接，多少有些"各人自扫门前雪"的味道。仅仅靠整治排污来改善水环境，治理工作治标不治本，正可谓是"九龙治水，却群龙无首"。要想彻底整治X河，其治理所涉及的控源截污、清淤疏浚、生态修复、污染防控、环境整治等一系列工作必须齐头并进，否则就功亏一篑。

3. 环境议程被提高，综合治理见成效（2013—2020年）

这一阶段的河流整治工作被放到一个重要的高度，7年的综合整治工作聚齐了各方面的资金和力量，市、区、镇三级政府均全力以赴开展河流整治，成效明显，X河有了翻天覆地的变化。

2013年4月，N市发改委办公室批复了N市X河水系综合整治工程初步设计。2014年，A区政府结合中央、省、市三级对中小河流治理文件精神，选定X河作为试点整治项目。同年5月，作为N市重点项目、A区打造核心增长极"三大引擎"项目之一，X河水系综合治理工程正式启动，对X河流域50平方千米范围进行整体开发。N市成立了X河水系综合整治领导小组，整合各方面力量和资金，对43平方千米X河水系展开整体改造。

1）内源治理控污染，集中整改见真章

（1）畜牧禁养

A区首先进行全区的畜禽禁养工作，以此解决畜禽养殖废水乱排放问题。2014年11月20日，区农水局制定了《关于在全区开展畜禽禁养区专项整治行动的工作方案》，要求按照调查摸底、宣传发动、综合整治、总结验收四个阶段的时间节点，在2016年年底全面完成整治行动。

L镇立刻行动起来，率先开始了调查摸底工作。镇政府行动迅速，组织环保所、农技站、国土所几个部门开展畜禽禁养区、限养区和可养区"三区"划定工作。同时对禁养区内的畜禽养殖的情况进行了全面调查摸底，并将调查表和应拆除面积进行公示。

在公示结束后，L镇按照党委班子的分管片区，成立了6大工作队，对接全镇2个居委会、28个行政村。工作队由分管领导带队，农业、环保、国土、城管、公安几个部门参与，负责实地调查，向养殖户全面传达相关政策，沟通调解，下达禁养告知书，完成养殖场的搬迁和关闭。乡镇委员P介绍说："禁养工作在最开始推行得不太顺利。村民们确实都被河流污染搞怕了，但是养殖户要赚钱，关掉了养殖场，就相当于断绝了他们的大部分收入。我们在沟通的时候，经常联合村干部一起去做工作，多讲讲污水对自身人居环境的危害，帮他们分析养殖废水处理设备投入成本巨大等现实难题，大部分人还是能听得进去、愿意配合的。"

为解决养殖场关闭后影响村民收入的问题，A区政府向市政府请示按照养殖户自身意愿，帮助养殖户转型。"当时政策非常支持新型农业化建设，要求各区国土分局、农水局、环保局提供工作指导。在符合规定、远离人居环境的地方搞种植项目。有的养殖户改种蘑菇，有的搞育苗育秧，有的承包农田搞蔬菜大棚，这也解决了一部分养殖户的转型问题。"

一般来说，畜禽禁养工作从签约退养到养殖场正式搬迁关闭，时限较长，按照以前的整治工作来看容易复养，谈及此点，P 委员也和我们分享了工作方法。"我们对已签订退养协议的养殖户，立刻就会进行养殖场线路改造，安排供电所将三相电改为民用两相电。同时通报村委会，定期开展回头调查工作，防止复养。"

截至 2017 年年底，A 区基本完成了退养任务，其中 L 镇清退生猪 46748 头，牛、羊、家禽全部清退。

（2）企业污染整治

除养殖污染外，工业废水污染也是整治工作的拦路石。2016 年 4 月，N 市政府召开专题会议，要求 A 区、B 区及 C 工业园区立刻开展企业污染整治工作，杜绝工业废水再次污染 X 河。

A 区和 B 区自古作为通商古集，纺织业发达，工业废水来源主要是塑料厂和纺织厂。针对这一整治特点，区政府重拳出击，组织各镇政府开展了一次大排查。工作队依旧采取分片区管理的方式，一户户上门走访，实地查看污水排放情况。

以往的大排查很容易流于形式，或者是只排查不登记，只登记不上报。然而这一次，镇政府已经明白不能再糊弄了，全镇集中人力对摸排出的情况逐一登记造册，拍照存档，很快就整理出了一份问题企业名单，开始整改跟进工作。

"这些小加工厂，大部分都没有污水排放处理设备，都是直接露天排放。针对这一情况，我们还是要求镇政府先下达整改通知书，要求关停整改，配齐污水处理设备，通过环保局验收后再申请复工。也有拒不改正的，我们就安排区环保局人员到现场依法查封生产设备、电源总开关、拆卸查扣电表，断水、断电，对企业排污情况进行现场取证存档。"A 区办公室负责人 M 说道。

与 A 区、B 区不同，C 工业园区因其自身园区性质，对园区内企业情况了解更多。污染企业整治工作直接采取了领导挂点销号的方式，整改一家销号一家，整治成果直接和个人年底考核与企业经营房租成本挂钩。

谈及整治工作压力，C 工业园区副书记 Q 说道："整治压力还是挺大的，因为园区里的企业太多了，大部分还是加工制造厂。有些厂是露天排放，有的厂有设备但是已经老化，要督促他们更新、配齐，一家家地跑。"谈及整治工作进度，Q 说："2016 年刚开始的时候，好多企业还是不以为意，对整治工作都是糊弄了事。到了 2017 年，C 工业园区预备申报高新技术产业园区，园区要从传统手工产业向高新技术产业转型，大家就开始重视了。我们下达整改通知书后，部分企业就自觉地去采购污水处理设备进行改造。大家都知道，这次是来真的了。一旦整治不到位，等园区转型后将毫无立足之地。"

2017 年 9 月 12 日，A 区环保局召开污水排放问题约谈会，对还未完成整改的 8 家企业代表进行约谈，下达最后整改期限。逾期不达标的企业，直接予以关停。

通过"摸排—问题建档—整改跟进—挂点销号"的工作模式，截至 2017 年年底，一年半的集中整治行动取得了阶段性胜利，全区累计检查企业 2100 余家次，责令停止建设、停产 41 家，限期改正或限期治理 36 家，关停取缔企业 22 家，行政处罚 8 家，移送公安机关 5 家。X 河沿岸的工厂大部分搬离，仍在运行的均按环保标准配齐了污水处理设备，工业废水污染源得以基本消除。

（3）人居环境改造

为了更好地执行 X 河整治的整体开发规划，一批村庄迎来了旧城改造，L 镇 G 村就是整村拆迁的村庄之一。

2014 年 1 月，A 区开始对涉及拆迁的 371 户开展拆迁房屋丈量工作，同时深入开展点对点、面对面的政策宣传及思想政治工作，确保按照既定时间节点完成拆迁任务。在征收工作中，对房多人少的征收户给予实物安置，做到"拆迁还一"；对房少人多的征收户，补足人均 30 平方米标准给予安置；提高了过渡费，由原 600 元/户提高到按 300元/人/月的标准发放，得到拆迁户的普遍认同。

"虽然舍不得住了几十年的房子，但是我们都能看得出来，政府的整治决心和以前不一样，大家也重视了，盼着赶紧改造完成，早日住上楼房。"G 村村民 L 说道。

2016 年年中，X 河整治工程陆续完成了 G 村、Y 村、J 村、S 村等村庄的拆迁工作，涉及村民 1700 余户。

2017 年 3 月，为逐步解决农村生活污水处理问题，A 区选取了 L 镇 Z 村和 B 村进行小型污水集中处理试点，两村分别采用了金达莱兼氧 FMBR 工艺及高负荷地下渗滤污水处理复合技术工艺。Z 村小型污水集中处理站日处理污水量 200 吨，投入费用 220 余万元，解决了该村 1500 人生活污水处理问题。B 村小型生活污水处理站日处理量达到100 吨，投入费用 100 余万元，解决了该村 D 小组 800 人生活污水处理问题。这两个村的试点成功经验形成以点带面的效果，逐步推进整个 L 镇的农村生活污水处理工作。

"在 X 河整治范围内的村，很多都进行集体旧城改造。还有一些行政村，我们也会逐步完善配套设施，解决生活污水排放的难题。"L 镇委员 M 介绍。

2）清淤疏浚通河道，控源截流引活水

2017 年 7 月，X 河的整治工程终于动工，项目将 K 支渠作为首要攻克任务。由于水体已污染多年，河里氮、磷等成分过高，水体富营养化，河道里的淤泥近 6 米深。清淤疏浚成为整治工程的首要行动。

"X 河整治的最大难点就是清淤。由于河道较窄，河道上还有建筑物和树木，施工时还担心会对上面的建筑安全造成影响。我们调来水泵沿河抽水，将污水抽干后，河道才算'露'了出来。然后采用高压水枪喷射，将淤泥冲散，再用污泥泵将淤泥和污水抽吸，整体清淤难度非常大。"项目部负责人王某告诉我们。

此外，A 区属于老城区，基础设施欠账多，整个辖区内截污管网缺失，雨污混流严重，污水影响非常大。为彻底解决问题，N 市政府投入项目资金，对整条河流进行截污纳管，从源头控制污水向河流排放。这是黑臭水体整治最直接有效的工程措施，也是采取其他技术措施的前提。A 区农水局科长 W 是当时的整治工作对接人，他从专业技术方面进行了解释："X 河水系全部没有埋设排水管网，这种雨污合流的状况，再加上周边企业长期直排污水，污染物淤积导致水质不断恶化。清淤只能解决一时的问题，时间久了还是会再次淤积，铺设截污管道是必然举措。"

在技术层面，截污后将导致河道水量变小，流速降低，需要采取必要的补水措施。为彻底净化水源，项目部将 W 渠的活水引入 K 支渠，进行补水及进一步的水源净化，彻底解决了黑臭水问题。

经过 4 个多月的整治，X 河 K 支渠完成了控源截污、清淤疏浚、生态护坡、引水活化、景观绿化一系列工程。沿河敷设截污管 2.5 千米，接入沿线排污口 16 个。考虑到 N 市雨季频繁，还在沿河岸新建溢流井 11 座，同时设置止回装置，防止暴雨时污水倒灌造成河流二次污染。2017 年 12 月 7 日，首先列入整治名单的 K 支渠的治理工程提前完工并顺利通过了中央环保督察组的验收。

按照 X 河综合开发方案，X 河流域 8 条水系必须于 2019 年年底前全部完工。W 支渠河与 L 支渠率先在 2017 年年底完成了整治，2018 年，X 水系 1 号公园完工，作为 X 水系项目中工程量较大、建设标准最高、绿化水平最高的公园项目，该公园一完工就受到周边居民的欢迎，与 S 湿地公园共同构成 C 区生态旅游圈。与此同时，水系内的 Y 河、Z 河、U 支河、D 河、C 排水河、L 河也逐步开工，X 河的整治到了最后的攻坚阶段。

2019 年 4 月 17 日，A 区委发布了《关于〈低排沟沿线及上游 X 河流域水环境治理工作调度会议纪要〉落实情况的通报》，点名 X 河整治工程中，涉及房屋拆迁、污水直排、旧改倒房等 8 项工作均未落实到位。会议通报了 4 条支渠污水直排的问题暨关于 N 支渠西岸排污口接入现有 1.5 米市政污水管道的问题。N 支渠是 X 河流域 7 条水系的关键节点，该支河作为 2016 年中央环保督察问题清单至今未销号，也是住建部、生态环境部城市黑臭水体督导点位，一直影响上游截污管及河道的连通。11 月 16 日，A 区政府组织召开 2019 年度市人大票决水系综合整治工程扫尾迎检暨 X 河片区项目推进专题调度会。会议再次讨论了 X 河整治推进中存在的主要问题及意见建议，要求加快截污、绿化等工程进度，按时完成整改任务。

到 2019 年年底，Y 河、Z 河改造完成，2020 年，C 排水河、L 河、D 河基本完工。至此，X 水系的八条河绝大部分完成了治理工作，流域内的人民生活环境得到了极大的改善，区域内的工业用地和生产生活用地的格局得到合理的优化，区域经济朝着更加可持续的方向发展。

4. 阶段胜利虽可喜，长治久清待完善（2020 年至今）

历时几年的努力，X 河的综合整治获得了极大成效。然而，整治黑臭水体，关键在日常管理与维护，从长远来看，X 河的治理道路远未结束。

1）养殖污染还需防范

为了解畜牧禁养的后续进展，我们来到了 L 镇农技站进行咨询。面对我们的来访，农技站的工作人员 C 介绍道："因为 2019 年非洲猪瘟蔓延，猪肉价格狂涨，国家为了调节供需平衡，出台了一系列生猪养殖扶持政策，要求加大对禁养区整顿和调整的支持，对禁养区内确实需要关闭的养殖户提供合理的过渡期，禁止采取诸如'一律关停'等一刀切的做法。所以目前还有十几个养殖户没有搬走。然后又是新冠疫情，这件事便不了了之。"

谈话时，我们遇到了几位来办理设施农用地的村民。他们兴致勃勃地带上材料，申请办理设施农用地手续，进行生猪养殖。

"最近半年想搞生猪养殖的人很多，主要还是因为有补贴政策。现在根据生猪养殖规模的大小，养殖户可以获得20万元到80万元不等的补贴。生猪良种补贴也在实行，每头能繁母猪每年不超过40元。如果生猪不幸感染了非洲猪瘟死亡，还会发放强制捕杀补助经费。在这样的资金扶持力度下，以前停养的一些大型养殖户都想申请复养。"

"那这些新办理的养殖场是否能按照之前治理时划定的限养区进行安排呢？"我们提出了疑问。

"按照现在的政策，要优先保证对养猪场废物处理等设施的用地需求，取消上限为15亩的规定。养猪用地按照农业用地进行管理，无须办理建设用地审批手续，可以将一般耕地用作养猪用地。目前限养区大多远离村庄，划在山上，交通不便，村民不愿意跑那么远，那么就不可避免要占用村庄附近的耕地，这样环保又是个问题。上面要求全力支持生猪养殖，但是大规模养殖很难选到合适的地方，小养殖户又没有那么多资金，负担不起环保设备，造成养殖污染怎么办。我们现在也很迷茫，不知道该按哪个政策走。"

2）污水偷排仍然存在

另一边，我们走访L镇政府时，又听到了有些企业悄悄开始偷排的信息。

"前段时间，我们联合镇环保办、综合执法队等部门专项整治了位于H村、Z村、L村的6处塑料加工厂。这些塑料加工厂没有环保手续，也没有配套污染防治设施，生产废水、废料等污染物直排。我们对这6处塑料加工厂生产设备进行拆除，对部分原料进行搬离，并要求企业立即停止生产，对生产设备及原料搬离，恢复原状。"L镇委员D谈道。

我们很疑惑，对这些小加工厂就没有更好的监督办法了吗？D委员无奈解释："这些厂白天大门紧闭，晚上生产，逃避监管。要不是住在附近的村民举报，我们根本发现不了。小加工厂还是难管，为了偷排污水花样百出，还要继续加强监管，但是乡镇现在的工作越来越多，日常监管不可避免还是会有漏洞。"

3）长效机制亟待健全

河湖长制是目前治理河流的重要制度。为了探访河流的日常管理情况，我们来到了A区农水局进一步了解。

"这是一个河湖长制信息监控平台，我们现在看到的是X河河面的情况。平台能够实时监控到河面上有没有漂浮物，有没有垃圾。一旦发现有漂浮物之类的东西，平台会立即发出预警提示，并自动截图存档。我们再向河长手机APP发送信息，然后及时督办。"区水政监察大队监察员L向我们介绍道。

谈及督办流程及时效，L委婉地说："平台上规定要在限定时间内解决，但实际上抓污染源不容易。河流管护都成了水务局和河长的事情了，每年环保督察都给我们移交任务，但是很多问题也不是我们一个部门能解决的，最终归口却都在水务局。部门联治的河湖保护管理长效机制还有待完善。"

5. 结束语

X河作为一条水系复杂的城市内河，地处城乡结合部，工业废水、生活污水、养殖污水等多种污染混流，治理难度很大，治理过程也很具代表性。十五载岁月变更，从不想治，到分头治再到一起治，每个阶段的治理模式都十分清晰。综合治理取得的胜利不可忽略，但长治久清的日常管护也是重要工作。此外，X 河水系横跨三区，X 河流域的整体开发虽然已取得了很大的成果，但综合治理仍未结束。河流治理重在日常管护，如何实现整条河流的跨区域协同长效管理这一问题，亟待进一步思考和完善。

思考题：

1. 查找相关资料，归纳我国水环境治理中的常见问题；

2. 试使用城市治理的相关理论对本案例 X 河的治理进行分析；

3. 在新形势下，如何构建长效的跨界治理机制？试对 X 河的治理提出相应建议。

5.4.3　案例：K 社区老旧小区改造纪实

准备工作：城镇老旧小区是指城市或县城（城关镇）建成年代较早、失养失修失管、市政配套设施不完善、社区服务设施不健全、居民改造意愿强烈的住宅小区（含单栋住宅楼）。城镇老旧小区改造是重大民生工程和发展工程，对满足人民群众美好生活需要、推动惠民生扩内需、推进城市更新和开发建设方式转型、促进经济高质量发展具有十分重要的意义。本案例较为详细地介绍了 J 市一个老旧小区改造的故事。为更好地进行案例分析，在案例分析之前应做到：

（1）提前阅读案例，对案例思考题进行提前准备。

（2）查阅相关资料，包括国家层面及各地区老旧小区改造的相关文件，与案例相关的法律法规及国家出台的相关文件，各地市与本案例相似的案例，各类媒体的类似报道等。结合自己所在城市的老旧小区改造，选择合适的小区进行实地调研，加深对老旧小区改造的直观认识。通过资料准备，为有效分析案例相关问题打下基础。

摘要：老旧小区改造，不仅是政府公共管理的一大课题，也是一项系统的社会工程，它涉及政府、社会、企业、市民等各个方面，牵系着老旧小区居民的殷殷期待。本案例从老旧小区改造过程的主要参与者——K 社区主任刘红的角度，讲述了 J 市 K 社区老旧小区改造的整个过程：从小区内违章建筑拆除的困难，到小区改造方案的设计和取舍，再到改造中各主体关系的协调，最后到 K 社区老旧小区改造模式的逐渐形成。本案例的老旧小区改造模式可为其他城市的老旧小区改造提供经验和借鉴。[①]

J 市是一座位于我国中部地区的省会城市，繁忙的交通，随处可见的高楼大厦、繁华的商圈无一不彰显着现代城市建设的成就。但是，在 J 市老城区，还有许多建设时间在 20 世纪五六十年代，年久失修、设施老化的老旧小区，这些老旧小区，已经不能满足当地居民的生活需求，成为城市高速发展下被忽视的"洼地"。

K 社区是 J 市典型的老旧小区，曾经的 K 社区，是著名国有飞机制造厂 X 厂的家属

---

① 本案例由南昌航空大学 2021 级 MPA 研究生梁礼慧、陈书榕、匡涛编写，吴红梅教授指导。编入本书时进行了适当修改。案例中所涉及相关人名和企业均使用了化名。

小区，小区内共有住户3025户，住宅59栋。20世纪50年代，K社区诞生了新中国第一架飞机、第一台轮式拖拉机、第一台摩托车、第一枚海防导弹，曾是J市的骄傲，但伴随着社会的发展变迁，K社区从鼎盛到落寞，成为江西省集中连片、面积最大的老旧小区：平房低矮破旧，违规搭建随处可见；路灯、设施老化，道路坑坑洼洼；电线铺设如同蛛网，下水管道雨天"水漫金山"，晴天臭气熏天。K社区，犹如一道城市形象的伤疤，亟待城市的治理者抚平。

1. 设施陈旧无人管，居民生活苦不堪

J市的盛夏又到了，这座被称为"四大火炉"的南方城市的夏天，总是笼罩着一股闷热的气息。在J市X厂家属K社区，各家剧增的用水量让原本就不大通畅的下水管道愈加不堪重负，此时正是中午，从堵塞的管道四溢而出的污水被闷热的天气沤出阵阵臭气，路过的行人都纷纷捂住口鼻匆匆走过。

这样的景象让家住一楼正在做午饭的熊大妈叫苦不迭，她居住的房子始建于20世纪50年代，厨房的窗户正对着楼栋的下水管道，"天天堵天天堵，这日子可怎么过啊！"吃过午饭，熊大妈也不顾这午后的大太阳，来到小区所属的K社区反映情况。

这已经不是熊大妈第一次上门反映了，几乎每个夏天熊大妈都会为此问题往K社区跑好几趟，和她碰到相同情况的居民数不胜数，可K社区主任刘红每次给的都是统一回复"这个问题我只能去帮你跟邻居协商，钱还是要你们单元邻居均摊哟。"这样的回复本质上解决不了什么问题，因为光靠K社区与邻居们协商，就算刘红挨家挨户地磨破嘴皮子，也没有几户会爽快地掏出疏通费用。大家都觉得自己不应该出这个钱：

"我房子都空着大半年了，一直没租出去凭什么让我交钱？"

"我人都不住在里面，还要来管你们这些破事？"

"这钱不应该我们出，这明明是当时下水管道设计不合理，应该你们来出钱，政府来出钱，为民办事这不是你们应该做的吗，还轮得着让老百姓来交钱维修吗，反正这事我们家不交钱"。

从K社区办公室出来的熊大妈心事重重，她也清楚邻居们的难处，况且即使能够凑齐疏通费用，这样的维修也是治标不治本的，因为过不了几个月，这下水道还是会堵塞，到时候又免不了和邻居一顿扯皮。楼上楼下也是相处了几十年的老邻居，有些甚至是之前单位的老同事，彼此之间多多少少在生活上互相照应过，况且管道堵塞的确不完全是邻居们的责任，熊大妈无奈的一声接一声地叹气，自己已经七十好几，如果不是居住环境实在糟糕，谁愿意大夏天的这么折腾呢？拿出了手机的熊大妈再一次拨打疏通下水道的陈师傅的电话，陈师傅大声说道："哎呀，你们这个下水道我也没办法了哦，总疏通也是这样，你们整个管道都有问题。这是要整体改造维修的，现在哪个地方还和你们一样？还是这么破破旧旧的。"熊大妈心想她能有什么办法呢，每天臭气熏天已经严重影响了她的生活，解决不了只能什么方法都试试啊。

对此问题K社区的刘红也很为难，可实在是巧妇难为无米之炊。K社区是X厂在二十世纪五六十年代为解决职工生活问题而兴建的小区，许多设计理念之于现代社会过于落后，下水道连基本的雨污分流都没做，下雨即涝，许多污水井设置在居民储藏室门

口或窗户下，使得居民家中气味难闻不说还异常潮湿，许多居民家中的墙皮都脱落了。

刘红深知居民的难处，只是 K 社区属于典型的"一厂一街"，长期以来都是由企业办社会，X 厂划拨给小区的治理经费微不足道，现在多数小区都是由物业公司统一打理，居民们在购房前就有一笔维修基金，碰到此类问题有充足的资金解决。但 K 社区是老旧小区，管理模式落后，问题多资金少，其中光是下水道堵塞这个问题就不止熊大妈一人来反映过，可即便是全部经费都拿来疏通那些堵塞的下水管道依然不够。况且除了下水道，其他如电、气、路等基础设施，都是年久失修，小区居民的生活质量得不到保证，也更无法达到人文环境和谐社区的要求。

2. 困境之中见转机，政策东风进社区

就在刘红一筹莫展之际，转机出现了，各级政府相关政策纷纷出台。2015 年，中共中央、国务院在《关于深化国有企业改革的指导意见》中，明确"加快剥离企业办社会职能和解决历史遗留问题，为国有企业公平参与市场竞争创造条件"。2016 年，区政府牵头，X 厂开始有序地与区政府交接 K 社区管辖的各项工作，各项管理逐步社会化。区里领导也时不时来街道视察，这些陈旧的基础设施、破旧的公共区域及所住居民的不便都看在眼里，记在心里，回去便组织召开专项研讨会并统筹规划，要求相关职能部门配合好街道广泛征集民意，同时做好实地调研，为 K 社区的改造计划出谋划策。

2017 年 12 月，住房和城乡建设部提出在全国范围内推进城镇住宅小区改造，并在 15 个城市开展试点工作；2019 年 3 月，住房和城乡建设部等三部门联合印发《关于做好 2019 年老旧小区改造工作的通知》。随着相关政策的陆续出台，老旧小区的改造成为中国社会的一大热点。

2019 年，K 社区成为全国首批老工业区改造小区，J 市乘着政策的东风，向中央争取改造资金 1.18 亿元，整合资金 12.3 亿元，启动实施 K 社区老旧小区的改造工程。

3. 违章建筑成痛点，党员率先做表率

资金有了，可是如何才能让改造顺利进行呢？K 社区道路狭窄，违章建筑众多，刘红心中知道，如果不拆除小区内的这些违建，旧改是不可能顺利进行的，违建这个大难题必须要在改造之前得到及时有效的解决。但是违建问题由来已久，K 社区建设时，由于生活空间狭小，建设标准和配套指标低，再加之 X 厂没有进行统一规划管理，许多住在一楼的居民都会私自搭建小屋来扩大自己的居住面积，其他楼层的居民们会堆放杂物或干脆在楼顶围出一片自己的区域，久而久之，原本双向车道的马路已经连两人并行都困难，刘红不是没有去做过工作，但是在居民眼里，这些公共区域都属于私人区域，居民们好多都是上了年纪的大爷大妈，根本听不进劝。听说要搞旧改，留在 K 社区的 X 厂老职工一个个满心欢喜，可是听到首先要做的是要拆除他们的"自留地"，大家的抵触情绪又上来了。

刘红苦思冥想，为此做了大量的前期准备工作。自从 2019 年的旧城改造启动大会起，她便把 K 社区网格员分成几个小组，要求组长每天带领自己的组员上户摸底、征求民意、为他们解读重大利好政策和相关法律法规。她与 K 社区的其他干部将政府的规划蓝图，以及其他老旧小区改造前后的对比图，印成宣传册，发给居民观看，让他们直观

感受改造会带来的便利，同时详细列出住建局的改造计划，甚至绿化树木的数量、变电箱位置等改造各项设计都进行公示，并根据居民意见进行合理调整，每个小组每天在完成上户调研工作之后继续开碰头会，将集中反映的问题汇编成册，形成会议材料供区街道决策。拆违的工作不是一蹴而就的，刘红首先组织那些改造意愿强烈并积极响应政府号召的居民们自主成立矛盾调解组，从群众中来到群众中去，让这些最了解他们实际需求的人站在他们的角度去逐一对矛盾进行化解；同时，K社区安排专人记录居民反映的改造问题并反馈给施工单位，以最实在的方式打通居民、K社区、政府和拆违单位的沟通渠道，在她的努力下，最终有85%的违章户表示同意拆迁。可这剩下来的15%才是真正的"老大难"："他家也搭了，怎么不去先拆他家的？""这屋子我都住了二三十年，你不能就这样给我拆了！你们拆了我就去告你们，你们要赔偿我的损失！"听说要拆除自家的违建，老刘和老黄等"钉子户"都振振有词，工作组成员们纷纷摇头。

这天，K社区的老党员老于来到党群服务中心，"刘红，我知道你们拆违遇到了困难，你看能不能这样，我们几个老哥们，都是党员，要不我们家先拆，一来给大家做个榜样，二来我们也去做做他们几个'钉子户'的思想工作。"听到老于的话，刘红紧锁的眉头稍稍舒展，老于是K社区的老党员，也是K社区居民自治组织"家委会"的负责人，K社区原本就是X厂的家属小区，由于X厂的军工企业性质，这里的居民，党员的比例比其他社区高很多，K社区居民早在2000年前后就成立了"家委会"，退休老党员一直是其中的核心成员，老于是出了名的"老好人"，平时没事也会来K社区转转，K社区的许多志愿者工作，都能看到他的身影，如果能有更多的"老于"站出来，想必拆违的工作会好做很多。想到这里，刘红赶忙给家委会几位平时热心的老住户、老党员们打电话，"从今天起，我们组织一个党员先锋队，先锋队先拆自家的违建，遇到不好说话的老邻居，先锋队积极做工作，大家一起为尽早动工努力！"放下电话，刘红又充满了干劲。

K社区，可以说是一个具有浓烈"红色基因"的社区，在这种时候，党员先锋带头作用得到最大程度的发挥。果然，有了老于等多名党员干部的加入，拆违协调工作速度快了很多。在两个月内，K社区就实现了居民100%同意拆违，旧改顺利进入到实际施工阶段。

4. 旧改方案难取舍，多方协商来落实

拆违工作终于在大家的配合下完成，刘红松了一口气，接下来就是正式启动小区改造工作了，小区居民们对于K社区如何改造十分关心，他们有很多想法要在这次改造中实现。为了听取民意，K社区在党群服务中心召开"板凳会议"，有意愿的居民都可以参加，会议结束以后，为了将受众覆盖到所有居民，刘红带领K社区干部们将会上大家提出的问题，挨家挨户地上门征询，经过3天的努力，一共收集到258条意见。

意见有了，但是大家的想法五花八门，毕竟资金有限，要如何确定旧改方案，才能最大限度地满足老百姓的要求呢？在街道党委的推动下，K社区邀请到了负责本次改造的设计院团队来到现场。"我们的建议是只动地面部分，二楼以上尽量保持原样。"团队负责人张工说道，"我们的居民，有的想拓宽卧室，有的想加装阳光房，如果全部的资金都用来改造地面部分，他们的需求如何满足呢？"刘红提出了她的困惑。"咱们的任务，是建设一个美丽宜居的社区，按照公共需求优先的原则，应该尽可能地改造涉及所有人利益的部分，诸如小区路面的翻新、强电下地、下水管道雨污分流等。"街道办的徐主任提出了街道办的意见，"资金首先用在公共部分，在这个前提下，群众有一些合理的意见，我们也要满足。"听完徐主任的发言，刘红和张工点点头。"我听说之前进行旧改的 A 社区，为了收集民意，搞了个'路见'小程序，老百姓可以将自己的想法实时传输在小程序中，我们也可以试试。"徐主任的话，给还在担心居民提意见的刘红吃了一颗定心丸。

在多次沟通之后，设计初稿完成，刘红将设计图纸在 K 社区党群服务中心公示，设计团队也安排设计师耐心讲解为何这样设计，但凡有居民不明白和不满意的地方，刘红都会尽量沟通为居民争取他们最大的利益，应改尽改。家住二楼的王大伯就反映，按照设计图他家阳台的光线将被楼下的樟树遮挡，能不能将树稍微挪个位置，好让他们家在冬天的时候依旧有温暖的阳光，他还可以美美睡个午觉。在场的设计师黄老师当即同意，并将这个问题记录下来，"这是他们赖以生存的地方，也是他们一辈子辛苦奋斗的地方，有些小心愿我们还是要满足他们的。"黄老师说道。

在方案沟通的最后一天，一位神秘的"嘉宾"也来到了 K 社区旧改沟通会的现场，"我给大家介绍一下，这位是物业协会的邹会长，也是一位老党员了，在接下来的旧改过程中，他会协助你们从物业管理的角度发现问题，避免改造后的重复建设，另外，改造完成后，他也会帮助咱们 K 社区完成物业公司的招标工作，大家欢迎！"徐主任热情地向大家介绍。"如果物业能够提前进场，不仅能提前发现问题，也能够为我们接下来小区招揽物业出谋划策。"刘红高兴地与邹会长握了握手。

5. 集体记忆难舍弃，精神家园在何方

在设计方案获得多方的一致同意后，旧改开始如火如荼地进行，挖掘机、推土机纷纷进场，K 社区顿时变成了一块"大工地"，在一阵阵轰鸣声中，原来 X 厂的废弃厂房轰然倒下，水泥路面也铺上了崭新的柏油，看着热火朝天的施工工地，刘红的心中不免有些失落，自己年轻的时候，也曾经是 X 厂的一名工人，这栋始建于 20 世纪 60 年代的体育馆，不知道开过多少届职工运动会，K 社区里的这些老居民楼，虽然不算什么名胜古迹，但是承载了 2 万多名 X 厂职工的集体记忆，旧改能让 K 社区焕然一新，但是大家的"精神家园"又在何方呢？

正回想着，突然，K 社区的网格员小赵急匆匆地跑了过来："刘主任，施工队和几位老住户在前面起矛盾了，您快去看看吧！"听到这话，刘红心中一沉，两人三步并两步来到施工现场，现场有一台挖掘机正在进行清理刚刚拆除的砖头与碎石，几名年纪大的叔叔伯伯挡在挖掘机面前，"不行，这里不能拆，这个体育馆是我们老职工跳广场舞的地方，我们退休就这点娱乐活动了，你拆了，我们去哪儿运动？"为首的李大伯喊道，"是啊，我在这儿待了四十几年了，我们打小就在这里玩耍，这里不能拆！"李大伯身后的王大妈指着负责施工的队长，眼泪在眼眶中打转儿。刘红赶紧冲上去拉住王大妈："王大妈你们先回去，我再去和项目部沟通沟通。"

等处理完这场纠纷，已经是下午，刘红好说歹说，才把李大伯他们劝离了现场，回到办公室，刘红拨通了街道办徐主任的电话，"哎呀刘红啊，你们误会了，施工队只是拆除体育馆的招牌，那块招牌年久失修，再不拆除恐怕会砸伤行人哦，你说的情况，我们都了解，街道和设计院的意思是保护性重建，我们将针对体育馆、仓库这些标志性建筑进行修缮，尽量维持它们的原貌，让老百姓回到家，还是儿时熟悉的风景。"听到这里，刘红喜出望外，通过修缮，标志性老建筑能够保留下来，最后融入新社区，这样居民们不仅可以继续在原来的地方下棋、跳舞、唠嗑，也最大限度地呵护了老一代人的"精神家园"。

6. 结束语

苏式风格的红砖小楼、仿古招牌、品牌小吃、航空工业体验馆，现在的宏都，俨然一个成熟的现代化城市社区，这一切，是参与改造各方共同努力的结果。旧城改造表面是基础设施的更新与修缮，但实际这只是问计问需于民治理理念的行动表现。老旧小区改造，不仅是政府公共管理的一大课题，也是一项系统的社会工程，它涉及政府、社会、企业、市民等各个方面，牵系着老旧小区居民的殷殷期待。面对形形色色的老旧小区，如何在对小区基础设施更新改造的同时，保留老旧小区的历史文化特征，让小区居民既看到整洁的环境又看到熟悉的风景，是城市治理者需要思考的重要问题。

思考题：

1. 查找相关资料，归纳我国老旧小区改造中出现的社会问题与解决途径。

2. 试使用相关治理理论对本案例中 K 社区基层社会治理问题进行分析。

3. 在老旧小区改造过程中，应如何发挥各主体的积极作用？

4. 在新形势下，如何破解城市中老旧小区改造中出现的基层治理问题？如何构建统合治理的长效机制？请提出建议。

5.4.4 案例：阿大葱油饼事件

> **准备工作：**安全是食品消费的最低要求，关乎百姓的健康甚至生命。近年食品安全事件频发，于是我国出台了"史上最严"的《食品安全法》，食品监管部门对无证食品经营行为的监管日益严苛。一方面是公众对食品安全事件的"零容忍"，另一方面是对食品经营者生存发展权益的保障，而夹在中间的是政府监管部门。监管严苛，政府会被指责执法太冷漠，缺乏人文关怀；放任不管，政府又被指责监管不力，不作为。政府治理似乎陷入进退维谷的矛盾困境。本案例中阿大葱油饼事件的背后是社会弱势群体生存发展、城市治理、食品安全、舆论导向等问题的犬牙交错，以及政府在这中间小心翼翼地维持均衡。为更好地进行案例分析，在案例分析之前应做到：
>
> （1）提前阅读案例，对案例思考题进行提前准备。
>
> （2）查阅相关资料，包括我国的《食品安全法》，案例涉及相关政府部门的职能，"放管服"改革等。通过资料准备，为有效分析案例相关问题打下基础。

摘要： 2016 年 7 月 21 日，发生在上海的阿大葱油饼事件引起了广泛的社会关注。这起事件因阿大葱油饼店无证无照经营被黄浦区市场监督管理局责令停止经营而触发。面对史上最严的《食品安全法》和自主创业、辛苦劳作的葱油饼店经营者阿大，舆论中产生了很多激烈的观点对峙和思想碰撞，也把以黄浦区市场监督管理局为代表的政府部门推向一个放管两难的境地。经过政府部门、企业、个体经营者的互相协商和共同努力，阿大葱油饼店另觅新址，最终得以重新开业。本案例突出反映了政府部门在食品安全领域严格监管的要求和"放管服"背景下"放管结合，优化服务"理念要求之间的冲突，反映了人民群众对于食品安全的高要求和对于弱势群体的同情心理之间的矛盾，以及无证无照的餐饮经营者与周边居民之间的矛盾等，启发我们思考应如何改变传统的政府治理思维，如何及时引导舆论，发挥利用好政府、企业、社会等多种主体力量，共同解决政府治理难题。[①]

　　原位于上海市黄浦区茂名南路的阿大葱油饼是一家专门经营葱油饼的小吃店，该店因英国广播公司（BBC）拍摄的纪录片而爆红全国。但是，由于其居住用房的房产性质和餐厨油烟对周边环境的影响，该店一直没有取得营业执照和食品经营许可证。

　　按照我国现行法律法规要求，从事食品经营需要取得营业执照和相关许可，就在阿大葱油饼被炒得大红大紫之时，黄浦区市场监督管理局两次接到群众对其无证无照经营的举报，于是按照《食品安全法》责令阿大停止经营。阿大葱油饼店的停业在社会上引起了强烈反响，有的群众开始给黄浦区市场监督管理局等部门贴上"乱作为""欺压弱势群体"的标签，同时社会上舆情大起，大多为对黄浦区市场监督管理局行为的不满和对以阿大为代表的个体从业者的同情。事件发生后，黄浦区市场监督管理局迅速回应，在说明原因的基础上，积极牵线搭桥解决阿大的营业执照和许可证问题，最终通过政府部门、企业、个体经营者的共同参与，为阿大葱油饼寻找到了一个新的经营场所，舆论逐渐平息。

1. 阿大葱油饼的"老上海味道"

　　阿大葱油饼原经营地址为上海市黄浦区茂名南路 159 弄 2 号后门（近南昌路），经营商品只有葱油饼一种，经营者为吴先生（上海人，1957 年生，离异，育有一子），因在家中排行老大，被人称为"阿大"。阿大原为某工厂职工，年轻时因工作事故导致严重脊柱侧弯，后下海经商，做起餐饮生意。

　　葱油饼最早起源于中国北方，是一种以面粉、水、油脂、小葱、盐为主要原料制成的食品，具有香、酥、咸等特点，很适合中国人的饮食口味，是一种老少皆宜的小吃。上海作为一个外来人口较多、文化多样包容的城市，在饮食上自然丰富多彩，而葱油饼以廉价、美味、方便等特点得到推崇，在上海小吃中占有一席之地，部分市民甚至将其作为早餐的主要食品。葱油饼制作过程并不复杂，但需要一定人工，通常做法为用温水和面，揉成面团后醒面约 20 分钟，同时用五花肉糜、面粉、色拉油、盐等制作油酥，面醒好后擀成长条状的面皮，在面皮上均匀抹上制成的油酥，撒上葱花，再将面皮螺旋

---

① 资料来源：郑晓华.中国公共治理实践案例：城市秩序塑造 [M].上海交通大学出版社，2020：1-9。笔者作了相应的整理和改动。

式卷起形成饼胚，将饼胚在油锅中压平，双面烤制成金黄，最后再移入锅下的炭火旁烤2~3分钟即可出锅，整个制作过程耗时约40分钟。

阿大以售卖葱油饼谋生，每天约销售300个葱油饼，故工作量较大。阿大每天凌晨3点钟便起床准备，下午3点才能休息。阿大在葱油饼制作过程中十分注重使用油脂，在和面机揉好面团后，还要加入植物油手工揉面，使揉出来的面团更有韧性，制作油酥时更是加入大量植物油；用于烤葱油饼的炉子是阿大自制的，从外形上看是用油桶改造，并在油桶上加了一层烘烤用的铁板，方便烤制葱油饼；制作过程中，阿大先在铁板上刷上大量植物油，然后将饼胚放在铁板上，用另一块铁板压成饼状，翻面烤至两面金黄，最后将浸在油中的葱油饼放在炉火旁边烤干多余油分，稍冷却后即可食用。

阿大于20世纪80年代开始制作葱油饼。当时政策鼓励民众下海经商、自谋职业，并置建了临时摊点等方便群众创业，阿大便通过临时摊点做起了葱油饼生意，同时还销售面条、馄饨等食品，甚至经营过大排档。90年代，上海市由于道路改造、城市美化需求，拆除了大量临时摊点，阿大的临时摊点也在拆除之列，为了补偿这些失去经营场所的个体户，同时满足市民的早餐需求，政府为失去经营场所的个体户配置了流动早餐车，并规定了经营时间、路段等，阿大也分配到了一辆流动早餐车用于销售葱油饼。进入21世纪后，随着我国市场经济法律制度的不断完善和上海对市容市貌的不断重视，流动早餐车制度逐渐被取消，阿大无力租赁固定经营场所，只好在自家后门制作销售葱油饼，在走红前，其顾客主要是周边群众，销售价格比较亲民。

2. BBC报道后走红

英国广播公司（BBC）是一家大型广播电视公司，在全球具有很高影响力，2016年2月播出一集名为《上海之味》的纪实类节目，该节目由美食家里克·斯坦主持，主要讲述了他和中国助手在上海寻找中国风味食品的过程。节目中介绍了小笼包、大闸蟹、阿大葱油饼等众多中国传统美食，其中，阿大葱油饼作为第三种食品出镜。节目中，里克·斯坦把葱油饼当作早饭，他认为阿大葱油饼"里面有猪肉，这很美味，让我仿佛回到了儿时"，愿意为阿大葱油饼排队等待，并称赞工作中的阿大"是一个拥有精湛传统技艺的师傅，非常专注、认真"。

其实，阿大葱油饼并不是第一次走上电视，早在2015年，上海广播电视台纪实频道就专门播放了阿大葱油饼的纪录片，该纪录片讲述了阿大制作葱油饼的故事，而阿大本人也在上海娱乐频道"陈辰全明星"节目中接受过专访，其他各地电视台、纸质媒体也有阿大葱油饼的相关报道。BBC节目的播出更让阿大葱油饼声名远播。

有网友将媒体上有关阿大的报道进行整理，制作了专门的微信图文消息，重点突出了BBC节目中称赞阿大葱油饼的片段，以及阿大的经历和身残志坚的精神，这一图文消息通过微信社交平台传播，让很多人受到感动和鼓舞，由于转载次数多，一时间微信朋友圈满是阿大葱油饼的分享链接，这让阿大葱油饼成了街头巷尾讨论的话题，阿大葱油饼仿佛成了国际标准的美食，成了上海传统美食的象征和代表。

这次走红后，虽然阿大葱油饼的价格由3元/个上涨到了5元/个，但弄堂里依然门庭若市、人满为患，顾客不再限于周边群众，而是扩展到了整个上海，有人甚至从外地专程赶来购买阿大葱油饼。

3. 无证无照被责令停止经营

2016 年以来,黄浦区市场监管局通过 12331 热线接到多起投诉,反映茂名南路 159 弄 2 号居民屋内有人无证无照制售葱油饼,卫生状况差,存在食品安全隐患,要求监管部门依法查处。接到投诉后,属地瑞金二路市场监管所执法人员依法开展调查,要求"茂名南路 159 弄 2 号葱油饼店"的经营者阿大关门停业,阿大也做出书面承诺,表示不再从事无证无照经营,且在 2016 年 7 月 21 日停业,对外称因夏季炎热而歇业。

然而,2016 年 9 月 22 日,"阿大葱油饼"又悄悄开张。"好景"不长,9 月 26 日上午,群众反映阿大葱油饼店重新开门营业,于是瑞金二路市场监管所执法人员再次约谈阿大,要求其停止无证无照经营行为。9 月 27 日,阿大葱油饼店再次被市场监管部门叫停,阿大在店门口贴上了"因家中有事,暂停营业两天"的告示,两天过后,阿大也没有开门经营。

对于阿大葱油饼店无证无照经营的情况,其实监管部门早已掌握,但考虑到阿大的身体残疾等原因,一直采取比较弹性化的监管举措,一般是多次约谈、责令限期整改或停业。2016 年夏季阿大歇业两个月,也并非因为暑期炎热,而恰恰是监管部门考虑到夏季食品安全风险较高,为防范风险而责令停止经营。不过,最终结果和过去多次的责令整改一样,阿大都是停业一阵子,然后又擅自开张了。2016 年 9 月 26 日,监管部门对阿大的约谈比较严厉,再次责令其立即停止经营。但是,如果相关报道中阿大"自 2003 年开始在茂名南路 159 弄 2 号后门经营"的时间准确,那么这意味着阿大葱油饼无证无照经营可能已长达十几年,且监管部门除了责令停止经营外,未进行任何行政处罚。

4. 网络舆论大起

9 月 27 日阿大葱油饼店被责令停业后,好事者将阿大门口张贴的停业告示晒到网上,并说阿大葱油饼店是被责令停业的,这引起舆论一片哗然,大量网民指责黄浦区市场监督管理局"乱作为",认为执法部门只会欺负弱势群体,为阿大打抱不平,一时间舆论对政府相关部门相当不利。当日,黄浦区市场监督管理局迅速做出反应,发布《关于"阿大葱油饼"的相关情况通报》,说明阿大无证经营食品的情况,并表示"将会同有关职能部门积极引导、支持该经营者合法、合规经营"。舆情得到一定疏导,部分群众开始理性看待此事,减少了对黄浦区市场监督管理局责令阿大葱油饼店停业的质疑,网友众说纷纭,形成了两种截然不同、针锋相对的观点:

一派观点认为阿大葱油饼属于"黑暗料理",无证经营,利用民宅从事经营活动,油烟污染等问题一直困扰着周围群众,早就应该依法取缔。阿大葱油饼店因为无证无照,再加上周围居民投诉,此前黄浦区市场监管局执法人员曾多次来现场对阿大葱油饼店进行过执法,也下发过整改通知书,但是阿大凭借其在民众中享有一定的美誉度,且因为身体残疾容易获得公众同情,屡屡重新开业,置政府监管部门于不顾,理应取缔。

另一派观点认为阿大现象并不是个案,其中很多东西值得政府部门深思。有人认为凭着葱油饼生意,阿大不但供儿子读完了大学,还在上海买下了三套老洋房,以上海的房价,光这三套老洋房就让阿大有了千万元资产。还有人认为阿大饼摊最早开在南昌路上的菜市场里面，那时有证有照，后来菜市场拆除，他才在南昌路上摆点心车卖葱油饼；2000 年，他又搬到南昌路茂名南路口的上街沿摆摊，后因占了上街沿，饼摊最后搬到了茂名南路 159 弄，在他家楼下的天井破墙开店，这样的场所肯定办不出证照，为何要强人所难，把别人的生路堵死呢？还有网友帮阿大算了一笔账：首先要在附近找一家能办证照的门面作为经营场所，一个月租金少说得两三万，每天葱油饼限量 300 个，每个 5 元，每周星期三休息。支付了钟点工的工资之后，1 天毛利就 500 元，1 个月的盈利连门面的房租都不够支付。不得不承认，这样的测算不禁让人觉得有点尴尬。

除了以上两种旗帜鲜明、针锋相对的观点外，还有不少人由阿大葱油饼联想到了工匠精神。阿大从 1982 年开始制作葱油饼，而且一做就是 30 多年，不知 60 多岁的老汉还能再做多少年。阿大曾经收过徒弟，徒弟后来在上海开了小吃店，做葱油饼的同时也卖其他小吃，但味道上仍与阿大葱油饼有很大区别。阿大也一直在寻找继承人，但现在要找一个合适的继承人难度实在太大，儿子没有子承父业，其他的人不是吃不了这个苦，就是想学个两年自己出去做，学得不踏实。此前，也有企业想要收购"阿大葱油饼"这个品牌，或是把葱油饼做成真空包装出售，但阿大都拒绝了，因为几十年的味道不能变，慢工出细活的品质不能变，老上海的味道也不能变。阿大葱油饼制作工序多，少了任意一道工序，味道就两样了。阿大 30 多年来坚持这样的手法工序，更强调葱油饼要现做现吃，这股子老上海的味道才不会变味。

5. 多主体参与妥善处理事件

困扰阿大的最大问题，其实是经营场所的问题。阿大的经营场所并不符合法律法规对于食品安全的要求，如果不能满足相关要求，按照规定阿大是无法继续经营下去的。

事实上，自从阿大葱油饼出名之后，许多企业都想要投资加盟，开高薪邀请阿大入伙的也大有人在，但都被阿大一一拒绝，阿大表示他并不想离开这个他经营了十几年的地方。阿大不想离开的原因归结起来有以下几点：

一是年纪大，身体不好。阿大本身是四级残疾，又有严重的静脉曲张和脊柱弯曲，不愿意走远路去店里，身体上吃不消。二是没有扩大经营的野心。阿大本没有想过把自己的生意做大、做强和做红，阿大葱油饼能红到现在这种程度，BBC 所做的节目占有很大的因素，即便是一夜爆红以后，阿大也没有扩大经营的打算。三是恋"土"情结浓重。阿大在家做葱油饼已经十余年，对于一个"老人"来说，"安土重迁"意识强烈，对这个经营了十几年的地方也颇有感情，不愿离开。四是自身经济实力不足。从现实考虑，阿大缺乏另起炉灶的经济基础，阿大表示，即便每月工作 26 天，每天的饼可以如数卖完，所得到的利润也不足以支付符合要求的新店面每月可能多达两三万元的房租。

2016 年 9 月 27 日，阿大葱油饼店正式关门停业。很快，10 月 11 日，"饿了么"网络订餐平台与阿大达成了扶持合作的初步意向，并在上海市黄浦区瑞金二路市场监督所正式向外界公布。

事实上，黄浦区政府、黄浦区宣传部门、黄浦区市场监督管理局、瑞金二路街道、"饿了么"网络订餐平台在促成此次合作中都发挥了重要作用。首先由黄浦区政府召开协调会，协调组织多个部门处理该事件，"饿了么"网络订餐平台 CEO 张旭豪在了解到阿大的情况后主动联系黄浦区市场监管局，希望能和阿大取得联系。10 月 9 日，黄浦区市场监管局工作人员专门前往阿大住处，向其说明了"饿了么"提出合作的情况，在征得阿大的同意后，"饿了么"也派出工作人员与阿大接触，直接协商帮扶内容，最终，阿大和"饿了么"双方达成一致。10 月 11 日，由黄浦区市场监管局牵线搭桥并提供场所，召开了"'饿了么'网络订餐平台扶持'阿大葱油饼'项目新闻媒体通气会"。在通气会上，阿大见到了"饿了么"网络订餐平台 CEO 张旭豪，双方签订了合作协议，由"饿了么"帮阿大在原址附近重新找一家店面并负担租金，阿大每个月只需要交 3000 元的水电煤费用，收入也都归自己。黄浦区市场监管局也表示可以尽力帮忙解决各类证照，"饿了么"的工作人员甚至带阿大去看过店面，并按照其提出的要求整理了店面的设计图纸并予以装修。

2016 年 10 月 28 日，阿大葱油饼店在永嘉路重新开业，葱油饼仍由阿大制作，整洁的经营环境让人耳目一新。新店门口依然排起了长龙，地方媒体争相报道阿大葱油饼店重新开业的盛况，阿大葱油饼店重新呈现门庭若市的经营状态，舆论普遍认为此次事件处理得当，效果令人满意。

6. 事件后续影响

2016 年 11 月 21 日，李克强总理在深化"放管服"改革座谈会上特别谈到了阿大葱油饼："前段时间，有家馄饨铺和一家葱油饼店影响很大，这两家小食店可能确实存在证照等问题，但我们基层政府部门也应更多从百姓角度考虑一下，尽量寻求更多人的'共赢'。"李克强总理强调"监管也不一定是冷漠的，要多带一点对老百姓的感情"。李克强总理以阿大葱油饼事件为例，重点强调了"简政放权、放管结合、优化服务"的重要性，点明了当前解决政府治理难题的要害。

在总理的"密切关注"和网络媒体的持续跟踪报道下，阿大葱油饼店在小吃林立的上海永嘉路上火爆异常。据报道，阿大每天只做 300 个葱油饼，卖完即止，经常出现食客排队三四个小时只为购买一个葱油饼的盛况。对此，阿大很知足，多次表示"政府也是人性化的""让我这样一个残疾人从心中感到温暖"。

"阿大葱油饼"事件后，上海市政府在食品安全监管领域继续行动：2017 年 1 月 20 日，《上海市食品安全条例》（简称《条例》）在经市人大常委会三次审议、三次听取市人大代表意见后，经市十四届人大五次会议表决通过。《条例》完善了食品安全监管体制和相关的政府职责，着力消除食品安全监管缝隙；设置了严格的市场准入门槛，强化源头治理，通过严格的市场准入，防止不合格食品流入市场；落实生产经营各环节企业主体责任，针对本市食品安全重点领域、重点环节，进一步完善相关监管措施；增设"食用农产品"一节，加强食用农产品监管；根据国家相关规定，总结上海有关网络餐饮服务管理的实践经验，探索对网络食品经营的监管；从保障食品安全和满足市民日常饮食需求相结合出发，着力加强对无证食品生产经营活动的综合治理；根据食品安全的实际，扩大监管覆盖面，强化对重点食品和相关业态的监管；延续和固化本市食品安全风险监测和风险评估体系建设，加强食品安全风险监测、事故处置和社会监督；着力解决食品安全违法成本低、执法成本高的问题，警示食品生产经营者严守食品安全法律底线，严厉打击食品安全违法行为。

此外，为加强对小型餐饮服务提供者的监督管理，同时创设小型餐饮服务临时备案制度，重点加强事中事后监督管理。2017年2月9日，上海市食药监局发布《上海市小型餐饮服务提供者临时备案监督管理办法（试行）（征求意见稿）》，征求社会公众意见，其中特别指出，"对未取得食品经营许可，但经营食品符合食品安全卫生要求、不影响周边居民正常生活的小型餐饮服务提供者，上海将实施临时备案制度，并加强事中事后监督管理"。上海市食药监局负责人表示，创设小型餐饮服务临时备案制度，是对国务院、上海市政府关于证照分离改革试点工作要求的落实，但对临时备案的小型餐饮服务提供者绝非没有要求，日后将有更健全的制度、更完善的法规约束并保护类似阿大这样的食品从业者。

思考题

1. 城市烟火气与城市秩序间的张力体现在哪些方面？

2. 城市市容治理面临的挑战有哪些？

3. 怎样看待城市市容治理中的政府、企业和社会责任？

4. 当前城市市容多主体协同治理的主要模式有哪些？其利弊的主要表现是什么？

5. 请对城市市容治理中放、管、服的系统性运行进行讨论。

第6章
公共危机管理理论及案例分析

公共危机是指那些突然发生的、攸关公共利益的、对于组织的生存与发展具有重大影响的、亟需管理者快速应对的事件。在我们今天所生活的世界里，各类公共危机时有发生，给社会公众的生命、健康与财产安全造成了严重的损害，挑战着社会系统的核心价值与运行能力，也考验着各国政府的执政能力。面对日益增多的危机事件，如何在"危难"和"危险"中寻找"生机"和"转机"是危机管理所要解决的问题。①

6.1 公共危机管理的理论基础

危机管理的相关研究经历了从自然灾害领域到政治领域，再向经济、社会领域扩展的过程。随着这一扩展，危机管理逐渐成为一门科学，形成了企业危机管理和公共危机管理两个既独立发展又相互整合的学科分支。本节主要介绍公共危机及公共危机管理的含义、国内外的公共危机管理理论，为后续案例分析奠定理论基础。

6.1.1 公共危机与公共危机管理

1. 危机

对于危机，各学科的定义不尽相同：企业管理学认为，危机是一种决策形势，在此形势下，企业的利益受到威胁，任何拖延均可能失控，从而导致巨大损失；组织行为学认为，危机是组织明显难以维持现状的一种状态。一般认为，危机是决策者的核心价值观受到严重威胁或挑战，有关信息很不充分，事态发展具有高度不确定性和需要迅速决策等不利情景的汇聚。它是对组织系统的总体目标和利益构成威胁而导致的一种紧张状态。

目前我国学界大多借用国外学者的定义，其中普遍倾向于采用美国著名学者罗森塔尔的观点，即危机是指对一个社会系统的基本价值和行为准则构架产生严重威胁，并在

---

① 本章内容参见米红，冯广刚.公共危机管理：理论、方法及案例分析 [M].北京：北京大学出版社，2018：5-7，12-18，21-27，29-31，42-45，70-82，48-65.

时间压力和不确定性极高的情况下必须对其作出关键决策的事件。另外，国内关于危机有不少称呼，如"突发性危机""突发事件""紧急事件"等。

危机事件的发生过程可分成三个阶段：危机前阶段、危机阶段与危机后处理阶段，各个过程之间体现了危机发展的一个循环周期。对危机管理过程的各个阶段应当采取什么策略和措施，有哪些需要注意的问题，如何尽可能地将危机事件的发生控制在某一个特定的阶段，使它不向性质更为严重的下一阶段演变，防止危机扩大，减少损失，这是危机管理需要解决的问题。

在危机管理的各个阶段中，危机发生前的管理最为重要。具体来说，要做到公共危机的预防、预警、预控，以防止危机的发生或者减轻危机发生的后果。在某种程度上，危机状态的预防以及危机升级的预防比单纯的某一特定危机事件的解决显得更加重要，因为，如果能够在危机发生之前就及时把产生危机的根源消除，则均衡的社会秩序得以有效保障，我们也可以节约大量的人力、物力和财力。

2. 公共危机与突发事件

公共危机是指由于突发事件引起严重威胁与危害社会公共利益和公共安全，并引发社会混乱和公众恐慌，需要运用公共权力、公共政策和公共资源紧急应对和处理的危险境况和非常事态。对社会而言，公共危机有很大的危害性和广泛的影响。公共危机损害的客体包括公共财产、公共安全、公共秩序和公共福祉。

1）公共危机的特点

公共危机具有破坏性、突发性、紧迫性和公众性四个特点。其中，破坏性是指对组织或社会的生存和发展构成威胁；突发性是指公共危机的不确定性，危机的发生出乎决策者意料之外；紧迫性是指应对和处理公共危机的行为具有很强的时间限制；公众性是指公共危机的发生会影响公众的利益，公众舆论会高度关注。

2）突发事件

在中国，政府经常使用"突发事件"这个词。根据《中华人民共和国突发事件应对法》，突发事件是指突然发生，造成或者可能造成严重社会危害，需要采取应急处置措施予以应对的自然灾害、事故灾难、公共卫生事件和社会安全事件。对公共危机与突发事件的认识，需要注意以下几个方面：

（1）突发事件的基本特征就是突发性，但是从发生的角度来看，公共危机却不一定有突发性，其发生、演进、发展可能是一个渐变的过程。

（2）危机是一个不断演变的持续性过程，而不是一个事件。

（3）对"危机"的判定有着很强的主观因素，而突发事件则是有目共睹的事实。

（4）我国的"突发事件"概念涵盖范围较广，分为自然灾害、事故灾难、公共卫生事件、社会安全事件四类，既包括"紧急事件"，也包括"灾害"。在《中华人民共和国突发事件应对法》中，对自然灾害、事故灾难、公共卫生事件进行分级，这与因具有系统性而无法进行分级的公共危机有所不同。一些突发事件虽然规模较小，但可能会对整个系统产生巨大的扰动，甚至导致系统崩溃。因此，我们对突发事件应予以充分重视，将突发事件作为危机演变过程中的重要节点。

3）突发公共事件的类型

一般来说，突发公共事件可以分为以下几种类型：

（1）按照成因，分为自然性突发公共事件、社会性突发公共事件。

（2）按照危害性，分为轻度、中度、重度危害突发公共事件。

（3）按照可预测性，分为可预测的、不可预测的突发公共事件。

（4）按照可防可控性，分为可防可控的、不可防不可控的突发公共事件。

（5）按照影响范围，分为地方性、区域性或国家性、世界性或国际性、地方性突发公共事件。

公共危机按照不同的标准还可以划分为许多种类。我国《突发事件应对法》将突发公共事件按其发生过程、性质和机理分为四大类：

（1）自然灾害类，主要包括水旱灾害、气象灾害、地震灾害、地质灾害、海洋灾害、生物灾害和森林草原火灾等。

（2）事故灾难类，主要包括工矿商贸企业事故、交通运输事故、公共设施和设备事故、核与辐射事故、环境污染事故和生态破坏事故等。

（3）公共卫生事件类，主要包括传染病疫情、群体性不明原因疾病、食品安全、职业危害、动物疫情以及其他严重影响公众健康和生命安全的事件。

（4）社会安全事件类，主要包括恐怖袭击事件、民族宗教事件、经济安全事件、涉外事件、群体性事件以及其他刑事案件等。

对于危机不同类型划分的意义在于了解危机事件的复杂性，其解决的手段和途径也呈现出多样性特点。在现代社会，各种公共危机有时互为因果、相互叠加、渗透扩展，形成了一个错综复杂的网络结构，单一性公共危机常常演变成复合性危机，大大增加了其解决的难度。

4）突发公共事件的等级

各类突发公共事件按照其性质、严重程度、可控性和影响范围等因素一般分为四级：Ⅰ级（特别重大）、Ⅱ级（重大）、Ⅲ级（较大）和Ⅳ级（一般）。对突发公共事件进行分级，目的是落实应急管理的责任和提高应急处置的效能。Ⅰ级（特别重大）突发公共事件由国务院负责组织处置，如 2008 年汶川地震、2008 年南方冰雪灾害；Ⅱ级（重大）突发公共事件由省级政府负责组织处置；Ⅲ级（较大）突发公共事件由市级政府负责组织处置；Ⅳ级（一般）突发公共事件由县级政府负责组织处置。

3. 公共危机管理

就目前我国的实际情况来看，突发事件的应对过程就是应急管理过程，其本质就是公共危机管理。从目前突发事件应对的角度看，应急一般是指针对具有突发性、破坏性的事件所采取预防、响应和恢复的活动与计划。应急管理主要是指突发事件的事前风险管理、事中紧急处置和事后恢复重建全过程应对，以及涵盖各个方面的综合性管理。在目前，我国政府及其职能部门基本上采用"应急管理"这一提法取代"公共危机管理"，如各级政府设立"应急委""应急办""应急指挥中心"等部门。采用"应急管理"的提法很可能还由于传统政治文化的惯性使然和突发事件的含义比公共危机更为明晰和确定的缘故。因为突发事件引发的状态基本上就是公共危机，突发事件应对与公共危机管理在本质上是同一个含义的不同说法，在本书中基本上把二者等同使用。

1）公共危机管理的内涵

公共危机管理通常指发生危机时，政府所采取的有助于公民和环境的一系列措施。有学者指出，所谓公共危机管理，是指以政府为核心的公共组织在现代风险和危机意识以及危机管理理念的指导下，依法治定公共危机管理法规和应急方案，与社会其他组织和公众协调互动、充分合作，对可能发生的公共危机事件实施有效预测、预警、预报、监控和防范，并通过整合社会资源对已经发生的公共危机事件进行应急处置，化解危机和进行危机善后或经济社会运行与秩序重建工作的全过程。也有学者认为，公共危机管理是指政府和其他社会公共组织等危机管理主体，以公共危机为目标，通过监测、预警、预控来防止公共危机发生，或者通过控制、应急处置、评估、恢复补偿等措施减少危机损失，避免危机扩大和升级，使社会恢复正常秩序的一整套管理体系与运作过程。公共危机管理以保持社会秩序、保障社会安全、维护社会稳定、提供公共产品为目标。

国际上习惯地将公共危机管理称为"紧急事件管理""紧急事件的风险管理"或"灾难风险管理"，其内涵偏重于紧急事件或灾害，兼有自然灾难和人为破坏的双重因素。在各国的实践中，公共危机管理通常包括五项职能：提升国家危机管理的能力、降低生命和财产的损失、将痛苦和破坏降到最低点、筹备恐怖活动后的危机处理、成立国家门户网站提供信息服务。

公共危机管理是公共管理的一种形式。对于公共危机对社会生活等方面造成的危害，政府必须肩负起处理危机所带来的公共危害和社会失序的职能，努力化解危机产生的负面影响。在危机发生之后，评价一个国家或政府能力的一个重要标准，就在于其能否迅速地恢复正常的社会秩序，也就是政府在危机情况下管理社会的能力如何。

2）公共危机管理的阶段

一般公共危机的发展可分为四个阶段：

（1）危机的前兆阶段，在此阶段，危机管理要致力于从根本上防止危机的形成和爆发，及早将其制止于萌芽状态。

（2）危机的紧急阶段，在此阶段，为有效遏制危机扩散，避免危机造成的危害和负面影响，危机反应的对策就是快速行动、快速处置，突出反应快、到位快、处置快。

（3）危机的相持阶段，在此阶段，危机事件已经得到初步控制，事态得到基本缓和，但尚未彻底解决，需要组织力量开展恢复重建，防止危机升级，同时要对受害者进行生活上和心理上的救援，逐步恢复正常的生产生活秩序，直至危机事件消失。

（4）危机的解决阶段，在此阶段，危机事件得到全面解决，危害消除，社会管理转向常态，需要开展危机发生原因调查，评估危机管理绩效，并在调查评估、总结经验教训的基础上，完善危机管理制度，弥补危机暴露出的管理漏洞和工作失误。

6.1.2　国外较成熟的危机管理理论

公共危机管理是一门交叉学科，既可以从自然科学，如灾害学等中找到依据，也可以从政治学、社会学、心理学等学科中找到根源。关于公共危机管理的基本理论，既有关于公共危机的成因与分类等理论，也有与公共危机管理密切相关的风险社会、社会冲突等理论，还有目前我国走向现代化的社会转型期社会过渡理论等。本节主要从公共危机的成因理论与公共危机管理基本理论两个方面来进行介绍。

1. 公共危机的成因理论

公共危机的成因理论众多，这里主要介绍经济全球化理论、社会冲突理论、灾害成因理论、转型期社会过渡理论。

1）经济全球化理论

经济全球化理论认为，全球化首先是经济的全球化，生产要素在全球流动，世界各国经济相互依赖、相互联合。全球化在促进经济发展的同时也将引发更激烈的资源与市场竞争，挑战国家主权，产生两极分化，导致出现矛盾与危机，进而形成社会性突发事件。经济全球化具有两重性：一方面可以促进世界经济总体的发展，使发展中国家抓住机遇，缩小同发达国家的差距；另一方面，在不合理、不公正的国际经济旧秩序下，很难使世界各国走向共同富裕之路，只能使两极分化格局越发加剧。另外，经济全球化、跨国公司的一体化打破了国家地理疆域的界限，打破了民族国家对国家主权的垄断，使国家主权的弱化和转移不可避免。

2）社会冲突理论

社会冲突理论认为，个人、集团、国家利益的冲突与协调推动着社会进程，稳定与变动是社会存在的两种基本形态。冲突会引发动荡、变迁，导致矛盾与危机。西方社会学家认为，社会冲突形成于不平等的社会系统，该系统中的下层人员越怀疑现存资源分配方式的合法性，就越有可能起来斗争。因此，在现存不平等系统中取消合法性是发生冲突的首要前提。社会系统往往会为人们提供排泄敌对情绪和进攻性情绪的制度，即安全阀制度，它是通过转移目标、发泄情绪、缓和矛盾的一种手段。否则，僵化的社会结构是潜伏危机的社会结构。

3）灾害成因理论

从宏观上，一般认为，灾害发生的根本原因是自然界和人类社会这两大系统内部要素的紊乱失衡与相互作用的不协调，自然界的客观运动与人类社会的相互作用会形成诸多的自然灾害。自然运动包括地震、火山、海啸、飓风等；人类的破坏包括环境、生态平衡的破坏，工业生产的污染等。该理论认为，人的生理极限是重大灾害事故形成的重要原因之一。人的智力、体力、情绪从人出生之日起，将经历高潮期、临界期、低潮期，人为引发灾害的原因多是当事人处于体力、智力、情绪的低潮期或临界期。

4）转型期社会过渡理论

关于转型期社会过渡理论，在一定程度上也可以理解为现代化过程理论、社会转型理论等，它认为，转型期社会结构的变迁会引发一系列社会问题，如社会结构调适不良、价值系统紊乱、人际关系冷漠、心理崩溃和社会犯罪增长等。在走向现代化的过程中，特别是关键时期，由于改革力度加大，社会结构全面分化，社会制度系统存在着一定程度的变迁，利益与权力在不同主体之间重新分配与转移，各类深层次的矛盾与问题暴露出来，形成诸多不稳定因素，这些渐进改革的基本矛盾成为危机爆发的潜在因素或直接原因。在社会转型时期，危机主要表现为：一是危机涉及的领域多样化；二是危机呈现高频次、大规模的特点；三是危机的组织性、暴力性、危害性加强；四是危机波动的方式多样化，震动幅度大；五是随着全球化的扩展，危机的发生具有一定的国际互动性，给危机的应对带来更大的难度。

除上述理论外，危机形成理论还包括风险社会理论、群体心理狂热理论、贫困理论、认知不协调理论等。

2. 公共危机管理基本理论

在危机管理过程与阶段的理论研究中，针对危机事件发展和管理过程的各个环节，出现了许许多多的阶段划分理论，最终被普遍认可并流行的观点是史蒂文·芬克和罗伯特·希斯所提出的危机事件发展和管理过程的四阶段划分理论。他们的理论不但清楚地划分出危机发展和管理阶段，而且对整个危机管理理论的发展起到了主导性的作用。尽管他们的理论最初都是针对企业危机（私人部门危机）所提出的，但由于危机事件和危机管理在企业与公共部门特征上具有高度的一致性，这些观点也同时成为公共危机或公共突发事件应急管理的理论框架。

1）芬克模型

在众多危机管理阶段的划分方法中，管理学家史蒂文·芬克于 1986 年通过划分危机生命周期的方式，提出了企业危机生命周期理论，即芬克模型。这一模型后来逐步适用于公共危机的周期和管理的阶段分析，成为最为权威、影响最为广泛的危机管理理论模型之一。芬克模型将危机管理分为四个阶段。

第一个阶段是危机征兆期，此阶段是危机处理最容易的时期，但危机征兆不易为人所知。

第二个阶段是危机突发期，此阶段的特征是事件的急速发展和严峻态势的出现，这是四个阶段中时间最短但感觉最长的阶段，而且它会对人们的心理造成最严重的冲击。

第三个阶段是危机延续期，此阶段主要是弥补危机突发期所造成的损害，这是四个阶段中时间较长的一个阶段，但是如果危机管理得力，将会大幅缩短这一阶段的持续时间。

第四个阶段是危机痊愈期，此阶段政府或组织从危机影响中完全解脱出来，但是仍要保持高度警惕，因为危机仍可能死灰复燃。

2）罗伯特·希斯的 4R 模型

该模型由罗伯特·希斯在其《危机管理》一书中提出。危机管理 4R 模型理论认为，危机管理由降低（reduction）、准备（readiness）、反应（response）、恢复（recovery）四个阶段组成。

第一个阶段，降低阶段。降低危机或突发事件的威胁是危机管理的核心内容。从环境、结构、系统和人员等多个方面实施风险评估，充分认识并设法降低风险、科学安排资源，可以大大降低危机的发生概率及冲击力。降低风险应贯穿整个危机管理过程。

第二个阶段，准备阶段。准备主要体现为有效地监测、预警。监测和预警系统在危机管理中是一个整体，它们监视一个特定的环境，从而对每个细节的不良变化都会有所反应，并发出预警信号。在准备阶段中，运用降低管理阶段的风险评估法可以确定监测和预警系统是否仍然有效，对不完善的地方及时进行完善，对无效的环节及时进行修正。

第三个阶段，反应阶段。反应指在危机或突发事件已经产生时，管理者应该作出什么样的反应以策略性地处置危机。危机反应管理所涵盖的范围极为广泛，以消防、紧急医疗、治安为代表的应急处置力量的工作展开，以及管理部门信息沟通、媒体宣传、相关决策的制定、灾难或危机程度的评价、与利益相关者进行沟通等，都属于危机反应管理的范畴。危机反应管理可以帮助管理者识别危机的根源，找到有利于应对危机的方法。

第四个阶段，恢复阶段。危机或突发事件一旦被控制，那么尽快摆脱危机的阴影，恢复常态，挽回突发事件所造成的损失就成为危机管理的首要任务。恢复有以下两层意思：一是指在危机得到控制后，着手进行的后续工作，包括物质和精神方面的恢复与提升；二是指在危机管理结束后的反思，为今后的危机管理总结教训、提供经验，避免重复犯错误。在恢复阶段，一方面，要面对危机或突发事件的挑战，分析危机或突发事件产生的影响和后果，有针对性地制定恢复工作的实施方案，恢复以往的正常状态；另一方面，也要抓住危机带来的机遇，总结经验教训，使管理水平得到有效的提高。降低管理可以对恢复计划在执行时可能产生的风险进行评估，从而避免新的风险，使恢复工作产生更高的效率。

3）PPRR 模型与 MPRR 模型

在史蒂文·芬克和罗伯特·希斯理论观点的基础上，出现了许多危机管理阶段划分的理论观点。PPRR 理论是危机管理应用比较广泛的理论之一，即危机管理过程包括预防（prevention）、应对准备（preparation）、反应（response）和恢复（recovery）四个阶段。这一模型也被认为是危机管理的通用模式。美国联邦安全管理委员会后来对危机管理的四个阶段进行了修订并形成了危机缓和（mitigation）、应对准备（preparation）、危机回应（response）和危机恢复（recovery）的 MPRR 四个阶段。

第一，危机缓和阶段。危机缓和意味着在某一危机事件发生之前采取多种措施以防止危机的爆发，或者消减危机爆发时对自然、社会及公民个人的有害影响。简而言之，危机缓和意味着在危机发生之前遏止或遏制危机。在任意一个相对独立的危机管理链中，危机缓和都处于整个危机管理时间序列的首位，是整个危机管理过程的开端，是应对准备、危机回应与危机恢复的基础。危机缓和是一种前瞻性的新型危机管理行动，它包含着危机预防的环节，意味着公共危机管理主体在公共危机形成或爆发之前就已经采取相关行动与措施，而并非在危机产生之后才实施应对举措；它是建立在某种合理预期基础之上的前瞻性的主动行为，而不是被动的、反应性的行动。

第二，应对准备阶段。应对准备是指公共危机管理者为了应对可能发生的危机事件所做的各种准备工作，以便当危机出现的时候有效地应对危机。在这个阶段，危机已经进入前兆阶段，但如果公共管理者能够及时处理的话，则整个危机局势仍可能转危为安。

第三，危机回应阶段。危机回应是指对于已经发生的公共危机事件，危机管理者根据事先制定的应急预案，采取应急行动，控制或者消灭正在发生的危机事件，减轻灾害危害，保护人民的生命和财产安全。危机回应阶段是公共危机管理的核心，对于无法防止的危机事件，危机管理者必须采取应急行动，才能保护人民的生命和财产安全。但是危机回应阶段又是整个公共危机管理过程中最困难、最复杂的阶段，公共危机管理者必须进行多方面的处理，才可能尽量将危机损害降到最低。

第四，危机恢复阶段。危机回应阶段的结束，并不意味着危机管理的结束，而是进入了一个新的阶段——危机恢复阶段。所谓危机的恢复，是指通过各种措施，恢复和重建正常的社会运作和秩序。此阶段是公共危机管理不可分割的组成部分，在整个危机管理过程中有着重要的作用。因为虽然经过前三个阶段的共同努力，危机势态完全被控制，危机事件最终被解决，但是，危机事件导致组织或社会出现一种高度不稳定的紧张、失衡的状态，这种状态可能会持续一段较长的时间，如果处理不当，危机恢复期可能成为新危机的发生期。因此，危机管理者在危机事件与危机状况结束之后必须立足于现实的危机问题，明确大规模的危机事件发生之后危机管理工作的目标取向和政策导向。

4）伊安·米特罗夫的五阶段理论模型

伊安·米特罗夫提出了危机管理五阶段的理论模型。按照米特罗夫的观点，危机管理由以下五个阶段构成：

第一，信号侦测阶段，即通过相关情况监测不断识别可能导致危机的异常情况并发出预警信号。

第二，探测预防阶段，即出动相关人员搜寻已经认知的可能的危机因素并尽力减少其所可能导致的公共危害。

第三，危机控制阶段，即危机或突发事件发生后，出动人员有步骤地运作，控制危机或突发事件的范围或程度，努力使其产生的负面影响不再扩大。

第四，恢复阶段，即动员各方力量尽快使遭受破坏的各个方面恢复正常。

第五，学习阶段，即危机或突发事件过后，进行系统、全面的回顾和反思，总结经验和教训，为今后再次处置此类危机或突发事件做好准备。

很显然，在这个五阶段模型中，前四个阶段与芬克模型和4R模型实质上是相同的。

5）诺曼·奥古斯丁的六阶段理论模型

诺曼·奥古斯丁提出了危机管理六阶段的理论模型。按照奥古斯丁的观点，危机管理由以下六个阶段构成：

第一，危机避免，即首先列举危机发生的各种可能性，加强保密措施。

第二，应对准备，即制订细致的应急计划或预案并进行多种演练，为实战建立基础。

第三，危机确认，即通过各种有效手段确定是否真正发生了危机，预测或演练所面对的各种可能性是否真正转变为现实，用以排除假象，有效应对真正发生的危机。

第四，危机控制，即危机或突发事件发生后，出动人员有步骤地运作以控制危机或突发事件的范围或程度，努力使其产生的负面影响不再扩大。

第五，危机解决，即面对已经发生的危机或突发事件，出动人员，按照应急预案和行动计划有步骤地进行危机处置，以尽快恢复常态。

第六，危机中获利，即危机过后，总结经验和教训，将危机或突发事件所形成的挑战转变为提高能力的发展机遇。

6）卡波尼格罗的政府应急管理综合模型

美国著名公共关系和危机管理学家卡波尼格罗提出了政府应急管理的综合模型，这一综合模型包括五个方面的工作：

第一，防范危机的发生。政府提供一定范围的人力、物力、财力的保障，对有可能发生的危机随时监控。

第二，制订危机计划。确定政府在有效危机管理方面将要采取的步骤，并为每一个步骤确定具体人员的责任。

第三，对危机进行研究。搜集有关危机认知的信息，探求危机发生的根源。

第四，危机应对期间和危机结束之后进行沟通。沟通的对象既包括政府组织内的成员，也包括政府组织外的成员，通过及时有效的沟通，不仅可以提醒大家提高防范意识，减少危机，还可以降低组织内外心理恐惧程度。

第五，对违纪处理过程进行监控、评价并作出调整。

通过以上比较分析，我们可以得知，尽管不同观点表述不同，但是政府危机（应急）管理阶段的界定主要以危机发生发展的过程为框架，按照事前、事中、事后这一事态发展的正常逻辑顺序的各个阶段划分来进行界定。危机管理阶段界定的实质就是把政府危机管理行为渗透到危机事件的生命周期中。

6.1.3　国内的公共危机管理理论

我国真正的现代危机管理理论研究是在美国"9·11"事件，特别是 2003 年国内的"非典"之后，伴随着我国政府危机管理建设进程的加快而得以发展起来的。这一时期，我国学者关于政府危机管理的研讨大致有以下几种观点：

1. 制度论

制度论者认为，机制不全、制度缺陷是影响政府危机管理能力的主要因素。所以，完善危机管理，应该借助制度经济学、组织管理学等学科理论，着眼于制度改良。制度论在具体的政府危机管理研究中，又有以下两种不同的研究视角：

（1）制度建设的角度。中山大学的王乐夫教授认为，有效的政府危机管理机制应该包括以下几个方面的内容：建立有效的预警机制；建立有效的内部协调机制；建立有效的政府间合作机制和国家间合作机制；发展专业化的组织能力，有效地处理各种危机事件；建立某种社会支持系统。南京大学的李泽洲教授认为，政府有必要建立危机管理的四个目标体系：制度建设、政策供给、信息交流、伦理倡导。

（2）法律的角度。山东大学的肖金明教授认为，"非典"危机对政府能力、法律制度和公共道德直接提出了挑战。为了成功应对危机，他提出了三大主张：政府能力再造、紧急状态的法治安排、公共道德的重建。

毫无疑问，制度论的主张是从纯理性主义出发，强调制度是政府管理的根本保证，在危机管理中，制度建设更是处于核心地位。制度论给我们的启示在于：第一，在政府危机管理中，制度的建构和扩张是一种治本之道，只有从制度入手，才能纲举目张；第二，政府危机管理有赖于政府、社会公众、其他社会组织等各方的合力，要求政府制度的完善、公众道德的重构、社会其他公共资源的有序结合；第三，在危机管理中，法律和道德都不可忽视，皆是制度安排中不可或缺的内容。

2. 公共关系论

公共关系论认为，在政府危机管理中，应当注重科学地运用公共关系学的原理、方法去应对危机。首先，满足民众的知情权，从而获得民众支持；其次，政府有策略地运用公共关系艺术，协调好危机管理的外部环境，形成基于目标中心的合力，达到减少政府交易成本的目的。在具体的政府危机管理中，公共关系学与危机管理关系非常密切，它的许多原则、方式、方法和策略被广泛应用。这主要是由政府危机管理非常态管理的特质所决定的。

公共关系论在政府危机管理中非常重视非制度化的管理艺术，它与制度论者持相反意见，认为过分强调制度、机制的作用会忽视政府危机管理实践的艺术性。公共关系论者强调，危机管理的实践意义不容抹杀。

3. 经验论

经验论从感性主义出发，强调重视经验的作用，通过对国内外危机管理案例进行全面的精选和分析，帮助政府组织正确地处理危机事件。经验论对于我国政府危机管理具有重要意义。它可以启发我们借鉴外国政府（地区）危机管理的经验和教训，促使我们从两个层面上审视我国的危机管理体系。从理论层面上讲，我国应当重视对危机事件的研究，要求研究人员认真搜集、比较国内外政府危机管理方面的经验和教训，与我国国情相结合，突破传统管理模式，形成一套自己的危机管理理论和模式，用以指导今后的实践。从管理层面上讲，外国政府在危机管理上给我们的启示在于危机管理决策的时效性、科学性和艺术性。

4. 全面整合论

全面整合论认为，现代危机事件具有多样性和复杂性，政府对于危机事件的解决已经不能单纯依靠某一项资源、模式和策略。简而言之，政府危机管理能力的大小取决于各种各样的因素及其相互作用。中国人民大学的张成福教授指出，所谓全面整合的危机管理体系，是指在高层政治领导者的直接领导和参与下，通过法律、制度、政策的作用，在各种资源支持系统的支持下，通过整合的组织和社会协作，通过全程的危机管理，提升政府的危机管理能力，以有效地预防、回应、化解和消弭各种危机，从而保障公共利益以及人民的生命、财产安全，实现社会的正常运转和可持续发展。具体来讲，全面整合的政府危机管理体系的基本特征和主要构成因素包括以下八个方面：一是政治承诺、政治领导与政治支持；二是全危机的管理；三是发展途径的危机管理；四是全过程的危机管理；五是全面风险的危机管理；六是整合的危机管理；七是建立在充分资源支持基础上的危机管理；八是以绩效为基础的危机管理。

全面整合论的启迪表现在：政府管理追求整合效应，体现了现代政府危机管理的科学性诉求，有利于我国政府管理水平的提高；强调政府危机管理要有绩效，面对危机事件的威胁，政府代表人民配置公共资源、应对危机，应该以人民的利益为重，通过整合的方式追求管理的绩效。

5.危机管理的六阶段三重点论

余潇枫提出了危机的六阶段三重点论，将危机分为危机事前、危机事发、危机事中、危机事末、危机事终和危机事后六个阶段，指出三个关键决策点，即危机事发阶段的触发点、危机事中阶段的临界点和危机事末阶段的转折点（见图 6-1）。这一划分使得危机生命周期理论趋于实用化和工具化。

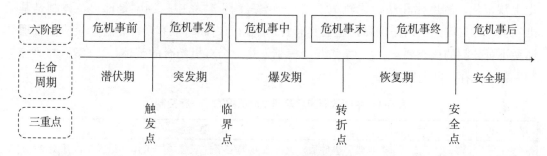

图 6-1　公共危机管理过程图示

第一阶段是危机事前阶段（潜伏期）。这一阶段危机尚未发生，但已经存在了诱发因素。在这一阶段，危机应对须关注的核心是预警和预防。

第二阶段是危机事发阶段（突发期）。通常有一个具体的危机事件发生，即触发点，这一阶段进行危机应对的核心是信息。触发点是指潜在的危机诱发因素，也就是致灾因子。潜在的危机诱发因素可以分为三类：一是潜在的自然诱发因素，如地震、火山、龙卷风等；二是潜在的技术诱发因素，如核泄漏、技术缺陷等；三是潜在的社会诱发因素，既包括人的不安全行为、组织的管理缺陷等，也包括体制性诱发因素，如社会矛盾，劳资关系、地区差距，以及政治、经济、文化、军事冲突等。

第三阶段是危机事中阶段（爆发期）。在这一阶段，一般会有一个超出通常社会秩序和人们心理惯性所能接受的影响点，即临界点。临界点是危机触发后，程度达到社会系统正常运行中断或失序的一种紧急状态。临界点之前是突发期状态，此时还未升级为导致整个系统运行中断与失序的全面危机，此时是危机治理的黄金时机。这一阶段危机应对的核心是时间。

第四阶段是危机的事末阶段（转折点附近，爆发期后半段和恢复期前半段）。通常危机在这个阶段出现一个转折点，转折点就称为"危机治理的关键点"。如果处置得当，则危机很快就会得到化解；如果处置不当，则危机就很可能恶化或升级。这一阶段危机应对的核心是责任。

第五阶段是危机事终阶段（恢复期后半段），即危机逐渐结束。这一阶段危机应对主要在于恢复和责任追究。过了安全点，就意味着本次危机事件的结束。

第六阶段是危机事后阶段（安全期），即危机已经结束，但危机应对还没有结束，还需要针对风险预测、危机爆发、危机应对过程中存在的经验和问题进行学习和反思。

6.2 我国的公共危机管理体系

应急预案及应急管理体制、机制和法治合称"一案三制"，共同构成了我国公共危机应急管理体系的基本框架。应急管理的"一案三制"体系是具有中国特色的应急管理体系（表6-1）。"一案"为国家突发公共事件应急预案体系，"三制"为应急管理体制、运行机制和法治。其中，应急管理体制主要指建立健全集中统一、坚强有力、政令畅通的指挥机构；运行机制主要指建立健全监测预警机制、应急信息报告机制、应急决策和协调机制；而法治建设方面，主要通过依法行政，努力使突发公共事件的应急处置逐步走上规范化、制度化和法治化轨道。在"一案三制"体系中，预案是前提、体制是基础、机制是关键、法治是保障，它们具有各自不同的内涵特征和功能定位，是应急管理体系不可分割的核心要素。"一案"与"三制"是一个有机结合的整体，"一案"与"三制"相互依存，共同发展。

表 6-1　中国政府应急管理发展历程的"一案三制"

年　份	过　程	重　要　性
2003	全面布置	"非典"事件后，突发公共卫生事件应急预案工作小组成立，开始全面布置政府应急预案编制工作
2004	预案建设	应急管理的重要基础，是中国应急管理体系建设的首要任务
2005	体制建设	国家建立统一领导、综合协调、分类管理、分级负责、属地管理为主的应急管理体制
2006	机制建设	《国家突发公共事件总体应急预案》颁布，规定了突发事件全过程中各种制度化、程序化的应急管理方法与措施
2007	法治建设	在深入总结群众实践经验的基础上，制定各级各类应急预案，形成应急管理体制机制，并且最终上升为一系列的法律法规和规章，包括制定了第一部应对各类突发事件的综合性法律《突发事件应对法》，使突发事件应对工作基本上做到有章可循、有法可依
2012	法治完善	截至2012年4月，国家已制定或修订相关法律法规70余部，制定各级各类应急预案240余万件
2014	专项应急预案	新版《国家突发环境事件应急预案》发布

6.2.1　应急预案体系

应急预案即预先制定的紧急行动方案，具体是指面对突发事件（如自然灾害、重特大事故、环境公害及人为破坏）的应急管理、指挥、救援计划等。具体来说，应急预案是针对具体设备、设施、场所和环境，在安全评价的基础上，为降低事故造成的人身、财产与环境损失，就事故发生后的应急救援机构和人员，应急救援的设备、设施、条件和环境，行动的步骤和纲领，控制事故发展的方法和程序等预先作出的科学而有效的计划和安排。

应急预案要求在辨识和评估潜在的重大危险、事故类型发生的可能性、发生过程、事故后果及影响严重程度的基础上，对应急管理机构与职责、人员、技术、装备、设施（备）、物资、救援行动及其指挥与协调等预先作出具体安排，用以明确事前、事发、事中、事后各个进程中谁来做、怎样做、何时做以及相应的资源和策略等。

我国应急预案体系的顶层设计包括：2005 年制定、2006 年实施的《国家突发公共事件总体应急预案》是全国应急预案体系的总纲，是指导预防和处置各类突发公共事件的规范性文件，明确了各类突发公共事件分级分类和预案框架体系；2007 年通过并施行的《中华人民共和国突发事件应对法》对规范突发公共事件的预防准备、监测与预警、应急处理与救援、事后恢复与重建等公共危机管理总流程予以规范；2013 年发布并施行的《突发公共事件应急预案管理办法》，对应急预案的编制、审批、备案、公布和修订程序进行了规范，对保障应急预案质量，提高应急预案的针对性、实用性和可操作性有重要意义。

根据责任主体的不同，我国的应急预案体系包括国家总体应急预案（综合应急预案）、专项应急预案、部门及地方应急预案、现场处置方案等。到 2009 年，我国已完成的国家总体应急预案、专项应急预案、部门应急预案基本覆盖了经常发生的突发公共事件的主要方面。

1. 总体应急预案

总体应急预案是从总体上阐述事故的应急方针、政策，应急组织结构及相关应急职责，应急行动、措施和保障等基本要求和程序，是应对各类事故的综合性文件。

2005 年 1 月，国务院时任总理温家宝主持召开国务院常务会议，原则通过《国家突发公共事件总体应急预案》和 25 件专项预案、80 件部门预案，共计 106 件。2005 年 7 月，国务院召开全国应急管理工作会议，标志着中国应急管理纳入了经常化、制度化、法治化的工作轨道。

2006 年 1 月，国务院发布《国家突发公共事件总体应急预案》，这是全国应急预案体系的总纲，明确了各类突发公共事件分级分类和预案框架体系，规定了国务院应对特别重大突发公共事件的组织体系、工作机制等内容，是指导预防和处置各类突发公共事件的规范性文件。该总体预案的出台使得政府公共事件管理登上了一个新台阶。随后，各省市陆续开始按照该总体预案及其框架指南编制地方应急预案。

2. 专项应急预案

专项应急预案主要是国务院及其有关部门为应对某一类型或某几种类型突发公共事件而制定的应急预案。它一般是针对具体的事故类别（如煤矿瓦斯爆炸、危险化学品泄漏等事故）、危险源和应急保障而制定的计划或方案，一般应包括明确的救援程序和具体的应急救援措施。它是综合应急预案的组成部分，并作为综合应急预案的附件。

从 2003 年年底开始，在国务院应急预案工作组的统一组织指挥下，国家有关部门完成了 9 件事故灾难类专项应急预案和 22 件事故灾难类部门应急预案编制工作。31 个省（区、市）人民政府和新疆生产建设兵团及相关部门针对实际情况，制订发布了有关应急预案，大部分市（地）和一些县也已基本完成了应急预案的编制和发布。

目前，我国已发布的国家专项应急预案包括：《国家突发地质灾害应急预案》《国家安全生产事故灾难应急预案》《国家处置铁路行车事故应急预案》《国家处置民用航空器飞行事故应急预案》《国家海上搜救应急预案》《国家处置城市地铁事故灾难应急预案》《国家核应急预案》《国家突发公共卫生事件应急预案》《国家突发公共事件医疗卫生救援应急预案》《国家突发重大动物疫情应急预案》《国家鼠疫控制应急预案》《全国高致病性禽流感应急预案》《国家食品安全事故应急预案》《国家自然灾害救助应急预案》《国家通信保障应急预案》《国家地震应急预案》《国家森林火灾应急预案》《国家突发环境事件应急预案》《国家城市轨道交通运营突发事件应急预案》《国家大面积停电事件应急预案》《国家粮食应急预案》《国家森林草原火灾应急预案》《国家防汛抗旱应急预案》。

3. 部门及地方应急预案

部门应急预案是国务院有关部门根据总体应急预案、专项应急预案和部门职责为应对突发公共事件制定的预案。

地方应急预案具体包括：省级人民政府的突发公共事件总体应急预案、专项应急预案和部门应急预案；各市（地）、县（市）人民政府及其基层政权组织的突发公共事件应急预案。上述预案在省级人民政府的领导下，按照分类管理、分级负责的原则，由地方人民政府及其有关部门分别制定。

4. 现场处置方案

现场处置方案是针对具体的装置、场所或设施、岗位所制定的应急处置措施。现场处置方案应具体、简单、针对性强。现场处置方案应根据风险评估及危险性控制措施逐一编制，做到事故相关人员应知应会、熟练掌握，并通过应急演练，做到迅速反应、正确处置。

6.2.2 应急管理体制

所谓"体制"，就是特定主体内部的组织制度。公共危机管理体制是我们应对公共危机的组织形式，它主要由行政管理体制的特点来决定。行政管理体制主要是指政府的机构设置、职能配置、与职能相应的事务管理制度及权力划分的总称。

1. 公共危机管理体制的两种模式

从各国发展历史来看，公共危机管理体制存在着两种模式：传统模式和职业模式。

（1）传统模式，即民防模式，强调指挥与控制，突显一线应急救援力量的作用，带有官僚主义的色彩。其主要特点为：突出与战争相关的突发事件；政府是最为可靠的应急主体，因为灾害会带来社会混乱；等级制对于应急处置而言是最理想的，应急活动必须遵循标准化的相应程序；应急管理只是一线响应者的事情。

（2）职业模式强调综合性地应对各种风险，认为不同的应急组织之间存在着相互依赖的关系，主张组织之间以解决问题为导向，形成公共危机管理的网络。具体而言，职业模式的理念包括：第一，公共危机管理者面对不同类型的灾害；第二，任何个人、群体或组织都不能单独应对灾害；第三，灾害对社会提出严峻的挑战，人们必须相互合作，共同战胜挑战；第四，公众即便没有经过动员，也会自发地响应；第五，当多个组织对灾害进行响应时，应急主体之间不可能形成自上而下式的等级关系；第六，灾害突显了标准应急程序的弱点，没有一个应急预案会考虑到所有灾害问题；第七，在灾害情境下，偏离应急活动方案是经常发生的，有时也是有益的；第八，除了一线响应者之外，公共危机管理者还需要扮演其他不同的角色；第九，公共危机管理者如果与决策者及其他部门的领导不相联系，就不能取得成功。

目前，许多国家的公共危机管理专家积极倡导与传统模式截然不同的职业模式。与传统模式相比较，职业模式更强调合作、协调，而不是指挥、控制。无疑，职业模式具有巨大的合理性。但是，在危机处置的过程中，等级式的领导与各相关力量的整合有时同样重要。公共危机管理者需要在恪守规范与临机决断之间形成一种平衡。

实际上，传统模式的主要特点是明确的上下级关系，以官僚机构为核心，命令式地处置公共危机；职业模式的特点则是强调合作、沟通与协调，淡化部门之间的命令关系。在许多情况下，特别是在对复杂危机的处置过程中，公共危机管理者既需要运用传统模式，也需要运用职业模式。

2. 我国的应急管理体制

在应急管理体制方面，主要是建立健全集中统一、坚强有力、政令畅通的指挥机构。2003 年"非典"发生后，依托各行政部门设立的跨部门、跨单位的专项应急管理议事协调机构迅速建立起来，如国务院防治非典型肺炎指挥部。2006 年 4 月，国务院成立应急管理办公室，各省（区、市）政府也都组建了各自的应急管理办公室，与现有各专业应急指挥机构一起，初步形成分级响应、属地管理、信息共享、分工协作的应急组织管理体系。2008 年，国务院应急管理办公室被设为国务院办公厅内设机构，相应各部门、各地方也纷纷设立专门的应急管理机构，完善应急管理体制。国家防汛抗旱、抗震救灾、森林防火、灾害救助、安全生产、公共卫生、通信、公安、反恐怖、反劫机等专业机构的专业应急指挥与协调机构也进一步完善。

国务院是突发公共事件应急管理工作的最高行政领导机构，在国务院总理领导下，由国务院常务会议和国家相关突发公共事件应急指挥机构负责突发公共事件的应急管理工作，必要时，派出国务院工作组指导有关工作。国务院办公厅设国务院应急管理办公室，履行值守应急、信息汇总和综合协调职责，发挥运转枢纽作用。全国安全生产应急救援组织体系由领导决策层、管理与协调指挥系统、应急救援队伍三个层次组成。各级安全监管部门都要明确应急管理机构，落实应急管理职责。

6.2.3　应急管理运行机制

"机制"是在体制之下的具体工作方式，是在体制框架内的自由发挥。应急管理运行机制涵盖突发公共事件事前、事发、事中和事后全过程，主要是建立健全监测预警机制、应急信息报告机制、应急决策和协调机制。

1. 监测预警机制

监测预警机制主要包括：建立监测机构和监测网络，由省级、市级行政主管部门设立的监察员对监测机构和监测网络进行检查监督。美国"9·11"事件、韩国大邱地铁火灾以及国内外地震、海啸等灾难的发生，让人们感受到了天灾人祸的不可预知。在这种背景下，人们对建立全国性的突发事件预警反应机制给予了充分的关注。目前，我国已建立的事故灾难监测预警系统有化学品事故预警、地铁预警、沙尘暴监测预警等。

2. 应急信息报告机制

应急信息报告机制主要指建立条块结合的应急信息平台。自然灾害、公共卫生和社会安全等方面的突发事件发生后，事故现场有关人员应当立即报告单位负责人，单位负责人应当立即报告当地人民政府、上级主管部门和相关部门。当地人民政府和相关部门应当逐级上报事故情况，并在两小时内报至省政府应急管理办公室，同时抄送省安全生产应急救援指挥中心办公室，紧急情况下，可越级上报。

全国条块结合的应急信息平台由国务院办公厅设国务院应急管理办公室，履行值守应急、信息汇总和综合协调职责，发挥运转枢纽作用；国务院有关部门依据有关法律、行政法规和各自职责，负责相关类别突发公共事件的应急管理工作；地方各级人民政府是本行政区域突发公共事件应急管理工作的行政领导机构。同时，根据实际需要聘请有关专家组成专家组，为应急管理提供决策建议。

第一时间发布信息是对公众知情权的尊重。《国家突发公共事件总体应急预案》明确规定，突发公共事件的信息发布应当及时、准确、客观、全面。要在事件发生的第一时间向社会发布简要信息，随后发布初步核实情况、政府应对措施和公众防范措施等，并根据事件处置情况做好后续发布工作。信息发布形式主要包括授权发布、散发新闻稿、组织报道、接受记者采访、举行新闻发布会等。这意味着社会公众有了获得权威信息的渠道。

3. 应急决策和协调机制

应急决策和协调机制是指建立应急管理工作的协调机制，其作用是理顺各应急救援指挥机构的工作关系，协调《国家突发公共事件总体应急预案》与已有预案之间的关系。同时，积极推进资源整合和信息共享，形成协同应对事故灾难的合力。

在安全生产应急管理方面，应理顺各级安全生产应急管理机构与安全生产应急救援指挥机构、安全生产应急救援指挥机构与各专业应急救援指挥机构、各级安全监管部门与同级安全监察机构的工作关系；应加强各地区、各有关部门安全生产应急管理机构间的协调联动，积极推进资源整合和信息共享，形成统一指挥、相互支持、密切配合、协同应对事故灾难的合力；要发挥各级政府安全生产委员会及其办公室在安全生产应急管理方面的协调作用，建立安全生产应急管理工作的协调机制。

在协调总体预案与已有预案之间的关系方面，就涉及如何吸纳、涵盖已有预案的问题。比如，公共卫生方面，卫生部门日常中已经有一个突发事件应急条例，规定了部门应急时所行使权力的部门、形式等，但如果单个部门无法处理问题时，需要上升到国务院层级，这就涉及一个指挥权、监督权联动的问题。

6.2.4 应急管理法治

我国应急管理法治体系属条、块结合型，中央人民政府、省、市、县、镇（区）人民政府的纵向应急管理与国务院各部、委、地方管理局的横向管理结合，构成具有中国特色的应急管理法治体系。我国于 2007 年颁布的《突发事件应对法》是适用于各类普通突发公共事件全过程的应急管理基本法。就应急管理单行法而言，我国现有四类应急法律法规（见表 6-2）。

表 6-2　我国的应急管理体系

类　别	相关法律法规	
自然灾害类	• 《中华人民共和国突发事件应对法》 • 《防汛条例》 • 《防沙治沙法》 • 《军队参加抢险救灾条例》 • 《破坏性地震应急条例》 • 《森林防火条例》 • 《森林法实施条例》 • 《自然保护区条例》 • 《海洋石油勘探开发环境保护管理条例》	• 《蓄滞洪区运用补偿暂行办法》 • 《人工影响天气管理条例》 • 《防震减灾法》 • 《森林法》 • 《森林病虫害防治条例》 • 《草原防火条例》 • 《地质灾害防治条例》 • 《水法》
事故灾难类	• 《生产安全事故报告和调查处理条例》 • 《放射性同位素与射线装置安全和防护条例》 • 《国务院关于预防煤矿生产安全事故的特别规定》 • 《国务院关于特大安全事故行政责任追究的规定》 • 《防治海岸工程建设项目污染损害海洋环境管理条例》 • 《劳动保障监察条例》 • 《道路运输条例》 • 《渔业船舶检验条例》 • 《海上交通安全法》 • 《铁路运输安全保护条例》 • 《电信条例》 • 《特种设备安全监察条例》 • 《民用核设施安全监督管理条例》 • 《水污染防治法实施细则》 • 《环境噪声污染防治法》 • 《固体废物污染环境防治法》 • 《防止拆船污染环境管理条例》 • 《防止船舶污染海域管理条例》 • 《放射性污染防治法》 • 《农业转基因生物安全管理条例》	• 《建筑法》 • 《矿山安全法实施条例》 • 《消防法》 • 《煤矿安全监察条例》 • 《工伤保险条例》 • 《建设工程安全生产管理条例》 • 《内河交通安全管理条例》 • 《河道管理条例》 • 《海上交通事故调查处理条例》 • 《电力监管条例》 • 《计算机信息系统安全保护条例》 • 《环境保护法》 • 《建设工程质量管理条例》 • 《大气污染防治法》 • 《水污染防治法》 • 《海洋环境保护法》 • 《淮河流域水污染防治暂行条例》 • 《危险化学品安全管理条例》 • 《核电厂核事故应急管理条例》
公共卫生事件类	• 《重大动物疫情应急条例》 • 《传染病防治法实施办法》 • 《食品卫生法》 • 《动物防疫法》 • 《植物检疫条例》	• 《传染病防治法》 • 《突发公共卫生事件应急条例》 • 《进出境动植物检疫法》 • 《国境卫生检疫法》 • 《国境卫生检疫法实施细则》
社会安全事件类	• 《民族区域自治法》 • 《人民警察法》 • 《信访条例》 • 《行政区域边界争议处理条例》 • 《营业性演出管理条例》 • 《商业银行法》 • 《证券法》 • 《期货交易管理暂行条例》 • 《领海及毗连区法》 • 《国防交通条例》	• 《戒严法》 • 《监狱法》 • 《企业劳动争议处理条例》 • 《殡葬管理条例》 • 《中国人民银行法》 • 《保险法》 • 《银行业监督管理法》 • 《预备役军官法》 • 《专属经济区和大陆架法》 • 《民兵工作条例》

续表

类　　别	相关法律法规	
社会安全事件类	·《民用运力国防动员条例》 ·《军人抚恤优待条例》 ·《农业法》 ·《中央储备粮管理条例》 ·《种子法》 ·《民用航空安全保卫条例》 ·《兽药管理条例》 ·《水生野生动物保护实施条例》	·《退伍义务兵安置条例》 ·《价格法》 ·《粮食流通管理条例》 ·《民用爆炸物品管理条例》 ·《野生动物保护法》 ·《农药管理条例》 ·《饲料和饲料添加剂管理条例》 ·《陆生野生动物保护实施条例》

（1）自然灾害类，包括《水法》《防沙治沙法》《防震减灾法》《森林法》等 17 部。

（2）事故灾难类，包括《环境保护法》《建筑法》《消防法》《海上交通安全法》《大气污染防治法》《水污染防治法》《海洋环境保护法》《放射性污染防治法》等 39 部。

（3）公共卫生事件类，包括《传染病防治法》《动物防疫法》《突发公共卫生事件应急条例》《国境卫生检疫法》《食品卫生法》等 10 部。

（4）社会安全事件类，包括《民族区域自治法》《戒严法》《人民警察法》《监狱法》《企业劳动争议处理条例》《保险法》《种子法》《民用航空安全保卫条例》等 36 部。

6.3　不同国家的公共危机管理

由于历史、文化及制度等方面的差异，不同国家的公共危机管理体制和方式均有不同。本节主要从管理体制和法律制度等方面对西方发达国家、发展中国家的公共危机管理进行介绍，同时由于文化、地理上的相近性，本节也对东亚其他国家的公共危机管理进行介绍。

6.3.1　西方发达国家的公共危机管理

西方发达国家的公共危机管理起步较早，无论是管理的理念、管理的体制，还是管理具体操作上，都有值得我国借鉴的地方。

1. 管理体制比较

1）美国

美国已经发展出一套相当完善的危机管理体制，这套危机管理体制构筑在整体治理能力的基础上，通过法治化的手段，将完备的危机应对计划、高效的核心协调机构、全面的危机应对网络和成熟的社会应对能力包含在体系中。

美国建立危机管理体制的历史可以追溯到 20 世纪初。1908 年，美国成立了以联邦调查局为主体的社会危机管理机构，后经历了从专门负责某个领域危机的部门管理体制发展到成立综合性危机管理体制的逐步完善的过程。1947 年，美国成立了以国家安全委员会为主体的综合性危机管理体制，该体制包括国家危机管理体制、美国突发公共卫生事件危机管理体制、美国汛期危机管理体制等（见表 6-3）。

表 6-3　美国公共危机管理体制的形成与发展

时　　　间	举　　　措
1908 年	成立以联邦调查局为主体的社会危机管理机构
经济危机与两次世界大战期间	先后形成以联邦储备委员会为主体的经济危机管理体制和以国防部、中央情报局为主体的战争危机管理体制
第二次世界大战结束后	制定适用于战争危机的《国家安全法》
1947 年	成立以国家安全委员会为主体的综合性危机管理体制
1976 年	通过适用于全国各类危机的《全国紧急状态法》
1979 年	成立联邦紧急事态管理局（FEMA）
冷战格局解体后	通过增设机构、强化危机管理职能部门的协调等途径，使综合性危机管理体制进一步完善
2001 年	"9·11"事件后，美国进一步将危机管理的重点放到反对恐怖主义上

2）英国

20 世纪 80 年代后期，英联邦遭受了一系列重大灾难。英国内政部为此出版了《灾难处理手册》。该手册为统一的危机管理工作提供了指南，是危机处置部门、地方当局、公共部门、志愿者组织和其他机构应对重大事故的基础。

英国的危机管理非常强调合作。英国政府意识到，合作是成功进行危机风险评估、缓解、规划、应对和恢复工作的关键所在。虽然英国危机管理合作体系已经建立，但在特定领域，仍然需要应对者之间进一步建立更为可靠的直接合作关系，建立稳定的全国多机构合作体系。

英国的国内危机管理规划安排是在各个机构内外进行整合的，这些规划是各个部门和机构相关规划的整体表现，在某些关键地方，机构间应当分工明确并且互相配合。英国政府应对危机体制有明确的中央与地方分工，并且认为危机治理主要依靠地方，因为地方具有可直接掌握的实际资源，具备相关专门技能。危机发生后，一般由所在地方政府负责处理，通过地方政府提供伤者救援、人力和信息资源，利用快捷便利的优势阻止灾害扩大，及时应对和处置危机。在危机发生初期，地方警察承担总体协调职能，消防队、救护队以及其他地方自治团体组成紧急行动队配合行动。当危机的严重性超过当地政府承受能力时，通常从邻近地区就近调度支援。为了强化对危机的及时处置，地方政府可以申请军队的支援。中央政府主要负责应对特定类型的事件（如核事故）或者影响超过地方范围的重大事件（如重大恐怖袭击）。

3）俄罗斯

20 世纪 90 年代以来，因苏联解体，国内社会制度发生剧变，俄罗斯经历了长期而急剧的政治动荡、经济金融危机、民族冲突和战争，并遭受了切尔诺贝利电站核事故所造成的灾难及北约东扩所带来的巨大外部压力。在处置上述事件所导致的各类危机过程中，俄罗斯逐步建立起了总统直接领导，以联邦安全会议为决策机关，包括联邦安全局、国防部、紧急情况部、外交部、联邦通信与情报署等权力执行部门在内的执行机关，既分工又相互协调的危机管理体制。

俄罗斯危机管理体制的具体内容与特点是：第一，以国家元首为核心，并组成一个由总统直接领导的、跨部委的危机决策中心；第二，政府从事危机管理的职能部门比较齐全，涵盖了众多社会领域，并形成了既分工负责又相互协作、有机结合的完整体系；第三，政府建立了专业化的民防抢险救援职能机构；第四，危机管理体制具有强化防范和打击恐怖主义的功能；第五，政府制定了适用于各类危机的《联邦紧急状态法》及相关的法律法规，危机管理体制法治化水平较高。

2. 法律比较

在立法实践中，西方一般使用"紧急状态"这一专业术语来专门指称"公共危机状态"，所以公共部门危机管理的法治化程度主要就是指紧急状态立法的情况。欧洲人权法院曾对"公共紧急状态"作出解释，即"一种特别的、迫在眉睫的危机或危险局势，影响全体公民，并对整个社会的正常生活构成威胁"。紧急状态有下列特征：第一，必须是突发性的现实危机或者是预期必然要发生的危机；第二，在较大空间范围或较长时间内威胁公民生命、健康、财产的安全；第三，减少或限制公民在正常状态下享有的权利和自由；第四，打乱国家公权力正常运作并赋予其更多的权限；第五，不采取特殊的应急或对抗措施就无法恢复正常状态。

通过对西方典型国家进行考察，可以归纳出以下五种有关紧急状态的立法模式（表 6-4）。

表 6-4　西方典型国家立法模式

立 法 模 式	举　　例
在宪法中对紧急状态进行原则性规定，此后根据宪法治定全国统一的紧急状态法，该法是效力位阶低于宪法的实施性法律	法国《紧急状态法》 俄罗斯《联邦紧急状态法》
国家没有成文宪法，或者有成文宪法但宪法未对紧急状态作出规定，而是在宪法性文件中对紧急状态进行了规定，紧急状态法律体系较为完备，发展趋势是对现有法律进行整合，然后颁布统一的紧急状态法	英国《国内紧急状态法案》 美国《全国紧急状态法》
宪法没有对紧急状态作出规定，全国也没有统一的紧急状态法，但各州根据宪法性文件制定了自己的紧急状态法律	澳大利亚各州的紧急状态法律
宪法对紧急权力作出笼统的规定，没有制定统一的紧急状态法	德国现行的紧急状态制度是由《基本法第 17 次修改法》（即所谓"紧急状态宪法"）规定设立的

虽然西方国家紧急状态的立法模式不尽相同，但在现代法治背景下，无论是成文法国家还是不成文法国家，普遍呈现出这样一种立法趋势：在宪法对紧急状态进行原则性规定的基础之上，对现有的紧急状态法律进行整合，制定一部统一的紧急状态法。只有少数国家由于历史和传统上的原因，没有制定统一的紧急状态法。

3. 经验总结

1）体制方面

西方发达国家一般架构全国性的机构平台、国家政策平台和社会保障平台，以建设全国性的危机管理体制，包括机构运作、政策执行、综合管理等方面。其中，全国性的机构平台包括机构设置、跨部门运作、职能协调、员工招聘、人事监管、技能培训等相关方面，是综合性的社会长期工程。国家政策平台针对突发事件要注意三方面的衡量尺度：政府各部门政策口径统一、相互协调补充；形成制度化的政策平台，注意连贯性；既要提升快速反应能力，也要遵循政策的渐进规律。社会保障平台对绝大多数普通公民而言是抵御危机最有效的防线，主要体现在三方面：医疗保障，针对危机的特征调整医疗救助的优惠方案，减免贫困人员、农村人口的相关医疗费用；救济保障，直接补助急需相应物资、器械的对象；保险保障，增加突发事件的险种，适当放宽理赔的标准。

西方发达国家危机管理体制的共同特点和趋势主要有：

（1）行政首长担任最高领导，全面领导国家的危机管理工作。日常管理委托给直接下属的危机管理机构，重大紧急事件仍然由担任最高指挥官和最终决策者的行政首长来进行决策，并对关键性资源进行指挥调动和处理。

（2）危机管理委员会或联席会议辅助决策。行政首长对于跨部门的综合性决策和指挥，通常依靠危机管理委员会或联席会议，提供决策的辅助和咨询，危机管理委员会还兼有宏观的信息中心和最高协调中枢的功能。

（3）常设的危机管理机构处理日常事务。常设的危机管理机构的工作一般可分为两类，一是负责日常的危机管理工作，二是紧急状态下的具体协调工作。概括地讲，就是全面负责对危机事件的管理，包括准备、阻止、回应、重建和缓解。

（4）地方政府为操作主体，实施具体的危机管理任务，强调多方协作。社区、公民团体、志愿者组织等乃至家庭都是危机管理的重要力量。

（5）强调全过程的危机管理，突出预防的重要性。

（6）建立健全危机管理的法律和制度，实施标准化的危机管理。

2）法律方面

西方各国紧急状态法律体系的构建给我国公共部门危机管理法治化带来的主要经验有：

（1）完善的紧急状态法律体系由宪法、宪法性文件、紧急状态法与相关的法律文件等构成。由于紧急状态法为综合性法律，并且涉及一些新情况和问题，因此，紧急状态法的制定意味着需要对相关法律进行修订和补充，以保持整个法律体系的连贯性和自治性。

（2）基于紧急状态与正常状态的二分法，紧急状态法涉及的内容与日常的紧急处理法规所涉及的内容存在类似之处，但同时也存在着巨大的差异。因此，应当明确日常的紧急处理工作和紧急状态下的紧急处置工作之间的关系与区别，避免紧急状态法适用的扩大化。

（3）围绕紧急状态的预警、应急处置、恢复重建等工作，紧急状态法和相关法律的具体规定应当配套实施，保证紧急处置工作的衔接。

（4）西方各国都将处置机构和规划视为紧急状态处置工作的两个核心问题，纳入紧急状态法调整的范畴。良好的紧急状态处置工作离不开各层面的紧急状态处置机构，同时也离不开科学合理的紧急状态处置规划。

6.3.2　发展中国家的公共危机管理

1. 管理体制比较

1）印度

印度危机管理的最高决策机构是由印度政府高级官员组成的国家危机管理委员会，负责处理印度重大的或产生全国性影响的危机。该机构由内阁秘书担任主席，由危机各主管部及各辅助部的秘书担任成员，并任命内阁的一位官员担当委员会的召集人。主管部直接负责处理某一特定危机的部门领导也被选派为国家危机管理委员会成员。国家危机管理委员会在处理危机过程中会在必要时向主管部危机管理小组发出指示，主管部秘书负责确保将危机的所有进展情况及时报告委员会。按照印度中央政府和邦政府的职责划分，危机管理属邦政府职责范围，内容包括灾难准备、反应和减除措施。中央政府负责在国家层面上进行协调，经与专家委员会、财政委员会和邦政府协商，制定危机管理的政策和指导方针，各部门分别负责相应的突发事件，比如，内政部负责除旱灾以外的自然灾害类突发事件和内乱，农业部负责旱灾类突发事件，卫生部负责生物学类突发事件，环境部负责化学类突发事件，原子能部负责核事故和泄漏类突发事件，铁道部负责铁路突发事件，民航部负责航空突发事件。

印度新的灾害管理方针的基本理念是由民政部门对灾害管理负主要责任。基于此，印度正在建立由内政部掌管的国家灾害反应力量，这使得印度军队的角色有了一些模糊性。其实，印度并没有规定军队参与灾害管理的责任。不过，在实际上，军队在危机刚发生时就会受到国家的召唤。军队是印度国家灾害管理顶层结构的重要组成部分，综合防务参谋部参谋长和参谋长委员会主席都是印度国家灾害管理局全国执行委员会的成员。另外，军队还会为非军事人员提供灾害管理方面的训练，并在接到通知后较短时间内部署现有的资源。一些军方人士担心，继续依赖军队进行灾害管理会影响国家和地方民政部门灾害管理能力的发展，同时削弱军队的核心能力——作战。但是，也有观点认为，军队必须将人道主义援助、救灾作为自己的重要任务之一，检讨并归纳在临时性反应中取得的经验，并在国际舞台上利用这些经验和能力。

2）以色列

以色列的危机管理是以紧急状态法规为依据，以政府为核心，动员所有社会资源的全民型军事化管理，即以危机管理决策部门（总理、安全内阁）为核心，以国家安全委员会为国家安全事务最高决策机构，情报系统、军方（国防部、总参谋部及下属机构）等参谋和执行部门既分工负责又相互协作，发挥整体作用的综合性组织体系。以色列的危机管理主要由紧急状态法规、决策系统、支援和保障系统，以及信息管理系统四部分组成（见图 6-2）。

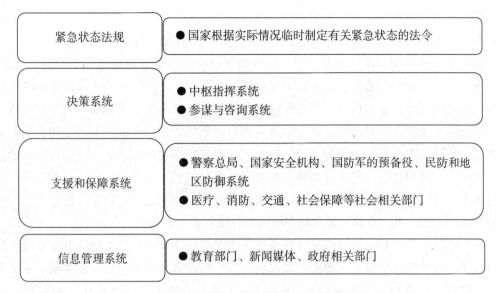

紧急状态法规	● 国家根据实际情况临时制定有关紧急状态的法令
决策系统	● 中枢指挥系统 ● 参谋与咨询系统
支援和保障系统	● 警察总局、国家安全机构、国防军的预备役、民防和地区防御系统 ● 医疗、消防、交通、社会保障等社会相关部门
信息管理系统	● 教育部门、新闻媒体、政府相关部门

图 6-2　以色列危机管理的组织机构

2. 法律比较

2005 年，印度政府决定制定危机管理法，各邦也都被要求制定危机管理法。危机管理法为协调灾难减除、灾难准备和反应的机构规定了足够的权限，也规定了其需要采取的灾难减除或灾难预防措施。各邦也被建议将各自的灾难救助准则转化为危机管理准则，新准则中加入了灾难预防、灾难减除和灾难准备方面的内容。之后，印度一直在努力加强本国的灾害管理体系。2005 年 12 月，印度国会通过了《灾害管理法案》。2009 年，印度中央政府出台了《灾害管理方针》。这标志着印度从过去的强调救援和重建转为一种全面、多维、多学科的灾害管理方式。这种方式涉及各种各样的灾害管理活动，包括预防、减灾、准备、响应、救援和重建等。具体而言，印度的灾害管理体系由总理掌管的国家灾害管理局、省级的邦灾害管理局以及地区级的地区灾害管理局构成。不过，在加强这一体系方面，印度国内各地实施效果参差不齐，并不是所有的邦都在建立邦级和地区级的有效机制。

以色列没有专门的紧急状态法，但在其基本法中有一些涉及紧急状态的条款，国家根据实际情况可以临时制定有关紧急状态的法令。1948 年 5 月 19 日，以色列宣布建国后的第四天，当时的临时政府——国家临时委员会便制定了《法律与管理条例》。该条例的第 9 条授权临时委员会宣布国家进入紧急状态，并给予委员会中的部长们制定紧急状态法规的权力。1996 年 6 月，修正后的《基本法——政府》取消了 1948 年《法律与管理条例》中的第 9 条，希望对宣布紧急状态的权力和期限，以及紧急状态法规的内容及运用加以限制。

3. 经验总结

总结发展中国家公共危机管理的体制和法律，可以得到如下启示：

（1）加强政府的危机意识和危机应对能力。加强政府的危机意识，提升政府应对突发性公共事件的能力是建立现代公共行政体制的需要。

（2）建立完善的危机管理体系和强有力的危机指挥系统。建立健全危机应对管理体系和机制，加强政府各部门之间的有效合作，建立统一的政府信息化管理体系，提高政府效率，是从上到下的顶层设计，需要从中央到地方，各部门协调。

（3）健全危机处理法律体系，使危机管理有法可依，有效避免管理中的混乱现象。从印度政府危机管理经验来看，应对突发公共事件影响最大的法律是《灾害管理法案》。它不仅可以极大地增加危机管理的有序性和有限性，而且可以确立危机管理体制与机制启动实施的合法性，同时可以建立起对决策者启动危机管理机制的严密的法律约束与监督体系。在现代法治原则的支配下，只有通过制定法律来调整紧急状态下的各种社会关系，才能防止紧急状态的发生导致整个国家和社会秩序的全面失控。因此，制定关于在紧急状态时期如何处理国家权力之间、国家权力与公民权利之间，以及公民权利之间关系的紧急状态法，是一个国家紧急状态时期实行法治的法律基础。

（4）完善资源共享，加强信息管理系统和预警机制建设。危机的信息管理系统在危机管理体系中承担非常重要的职能，如果说危机中枢指挥系统相当于人的大脑，那么危机信息管理系统就相当于神经系统，它的主要功能是为决策者提供及时、准确的情报。对决策者而言，来自危机信息管理系统的情报对正确决策起决定性的作用。

6.3.3 东亚国家的公共危机管理

1. 管理体制比较

1）日本

由于特殊的地理位置所致，日本是世界上自然灾害发生最为频繁的国家之一。长期以来，地震、台风、暴风和火山喷发等自然灾害频发，使得日本公共危机管理的重点以自然灾害为主。20世纪90年代中期以来，各种人为的突发性危机事件伴随上述自然灾害发生，促使日本政府建立起一套从中央到地方的综合性危机管理体系。

日本危机管理体制是一个以法律、制度、功能为依托，以内阁首相为最高指挥官，内阁负责整体协调和联络，通过安全保障会议、阁僚会议、内阁会议、中央防灾会议、金融危机对策会议等决策机构制定危机对策，由警察厅、国土厅、气象厅、海上保安厅、防卫厅和消防厅等各省厅、部门根据具体情况进行配合实施的组织体系（见图6-3）。这一体系还包括日本各都道府县专设的危机管理机构，地方政府的行政"一把手"是危机管理的最高负责人。

1959年伊势湾台风灾害发生（死亡和失踪5098人）以后，日本政府着手建立了综合防灾管理体制。1995年阪神大地震及地铁沙林事件等灾害发生以后，日本的防灾体系上升为首相直接领导的国家危机管理体制。日本彻底修改了《防灾基本计划》：一是明确中央及地方政府、相关机构，甚至居民等相关主体责任；二是防灾计划内容得到大幅充实，如建立广域支援体制、设置现地对策本部、兴建避难场所、接受海外援助、改善志愿者参与条件等；三是厘清危机应对三阶段（预防、应急和灾后重建）的具体对策。与此相应，日本还制定或修改了7部相关法律。日本灾害危机应对机制得到大幅完善。

"9·11"事件发生以后，日本进一步完善危机管理组织结构，采取了预防国际恐怖犯罪的危机管理措施，使危机管理适应国际反恐的形势，从而奠定了日本当今危机管理体制的基本框架。

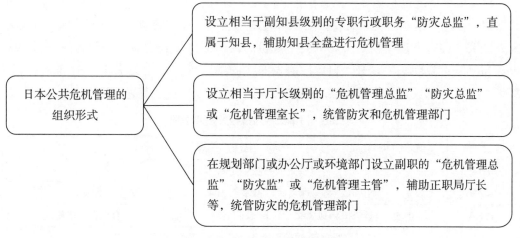

图 6-3 日本公共危机管理的组织形式

此外，在完善公共危机管理体系的过程中，日本很重视国民危机意识的培养，把每年 9 月 1 日定为国民的"防灾日"，全国各地方政府、居民区、企业和学校都要举行各种防灾演习，在地震多发的地区，还要举行综合性防震训练。日本各地还设有许多防灾体验中心，免费向市民开放以提高居民防灾意识。

2）韩国

韩国是一个灾害类型多样化的国家，为防止各种突发性灾害给国家带来大的冲击和损害，韩国建立了有本国特色的"小核心、小范围"的危机管理机制。该机制包括法律法规系统、决策与协调机制、信息管理机制及资金保障机制四部分（见图 6-4）。此外，韩国政府规定，每年的 5 月 25 日为"全国防灾日"，在这一天举行综合防灾训练，让政府官员和市民熟悉防灾业务和能力。

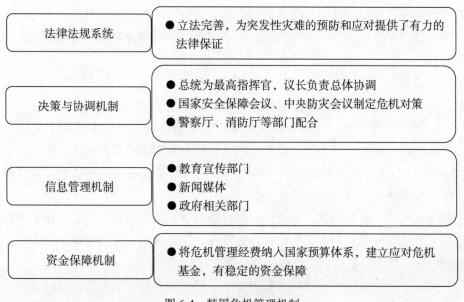

图 6-4 韩国危机管理机制

2. 法律比较

日本较早就通过制定专门法律的形式对灾害进行管理，建立起了五大类灾害对策相关法律体系，即基本法类、灾害预防和防灾规划法类、灾害紧急对策法类、灾后重建和复兴法类、灾害管理组织法类，为灾害危机的治理提供了较完备的法律保障。自 1947年颁布《灾害救助法》以来，日本政府颁布实施的危机应对相关法律达 51 部，包括 7部基本法、18 部灾害预防法、3 部灾害应急对策法、23 部灾后复兴建设法（表 6-5）。

表 6-5　日本灾害对策相关法律法规

年　　份	法 律 法 规
1880 年	《备荒储备法》是日本最早的防灾法
1947 年	1946 年南海地震后，日本于 1947 年颁布了《灾害救助法》
1959 年	1959 年伊势湾台风灾害后，日本于 1960 年颁布了《治山治水紧急措施法》
1961 年	颁布日本灾害方面的根本法《灾害对策基本法》
1995 年	阪神大地震后，日本颁布了《地震防灾对策特别措施法》，并修改了《灾害对策基本法》中的部分内容
1996 年	颁布《关于为保护特定非常灾害受害者权益采取特别措施的法律》
1997 年	颁布《关于促进密集市区的防灾街区整备的法律》
1998 年	颁布《受灾者生活重建支持法》
2011 年	颁布《关于海啸对策推进法》《关于创建海啸防灾区域法》
2012 年	修改《灾害对策基本法》，颁布《原子力规制委员会设置法》等

韩国涉及危机事态应急管理的法律法规基本可以分为两大类。第一类是以《民防基本法》为基础的防灾减灾法案。韩国政府针对灾害的预防、防灾体系建设、灾情发生后的救援、灾情调查、恢复与补助等制定了一系列的规章细则，从而保证了从防灾、减灾、救灾，到灾后恢复等工作的正常进行。第二类是以《传染病预防法》为主的应对传染病问题的法律法规，对各类传染病的预防作了详细明确的规定。韩国完善的立法为突发性灾难的预防和应对提供了有力的法律保证，有助于政府及时地把灾难的后果控制在最低限度。

3. 经验总结

对日本和韩国公共危机管理体制和法律体系进行分析比较后，可以得到如下启示：

（1）应急法律规范专门化、体系化，除了突发事件应对的主要法律之外，还必须出台一系列配套措施和实施细则，且要增强这些措施和规范的可操作性。比如，日本的《灾害救助法》和《灾害对策基本法》等制定后，形成了完备的法律体系，可以为有效应对各种突发公共危机事件提供权威依据。

（2）应急机构人员专门化、专业化，危机管理体系出现多元化、立体化、网络化的发展趋势，危机管理中的政府应急管理行为及程序出现规范化、制度化、法定化，同时危机预警机制、资源储备与调动机制、危机化解机制逐步完备。

（3）提高公共危机管理效率的重要因素——民间力量的广泛参与。日韩两国"防灾日"的相关规定，让国民危机防范意识和能力的培养、危机防范措施的改善与演习走向经常化、制度化、法定化，危机意识较强的国民不但掌握急救知识、逃生要领，还掌握互救的本领，可以大大降低危机带来的危害。

6.4　公共危机管理案例分析

6.4.1　案例：北京"7·21"特大暴雨灾害

> **准备工作**：2012 年 7 月 21 日，北京遭遇特大暴雨袭击，让北京城市公共安全成为世人瞩目的问题。本案例讲述了北京"7·21"特大暴雨中政府、民众和其他组织的应对行为，以及网友和不同媒体的评价。为更好地进行案例分析，在案例分析之前应做到：
>
> （1）提前阅读案例，对案例思考题进行提前准备。
>
> （2）查阅相关资料，主要包括我国应对突发自然灾害类公共事件的相关法律法规和政策文件，国内外应对突发自然灾害类公共事件的相关措施及典型案例，加深对公共危机管理的直观认识。通过资料准备，为有效分析案例相关问题打下基础。

摘要：2012 年 7 月 21 日午后至 22 日凌晨，北京市遭遇自 1951 年有完整气象记录以来的最强降雨。特大暴雨造成交通瘫痪，受灾面积 1.6 万平方千米，受灾人口 160.2 万人，经济损失 116.4 亿元，79 人遇难。北京暴雨引发全球关注，关注重点是灾害影响、民间救援、政府应急和基础设施建设等方面。暴雨灾害中民间力量自发救援的表现受到舆论高度评价，但是政府预警不到位导致损失惨重，政府救援不及时、收费站雨中收费加重拥堵、雨后贴罚款单、死亡人数公布不及时等行为饱受公众批评和质疑，同时，暴雨灾害也引发了对城市建设只顾面子而不顾里子做法的热烈讨论、批评和反思。[①]

1. 北京遭遇 61 年来最大暴雨

2012 年 7 月 21 日午后至 22 日凌晨，北京市遭遇特大暴雨。一天内，市气象台连发五个预警，暴雨级别最高上升到橙色[②]。根据北京市防汛抗旱指挥部灾情通报，全市平均降水量 170 毫米，为自 1951 年有完整气象记录以来最大降水量，最大雨量点发生在房山河北镇为 541 毫米。暴雨引发房山地区山洪暴发，拒马河上游洪峰下泄。全市受灾面积 1.6 万平方千米，成灾面积 1.4 万平方千米，全市受灾人口 160.2 万人，因灾造成经济损失 116.4 亿元。79 人在此次暴雨中死亡。

本次降雨特点如下：一是降雨总量之多历史罕见。全市平均降雨量 170 毫米，城区平均降雨量 215 毫米，为新中国成立以来最大一次降雨过程。房山、城近郊区、平谷和顺义平均雨量均在 200 毫米以上，降雨量在 100 毫米以上的面积占北京市总面积的 86%

---

① 资料来源：王君.公共危机管理典型案例·2012 [M].北京：人民出版社，2014：1-22.

② 根据《气象灾害预警信号发布与传播办法》的规定，暴雨预警信号分四级，分别以蓝色、黄色、橙色、红色表示。

以上。二是强降雨历时之长历史罕见。强降雨一直持续近 16 小时。三是局部雨强之大历史罕见。全市雨量最大点房山区河北镇为 460 毫米，接近五百年一遇，城区雨量最大点石景山模式口 328 毫米，达到百年一遇；小时降雨超 70 毫米的站数多达 20 个。四是局部洪水之巨历史罕见。拒马河最大洪峰流量达 2500 立方米／秒，北运河最大流量达 1700 立方米／秒。

2. 经过与结果

1）守望相助，微博传递正能量

一方有难，八方支援。据统计，16 万余人参与到这次暴雨的应对中。其中，解放军出动兵力 2300 人，武警部队出动兵力 890 人；市交管局出动警力 4068 人；城市排水集团、自来水集团等城区各应急排水队伍共出动抢险人员 1.2 万余人，累计排水近 140 万立方米。

暴雨中，政务微博高速运转。北京消防、水润京华、平安北京、交通北京与 16 个区县政务微博持续不断发送官方消息、雨情信息。从 2012 年 7 月 21 日 12 时至 22 日 12 时，政务微博共发布微博 754 条，转发评论 50 余万次。北京市气象局官方微博"气象北京"全天候滚动播报"天气快报""暴雨预警""雨情信息""地质灾害预警"等信息，"雨情信息"做到每小时一发布；北京市水务局官方微博"水润京华"公布全市各防汛指挥部值班电话，此条微博被迅速转发超过 2000 次；北京市交通委员会官方微博"交通北京"第一时间公布多条地铁运营信息……

暴雨给北京带来考验，也让外界看到平凡市民热心助人的一面。这样的例子俯拾即是：

暴雨中，首都机场滞留旅客一度超过 8 万人。机场候车室内，广播提示"现在没有出租车，请大家坐公交前往市内"。这个信息通过广播电视，发送到全市。22 日凌晨 1 点钟左右，部分首都市民在微博上自发组织起一个"微博双闪爱心车队"，前来机场当起志愿者，义务接在机场航站楼滞留的旅客进城，短短半小时集结了 20 多辆私家车。

歌手羽泉组合在微博中倡议："雨夜，带陌生人回家吧！"胡海泉写道："北京路上开车的朋友们，如果路上遇到回不去家的路人，如果顺路的话，可否帮助这些陌生朋友，搭他们一段路，让大家都能早些回家。让暴雨中的北京升起爱心的彩虹，让老天爷知道，这是一座温暖的都城！"网友"3W 咖啡"发微博："彻夜接待被大雨困在中关村的朋友，彻夜开机，随时接待需要的朋友，店里沙发可以休息，厨房有供应吃的，希望可以帮到任何有需要的人。"

网友"我爱流年"的妹妹怀胎十月，21 日晚羊水破了，乘坐的救护车堵在了从百子湾去妇产医院的路上，急忙发出微博向网友求援，询问没有被淹的线路，短短几十分钟内转发次数近万条。在网友的帮助下，车辆选择了三环白家庄线路顺利抵达医院就诊。

暴雨导致京港澳高速公路出京方向 17.5 千米处南岗洼铁路桥下严重积水，几十辆汽车被淹。很多人被不断上涨的洪水困在车辆顶部，他们的呼救声被附近河西水厂的农民工听到，上百名农民工兄弟随即与时间赛跑，展开生死救援。25 日凌晨，网友"丑鱼尼莫"发的一条微博引起了广泛关注："在京港澳高速受灾最严重的南岗洼路段，这些农民工兄弟用救生圈、麻绳救了上百名危在旦夕的游客，当获救者自发凑钱近万元向他们表示感谢时，他们拒收了！"这条微博被转发近 6 万次，逾万网友作了评论，向这群农民工兄弟致敬，称他们为最可爱的人，是"中国的脊梁"。

……

在这场暴雨灾害中，许多人度过了一个不眠夜。网友们通过微博了解雨情和路况信息，进而变成了解灾情。微博成为人们互相救助、彼此温暖的平台，传递出无限的正能量。"大雨淹得了北京淹不了北京的心""这群小人物才是城市的良心，向你们致敬！"微博评论里，此起彼伏的呐喊声势浩大。《人民日报》22 日凌晨 4：58 的微博表达了大家的共同心声："北京暴雨，整夜无眠。人民日报官方微博与大家共同守望。为每一位尚未平安到家的人祈福，向每一位仍然奋战在救援一线的人致敬！北京，加油！"

2）"趁'雨'打劫"

（1）雨中宰客，漫天要价

新华网报道：暴雨中的爱心车队令人心中暖流涌动，但也不乏有人"借雨发财"。多位网友在微博中抱怨出租司机、酒店漫天要价，天灾面前看出人情冷暖。

网民"信王军"说："昨晚的北京，因一场暴雨引发了不少人大发天灾财，大家一起谴责三元桥某旅馆昨晚抬价到 2160 元一晚，就因为机场大巴只到三元桥。出租车从机场到城里 400 元，还有不少因昨天暴雨而被'遗弃'在路边的车被贴上了罚单。"

"拦了好几辆车，无数闪烁着'空车'的出租飞驰而过。那些大发暴雨财的出租车司机，从国贸到三元桥 20 元的打车费硬是要 100 元才走，还大言不惭地说多少年你才被这么黑一次，相当无语……"网友"马琳"说。

（2）机场高速收费"一丝不苟"

暴雨袭京，网友质疑机场高速收费站不顾排队车辆熄火的危险，照旧收费不合情理。新华网报道：据多位网民反映，在暴雨危机时刻，首都机场高速的收费站秩序井然。"昨晚很多私家车主自发前往接旅客，但机场高速收费站雨水已经淹没半个轮胎，车辆大排长龙，停在那儿随时都有熄火的危险！可是他们仍在一丝不苟地收费！收费！"

首发集团服务热线回应，暂时没有在特殊天气取消收费的管理办法。

（3）雨后罚单

7 月 21 日特大暴雨让不少车因路面积水而进水熄火，继而"趴窝"。无奈之下，车主们只得冒雨将车推到"尽量不碍事"的路边，等待雨停后的拖车救援。然而，22 日上午，不少车主却发现车被贴条了。

22 日 19 时 08 分，北京市政府新闻办官方微博"北京发布"以"突发灾害后贴条错"为题，对"趴窝车辆被贴条"的行为进行了说明和纠正。微博称：

【突发灾害后贴条　错】针对网民反映的交通协管员给昨天遭遇强降水熄火停在路上的车贴罚单一事，北京市常务副市长吉林表示，在突发灾害降临时这种处罚是错误的，所贴罚单作废。吉林已责成市交管局处理此事。感谢广大网友的监督。

该条微博立即引起众多网友"围观"，短短几个小时已被转发过万次。有车主表示："如果真的不罚了，这张罚单我一定珍藏。"

当晚23：48 "@北京发布" 继续发布微博称：

【交管局回应雨后贴条】1. 下发通知，雨后以服务疏导为主，对因雨受困车辆联系车主，挪移清拖；2. 对22日协管员擅自粘贴的违法告知单不予录入；3. 对擅自贴条的当事协管员严肃处理、调离工作岗位。

（4）红会 "天价转运费"

有媒体报道一急救车在灾区转运伤员时收取620元的 "天价转运费"。7月29日，北京市红十字会表示，此次转运工作没有强行抢救、强行转运，但620元运费于情不合，已予退还。

北京市红十字会称，调查显示，7月23日，经家属同意将王先生遗体从遇难地直接运至殡仪馆，现场未见其他专业车辆。此次转运工作流程符合政府规定，遗体保护完好，根本没有强行抢救、强行转运、"交费才交人" 等现象。

同日（29日），市红十字会向 "7·21" 特大自然灾害重灾区的房山、门头沟等地，送去8000斤米面油。同时，红会表示，将首次对遇难群众、因公殉职、烈士发放1万元至3万元不等的慰问金。

3）预警风波

7月21日，北京市一天发布五次预警。综合中国天气网、新华网、凤凰网报道：

上午9时30分，北京市气象台发布暴雨蓝色预警信号：预计今天（21日）中午前后本市将开始出现降雨，强降水将主要集中在傍晚到夜间。14时，暴雨蓝色预警升级为黄色。20分钟后，又发布了雷电黄色预警。18时30分，北京市气象台发布自2005年建立天气预警制度以来的第一个暴雨橙色预警，预计持续降雨将超过20小时，气象专家表示随着雨情发展，不排除发布最高级别暴雨红色预警的可能。22时继续发布仅次于红色预警的暴雨橙色预警。

然而，有媒体质疑，其一，为什么政府不能及时给市民发个短信提醒？其二，市气象局在预报时报的是暴雨，但7月21日实际降雨级别远远超过预报程度。

针对第一个质疑，《第一财经日报》24日报道：北京市气象局副局长曲晓波表示，未向市民提前发出预警短信，主要是技术原因造成，向北京全部人口发信息需要几个小时时间，发完时降雨可能已经结束。"气象部门有短信终端发送渠道，但是北京有2000万常住人口，95%以上拥有手机，发送短信的基站却十分有限，而且北京人口特别集中，大量人群都集中在一个基站覆盖范围内，导致短信发送、接收不及时。联通曾经帮气象部门做过测试，一条短信出去之后，一秒钟最快能发出去400条，按照这个速度，全市市民都收到短信需要很长时间。" 曲晓波说。

但是，业界对此并不认同。同日（23日），三大运营商齐声对外否认了气象局的说法，均表示全网发送短信没有技术障碍。

一位电信运营商内部人士称，一般而言，公益短信、应急短信的发布内容、发布时间、发布对象均应由政府权威机构授权电信运营商发布，不存在技术障碍。

中国移动内部人士表示，技术不是问题，现在中国一秒在能审核的情况下，能发10000条短信，按此计算，不到一个小时就能把北京2000万常住居民都通知到了。

有电信专家认为，"今年北京用户除夕一天发短信超 10 亿条，说明电信运营商的全网发送技术能力上并没有问题，但这次没有发送预警短信，可能因为各相关部门沟通不畅所致"。

25 日，暴雨再袭北京。当天中午，北京市气象部门发布暴雨蓝色预警信号后，与三大电信运营商合作，向全市范围内发送了相关手机预警短信。北京市专业气象台台长丁德平说，截至 25 日 20 时许，气象部门已向 1170 万人次发送了预警短信。"7·21"特大自然灾害发生后，气象部门已和三大电信运营商制定了预警短信发布预案，今后对应不同等级的极端天气，将设置不同范围、等级的发布标准，面向全市发布的预警短信主要侧重于对人民生命财产威胁程度较大的极端灾害性天气。

针对没有发出红色预警的质疑，25 日，北京市气象台总工程师、首席预报员孙继松承认，预报差了一个量级。他说，北京发生全市性的大暴雨以上的天气过程在历史上非常罕见，24 小时前预报暴雨对于市气象台来说也很少见。

4）死亡人数质疑

（1）为什么总是 37

7 月 22 日晚，北京市官方通报，截至 22 日 17 时，在全市境内共发现因灾死亡 37 人。其中，溺水死亡 25 人，房屋倒塌致死 6 人，雷击致死 1 人，触电死亡 5 人。死者已有 22 人确定身份，其余 15 人正在确认中。在抢险救灾中，房山区韩村河副镇长高大辉、燕山公安局向阳派出所所长李方洪、密云县大城子镇镇长李建民因公牺牲。

然而，市民和网民的批评、质疑随之潮水般涌来。他们在问，"一座为 2008 年北京奥运会斥巨资建设各类设施的城市，在应对一场暴风雨的时候怎么如此狼狈。"同时，基于对中国灾害统计数据真实性的怀疑，舆论认为，实际死亡人数可能更多。网民们以各种方式表达着这种质疑和不信任的情绪，"有一份大量转发的名单，列举了 20 多起最近发生、死亡人数均为 37 人的灾难，其中有火灾，也有煤矿爆炸事故。这被用来证明一种假说：地方政府官员为免受中央政府斥责，有意将死亡人数报为低于 40 人。尚不清楚这个 40 人的门槛是否真的存在"。

（2）政府出面释疑：绝不会隐瞒死亡数字

救援深度展开，不过北京市在 22 号晚间公布的雨灾遇难人数 37 人却一直未见更新，引发强烈质疑。7 月 24 日，北京市政府新闻办召开发布会，回应民众对伤亡数字的质疑。新闻办主任王惠称，经过 SARS 的考验，北京市政府深深懂得透明的道理，相信在死伤数字上绝不会有隐瞒，之所以现在有更新的滞后，是因为有些遗体还需要辨认。

发布会上，对于民众指责政府预警不足，王惠说天气预报准确，可还是有人开演唱会、踢球，显示北方人防雨意识不足，并说"山洪"一词对北京人来说是小说里才看得到。对于有民众指责政府救灾不力，王惠通过微博发布消息、回应，不过并非所有网民都买账。王惠说政府在救灾中并未缺位，不能让人白死，政府会吸取教训，全力做好善后，也坦言北京太大，治理有难度。

媒体注意到，与洪灾有关、批评政府的微博不断消失，可能是被网络审查人员删除了。

（3）第二次新闻发布会避谈人员伤亡

7月25日晚，北京市政府新闻办召开"7·21"灾情的第二次新闻发布会，记者们最关心的自然是暴雨造成的人员伤亡情况，但主办方对此避而不谈。《长江日报》报道：原定晚上9时举行的发布会，推迟了半个小时才开始。首先由北京市防汛抗旱指挥部副指挥长、新闻发言人潘安军通报灾情，他对着一份书面材料，刚念到"全市因灾伤亡"时，台下记者们的心都提到嗓子眼上，但潘安军很快改口："全市因灾人口160.2万人……"

报道描述当时的场景：当潘安军回答完政府如何开展善后和灾后重建工作的安排后，主持人宣布，新闻发布会结束。台下的记者们急了，纷纷站起来，追问最新统计的死亡人数。有位拿着CCTV话筒的女记者大声说："我看见你（指潘安君）手上拿的材料了，上面写着死亡人数是61人，其中因公殉职5人。"但主席台上的几位发言人集体缄默，主持人果断地请5位新闻发言人集体退场。

（4）死亡人数上调到77人

7月26日晚，北京市防汛抗旱指挥部新闻发言人向媒体正式公布了"7·21"特大自然灾害遇难人员情况，包括遇难者名单和遇难者发现地分布。截至7月26日，北京区域内共发现77具遇难者遗体，其中66名遇难者身份已经确认，11名遇难者身份仍在确认中。

已经确认身份的66名遇难者中，包括在抢险救援中因公殉职的5人。另61名遇难者中，男性36人，女性25人。其致亡原因为：溺水47人；触电5人；房屋倒塌3人；泥石流1人；创伤性休克2人；高空坠物2人；雷击1人。

这61名遇难者遗体发现的地区分布为：五环路以内6人，其中核心城区1人，其余均集中在远郊乡镇，特别是山区。其具体分布为：房山区38人，主要发现在河北镇、周口店、青龙湖等乡镇；朝阳区6人，发现在金盏、十八里店等乡；丰台区5人，发现在长辛店等乡镇；石景山区5人；通州区3人；怀柔区1人；密云县1人；大兴区1人；东城区1人。

在解释为什么迟迟未发布新遇难人员数字时，市防汛办相关负责人称，原因主要有三点：一是遇难人员的甄别需要过程，很多人员需要提取DNA跟公安部门核实，才能确认遇难者身份。二是力求准确，所以核实身份工作反复多次进行。三是搜寻遇难者的难度非常大，北京市面积是1.6万平方千米，但90%是山区，抢险救灾人员从大面积的山区开始搜寻，过程非常长。

对于11名尚未确认身份的人员，目前已经提取DNA信息，跟河北当地的公安部门进行比对，将尽快确认11名遇难者的身份。防汛办已确认，部分遇难者尸体是从河北冲过来的。

（5）最新数据：79人遇难

此后，北京市防汛办两次通报，新发现2名遇难者，另有3名遇难者身份得到确认。截至2012年8月6日，北京"7·21"暴雨遇难人数增至79人。

5）捐款风波

暴雨之夜，152名（也有报道称是154名）农民工在京港澳高速南岗洼路段救出了上百名被困游客，事迹被报道后，慈善家李春平向这些救人的农民工捐款 30.4 万元，以表彰其见义勇为的行为。7 月 30 日晚上，央视主持人崔永元请救人农民工吃饭的现场，腾讯筑德基金宣布向 152 名农民工捐赠 15.2 万元，以鼓励他们的"公益善举和大爱义勇的精神"。

然而，丰台河西再生水厂项目部有农民工反映，自己并没有拿到筑德基金的这笔捐赠。8 月 9 日上午，一条题为"北京暴雨救人民工所获捐款被扣留只剩一件 T 恤"的微博更是引起网友的关注和愤怒。

8 月 9 日晚上 7 时，"北京发布"公布了北京市和丰台区政府的调查结果。调查称，筑德基金的捐赠在 8 月 3 日就直接发到救人农民工手中。但是，有 12 名农民工的捐款又被劳务负责人要求上交并暂扣，理由是担心工人领取赠款后擅离工地，要求捐款交其保管到月底再发。

随后，丰台河西再生水厂项目部在搜狐微博上回应："项目部未能及时发现、及早妥善处理，导致 12 名工友的权益受到损害，项目部对此深表歉意，并将吸取教训，在以后的工作中改正。"

12 名农民工被扣的捐款被退还，劳务队负责人被辞退，捐款被扣风波基本平息。

6）尾声：铭记灾害教训

7 月 25 日，北京市成立"7·21"特大自然灾害善后工作领导小组。7 月 27 日，"7·21"特大自然灾害发生后第七天，北京市委书记郭金龙，市委副书记、代市长、市政协主席王安顺，市委副书记吉林等来到重灾区房山区十渡镇前头港村，向所有遇难者鞠躬默哀。

郭金龙表示，特大自然灾害给我们的教训异常深刻，在灾害面前，我们的规划建设、基础设施、应急管理都暴露出许多问题。在这里，想想已经逝去的生命，看看受灾的群众，我们必须深刻反思，永远铭记这个教训，不断加强和改进我们的工作，确保这样的灾难不再重现。

另据中国保监会通报，截至 2012 年 7 月 29 日 24 时，北京地区保险公司共接到因强降雨造成损失各类报案 4.6 万件，估损金额约 9 亿元。

其中，机动车辆保险接报案占比达 89%。针对全市机动车辆受损数量众多、受损情况复杂的状况，在北京保监局指导下，北京保险行业协会协调在京各财产保险公司，就受灾车辆保险理赔事宜作出六项承诺，承诺应赔尽赔足额赔付。

3. 反应与评价

1）暴雨中闪光的"北京精神"

暴雨中传递出来的守望相助温暖了人心，受到了国内外媒体的普遍关注和高度赞扬。

新华网评论，一场突如其来的暴雨，不仅是对城市应急排险能力的考验，更是对人们精神上的一次洗礼。令人欣慰的是，在暴雨面前，政府职能部门积极行动，官民互助、人们守望相助。面对被淹在立交桥下的车辆，一名警察对人群里喊："谁来帮忙拉一把。"几十人冲上去。路边的井盖被水压冲开，环卫工人拿身体作警告标志，把守在一旁；素不相识的人们主动帮助身边的弱者，义务去机场运送滞留旅客的热心人。一场暴雨不仅没有冲淡人情、人心，相反，它激发了这个城市中每一个人的责任与道义。这让我们感觉到，"北京精神"已经不仅是根植于内心的道德操守，更是化为实践行动的闪光力量。

无数网友在网络、微博发表评论，传递正能量。如"@天使替我－Aini"说："其实世界上还是好人多，老天无情，北京有爱，感谢雨中那些无名的英雄们。""@刘一书含"说："北京是座温暖的城市，大水无情人有情。相信我们的爱能渡过难关。""@静禅方丈"表示："60年来最大暴雨让北京精神彰显无遗，北京人内心的那份善良让人感动。向牺牲的李所长致敬！愿生者平安，逝者安息。"

德国、美国、意大利、英国、新加坡、奥地利、克罗地亚等国媒体也广泛报道了人们在暴雨中相互救助的表现。

美国《侨报》以《雨中有大爱北京爆发正能量》为题报道称，一场暴雨，也是一场人性的洗礼。不同职业、不同年龄、不同性别的人们在城市的不同角落不约而同地举手为伞，呵护着城市，呵护着他人，传递着温暖，传递着信任，传递着"正能量"。正如一位网民所言："北京人，今夜，我们同舟共济。"

新加坡《联合早报》文章称：危难给北京官民带来考验，也让外界看到平凡市民热心助人的一面。这些好人好事包括：环卫工人站在揭开了井盖的井口处，以提醒过往的行人和车辆；普通市民在网上公布手机号和房号，为被雨围困的人提供暂时居所；志愿者自驾车辆，接送滞留机场的陌生旅客等。

媒体也注意到暴雨中"趁火打劫"的不和谐声音。《新京报》发表评论《一场暴雨，检验公民社会的成色》，文章称：这场61年来的最大暴雨，让人们看到了一个"多面北京"，检验着公民社会的成色。在暴雨面前，绝大多数人"守望相助"，但也有人、商业机构和公共机构幸灾乐祸，"趁灾打劫"，令人寒心。然而，让这个城市变得更好，不是一群人凭着道德优越感，对另一群人发起批判，而是，应该更深入地追问，为什么同样在一片暴雨之中，人们的表现会如此显著不同。

暴雨是一面镜子，照出人性的美和丑。正如《人民日报》官方微博所言：一场暴雨让我们感到生命的无常与重量，也看到周遭的种种不足与缺陷，同样铭记于心的，是灾难中爱的赠与和传递，是对责任的坚守和护卫。想起最近很流行的一段话：你所站立的地方，正是你的中国。你怎么样，中国便怎么样。你是什么，中国便是什么。你有光明，中国便不黑暗。

2）政府预警不足、处置不力

（1）四问北京暴雨之痛

这场暴雨给北京市民和政府以巨大考验，既展现了干部群众责任如山、守望相助的良好作为，也暴露出城市应急管理能力的不足。

舆论对政府的批评主要集中在四个方面：第一，五次预警连发，为何不能给市民发个短信提醒？第二，公共交通瘫痪，为何需要网民组织去疏散滞留乘客？第三，一丝不苟地收费、开罚单，北京交通管理为何不能人性化一点？第四，下雨前，立交桥已建立

"一桥一预案"，为何还有汽车被淹驾驶员溺亡？

香港媒体发文《反思：首先是预报失准》称：北京一场 61 年来最大的暴雨，至今导致至少 37 人丧生，95 处道路积水、交通一度中断。据北京市气象台预报，7 月 21 日傍晚至夜间，北京将出现一次强降雨过程，预计达到暴雨量级，全市平均累计雨量 40~80 毫米。显然，这与最终出现的 215 毫米降水相差极大。可见灾难的酿成，气象预报责无旁贷。虽然 21 日当天，北京气象台连发 5 个气象预警，从最初的暴雨蓝色预警，至傍晚 6 时 30 分升格为暴雨橙色预警。官方对灾难的应对，更可能因为事前对暴雨"凶悍"情势估计不足而出现被动。与此同时，北京民众并没有收到官方的大暴雨提示。7 月 20 日、21 日的京城报纸、电视和网络，并未将这场暴雨提至突出位置，以至于居民感觉这个周末与平时没有任何两样。2011 年暴雨后，公众就呼吁政府应在暴雨前向居民手机发出提示短信，但政府此次显然没有这样做。

不少评论指出，在凶猛无情的暴雨面前，北京的交通管理缺了点人情味儿。有评论说：一场暴雨，让人们看到了两个完全不同的北京：善良的人们自发参与救援，但机场高速的收费站仍然抓紧收费，交管员给被淹车辆贴罚单。城市建设的重大隐患非短期能弥补，但在软件管理上就不能人性化一点？

《北京青年报》署名毕晓哲的评论认为，在暴雨中行驶的车子因为积水而熄火，车主将车子临时停放在路边属于"紧急避险"，当地交通执法人员却继续开罚单，这是相当不妥当的行为，也是近乎无视公众的"趁火打劫"。

国家发改委城市和小城镇中心研究员易鹏在微博上强调，这确实是天灾，但绝不能就此放过人责。他说："我们可以看见预案做得不细，如机场高速就不要在被淹中收费了；可以看见预案执行不到位，提出一桥一方案，竟然桥下淹死人，完全可以早封路。这都体现城市管理水平需要提高，不能一句天灾就带过。不反思检讨，北京永远就不能成为一座幸福城市，世界城市。"

（2）伤亡人数不是敏感话题

因灾伤亡人数迟迟未能公布和更新，引发舆论广泛质疑和批评。《人民日报》发表评论文章《伤亡人数不是"敏感话题"》，指出：正因为生命无价牵动人心，作为权威发布者，政府自然要对伤亡人数的统计格外审慎，相关情况的核实也必须更加严肃。但与此同时，面对公众的"数字敏感"，甚至出现的一些"数字猜想"，我们也需要同时思考：这种审慎和严肃，如何与公众的关切与焦虑对接？又如何更好地彰显以人为本的执政理念？

文章说：就死伤人数来说，从判断失踪到确认伤亡需要一个过程，但是否可以滚动发布，先报失踪人数，再报死亡人数？从发现死者到确认身份需要一套程序，但是否可以先报死亡人数，再报死者身份？民间传言或许不够准确，但是否可以当作线索去核实，既回应关切又查漏补缺？信息公开不是一个静态结果，而是一个动态过程，利用多种信息渠道及时回应公众关切，我们就能更好地保证群众知情权，最大限度地赢得社会各界的认同支持。

香港报纸引用北京理工大学教授胡星斗的观点称，当局不公布死亡数字只会为民众指责政府提供借口，不利于提高政府的公信力。"其实不需要考虑太多因素，公布数字也不会引起多大反面的影响。"政府的避忌"完全是考虑过度了，也许他们认为是不光彩的事情"。

当遇难者名单及详细信息发布以后，舆论普遍予以肯定。《人民日报》文章《当那些沉重的名字一一念出》颇具代表性。文章说：66个遇难者的名字，他们的身份年龄、遇难情形，被详细公布出来，被无数陌生人一一念出声来，此刻，我们所能感受到的，是生命的重量，是灾难的痛苦，也是一次极其可贵的进步。《人民日报》微评论建议"公布遇难者名单应成制度"：姓名、年龄、遇难地点及原因……尽管是些简单信息，北京公布的遇难者名单，却让冰冷的数字有了人性的温度，使生命尊严在含泪注目中彰显。直面真实才能抵抗遗忘，让我们在这份名单前警醒，并通过以人为本的制度开掘敬畏生命远离灾难。

（3）舆论引导和新闻发布

人民网舆情监测室报告称，暴雨事件中，网友的关注点主要集中在四个方面：对"北京精神"的肯定（36%），对北京排水系统的不满（22%），对政府预警不足的批评（16%），为受困暴雨中的人祈福（19%）。

报告指出，从舆情应对的角度来看，面对此次暴雨灾害，北京官方有以下三方面经验值得借鉴：

首先，危机时刻，形成政府舆论场，抢占舆论引导权。北京"7·21"暴雨发生后，北京新闻办、北京消防、水润京华、平安北京、交通北京与16区县政务微博持续不断发送雨情信息、救援详情等，合力形成官方舆论场，继而影响民间舆论场，在舆论引导中占得先机。

其次，快速回应网民诉求。针对网友反映因涉水熄火车辆被贴罚单一事，北京交管局当天作出回应，撤销此罚单，迎合了民意，挽救了政府形象。

最后，发现谣言，及时辟谣。23日，微博传言房山有200名敬老院老人死于暴雨，对此，房山区积极调查，公布事实真相，有力回应网友，使得谣言在短时间内消亡。

同时，在此事件的应对中，北京市气象局则犯了不应有的错误，不敢坦承错误，希望"以技术障碍"为由推卸责任，却遭遇中国移动和中国联通强有力回应，成为网民的笑柄。随着民间舆论场日益强大，民间监督的不断加强，政府应敢于向公众自我"揭短"，勇于承认工作不足，并在公众的督促下不断完善和提高，唯有如此才能拉近与普通网友的距离。

"7·21"北京特大暴雨之后，于22日、25日和26日举行了3次发布会。针对第三次通报遇难者情况的新闻发布会，语文出版社社长、原教育部新闻发言人王旭明认为，应当吸取如下教训：

一是发布会主体和发言人不适合。他说，按北京市的说法，北京市这场暴雨是61年未见，且一场暴雨目前为止死亡77人，恐怕史无前例，这样的特重大灾难事故完全可与甬温线事故相比。对此，北京市仍然重演着铁道部的过失，仅由北京市防汛抗旱指挥部组织并由该部的新闻发言人发布，显然不妥。

二是发言人及所代表的部门缺少权威性，因此无论是发言人对遇难者的沉痛哀悼还是对事故的反思，都由于其缺少权威性而使人难以接受。他建议：今后发生重特大人员伤亡事故和严重影响人民正常生活的天灾人祸，均应由有足够影响力和责任力的人士讲话。

三是新闻发言人的整体表现，既不专业、准备也不够充分。他说，发布会上该发言人从头至尾通读稿件，甚至像哀悼和慰问遇难者家属这样感性的词语都不能离开稿件，人性化且感人的表态变成照本宣科式的说明，影响效果显得很差。他建议：今后发生重特大人员伤亡事故和严重影响人民正常生活的天灾人祸，均应由受过专业训练且表达一流的人士担当，化解矛盾、共情共解的效果一定大大增加。

3）城市防汛能力和基础设施建设

美联社称，北京已投入了数百亿美元用于现代化建设，从 2008 年北京奥运会标志性的体育场馆，世界第二大机场到新地铁线路开通，令人炫目的摩天大楼，但就是忽略了诸如排水系统等基础设施。

美国有线电视新闻网称，很多人对北京这样一座国际大都市的基础设施的脆弱程度表示不满。尽管北京投入了数十亿美金来修建公路和建筑，但是城市的排水系统看似已被这场大雨完全征服。

英国《每日电讯报》称，目前已有超过 900 万人在中国互联网上表达了他们对政府应对此次雨灾的看法，其中许多人表达的是愤怒之情。一位网民在新浪微博上说，北京被一场大雨打败了，这座城市的基础设施失败了，这儿没有什么可值得骄傲的。不过报道也援引交通部高级工程师张俊峰的话说，北京这次是一天之内下了相当于六个月的降雨量，没有什么排水系统能经受得住这么大的降雨。

香港媒体文章《缺少一流下水道》称，事实上北京的下水道已经不是第一次面对抨击。早在 2011 年 6 月 23 日，北京同样迎来大规模降雨，市内立交桥、地铁等处严重积水，形如泽国。北京工业大学建工学院教授周玉文当时就指出，中国大城市的排水系统普遍存在低标准、升级难、评估缺失等问题，在快速城市化和极端天气增加的背景下面临严峻挑战。他指出，中国之前的发展中一直"重地上、轻地下"，改革开放以后地上的建筑发生了翻天覆地的变化，但排水等地下基础设施的发展，难以支撑城市日益发展的需要。

香港《大公报》指出，城市排水系统之落后，不是资金问题，也不是技术问题，而集中折射了当前许多官员的施政理念与态度。一方面，城市建设只顾面子，不顾里子，热衷于搞各种形象工程，热衷于各种容易"出成绩""见效快"的大项目；另一方面，在经济增速华丽的数据面前，安于守成，不愿开拓，畏惧困难，考虑的是安安稳稳干完任期，忽视的是扎扎实实打好基础造福后人。习惯于抱着短视思维，缺乏长远眼光，缺乏"功成不必在我任期"的胸襟与气度。因而，外界看到的中国大城市千人一面，同样的宽马路、高楼房、如火如荼的圈地盖房子，却也同样的道路拥堵、排水不畅。

思考题：

1. 试使用公共危机理论对本案例进行分析。

2. 暴雨当天，北京市气象台连发五个预警，但社会公众并没有采取有效的避灾行为，试对北京"7·21"特大暴雨中的预警进行评价。

3. 对于政府来说，在灾情来临之际，应怎样进行预警？

4. 面对无法回避的灾难，政府应如何进行舆情处置和信息发布？

5. 提高民众自救和危机意识，政府应该如何做？

6.4.2 案例：锚地管理引发的思考

> **准备工作**：锚地是指供船舶在水上抛锚以便安全停泊、避风防台、等待检验引航、从事水上过驳、编解船队及其他作业的水域。本案例围绕 G 港公共锚地发生的"4·10"事故及处理，引发对公共锚地管理的思考。为更好地进行案例分析，在案例分析之前应做到：
>
> （1）提前阅读案例，对案例思考题进行提前准备。
>
> （2）查阅相关资料，主要包括我国公共锚地管理的相关法律法规，海上交通事故的相关规定等。通过资料准备，为有效分析案例相关问题打下基础。

摘要：改革开放以来，随着我国航运事业的发展，锚地资源局限性日益凸显。配套设施跟不上、管理方法老旧等，待泊船舶积压问题紧张，水上交通形势严峻，锚地事故频发。本案例聚焦在 G 港公共锚地发生的"4·10"事故，讲述了以 G 市海事局为主导的多元共治如何明晰权责、解决事故以及应对事故调查中暴露出的公共锚地治理难题。并"以案为鉴"，对此次事故暴露出来的公共锚地管理难题的创新型解决进行全景式展现，希望可以为我国公共锚地治理和进一步促进航运经济的发展提供经验参考。[①]

G 港上，风平浪静、船来船往、井然有序，太阳光洒在海面上，折射出波光粼粼的景象。一大早，就有数名巡查员对停泊在公共锚地的船只进行日常巡查。"自从你们开发了在线申报进港信息平台，真是方便多了，再也不用担心船到了港口，却申报不到停泊的位置，影响卸货了。"一名船员开心地对巡查员们说道。

可谁能想到，数月前的 G 港还是一片乱象。往来的船只因为公共锚地资源不足和管理的混乱，经常随意穿梭、随意锚泊，各类船只混杂在一起，乱成一锅粥。船只走锚、剐蹭、碰撞等水上交通事故频发。港上的公共管理效率更是不敢恭维，申报部门门口经常排起一条长龙……

不过数月时间，G 港是如何从一片混乱，人人头疼的乱象蜕变成错落有序、让人耳目一新的景象的？背后究竟发生了什么？

1. 宁静夜晚，辖区突发水上交通事故

2021 年 4 月 10 日 22:05 时左右，X 海事处值班员小李像平常一样盯着监管指挥系统，准备在完成当日最后一次巡查后稍作休息。突然值班电话响起，小李迅速接通电话：

---

① 本案例由南昌航空大学 2021 级 MPA 研究生饶东彪、张意、刘钰晓、韩金銮、2021 级管理科学与工程专业研究生李少林共同编写，王秀芝教授指导。案例中所涉及相关人名使用化名。

"喂！您好！这里是 G 市 X 海事处值班室，请讲！"

"喂！您好，这里是'冰山号'，我船在 X 辖区 86LH 锚地附近发生碰撞，我船与对方船均受损，有人员落水，请迅速救援！请迅速救援！"

接到险情后值班员小李迅速记录，查明事故发生位置、了解事故概况后立即向带班 H 队长进行了报告，H 队长听取汇报后立即作出指示，要求海巡执法力量立即进行救援，做好现场勘测、防止油污扩散，请值班员继续跟进事故进展，按要求向局指挥中心报送相关信息，并保持通信畅通。

22:20 时，海巡执法力量赶到事故现场，并开展紧急救援落水人员，处置事故现场、设立临时警戒区、发布航行通告。

22:40 时，值班员向局报送事故险情快报，经过现场反馈事故概况为：当晚 22:05 时左右，J 省籍集装箱船"冰山号"轮从外海进港，航经 G 港 86 号公共锚地水域，为避让横越航道的 Z 省籍散货船"海洋之心号"轮，与 D 省籍干货船"水手号"轮发生碰撞。事故造成"冰山号"轮球鼻艏舱室内肋骨和船壳板轻微变形；"水手号"轮右舷船中严重破损，22:15 时，船体进水后沉没，部分燃油泄漏，12 名船员落水；事故中无人员伤亡，直接经济损失约 900 万元，根据《水上交通事故统计办法》规定，构成一般等级水上交通事故。

22:45 时，经海事搜救"水手号"轮 12 名落水船员全部脱险，转移到陆地附近医院检查和安置，"冰山号"按要求到 76 号公共锚地抛锚等待调查，"海洋之心号"保持通信畅通随时协助事故处理，经报 G 市交管对事故水域实施封航警戒，增设 4 艘警戒船并发布航行通告。

4 月 12 日 12:00 时，历经 38 小时持续奋战，"水手号"成功被打捞出事故水域，沉船残骸由拖轮拖至浅水区进行事故调查，12 名遇险船员经休息和体检身体状况良好。13:00 时，G 市交管中心发布新航行通告，事故区域恢复通航。至此，事故初步解决告一段落，后续有关事故原因的调查、责任的认定以及赔偿工作仍在进行当中。

自 2021 年以来，X 辖区水上交通事故频发，尤其是锚地水域事故发生较密集、船舶损失大、影响十分恶劣。如何治理好辖区锚地，已成为摆在 G 市 X 海事处艾处长和同事们面前急需解决的问题。

2. 事故调查，公共锚地诸多问题逐渐浮出水面

G 市 X 海事处辖区频繁发生锚地水上交通事故，已在系统内引起上级领导高度重视。上级多次批示 G 市 X 处要力破万难，以"4·10"事故为契机，搞清楚锚地事故原因、寻求解决之方，彻底解决这颗"毒瘤"。事故发生后艾处长迅速传达上级指示，亲自指挥跟进事故调查。

按照水上交通事故应急预案要求，在完成救援后须及时开展海事调查，查明事故原因、确定各方责任、及时结案。4 月 11 时 8:30 时，艾处长电讯海事调查官令其赶赴现场进行调查。上午 10:00 时，G 省海事局召开"4·10"事故专题视频会议，G 省局肖副局长发出指示：事发水域属地海事处要做好落水船员安置，确保船员身心健康；要做好后续事故调查，确保责任落实到位；要吸取经验教训，确保类似事情不再发生。11:00

时，G 市海事局白局长亲临事故现场指挥沉船打捞和油污泄漏处置，同时派调查组兵分两路对事故船舶、事故船员同时开展调查。面对上级要求，艾处长第一时间传达上级领导要求，迅速对事故开展调查，随着调查深入，一系列隐藏在锚地管理事务中的问题慢慢浮现。

1）锚地资源紧张，船方常因候泊犯愁

通过对事故船只的调查发现，事故船只的船长、船员大部分表示公共锚地在使用规划与设计上存在缺陷，使得船只在航行中往往无法按照原定计划行驶。对于锚地使用不便利的问题，通过走访与深入调查发现，大部分在 X 海事处来往船只表示常常会因为锚位紧张、候泊时间较长从而拖延船舶到港计划，影响货期，更有甚者表示由于锚地超负荷使用，锚地密度大、随意锚泊泛滥，船只刮蹭与碰撞已经屡见不鲜。

在调查"海洋之心号"时，其船长谈道："X 港锚地较少，我船原定计划是在码头装完货，然后去锚地抛锚办理离港手续后赶往下一港口，但是 X 港辖区公共锚地仅在东江口这边，我们只能选择横越航道。附近港区可以锚泊地方最近也要一个小时，如果去那边抛锚不仅时间成本大、经济成本也高，只能选择东江口临时锚地，每次来往我们都为寻找公共锚地着急。"

在对被救"水手号"船员调查笔录时，船员也反馈公共锚地一位难求，而锚地管理又不够清晰明确，其中一段对话如下：

调查员："你船来港到哪个码头？装何种货物？装载多少？"

船员甲："计划到 B 码头，装碎石，2500 吨。"

调查员："你船到 B 码头装货为何却来东江口这边抛锚，B 码头附近锚地不能抛锚？"

船员甲："B 码头有公共锚地，但是没有锚位，只能到稍近一点东江口这块锚地抛锚。"

调查员："码头调度室让你们来的？"

船员甲："码头调度让我们自己找锚地，没有特别指定哪一块，但是一般我们都是尽量找近一点锚地便于节省时间。"

为了验证船员反映问题准确性，海事调查官向领导汇报后请求派出海巡执法力量现场抽样锚地船舶，并对整个锚地情况核查拍照做好总结材料。海事执法力量对临时锚地的抽查对话节选如下：

调查员："你好！我们是 G 市海事局执法人员，现就锚地一些情况想和你了解一下，请您配合一下！"

船员乙："好的，没问题！"

执法员："你船对 X 辖区所属锚地用途和使用规范是否了解？"

船员乙："不是很清楚，锚地不应该是用来抛锚的？难道还有其他用途？"

执法员："当然，不同锚地用法不同。你觉得 X 港锚地与其他港口相比有哪些不足？"

船员乙："X 港这边主要是不好抛锚，每次来都要排队而且这边码头管理比较混乱，所以常没办法按报港计划作业。"

船员丙："最主要是这边船抛锚密度太大了，原本最多只能容纳15～20艘次，经常是超负荷使用，今年我们船在这边发生了两次剐蹭，每次来这边都提心吊胆。"

船方表示是由于码头管理规则未细分，没有科学的路线规划与管理，导致船方仅能凭借临时获取的信息来进行船体行进路线与抛锚地点的决策。而船体行进过程中又只能通过探测了解其他船体动向，无法在驶入锚地前就规划好行进路线与抛锚地点。而与之相关的生产配套设备，也影响着公共锚地的利用与运行。

2）港口生产提速，配套锚地却跟不上

为验证"水手号"笔录真实性，调查员到码头对生产和配套设施进行了相关情况的了解。码头生产部熊主任说道："企业要生存，港口之间竞争十分激烈，为保住客户都咬紧牙关提高生产速度，但是基建资金有限，港务集团看起来家大业大，可每年投入基建的资金却十分有限，有时为了增加一条生产线而直接挪用基建资金。投入了生产设备就无法顾及公共锚地，再说了不是有政府定期来维护嘛，我们企业是有心无力呀！对于船舶来港都是有位就可锚泊，我们这边不指定锚地。"

艾处长也曾多次到港口生产企业走访交流，对企业生产困境和发展需求进行过了解，也从政府管理角度上给予了许多政策指导。但是单靠控制生产速度不是长久之计，最终让企业脱困的还是企业如何自主创新和寻找新的经济增长点。

港口生产速度加快，本是推动经济发展，拉动内需与外销的好帮手。然而配套的公共锚地设施设备逐渐落后，急需同步升级换代。生产加速带来的来往船只的增加与设备陈旧导致的船只拥堵问题，艾处长表示知晓问题所在，却又无能为力。

3）政府有心管理，奈何落地程序复杂

对于锚地配套设施设备升级方面的问题，调查员走访了G市口岸办。据口岸办老蔡处长回应，近几年我们都积极向市委、市政府打报告，申请专项资金用于改善港池配套设施，但每次报告都如石沉大海。去年好不容易在市委会议上通过，眼看着政策有着落，但随着领导换届新领导到位后又被无期限搁置。今年多方筹措资金500万元，计划对锚地进行改造升级，但审批流程太复杂至今还在待批状态，后续各部门调配也是个复杂问题。

艾处长表示，随着码头生产率的提升，码头来往船只增加，码头的维护和升级责任与码头企业和政府息息相关。然而具体落实起来，各处都表示自己有难处，难运行。码头生产部表示企业资金有限，无法对锚地维护，而政府对于锚地设施的推动，又需要通过层层审批。锚地配套设施的升级改造，似乎遥遥无期。

3. 责任划分难，事故处理遭遇层层阻力

1）各部职权交叉，调查进展缓慢

在事故发生后，海事部门立即组织人员赴现场调查具体事故情况，但调查进度却十分缓慢。艾处长抱怨道："事故发生后只有我们海事冲在一线，其他应急和责任部门迟迟未露面，按道理事故现场认定以及船体损毁程度需由船检负责，人员落水调查需由公安介入，水质污染需由环保局负责，市安监局负责周边协调，但直到船体打捞出水相关职能部门都未能及时到达现场。"

在随后调查中区队长解释道："我们接到报警通报后也是按要求上报事故等级，经过上级机关指示后才能做出事故调查。上级答复由于事故发生在水上，应由水上公安负责一手调查。此外，如果还涉及刑事情况才需要地方公安接收参与调查，故未能第一时间介入调查。"

市安监办熊主任到现场后表示："以往事故发生都是由海事调查完毕后，再移交其他部门协同跟进，但我办因人手不足，环保局因其他原因均未能及时参与联合调查。但是其他各部门都能独立开展调查，也没必要每一个部门都在场了，只要分享调查资料即可，再说了大家都来也不好同时开展相关工作。"

2）各方责任难定，互相推诿扯皮

为了尽快了结"4·10"事故，艾处长在听取事故汇报，仔细审阅档案并经请示上级领导和各部门意见后，以处的名义形成了初步事故责任认定报告，向三方出具了事故责任认定书："冰山号"在"4·10"事故中负主要责任，"海洋之心号"负次要责任，"水手号"负连带责任。然而三方对责任划分都有意见、各执一词，并都对其他两方责任有意见，而这之中尤以"水手号"船东意见最大，要求最多。

"冰山号"船东："我船是正常进港航行，主要原因是'海洋之心号'主动穿越航道，由此导致了我船避让不及才与'水手号'发生相撞事故。虽然是我船撞上'水手号'，但这是由于客观原因导致并非我船主观错误造成，且我船船体也受损严重，我认为我船不应承担主要责任。"

"海洋之心号"船东："我船与两艘事故船都未发生碰撞，我船也是在横越区域按规正常进行横越，横越时我船航速符合标准，且也通过高频通知过往船舶，故我船不应负次要责任。"

"水手号"船东："我方正常行驶并未有任何违规操作，在此事故中是受害方。在两船面临紧迫局面时我船还运用良好船艺向右急转舵躲避，并提前向'冰山号'发出信号预警，在碰撞后为防止油污扩散还对燃油柜紧急锁止，且迅速组织船员逃生。我船在整个事故中未有操作失误之处。此外，三船之中我船受损最严重，船检报告显示达到报废标准，因此我船不应负连带责任。"

在事故调查中艾处长也多次和"水手号"船东沟通，展示了海事的事故调查过程，并对该船自身问题也进行了评点，对其他两船问题也一一指出。虽然三方都对责任划分有意见，但海事事故责任认定书都是以法律标准为基础，在平衡各方利益前提下，得出较为公平的认定书。由于事故三方当事人各自推脱责任，行政执法人员面临着能否公平明确各方责任，调节多方冲突的任务。

3）理赔标准不一，赔偿难达一致

海事事故调查结束后对事故当事方出具了责任认定书。几经周折、多次协商，终于在2021年9月初步达成一致：船损650万元、拖轮及打捞150万元、船舶燃油泄漏清理和水域恢复50万元、人员安置及其他各项杂费共50万元，总金额900万元整。随即事故进入保险赔付阶段，但因保险公司不同、保地不同，在赔付金额方面三方出现了较大分歧，导致事故处理又进入了僵持阶段。

"冰山号"船方投保保险公司律师："该船参保地是在 J 省，各项赔付标准按投保合同应参照 J 省社会生产水平和相关法律的要求，而不应参照 G 市标准。而且该船所买保险标准较低，赔付金额不足以支付事故责任认定书规定金额。"

"海洋之心号"船方投保保险公司律师："除本船所购保险赔付标准应参照 Z 省规定外，本船还积极主动配合调查，因此影响货期造成了高额经济损失，这部分也应当纳入赔偿范围或折损抵销应付赔偿款"。

"水手号"船方投保保险公司律师："我司赔付范围和赔付标准应按照投保要求和 D 省的规定执行。另船载货物因事故造成损失，未在我司承保范围内，而且船员安置费用应由用人公司负担，该公司也未在我司购买船员相关保险。"

"水手号"船方代理律师："委托公司所属事故船舶，经海事和相关船检机构检测达到可报废标准，而依据报废标准和所属事故发生标准，赔偿金额总计应超过 900 万元整，同时船员安置费用和务工支出应纳入赔付范围，故赔付金额还应有所提高。"

4. 多元共治，事故终于得以解决

艾处长指出，在"4·10"事故中，三方船只起锚、进入航道、进港位置分属新港水域、X 水域和番禺水域，而事故发生在 X 水域，事故责任划分很难精确。根据《中华人民共和国海上交通安全法》的相关规定，调查事故应当归发生地海事部门调查，而水上交通法规定应由三处机关共同调查，这就导致了此次事故调查责任难以界定。此外，"4·10"事故调查涉及 G 市应急办、海上搜救中心、海警、海关、渔政、海事等 8 个部门，涉案部门不同，调查处理办法也不一致，多方面因素致使"4·10"事故调查周期一拖再拖。

1）专事专办，明确事故责任划分

为推进事故调查处理，艾处长多次向 G 市局请示成立联合小组专项推进事故。2021 年 10 月，由 G 市海事局牵头，联合市全监办、公安局、法院、水上搜救中心成立了专项事故处理小组。海事局领导饶组长带头先后进行了 4 次专题协商，对各部门责任进行了具体明确，限定了事故处理时限。10 月 30 日，终于在第 5 次协商调解时各方达成一致方案。后续理赔和打捞沉船行动也有序推进。终于等到统一的事故处理意见的"水手号"船东忍不住感叹道："这个案件拖得实在太久了，不仅影响公司效益，也给船员带来许多不便，现在终于告一段落，真的太感谢了。"

2）统一标准，确保赔付金额到位

在 10 月 9 日"4·10"事故第一次协调会上，三艘船舶因分别投保三个省份三家保险公司，每家公司赔付标准不同产生了分歧。而"水手号"船方的代理律师认为事故船舶已达到可报废标准，再加上船员安置费用和务工支出等应赔付款，船方应得赔付金额对比保险公司提供的赔付标准应当有所提高。"水手号"船东也强调："在事故中我方受损最严重，理应在理赔时向我方倾斜，希望领导多为我船十几位船员考虑一下。"

第一次协商会议中，三方船只律师各执一词：

"水手号"船方律师："我船在事故发生后半小时内沉没，后期船体经过打捞也顺利浮出水面。但从现场情况看，我船从船首右侧货舱开裂，横向裂口超过 2 米，纵向裂口

由甲板至船底，且打捞时因为捆扎导致船身已严重变形，从船检报告来看修复成本较高，从船舶生产日期来看已达报废年限。综上考虑，船东希望按报废标准来处理，同时我船连同船长一起共计13名船员因事故落水带来的身体检测、安置费用、务工费用应当计入赔偿范围，并且赔付标准应当参照我方购买保险所在地法规要求。"

"冰山号"船方律师："假如按上面所讲赔偿标准，我方除保险公司支付费用外，还另需赔付金额50万元，这远远超出我方预期。同时按购买保险所在省相关标准赔偿，我方支付赔偿款由保险公司赔付金额足矣，因此不同意'水手号'船方律师提出的赔偿方案，我们坚持以自己购买保险赔付标准来理赔。"

"海洋之心号"船方律师："我们同意'冰山号'船方律师所提方案，按'水手号'船方律师所提标准，我船赔付金额将超出保险理赔上限，同时我方对事故责任划分也存在意见。在事故中我船负次要责任，按责任比例来定，实际赔付比例已超过责任比例，故我方请求依法重新裁定赔付标准和赔偿金额。"

饶组长总结道："此次协调会本着公平公正原则，旨在尽快完成'4·10'事故后续处理。省局领导和市委领导也多次给出指示要加快事故调查，尽快完成事故后续处理事宜，从此次事故中吸取经验教训。前面大家提的问题和要求我们都已认真记录，在召开此次协调会之前我们也向G省海事法院咨询了相关情况，同市委法律援助律师也做了赔偿标准探讨，对大家各自省份法规和具体赔偿标准也进行了比较。为了兼顾各方利益经报协调小组主要领导审批，根据法律规定以事发属地原则为标准，参考G市水上交通事故保险公司赔付标准，对各方赔付系数进行调整形成了保险理赔方案，请大家仔细阅读。针对条款不明或有异议直接提出来，我们将及时给予解答。"

虽然初次协调没有达成一致，但随后在10月16日、23日、26日都陆续召开协商，在30日第五次协调中，为了尽快处理好这起事故，经报上级部门审核并确定了最终方案。饶组长宣布："虽然事故发生在G市，但考虑到不同地区保险合同签订时协定赔付标准存在差异，以兼顾各方利益为前提，我们根据事故三方申请，决定分别参照各地保险赔偿标准和程序进行赔付。"最终专项事故处理小组给出参考赔付意见书：按保险公司所在地标准支付，并调整赔付系数平衡三方利益，在保证公平原则前提下，给予受损最严重一方多一点倾斜。

5. 结束语

虽经多番波折，"4·10"事故终算了结。但仍然存在一些问题，"水手号"船东仍对赔偿有意见，想重新申请对事故开展复查，并表示将通过法院起诉方式，与"冰山号"进行民事诉讼，这也预示着新的问题和隐患。

2022年2月15日，"水手号"船东正式向G市中级人民法院递交诉讼材料，要求对"4·10"事故开展复查，并对赔偿方案和标准提出复议，要求"冰山号"及其保险公司再赔付150万元；要求"海洋之心号"在原有赔偿标准的基础上再支付50万元。"冰山号"和"海洋之心号"均表示会应诉，且不同意"水手号"的过分要求，将会通过法律渠道维护自身合法权益。艾处长表示，一波未平，一波又起，海事部门也将密切关注案件发展和进程，同时也将继续抓好水上锚地监管，做好新问题的处理应对。

思考题：

1. 试使用公共危机理论对本案例进行分析。

2. 政府相关部门在锚地管理中应承担的主要职责有哪些？

3. 试根据本案例分析锚地管理中的主要问题及其原因，应如何解决这些问题？

6.4.3　案例：汶川地震后都江堰虹口乡的社会动员

> **准备工作：**《突发事件应对法》第 55 条规定："突发事件发生地的居民委员会、村民委员会和其他组织应当按照当地人民政府的决定、命令，进行宣传动员，组织群众开展自救和互救，协助维护社会秩序。"重大突发事件发生后，外界救援力量和物资由于种种原因，很难在第一时间抵达现场。这时候往往又是灾难救援的黄金时间。基层组织动员当地居民开展互救、自救，这是很有必要的。本案例讲述了"5·12"汶川地震后都江堰虹口乡党委面对突如其来的灾难，团结带领广大干部群众奋勇救灾的故事。为更好地进行案例分析，在案例分析之前应做到：
>
> （1）提前阅读案例，对案例思考题进行提前准备。
>
> （2）查阅相关资料，主要包括《国家突发公共事件总体应急预案》《突发事件应对法》，与本案例相关的我国应急管理法律法规，国内外重大突发事件中社会动员的典型案例。通过资料准备，为有效分析案例相关问题打下基础。

摘要：2008 年 5 月 12 日 14 时 28 分 4 秒，汶川发生特大地震，震中位于四川省阿坝藏族羌族自治州汶川县映秀镇。大地震给紧邻震中、相距大约 10 千米的都江堰市虹口乡造成了巨大破坏，交通、通信线路瘫痪，救援力量和救援物资无法及时赶赴现场。面对突如其来的灾难，乡党委临危不惧、果断指挥，在与外界中断联系 7 天、成为"孤岛"的情况下，组织村民开展自救，安置好受伤村民，抢救被困乡亲，团结带领广大干部群众奋勇救灾，有效地减小了突发事件的影响，取得了抗震救灾的重大胜利，成为基层应急社会动员的样板。[①]

"5·12"汶川特大地震给紧邻震中、相距大约 10 千米的都江堰市虹口乡造成巨大破坏。全乡死亡 69 人，失踪 9 人，受伤 608 人，98% 的房屋倒塌或严重损坏，5 座桥梁、128 千米公路损毁，旅游、冷水鱼等支柱产业遭受重创，直接经济损失超过 10 亿元。面对突如其来的灾难，都江堰虹口乡的基层组织临危不惧、果断指挥，在外界救援力量到达之前，团结带领广大干部群众奋勇救灾，取得了抗震救灾的重大胜利。

1. 火速组织救援，尽最大努力抢救受灾群众

灾情就是命令，时间就是生命。地震发生时，让乡党委书记马远见最放心不下的是乡中心学校的师生，学校有 450 多名学生和几十名教职员工正在上课。马书记在第一时间赶到学校，当看到主教学楼中部垮塌，得知有 50 多名师生被压在废墟中时，他立即组织干部、医护人员和群众对受困师生展开营救。大家争分夺秒，战斗了近 9 个小时，直到晚上 11 点，救出师生 40 多名，包括 6 名遇难同学在内的所有被埋人员全部找到。

---

① 资料来源：王宏伟. 公共危机管理与应急管理原理与案例 [M]. 北京：中国人民大学出版社 2015：254-258.

在对学校的救援作出紧急安排后，3点25分乡党委、乡政府立即成立了抗震救灾临时指挥部，迅速将乡机关、事业单位和卫生院的医务人员组织起来，由班子成员带队分赴8个村搜救被困群众。救援队到各村后，马上指导村上成立自救中心，一边抢救被埋群众，统计死亡人数，一边对受伤人员进行救治，组织群众有序转移。13日一早，乡上又组织9个救援队再次到各村进行第二轮搜救。经过救援队和群众的共同努力，全乡从废墟中救出群众72人，安全转移4000余人，其中外来游客1500多人，外来务工人员约900人。

2. 妥善安置群众，尽最大努力满足基本生活

在组织抢救工作的同时，妥善安置灾民成为当务之急。乡党委、乡政府立即组织力量，在开阔地带规划出临时安置区，迅速平整场地、搭建帐篷。全乡1832户居民，除部分转移出山外，绝大部分群众很快住进了乡上搭建的简易帐篷。大灾后最宝贵的东西是食物，一旦群众吃饭出现问题必定引发混乱，后果不堪设想。震灾发生后，乡党委很快作出决定，以村为单位对粮食实行集中统一管理和定量分配，以备长期抗灾、等待救援。从13日至17日，在场镇集中安置的群众由乡上统一做饭，干部、官兵、群众、志愿者、学生每人每天吃两餐，每餐限量一碗稀粥，确保在救灾物资到来之前不致出现缺粮断顿的情况。

为使群众受伤的心灵得到安抚，乡党委适时组织了"走进村社、走进群众、走进心窝"活动。要求驻村干部及相关人员对各村的遇难者家属进行安抚慰问，搜集了解村民的需求和意见，并逐一解决落实；向群众宣传党中央、国务院举全国之力抗震救灾的决心，宣传省委、省政府的抗灾部署和成都市、都江堰市的安置政策，让群众放下思想包袱、吃下定心丸，坚定生产自救、重建家园的信心。由于他们的工作做得及时到位，一些流言不攻自破，群众完全相信党、相信政府，灾区人心安定、秩序井然。

3. 搞好地毯式防疫，尽最大努力确保环境安全

地震造成虹口4个占地100余亩的渔场、约120吨冷水鱼全部死亡。到16日死鱼开始发臭，再不处理将对环境造成极大污染甚至会发生疫情。为确保大灾之后无大疫，更为了保证成都市区的水源安全，乡党委采取果断措施，对各大渔场的死鱼进行深埋处理，对鱼池进行消毒。17日一大早，乡上同市上的民兵应急分队到观凤沟渔场处理死鱼。上午11点，驰骋数千千米来川支援抗震救灾的济南军区某部装甲团官兵赶到虹口，在听了乡上的介绍后，火速开赴新联、观凤沟、深溪沟渔场，投入深埋和消毒处理腐烂冷水鱼的战斗。这支具有光荣革命传统的"铁军"不顾恶臭，发扬不怕脏、不怕苦、不怕累的英勇精神，连续奋战7个多小时，将死鱼全部进行了无害化处理。

地震中虹口乡共死亡69人，还有大量动物尸体。时值初夏，对此进行及时处理至关重要。乡党委迅速协调部队官兵、民兵应急分队、医护人员，在搜救群众的过程中，尽快确认死者身份，在做好家属安抚工作的同时，对遇难者遗体就地实行消毒、深埋，对动物尸体按要求进行消毒掩埋处理。为做好面上的防疫工作，乡指挥部将防疫药品和喷雾器分发到村，快速完成了"消、杀、灭"工作。请武警黄金部队支持，使用专用设备对临时安置点、人口聚集区消毒杀菌；组织畜牧站对全乡的畜禽圈舍进行消毒处理。

为确保受灾群众饮用水安全，指挥部及时与自来水公司联系，为村民安装净水器，确保群众喝上干净卫生的饮用水。

4. 贵在一鼓作气，尽最大努力开展灾后恢复

此次地震虹口乡共损毁蓄水池 54 处，群众的生存问题受到严重威胁。为及时获得"救命水"，5 月 15 日乡党委决定，把解决生活用水作为恢复生活生产秩序的第一件事情来抓，立即安排两位同志对乡政府已废弃的蓄水池进行勘查，在确定可以重新启用后，用 2 天时间抢修和安装了引水设施，初步解决了安置在场镇的受灾群众的饮水问题。在其余几个安置点，乡上也及时组织村组干部和群众自己动手，迅速恢复了饮水供应。

地震使虹口乡的通讯、交通中断，成为一座"孤岛"。为改变这一情况，5 月 14 日乡上成立了通信保障组，由副书记乐元波带队到市上寻求通讯帮助。经过多方努力，5 月 19 日下午接通了自地震以来的第一部座机，5 月 20 日、21 日移动和联通的手机信号相继开通，虹口与外界的通讯联系得以恢复。乡上从 5 月 18 日开始就组织群众疏通村道，全乡除联合、红色外，其余各村全部实现了通车。

虹口乡是猕猴桃种植基地，地震前猕猴桃种植面积为 6500 亩，地震损毁 2000 亩。5 月中下旬，正是猕猴桃授粉的最佳时节，为保证农事不受影响，5 月 16 日乡上召开"两委"会议，要求各村迅速动员群众搞好生产自救。在乡党委、乡政府的号召下，在党员干部的带领下，全乡很快组织起 2000 多名群众为猕猴桃人工授粉，通过近一周的辛勤劳动，幸存的 4500 亩猕猴桃全部完成授粉，长势良好。

5. 鲜红的党旗，在干部群众的心头高高扬起

震灾发生后，乡党委、乡政府虽然搬出了原址，但一刻也没有停止过强有力的领导和有效的运行，始终是带领和组织全乡人民抗震救灾的主心骨和中流砥柱。特别是在最艰苦的时候，社会上的各种传闻不断，恐慌和不安在一部分干部群众中蔓延，乡党委、乡政府是向山外撤退还是就地领导抗灾救灾，不能不说是一个重大的选择。在及时核实各种消息，综合分析形势之后，乡党委迅速统一思想，作出坚守阵地、绝不后退半步的决定。党委的决心和镇定，起到了下锚定桩的作用，很快稳定了人心、凝聚了士气。在这种坚定的信念面前，再也没有一个人提半个走字。

地震发生后，全乡广大党员干部或在党委、政府的统一指挥下，或就近独自为战，都主动投入了抗震救灾的战斗。无论是在各个搜救现场还是在转移群众和游客的各条线路上，无论是在打通生命通道的战场还是在紧急处理各类突发事件的关头，无论是在生产自救的田间地头还是在临时安置受灾群众的帐篷里，到处都有党员干部繁忙的身影，到处都能看到他们充满血丝的双眼、听到他们嘶哑有力的声音。大家冒着余震不断的危险，强忍着亲属遇难、家里房屋倒塌的悲痛和与父母妻儿信息隔绝的压力，将生死置之度外，奋力抢险救灾，用大无畏的行动践行了一个共产党员的光荣誓言和一个干部的神圣职责。

"孤岛"七日，虹口乡的广大党员干部也受到了一次深刻的教育和启迪。在几乎所有的食物分发点，都能听到群众这样的建议和请求"多给有老人和孩子的家庭分一点"。在打通生命通道和修建临时安置点的现场，每遇要占用群众的土地，他们都会异口同声

地说："没关系，救灾要紧，先用了再说。"红色村 5 组村民唐执彬，家中房子垮塌，失去了母亲和妻子，心灵的伤痛还来不及抚平，他马上跑到学校救人，之后又立即协助乡上安全转移了被围困的 250 多名群众。在街上经营建材的一个老板，伤势严重，双腿截肢，被转移到成都军区总医院治疗，苏醒后他想到的第一件事就是给党委、政府带信，请打开他的铺子，里面的任何东西都可以拿去用。这一桩桩、一件件催人泪下的事情，深深感动了每一位党员干部，给他们增添了无限的力量。同时，他们也深深感到，广大群众在这次抗灾救灾中给党和政府如此大的理解和支持，完全得益于之前与老百姓交真心、为老百姓办实事。正是有了灾前日益和谐的干群关系，才有了灾后广大群众抱定同党委、政府共渡难关的信念和决心。

思考题：

1. 试结合《突发事件应对法》谈谈应急社会动员的意义。

2. 结合本案例，分析应急社会动员的组织和实施过程。

3. 试结合本案例及国内外类似案例，分析应急社会动员的主体和客体，及其在应对突发事件中的作用。

第 7 章
公共管理案例及分析报告写作

公共管理案例的编写是公共管理案例教学得以实施的首要环节，一个合适的案例需要经过精心的准备才能形成。在此，我们首先就案例的采编与设计进行介绍，再结合全国公共管理专业学位研究生教育指导委员会（以下简称"全国 MPA 教指委"）公布的"中国专业学位教学案例中心"公共管理案例库入库案例（以下简称"入库案例"），以及"中国研究生公共管理案例大赛"的参赛案例（以下简称"参赛案例"）的要求，对公共管理案例及分析报告的写作要求，以及评价标准进行介绍。

7.1　案例的采编与设计

公共管理案例的采编与设计是以教学和培训为目的进行的，因此，案例编写必须考虑到教学的需要，为一定的教学目的服务。本节主要从案例的基本结构和基本采编步骤对公共管理案例的编写进行说明。①

7.1.1　案例的基本结构

所谓案例结构就是指教学案例的基本构成。一般而言，一个完整的教学案例应该包括案例主题、考查知识点与考查目标、案例材料、案例情景模拟与思考题四个基本组成部分。

案例主题就是教学案例采编与设计者希望所用案例能够反映并且吸引学生加以分析与研究的公共管理实践专题问题。一般来说，每一个教学案例都应该具有自身的明确主题，而且，由于案例的篇幅容量与教学时间的局限性，单一案例的主题不宜过多，最好是一个案例确定一个关键主题。由于案例主题往往会在案例题目中加以体现，主题的确定有时也就是案例材料题目的形成过程。

考查知识点与考查目标部分是为了引导学生更好地把握案例主题，尤其是引导学生

---

① 　本节内容参见陈世香 . 公共政策案例分析 [M]. 武汉大学出版社，2011：14-20.

了解案例教学目的，案例编写者与任课教师要求学生在阅读与分析案例材料之前应该掌握相关专业理论知识点。简而言之，在特定案例教学过程中，学生应该掌握用以分析案例材料、完成案例情景模拟与分析思考题的相关理论知识，也是在相关专题案例教学过程中希望学生能够加以理解、接受和转化为实践运用能力的相关理论和知识点。这些知识点一般分为三种类型：识记类、理解类与应用类。其中，识记类知识点涉及与案例主题和材料直接相关的有关专业术语、概念、常识，要求学生能正确认识和表述其含义，是最低层次的要求；理解类知识点要求学生在识记的基础上，能掌握和运用与案例主题和材料直接相关的基本命题、原理与方法，掌握有关概念、原理、方法的区别与联系，是较高层次的要求；应用类知识点则要求学生在识记与理解的基础上，能运用与案例主题和材料直接相关的基本概念、原理与方法，尤其是有关专业分析、判断与抉择技能，分析和解决与案例主题和材料有关的理论问题与实践问题，是案例教学过程中最高层次的要求。

案例材料是能够真实、完整地体现案例主题的典型公共管理现象或事件的描述性材料。通过前文对公共管理案例基本特征的分析可以知道，案例材料的内容不仅必须是真实、准确的，而且应该是客观、完整的。在结构上，一个完整的教学案例应该包括以下几方面基本信息要素。

第一，主体（who）。案例中公共管理现象或事件涉及的主体有哪些？在案例材料所体现出来的政策实践中各自承担什么职责，以及扮演什么政策角色？它们之间的角色关系各是什么？

第二，时间（when）。案例中公共管理现象或事件发生过程涉及的具体时间点与时间段各有哪些？这些时间因素之间的逻辑关系是什么？有无特定的公共管理内涵与意义？比如，是否属于不同的公共管理系统或政策体制发展阶段？

第三，地点（where）。案例中公共管理现象或事件发生的关键地点有哪些？各自有哪些特殊的政策环境因素？这些地点之间的管辖关系如何？

第四，事件（what）。案例中公共管理现象或事件的具体内容是什么？涉及什么公共管理主题，或者说属于什么类型的公共管理现象或事件？

第五，原因（why）。案例中公共管理现象或事件发生的具体影响因素或变量有哪些？这些因素或变量之间的相关性关系各是什么？其作用机制如何？

第六，过程（how）。案例中公共管理现象或事件是如何发生的？有几个阶段？各个阶段之间的关系如何？现象或事件有无进一步发展与演变的可能？其未来趋势又是怎样的？

上述这些信息都是一个完整的教学案例通常应该包含的基本信息要素。由于其英文词汇都带有一个字母"W"，有时也被简称为"6W"结构或"5W1H"结构。当然，这些信息要素的具体表现形式可以多种多样，由案例编写者根据主题显现和教学目标的需要以及编写风格加以适当安排。

作为教学案例，一些案例还设计有情景模拟与案例思考题。情景模拟要求案例分析人员扮演案例情景下的某一角色，再现案例材料中公共管理现象或事件的发生过程，模拟案例涉及主体的行为举措与价值判断，有时还会要求模拟者从所指定情景出发构思特定问题的解决途径。情景模拟的目的在于为学生提供一个机会，使其得以参与学习过程，获得对公共管理实践现象或事件的洞察力，并对复杂而充满挑战的公共管理实践本质有一个真实的认识。案例思考题则是案例作者从案例设计目的出发，要求案例分析与学习人员应该加以考虑与解决的问题。这些问题往往包括案例涉及的公共管理主题的认定、相关专业理论的回顾与阐述、政策现象或事件的理论与事件逻辑、公共管理实践问题的解决途径探讨，以及案例所涉及的经验教训和启示的分析。简而言之，就是要求学生能够运用与案例主题相关的各类知识点模拟、分析与解决案例主题相关的各种问题。情景模拟和案例思考题是教学案例的有机组成成分，也是案例学生与分析人员分析案例材料的导向和基本线索。

7.1.2 案例的基本采编步骤

明确了案例的基本构成之后，案例作者的任务就是要创作或者选用一个能使得案例分析人员在经过认真研究和分析之后能够有所收益，进而实现案例教学功能和目标的故事。而且，这个故事还必须具有可读性，能够鼓励和诱使案例分析人员进行认真研究和分析。这表明，案例的采编与形成是一个类似于文学创作的过程。一般地，案例的写作通常包括以下五个阶段。

1. 案例说明书的拟定

案例写作的正式程序从设计案例说明书开始。所谓案例说明书，类似于文学作品的创意设计，就是对所要完成案例的说明和简要介绍，主要包括案例主题、适用对象及使用前提条件、教学意图、案例概要、信息源、编写计划及其可行性等基本内容。其中，案例主题是所要编写案例的灵魂与导向，是编写者打算体现的具有典型意义的公共管理相关知识点或实践事件；案例适用对象就是案例完成后的目标使用群体，使用前提条件则是指适用对象在适用该案例时所必须掌握的相关背景知识和经历；教学意图也就是案例编写所可能实现的教学目的；案例概要是所编写案例的大体思路和基本内容结构，就是为了实现教学目的和体现案例主题所必须涵盖的基本内容要件，也就是前文所讲的案例基本构成部分；信息源就是案例编写所需要的基本信息资料的来源。

所谓案例编写计划，就是完成案例编写任务所要实施的基本步骤和工作计划，包括案例材料搜集方式与时间安排、案例材料分析策略与基本步骤、案例编写和修改阶段时间安排等方面的具体工作安排。所谓可行性，则是对案例编写计划的现实作可行性分析，涉及案例编写所需材料的搜集可能性、编写者材料分析能力、所需时间与条件具备情况等相关问题的分析。值得注意的是，由于公共管理案例往往涉及对国家政府机关的信息搜集，相关部门能否予以合作、案例主题是否涉及国家机密等问题都是案例编写可行性分析必须加以注意的重要问题。

2. 案例材料搜集与研究

这一阶段主要是根据案例说明书的要求，采用合适的方法去搜集与分析案例编写所需要的各种信息材料，为案例的编写提供所需要的实践素材。这其实是一个公共管理信息搜集与处理过程，主要包括信息搜集、信息分析与信息补充搜集三个阶段。

首先，信息搜集阶段的主要工作就是根据案例编写的素材要求，依照案例说明书的安排，采取适当的方法搜集所需的信息资料。根据素材性质不同，可以把信息搜集方法划分为间接搜集方法与直接搜集方法两种。间接搜集方法主要包括文献研究方法，也就是通过相关法律法规、政府文件与档案、图书馆藏、学术杂志、新闻媒体等二手信息来源搜集间接的案例素材。直接搜集方法则是通过访谈等实地调查方法，通过与案例涉及主体的直接接触来搜集一手材料。由于公共管理案例编写所需要的信息涉及公共权力组织，往往并不被具有抵制心理的各类政府机关所欢迎，因此，相比较来说，间接搜集方法更容易进行，也有更充分的时间进行。事实上，即使是使用直接搜集法，通常也应该是首先通过间接搜集方法，尽可能搜集所能得到的相关二手信息材料，确保能够明确在相对更为困难的实地调查等直接信息搜集过程中所必须搜集的信息种类及构成等相关要求。

其次，信息分析阶段的主要工作是通过运用对比核实、逻辑推理分析、筛选等步骤和方法对所搜集的案例材料进行去伪存真、去粗存精的一个信息分析过程。这一阶段最为重要的工作就是确定所搜集素材的真实性、准确性、客观性与完整性。同时。由于搜集的信息量往往很大，此阶段往往还涉及根据案例研究说明书剔除次要的、不相干信息的编辑工作。

最后，信息补充搜集阶段的任务则在于根据信息分析阶段的结论，对不够完整、不够真实、不够准确、不够客观的信息进行进一步的补充搜集，从而确保案例材料真实、准确、客观与完整。相比较而言，这一阶段的针对性更强，带有很强的补充性色彩。

3. 案例初稿的拟订

该阶段的主要工作在于根据案例设计目的与计划要求，将搜集和整理完毕的案例素材转化为一篇初步成形的案例文稿。案例初稿的起草要围绕案例主题的突显和教学目的的实现这两个基本目的展开。然而，完成一个较高质量的案例不仅要从案例内容的完整性、真实性、准确性和客观性着手，还要考虑到案例情节布局和内容安排的生动性、可读性。因此，案例的撰写其实是一个创造性很强的文字工作过程。一般地，一个较高质量的案例应该满足以下几个方面的标准要求。

首先，案例应该提出一个没有明显正确答案或者说具有多种可替代性合理答案的分析主题。也就是说，案例应该具有挑战性和开放性，从而对学生的认知能力和情感能力形成挑战，进而通过吸引和鼓励学生积极参与案例研究与分析来使这些能力得到锻炼和加强。一般认为，案例分析过程应该可以产生多种可替代性的合理答案，实现不同分析视角与路径的交锋，以激发学生的批判性思维，使得学生的相关能力在分析与研究过程中得以优化。

其次，案例应该能够提供完整且真实的相关信息。对于前文所分析过的六种基本信息要素，一个案例材料都必须能够提供齐备的、足够的相关信息，确保学生与分析人员能够充分分析案例所反映的公共管理现象或事件及其相关主题。具体地，案例材料必须提供案例主题所体现的公共管理现象或事件的产生、发展、后果，以及主体、时间、地点、影响因素等相关构成要素方面的足够信息，使得案例教学与培训对象能够据以明确必须分析与理解的公共管理现象或事件的基本构成，以及其成因、关键政策主体与角色关系、解决问题的可能对策与思路。当然，由于案例的自身属性所决定，这些信息同时必须是真实而不是杜撰的、准确而不是模棱两可的、简洁而不是拖沓冗长的。

再次，案例内容应该具有可读性和客观性。这主要是对案例语言运用和情节布局的要求。一个好的案例应该逻辑思路清晰，语言生动流畅，故事情节既真实又有趣、动人。事实上，教学案例也可以视为一种文学作品，应该达到文学作品的要求，"即使是最复杂的主题和故事也可以用一种有趣和吸引人的方式来讲述，这正是你作为案例作者的目标所在"[①]。当然，必须指出的是，案例故事内容的可读性不能以牺牲故事的真实性和客观性为代价。在案例写作过程中，案例材料内容要忠实于公共管理实践事实真相，在描写和讲述过程中要尽可能地避免案例作者或者编写者自身的主观猜测、分析、评论，要尽可能杜绝以先入为主的理论和个人主张影响案例写作过程。

最后，案例编写还要保证信息的合法性。由于公共管理案例涉及的往往都是公共事件，其中或许会涉及国家安全等要求加以保密的信息，还有一些可能会涉及相关案例主体隐私权等方面的信息，对于这类信息的获得与引用都要确保合法性。此外，在通过直接搜集方法获得的信息中，相关主体要求加以保密的信息，即使不涉及法律问题，一般也应该遵守承诺，予以适当处理。理论上，凡是案例中所涉及的真实主体，无论个人或单位，在案例写作过程中，如果由于真实性的需要而不能加以隐匿处理，在信息引用之前，一般都应该获得相关主体的许可。

4. 反馈与修改

一旦案例初稿得以完成，案例编写者应该尽可能多地获取对案例的反馈意见。这主要包括同行评估和初步实施及反馈两方面意见。前者是指编写者可以征询同行专家或者同事的意见，后者则是指通过在案例教学中初步使用案例，通过教学实验及其效果来搜集有关案例质量的信息和意见。经过一定时期之后，案例编写者应该对这些同行评估意见和实验反馈意见进行整理和比较分析，结合案例说明书所拟定的案例教学目的，对案例初稿做进一步的修改和完善。当然，反馈与修改应该是一个不断重复的过程。也就是说，从理论上，案例编写者应该不断地根据各种反馈意见对案例内容进行完善。不过，这一工作也可以由使用案例教学的任课教师来继续完成。

5. 定稿

在经过检验与完善之后，案例可以正式定稿，并且予以发表和出版。不过，应该再次予以强调的是，在案例正式成文之前，案例编写者应该主动地与案例材料提供主体以及涉及主体联系，征询他们的意见，在取得同意之后方可将案例予以公开发表。其目的既在于确保案例信息的真实可靠性、合法性，也在于维持案例作者与这些部门之间良好的合作关系，为今后的合作奠定更好的基础。

---

① 列恩 . 公共管理案例教学指南 [M]. 北京 : 中国人民大学出版社，2001:136.

7.2 教学案例的写作要求及评价标准

上节我们围绕案例的采编与设计进行了简单说明，在本节，我们将结合"中国专业学位教学案例中心"公共管理案例库入库案例的相关要求，对公共管理教学案例写作进行介绍。

"中国专业学位教学案例中心"是由教育部学位与研究生教育发展中心设立，联合相关专业学位教育指导委员会共同建设的公益性、非营利性机构。案例中心致力于建设我国相关专业学位类别最全、特色明显、被广泛认可并具有一定国际知名度的国家级专业学位教学案例中心，有效支撑我国相关专业学位课程案例教学。其中，公共管理案例由全国 MPA 教指委共同参与建设。目前，"中国专业学位教学案例中心"收录的公共管理教学案例超过 1000 个，其内容涉及公共管理各个领域①。

7.2.1 教学案例的写作要求

一个完整的教学案例应由两个部分组成：案例正文和案例说明书。

1. 案例正文的基本结构及相关要求

案例正文一般应包括：标题、引言、案例摘要和关键词、正文、结束语、思考题、附录、脚注和图表等八个部分。案例正文以 10000 字左右为宜，附录不超过 5000 字为宜。

（1）标题：案例的题目。

（2）引言：案例事件的引子。

（3）案例摘要和关键词：简要介绍案例事件的主旨大意或梗概，便于使用者快速了解和把握案例的主题，建议 400 字以内。关键词 3~5 个。

（4）正文：案例一定要有比较完整的事件，有核心人物或决策者，有起、承、转、合，要能够把事件延伸下去。"起"是事件的开始，推出由时间、地点、起因等要素构成的场景，介绍核心人物或决策者、主要角色和其他角色；"承"是推出关键事件，引出争端、问题和兴奋点；"转"是事件的进一步展开，罗列存在的种种困惑，描述进退两难的抉择困境；要不断深入拓展令核心人物或决策者感到迷惑或难以决断的事情，或展开当事人也无法把握和预料事件结局的事件；"合"是事件的高潮，突出决策点的机会与制约因素，核心人物或决策者到了不得不进行选择的时刻。

（5）结束语：可以是对正文的精辟总结，也可以是提出决策问题的几种可能性，引发读者思考，为案例分析留出空间。

（6）思考题：结合教学目标一般安排 3~5 个思考题供读者在阅读时进行同步思考。

（7）附录：提供进行案例分析所需的额外信息，主要包括一些不宜放在案例正文，但又有助于读者全面了解或理解正文的资料、信息。

（8）脚注和图表：脚注以小号字附于有关内容同页的下端，以横线与正文断开；图

---

① 本节内容主要来自 2019 年 11 月 22 日全国 MPA 教指委下发的《关于征集和评选 2019 年中国专业学位案例中心公共管理案例库入库案例的通知》（教指委〔2019〕37 号）中对教学案例的写作要求及评价标准的具体要求。相关内容来自全国 MPA 教指委网站，网址链接：http://www.mpa.org.cn/content/25843。

表可插置到正文相关位置，也可以布置在专页或篇尾，所有的图表都应编号，设标题，并有必要的说明。

2. 案例说明书的写作

中国专业学位案例中心公共管理案例库入库案例主要用于教学，因而教学案例说明书的写作主要围绕案例教学的展开进行设计。

教学案例的案例说明书一般应包括：课前准备、适用对象、教学目标、教学内容及要点分析、教学安排、补充材料及其他等 6 个部分。案例说明书一般以 5000 字左右为宜。

（1）课前准备：程序性地提醒课前须安排的事项。

（2）适用对象：说明案例读者的定位或作者希望的读者群体。

（3）教学目标：详细介绍案例教学目的，要明确到具体课程的知识点，提出本案例需要解决的关键问题。

（4）教学内容及要点分析：这部分是案例说明书的核心部分，也是案例说明书的难点，需要案例作者精心构思和安排。要将精心设计、埋藏在案例正文中的问题逐一挖出并展开深入分析。这部分很大程度上决定了使用该案例进行教学是否有理论深度、是否有思考分析的空间、是否能引起争论、是否能达到良好的教学效果。

（5）教学安排：这部分同样是案例说明书的核心部分，与上一部分共同构成案例说明书的难点。这部分需要对案例课堂教学的内容和每部分所用的时间及教学节奏进行全程详细地安排，这部分安排得是否合理得当、是否具有可操作性决定了案例课堂讨论的效果和质量。

（6）补充材料及其他：包括一些辅助的信息资料、计算机支持和视听辅助手段支持等。

7.2.2 教学案例的评价标准

教学案例的评价包括案例正文、教学使用说明和文稿质量三个部分，满分 120 分。其中，案例正文满分 50 分，主要评价内容包括：案例来源（10 分）、选题（10 分）、摘要（5 分）、案例主体（20 分）、思考题（5 分）。教学使用说明满分 50 分，主要评价内容包括：教学目标（5 分）、适用对象（5 分）、教学内容及要点分析（25 分）、教学安排（10 分）、补充材料及其他（5 分）。文稿质量满分 20 分，主要评价内容有：文本可读性（10 分）、文本规范性（10 分）。各项评价内容的评价标准见表 7-1、表 7-2 和表 7-3。

表 7-1 公共管理案例库入库评选表第一部分：案例正文（满分 50 分）

指标序号	评价内容	满分	优秀 （9.0 ≤ X ≤ 10.0）	良好 （7.0 ≤ X < 9.0）	合格 （6.0 ≤ X < 7.0）	不合格 （0 ≤ X < 6.0）
1	案例来源	10	案例材料以作者本人实地访谈、调研获得的一手资料为主，内容充实	案例材料以他人的新闻报道和有关文献等二手材料为主；材料来源广泛，内容充实。或者，案例材料以作者本人实地访谈、调研获得的一手资料为主，但内容不够充实	案例材料以他人的新闻报道和有关文献等二手材料为主；材料来源不够广泛，内容不够充实	案例材料均为他人的新闻报道和有关文献等二手材料；材料来源单一，内容单薄

续表

指标序号	评价内容	满分	优秀 （9.0≤X≤10.0）	良好 （7.0≤X＜9.0）	合格 （6.0≤X＜7.0）	不合格 （0≤X＜6.0）
2	选题	10	选题本土化，紧密联系我国公共管理实践中的重大问题；具有很强的典型性和代表性，案例在将来很长一段时间里（5年以上）都有使用价值	选题得当，紧密联系国内外公共管理实践中的重大问题；具有较强的典型性和代表性，案例在将来相当一段时间里（3年以上）有使用价值	选题为国内外公共管理实践中的问题；具有典型性和代表性，案例有实用价值	选题不具有典型性和代表性；案例没有使用价值
3	摘要	5	摘要精炼准确，能反映案例的核心内容；篇幅得当	摘要比较精炼准确，能反映案例的核心内容；篇幅得当	摘要比较准确，基本能反映案例的核心内容	摘要不能反映案例的核心内容
4	案例主体	20	谋篇布局非常合理；起承转合分明；内容丰富，能还原案例的真实情境；能充分支持教学目标的实现	谋篇布局合理；起承转合比较分明；内容比较丰富，基本能还原案例的真实情境；能支持教学目标的实现	谋篇布局不够合理；起承转合不够分明；内容比较单薄，基本能还原案例的真实情境；基本能支持教学目标实现	谋篇布局不合理；起承转合不分明；内容单薄，不能还原案例的真实情境；无法支持教学目标实现
5	思考题	5	问题具有很强的启发性、争议性和复杂性；能很好地引导学生进入案例情境，激发学生的探讨兴趣；能支撑教学目标的实现	问题具有较强的启发性、争议性和复杂性；能较好地引导学生进入案例情境，激发学生的探讨兴趣；能支撑教学目标的实现	问题具有一定的启发性、争议性和复杂性；能引导学生进入案例情境；基本能支撑教学目标的实现	问题无启发性、争议性和复杂性；不能引导学生进入案例情境；不能支撑教学目标的实现

表7-2 公共管理案例库入库评选表第二部分：教学使用说明（满分50分）

指标序号	评价内容	满分	优秀 （9.0≤X≤10.0）	良好 （7.0≤X＜9.0）	合格 （6.0≤X＜7.0）	不合格 （0≤X＜6.0）
6	教学目标	5	教学目标明确到具体课程和知识点；教学主旨明确、教学目标清晰、合理	教学目标明确到具体课程和知识点；教学主旨比较明确、教学目标比较清晰、合理	教学目标基本明确到具体课程和知识点；教学主旨不够合理	教学目标含糊不清、教学主旨不明确
7	适用对象	5	案例适用的教学对象非常明确且合理	案例适用的教学对象比较明确且合理	案例适用的教学对象基本明确且合理	案例适用的教学对象不明确不合理
8	教学内容及要点分析	25	案例焦点问题的基础理论知识和教学的重点、难点非常明确；引导、推理的逻辑链非常清晰，讨论问题与教学目标结合紧密；分析深刻且准确，总结要点非常契合案例内容且有延伸性	焦点问题的基础理论和教学重点、难点明确；引导、推理的逻辑链清晰，讨论问题较好地结合教学目标；分析比较深刻且准确，总结要点符合案例内容，有一定延伸性	列出了案例焦点问题的基础理论知识和教学的重点、难点；有引导、推理的过程，讨论问题基本能支持教学目标；分析比较深刻，总结要点与案例内容基本相关	案例焦点问题的基础理论知识和教学的重点、难点不明确；没有引导、推理的过程

指标序号	评价内容	满分	优秀 （9.0 ≤ X ≤ 10.0）	良好 （7.0 ≤ X < 9.0）	合格 （6.0 ≤ X < 7.0）	不合格 （0 ≤ X < 6.0）
9	教学安排	10	有完善的教学方案和流程；时间规划合理；教学形式丰富；能够合理整合多媒体工具	有完整的教学方案和流程；时间规划比较合理；教学形式比较丰富；能够整合多媒体工具	有教学方案和流程；时间规划基本合理	教学方案和流程不科学，时间规划不合理
10	补充材料及其他	5	提供了适量的、有价值的辅助信息资料；罗列出了优质的课前、课后阅读推荐文章或书目；提供了与案例密切相关的音视频材料或链接	提供了有价值的辅助信息资料；罗列出了比较优质的课前、课后阅读推荐文章或书目；提供了与案例关系比较紧密的音视频材料或链接	提供了有关的辅助信息资料；罗列出了有关的课前、课后阅读推荐文章或书目；提供了与案例有关的音视频材料或链接	没有任何补充材料

表 7-3　公共管理案例库入库评选表第三部分：文稿质量（满分 20 分）

指标序号	评价内容	满分	优秀 （9.0 ≤ X ≤ 10.0）	良好 （7.0 ≤ X < 9.0）	合格 （6.0 ≤ X < 7.0）	不合格 （0 ≤ X < 6.0）
11	文本可读性	10	语言生动、概念准确、条理清晰、行文流畅、详略得当，结构完整	概念准确、条理性好、行文通顺、详略有别，结构基本完整	部分概念模糊、条理不清、行文基本通顺、详略无明显区分，结构不够完整	概念模糊，无条理、文法不通、无主次，结构存在缺失
12	文本规范性	10	引注规范、图表格式一致、清晰；不存在知识产权争议	少量引注不规范，部分图表格式不一致；不存在知识产权争议	引注不规范，图表格式不一致；可能存在知识产权争议	引注不全面、图表格式凌乱；存在严重的知识产权争议

7.3　参赛案例的写作要求及评价标准

2016 年，全国 MPA 教指委与教育部学位与研究生教育发展中心联合推出"案例中心杯"中国研究生公共管理案例大赛，成为全国研究生创新实践系列大赛的主题赛事之一。案例大赛主要由在读 MPA 研究生提交由老师指导撰写的公共管理案例及案例分析报告参赛。本书所指参赛案例为参加"中国研究生公共管理案例大赛"的案例。①

7.3.1　参赛案例的写作要求

根据要求，一个完整的案例应由两个部分组成：案例正文和案例分析报告，两个部分分别设置目录。

———————————

① 每年的 11 月前后，全国 MPA 教指委会在官网发出参赛通知，包括报名、组队要求、参赛案例正文及案例分析报告的撰写要求和评分标准。本节内容来自教指委网站发布的各届案例大赛的相关通知。

1. 案例正文

案例一定要基于真实事件。案例正文要对事件进行完整描述，要突出真实性、代表性和冲突性，要有核心人物或决策者，推出关键事件，引出争议点。通过陈述令核心人物或决策者感到迷惑或难以决断的事情，展现事件发展或决策的制约因素和困境。

案例正文一般应包括：标题、案例摘要和关键词、引言、正文、结束语、附录、脚注和图表、字数标记等八个部分。案例正文不超过 15000 字，图片、脚注、尾注及附录等内容不计入正文字数。

（1）标题。标题是案例的题目。

（2）案例摘要和关键词。

简要介绍案例事件的主旨大意或梗概，便于阅读者快速了解和把握案例的主题，分为中文摘要和英文摘要，建议各 400 字（词）以内。关键词 3~5 个。英文摘要和关键词置于中文摘要和关键词之后，另起一页。

（3）引言。即案例事件的引子。

（4）正文。案例一定要有比较完整的事件，有核心人物或决策者，有起、承、转、合，要能够把事件延伸下去。"起"是事件的开始，推出由时间、地点、起因等要素构成的场景，介绍核心人物或决策者、主要角色和其他角色；"承"是推出关键事件，引出争端、问题和兴奋点；"转"是事件的进一步展开，罗列存在的种种困惑，描述进退两难的抉择困境；要不断深入拓展令核心人物或决策者感到迷惑或难以决断的事情，或展开当事人也无法把握和预料结局的事件；"合"是事件的高潮，突出决策点的机会与制约因素，核心人物或决策者到了不得不进行选择的时刻。

（5）结束语。可以是对正文的精辟总结，也可以是提出决策问题的几种可能性，引发读者思考，为案例分析留出空间。

（6）附录。提供进行案例分析所需要的额外信息，主要包括一些不宜放在案例正文，但又有助于读者全面了解或理解正文的资料、信息，但不得以任何形式出现参赛团队及所属院校等信息。附录应凝练聚焦，剔除无关信息。为便于评选，附录应放在案例分析报告之后。

（7）脚注和图表。脚注以小号字附于有关内容同页的下端，以横线与正文断开；图表可插置到正文相关位置，也可以布置在专页或篇尾，所有的图表都应编号，设标题，并有必要的说明。

（8）字数标记。字数标记应置于案例正文部分末尾右下角。例如，格式一般为"案例正文字数：13568 字"。

2. 案例分析报告

参赛案例须提供分析报告，案例分析报告置于案例正文之后，另起一页，存在同一文档内。案例分析报告要运用公共管理有关理论和方法，分析相关背景和决策要素，提出具有可行性和创新性的解决思路或方案。案例分析报告一般应包括：理论基础、案例分析、对策建议、结束语、参考文献、字数标记等 6 个部分。案例分析报告不超过15000 字，图片、脚注、尾注及附录等内容不计入正文字数。

（1）理论基础。使用的公共管理相关理论，并阐述分析框架。

（2）案例分析。这部分是案例分析报告的核心部分，也是案例分析报告的难点，需要精心构思和安排。这部分需要对案例相关背景和决策要素进行分析，将精心设计、埋藏在案例正文中的问题及成因逐一挖出并展开深入分析。这部分很大程度上决定了该案例是否有理论深度、是否有思考分析的空间、是否能引起争论、是否能达到良好的效果。

（3）对策建议。这部分同样是案例分析报告的核心部分，与上一部分共同构成案例分析报告的难点。这部分需要针对案例分析中的相关问题、困境或争议等提出具有可行性和创新性的解决思路或方案。

（4）结束语。对案例分析报告进行精辟总结，引发读者思考。

（5）参考文献。将案例分析报告中所有引用的相关文献信息资源（专著、论文集、报纸文章、期刊文章、学位论文、报告、标准、专利、论文集中的析出文献等）按照标准格式列于文末。

（6）字数标记。字数标记应置于案例分析报告部分末尾右下角。例如，格式一般为"分析报告字数：13568 字"。

7.3.2　参赛案例的评价标准

参赛案例的评价包括案例正文和案例分析报告两个部分，满分 100 分。

案例正文满分 60 分，主要评价内容包括：案例选题和来源（20 分）、案例主体（30 分）、文本质量（10 分）。其中，案例选题和来源着重评价选题紧密联系我国公共管理实践中的重大问题，具有典型性，意义重大，且材料是否以作者实地调研获得的一手资料为主；案例主体着重评价案例正文的谋篇布局、起承转合、事件发展和冲突的描述；文本质量主要评价文本是否规范，语言是否生动，条理是否清晰，结语是否能引发深刻思考等。

案例分析报告满分 40 分，评价内容为：理论应用、分析水平和对策可行性。

上述各项评价内容的评价标准本书将在第 8 章 8.1 节进行详细介绍。

此外，全国 MPA 教指委会对参赛案例正文、分析报告进行查重。要求案例正文、分析报告的文本重复率不得超过 20%（以 CNKI 学术不端文献检测系统检测结果为准）。

第 8 章
中国研究生公共管理案例大赛

　　"中国研究生公共管理案例大赛"是"中国研究生创新实践系列大赛"[①]的主题赛事之一。为引导公共管理硕士专业学位研究生更加关注我国公共管理实际问题，进一步提高其综合运用公共管理理论和公共政策分析方法科学有效地解决实际问题的能力，同时，进一步推广案例教学方法，推动高校与政府机关和非政府公共机构间的沟通，全国MPA教指委与教育部学位与研究生教育发展中心于2016年联合推出"案例中心杯"中国研究生公共管理案例大赛（以下简称"案例大赛"）。本项赛事旨在通过社会调研、案例撰写与分析、现场论辩等方式，提高MPA研究生运用相关理论和方法解决公共管理实际问题的能力。[②]

8.1　案例大赛及其过程

　　"中国研究生公共管理案例大赛"每年举办一届，主办单位为全国MPA教指委，承办单位为各MPA培养单位。每届案例大赛一般于上一年的11月启动，次年的4月结束[③]。截至2023年9月，共成功举办七届案例大赛。每一年，全国数千名MPA研究生积极参赛，成为我国MPA教育的一大盛事。

---

① 为全面提高研究生培养质量，提升研究生教育主动适应社会、经济需求的能力，自2013年起，教育部学位与研究生教育发展中心开始举办"中国研究生创新实践系列大赛"。"中国研究生创新实践系列大赛"由教育部学位管理与研究生教育司指导，中国学位与研究生教育学会和中国科协青少年科技中心共同主办，是目前我国唯一被政府认可和指导的专门面向研究生群体的全国性赛事。大赛秉承以"国家战略需求为导向，以行业企业参与为支撑"的运作模式，旨在通过竞赛和激励的方式，提高研究生的创新能力和实践能力，助力国家急需、重点领域高层次人才培养。目前，已有"中国研究生智慧城市技术与创意设计大赛""中国研究生未来飞行器创新大赛""中国研究生数学建模竞赛""中国研究生公共管理案例大赛"等多个主题赛事。

② 如无特别说明，本章相关资料均来自全国MPA教指委发布的历届《中国研究生公共管理案例大赛工作总结》、相关新闻报道及《关于举办第七届中国研究生公共管理案例大赛的通知》（教指委〔2022〕21号）的系列附件材料，相关规则以最新资料为准。

③ 近几年由于疫情的影响，大赛的结束时间有所延迟。

8.1.1　案例大赛简介

1. 宗旨和目的

通过案例大赛，引导 MPA 研究生关注我国公共管理实际问题，通过调查研究、案例采编及分析辩论等比赛过程，提高运用公共管理理论和分析方法解决实际问题的能力；通过案例大赛，在 MPA 教育中进一步推广案例教学方法，使 MPA 教育与公共管理实践、与国家发展大局更加紧密结合。

2. 组织架构

案例大赛设立组织委员会（以下简称"组委会"），组委会下设评审工作组、申诉工作组及组委会办公室。组委会负责大赛的组织、管理、决策与协调，由主办单位、承办单位、部分研究生培养单位相关负责人共同组成。组委会办公室设在全国 MPA 教指委秘书处，负责组委会具体工作。评审工作组负责确定有关规范及赛题、制定赛事评审规则和实施细则、评审参赛作品等工作，由全国 MPA 教指委委员、相关学科专家、行业专家组成。申诉工作组负责处理案例大赛申诉，集体审议作出最终处理意见。申诉工作组同时对整个比赛过程进行监督。

3. 参赛对象及参赛方式

参赛对象以各培养院校的 MPA 在读研究生为主，公共管理相关学科在读研究生和 MPA 毕业生也可参与组队，但每队最多不能超过 1 名。每所学校参赛队伍数量不限。每支队伍 3~5 人。在决赛阶段的现场辩论环节，每队仅可派 3 人上场比赛。

4. 选题范围

参赛队伍应紧密围绕我国当前公共管理、公共政策领域面临的重大或热点问题。选题范围包括但不限于：政府管理创新；地方治理创新；城市和社区治理问题；政治、经济、社会、文化、生态等领域的政策议题；公共与非营利组织管理；运用现代技术手段和方法改进公共治理等。

大赛鼓励参赛团队围绕选题进行实地调研，通过调查访谈，系统地收集一手资料，详细了解有关事件的发展过程、相关政策的制定和执行情况，剖析案例涉及的相关主体及利益诉求，为案例正文和分析报告撰写奠定基础。鼓励参赛队伍所在培养单位为参赛团队开展实地调研提供支持。

5. 大赛流程

报名：一般从每年的 11 月下旬开始。参赛队伍登录相应网站，按照全国 MPA 教指委编制的操作指南完成网上报名，经所在培养单位管理员审核通过的参赛队伍视为报名成功。

提交题目、摘要：在全国 MPA 教指委规定的时间内，在网上提交案例题目和摘要。

提交案例正文及分析报告：在规定的时间范围内，上网进行提交。

专家匿名评审：由全国 MPA 教指委组织专家对各参赛队伍提交的案例进行评审，分别选出全国百强和 32 强。在案例分配时，评委采取回避原则，不参与所属单位所在省份参赛案例的评审；在相应的研究领域下，给专家随机分配评审任务。

决赛：进入 32 强的参赛队伍赴承办单位进行分组现场辩论，选出 16 强和 4 强。

6. 奖项设置

从 2017 年开始，"中国研究生公共管理案例大赛"已经成功举办七届，前四届大赛设立一等奖、二等奖、三等奖和优秀奖，从第五届开始，主办方将奖项设置调整为特等奖、一等奖、二等奖和三等奖。除此之外，大赛还设置最佳案例、最佳指导教师、最有价值队员、优秀组织奖等奖项。

8.1.2 案例大赛初赛

初赛阶段重点考察参赛队伍的案例编写能力。参赛选手以团队为单位，在选题范围内自主确定案例题目，通过实地调研等方式收集第一手资料，进行案例撰写和分析，形成完整的案例正文和分析报告。参赛队伍须针对案例情境，结合公共管理相关理论，提出具有可行性和创新性的政策建议或解决方案。

1. 评审安排

初赛采取匿名评审的形式，为保证工作效率和评审质量，初赛环节划分为一轮文本检查和两轮专家评审。

在文本检查中，教指委秘书处对所有提交的案例进行格式检查，在规定时间内通过文本检查即成为有效案例，进入评审环节。未在规定时间内通过文本检查视为放弃比赛。

第一轮评审，将每篇案例分配给 3 位评委[①]，每位评委评审约 20 篇案例（每届大赛数量不同），将评分进行标准化处理后，加总排序，根据得分排名及案例的文本重复率情况（重复率不得超过 10%，检测结果以 CNKI 学术不端文献检测系统检测结果为准），确定前 100 强案例。

第二轮评审，将前 100 强案例随机分配给 5 位评委，同样对评分进行标准化处理，去掉最高分和最低分后加总排序，确定前 32 强案例。32 强案例所属队伍进入决赛阶段。

评审专家接受评审任务后，在评审系统，依据评审指标对匿名版案例进行评分（初赛文本评分表见表 8-1）。同时评审专家还会对每一篇评审案例给出主观评审意见。同样地，比赛队伍在参评过程中也不会知晓评审专家的任何信息。

表 8-1　初赛文本评分表

评分项目	评价内容	评分标准	满　分	评　分
案例正文	案例选题和来源	选题紧密联系我国公共管理实践中的重大问题，具有典型性，意义重大，材料以作者实地调研获得的一手资料为主；内容充实	20	
	案例主体	谋篇布局合理；起承转合分明；内容丰富，事件发展和冲突描述清晰	30	
	文本质量	文本规范，语言生动，条理清晰，可读性强，摘要精炼，结语富有启发性，能引发深刻思考	10	

---

① 第一届案例大赛除外。在首届案例大赛的第一轮评审中，将每篇案例分配给了 5 位评委。

续表

评分项目	评价内容	评 分 标 准	满　分	评　分
案例分析报告	理论应用 分析水平 对策可行性	使用的公共管理理论和工具准确、合理；有恰当的分析框架，逻辑性强；分析深刻且准确；建议具有针对性、可行性和创新性	40	

注：案例正文 60 分、案例分析报告 40 分，满分 100 分；权重 40%。

2. 评审专家

案例大赛初赛的评审专家在历届大赛评审专家的基础上，根据实际需要加以调整而确定。评审专家包括：参与前几届案例大赛的优秀评审专家；上一届案例大赛部分 32 强队伍指导教师以及总决赛案例作者；历届案例入库评选中，评审工作认真负责，且在评选中有案例入库的评委。每届案例大赛参与的评审专家人数不一，每位评委评审的案例数量每届大赛也有所不同。第一届至第五届[①]案例大赛初赛评审专家及每位专家评审案例数量情况如表 8-2 所示。

表 8-2　历届案例大赛初赛评审专家情况

比 赛 时 间	第一轮评审		第二轮评审	
	参评专家数	每位专家评审数	参评专家数	每位专家评审数
第一届	65	25	26	20
第二届	79	20	30	17
第三届	112	20	40	13
第四届	119	25	67	8
第五届	175		73	

3. 得分计算

为了防止不同专家评分的评价尺度差异过大，大赛组委会使用标准分数对专家评出的成绩进行了标准化处理。计算方法是将某变量中的观察值减去该变量的平均值，然后除以该变量的标准差。具体地，就是计算每位专家对所评案例评分的平均分和标准差，案例得分的标准分等于其原始得分减去平均分然后除以标准差，如式 8-1 所示。经过标准化后，标准分的平均分为 0，分值有正负。

$$z_i = \frac{x_i - \bar{x}}{s} \tag{8-1}$$

式中：z_i 为标准分，x_i 为专家评分，$\bar{x}$ 为平均分，s 为标准差。

标准化后的分值不改变专家对所评案例的排序及案例间的得分差距，只是用了新的进制表示，可以看作一种排序分值。此时的分值代表的是：某专家认为该案例的质量处于所评案例中的排序位置，正者意味着专家认为该案例高于所评案例的平均水平，数值代表高出的程度；负者意义反之。经过标准化后的分值去除了专家的评价尺度影响，可

① 第六届和第七届案例大赛的相关数据未公布。

以进行直接的算术运算。

在第二轮评审中，为避免极值干扰，对专家评分进行标准化处理后，将每篇案例得到的标准分去掉最高分和最低分后，进行加总从高到低排序。

8.1.3 案例大赛决赛

1. 决赛第一轮

决赛第一轮是小组赛，32 进 4，分 4 个赛场进行，每个赛场 8 支参赛队伍争夺一个晋级名额。每个赛场共举办 4 场比赛，每场比赛两支队伍参赛。晋级决赛的 32 支队伍，通过抽签确定各队所在赛场和上场顺序。比赛双方须在同等的给定时间内互相研究、分析对方所提交的案例及分析报告，并就对方案例提出己方的质疑和分析。每支队伍现场展示初赛提交的案例正文及分析报告，并接受对方提问，双方通过现场的陈述与辩论展现自身能力水平。

每支队伍的比赛分数由专家评委打分和院校评委（来自本届比赛百强队伍中 33 名至 100 名的指导教师）打分两部分加权后组成[①]。专家评委和院校评委的分组遵循回避规则，在 32 支队伍分组确定后，通过抽签方式产生。专家评委和院校评委分别分为 4 组，负责各自所在赛场的打分。

比赛中，每组参赛队伍陈述与问答环节流程为：

第 1 步，甲队 1 号队员陈述己方案例，要求 PPT 展示，限时 4 分钟；

第 2 步，甲队 2 号队员陈述己方分析报告，要求 PPT 展示，限时 4 分钟；

第 3 步，乙队 3 号队员陈述己方就对方案例所提解决方案，要求 PPT 展示，限时 4 分钟；

第 4 步，双方自由辩论，共 8 分钟，每方发言时间不超过 4 分钟；

第 5 步，甲队进行总结，限时 4 分钟，可 1 人，也可多人；

第 6 步，乙队 1 号队员陈述己方案例，要求 PPT 展示，限时 4 分钟；

第 7 步，乙队 2 号队员陈述己方分析报告，要求 PPT 展示，限时 4 分钟；

第 8 步，甲队 3 号队员陈述己方就对方案例所提解决方案，要求 PPT 展示，限时 4 分钟；

第 9 步，双方自由辩论，共 8 分钟，每方发言时间不超过 4 分钟；

第 10 步，乙队进行总结，限时 4 分钟，可 1 人，也可多人；

第 11 步，评委现场亮分，2 分钟。

评委综合考虑每支队伍的案例正文和分析报告的质量以及现场展示问答水平进行打分（评分标准及要点见表 8-3）。专家评委打分为去掉专家评委最高分和最低分后取平均值，占比为 80%；院校评委打分为去掉最高分和最低分后的平均值，占比为 20%。最后将该赛场 8 支队伍的总得分进行排序，选出晋级决赛第二轮的 1 支队伍。专家评委和院校评委均采取回避原则，不参与所在单位参赛队伍的评审。

① 关于比赛评分规则，各届案例大赛略有不同。前三届第一轮决赛分为赛前文本评分和现场竞赛评分两个环节，从第四届大赛开始，第一轮决赛由专家评委和院校评委打分的加权成绩计算得分。

表 8-3　决赛第一轮文本评分表

评分项目	评分点	评分标准	满分	评分
案例采编及分析质量	案例选题及描述	选题重要，现实意义强，典型性高；谋篇布局合理，重点突出，叙述清晰，描述生动	20	
	案例分析及对策	理论准确，方法科学，分析深入，逻辑严密，站位高远，对策可行	20	
专业水平	提问能力	提出的问题具有一定深度和专业性	10	
	应答能力	冷静、迅速回答问题，思路清晰、逻辑严谨	15	
	专业分析能力	在发言中准确、灵活运用公共管理知识、理论和方法	15	
比赛表现	语言表达能力	口齿清晰，简明扼要，重点突出，自信大方，合理运用身体语言、感染力强	10	
	PPT 制作水平	详略得当，重点突出，美观新颖	5	
	团队合作	分工明确，相互呼应，配合默契	5	

2.决赛第二轮（总决赛）

决赛第二轮为总决赛，晋级决赛阶段第二轮的 4 支队伍，将由组委会提供同一案例（一般来自中国专业学位教学案例中心公共管理案例库），在规定时间内完成案例分析，并进行现场展示和问辩。评委对每支队伍的案例分析水平和现场问辩表现分别进行打分，结合赛前文本盲审得分，确定最终名次和奖项归属。

总决赛由 4 强队伍两两对决，现场竞赛。每次上台两支队伍，每支队伍限 3 人上台。第一组对决的两支队伍为第 1 赛场的晋级队伍和第 2 赛场的晋级队伍，第二组对决的两支队伍为第 3 赛场的晋级队伍和第 4 赛场的晋级队伍。在每组对决中，小组赛赛场编号是单数的队伍为甲队，小组赛赛场编号是双数的队伍为乙队。前两支队伍在比赛时，另外两支队伍在指定会场回避。每组陈述与问答环节流程如下：

第 1 步，甲队 1、2 号队员陈述己方分析报告，要求 PPT 展示，限时 7 分钟；

第 2 步，双方自由辩论，共 8 分钟，每方发言时间不超过 4 分钟；

第 3 步，乙队 1、2 号队员陈述己方分析报告，要求 PPT 展示，限时 7 分钟；

第 4 步，双方自由辩论，共 8 分钟，每方发言时间不超过 4 分钟；

第 5 步，评委向两支队伍轮流提问，两队分别回答，每次回答不超过 2 分钟，每方发言时间不超 5 分钟，共 10 分钟；

第 6 步，甲队 3 号队员作总结陈述，限时 4 分钟；

第 7 步，乙队 3 号队员作总结陈述，限时 4 分钟；

第 8 步，评委现场亮分，并投票选出每队最有价值队员，限时 2 分钟；

第 9 步，评委对两支队伍进行点评，限时 5 分钟。

决赛第二轮评分包括赛前文本盲审和现场竞赛打分两个环节，每支参赛队伍的分数由两个环节得分加权计算得出。其中，赛前文本盲审环节分值权重占比为 40%，评分标准及要点参见表 8-4；现场竞赛环节分值权重占比为 60%，评分标准及要点详见表 8-5。

评委打分为去掉最高分和最低分后取平均值。评委采取回避原则，不参与所属单位参赛队伍的评审。

表 8-4　决赛第二轮案例分析报告文本评分表

评价内容	评分标准	满　分	评　分
理论明确合理	案例分析所使用的公共管理理论和工具非常明确且合理	25	
思路清晰严谨	有恰当的分析框架，结构十分严谨，逻辑性很强	25	
分析系统科学	全面系统地分析相关背景、决策要素和政策影响，分析深刻且准确	25	
对策创新可行	提出的政策或建议非常有针对性、可操作性和创新性	25	

注：文本评分权重为 40%。

表 8-5　决赛第二轮现场评分表

评分项目	评分点	评分标准	满　分	评　分
现场表现	语言表达能力	口齿清晰，适当的音量及恰当的语速	10	
	身体语言与眼神交流	演讲期间具有良好的眼神交流，表现自信	10	
	PPT 制作水准	能准确把握主题，PPT 界面风格统一、新颖	5	
	重复性及时间控制	表述简洁明了，在时间限制内完成演讲	5	
	团队合作	团队成员分工明确，配合默契	10	
专业水平	提问能力	提出的问题具有一定深度和专业性	10	
	应答能力	能冷静、迅速回答所遇问题，思路清晰、逻辑严谨、表达明了	15	
	方案可行性	方案经得起质疑和挑战	15	
	专业分析能力	能在现场答辩中运用公共管理知识、理论和分析方法	20	

注：现场评分权重为 60%。

3. 评选结果

全国 MPA 教指委《关于举办第七届中国研究生公共管理案例大赛的通知》附件中"案例大赛管理办法及工作细则"中规定：

进入决赛第二轮的队伍获得特等奖（4 个，分名次）；在决赛第一轮中，小组内排名第二、三、四的队伍获得一等奖（12 个，不分名次）；在决赛第一轮中，小组内排名第五、六、七、八的队伍获得二等奖（16 个，不分名次）；在初赛阶段，排名第 33~100 的队伍获得三等奖（不分名次）。

特等奖和最佳案例奖队伍的指导教师获最佳指导教师奖，数量依据队伍实际人数确定。

获得特等奖的 4 支队伍中，每支队伍场上表现最优秀的队员获最有价值队员奖。此奖项由现场评委投票选出。

　　优秀组织奖以案例大赛参赛院校提交案例数量和质量为评奖依据，每年由组委会秘书处提名，组委会审议通过。

8.2　参赛及获奖情况

　　一年一度的"中国研究生公共管理案例大赛"已经成为我国 MPA 教育的一大盛事，吸引了众多 MPA 研究生及相关专业研究生参与。组织学生参加"中国研究生公共管理案例大赛"成为培养 MPA 研究生综合能力的重要方式之一，去决赛现场参赛也成为许多 MPA 研究生们的追求和梦想。本节将对历届案例大赛的参赛及获奖情况进行介绍。

8.2.1　参赛情况

　　截至 2023 年，"中国研究生公共管理案例大赛"已经成功举办七届。从第一届大赛开始，越来越多的师生积极参与，无论是参赛院校数量、参赛队伍数量，还是参赛师生数量都呈现快速增长态势。七年来，共有 10122 支队伍报名参赛，其中 7435 支队伍提交了有效案例；参与指导案例大赛的教师 11268 人次，参与案例大赛的研究生 43962 人次（见表 8-6）。其中，2022 年第六届案例大赛的参赛规模最大，参赛队伍达到 1632 支，参赛师生总数达 11666 人次，为历届最高。

表 8-6　历届案例大赛参赛情况汇总

比赛时间	报 名 情 况		有效案例提交情况		参赛教师	参赛学生
	参赛院校	参赛队伍	参赛院校	参赛队伍		
第一届	143	671	132	415	740	2940
第二届	180	1091	174	807	1260	4726
第三届	178	1106	164	766	1194	4788
第四届	188	1318	179	941	1476	5742
第五届	186	1884	178	1382	2113	8192
第六届	211	2110	197	1632	2465	9201
第七届	197	1942	188	1492	2020	8373
合计	—	10122	—	7435	11268	43962

1. 各批次院校参赛情况

　　我国的 MPA 教育始于 21 世纪初，自 2001 年北京大学等 24 所院校获得公共管理专业硕士授权培养单位以来，已有 8 批次共 285 所院校成为公共管理专业硕士培养院校，加上 21 所动态调整等院校，目前我国共有 MPA 培养院校 306 所，培养单位的地域范围覆盖了除港澳台以外的所有省、自治区和直辖市。

　　在此，本书根据全国 MPA 教指委网站公布的各批次获批院校数据，以及全国 MPA 教指委公布的第一届至第五届"中国研究生公共管理案例大赛工作总结"中"各校参赛案例数目统计表"的数据，汇总了各批次院校的参赛情况（见表 8-7）。可以看出，尽管历年大赛的参赛院校逐渐增加，但是各批次院校仍存在差异。

表 8-7　前五届案例大赛各批次 MPA 培养院校参赛数量

院校批次	获得授权年份 （获批院校数）	第一届 （2017 年）	第二届 （2018 年）	第三届 （2019 年）	第四届 （2020 年）	第五届 （2021 年）	平均参赛 院校数
第 1 批次	2001 年（24 所）	19	21	20	21	22	20.6
第 2 批次	2003 年（23 所）	19	20	23	21	20	20.6
第 3 批次	2005 年（37 所）	25	35	27	29	30	29.2
第 4 批次	2007 年（18 所）	10	12	10	13	16	12.2
第 5 批次	2010 年（46 所）	23	29	28	28	27	27.0
第 6 批次	2014 年（75 所）	35	55	51	54	46	48.2
第 7 批次	2018 年（8 所）				7	8	7.5
其他	21 所	1	2	5	6	9	4.6
合计	—	132	174	164	179	178	165.4

　　注："其他"包括动态调整、特批及港澳台院校。其中，特批院校为中国劳动关系学院；港澳台院校为香港科技大学，该校参加了第三届案例大赛，提交了 4 个案例。

　　具体分析各批次院校的参赛率（各批次参赛院校数 ÷ 本批次获批院校数），我们计算了每批次院校的平均参赛率（见图 8-1）。不难看出，除了只参加了两届案例大赛的第 7 批次院校外，平均参赛率最高的是第 2 批次院校，这 23 所院校在前五届案例大赛中的平均参赛院校数为 20.6（见表 8-7），平均参赛率达 89.57%；平均参赛率最低的是第 5 批次院校，46 所院校中参赛最多的第二届也只有 29 所，占 63.04%，五届大赛的平均参赛院校为 27.0，平均参赛率只有 58.7%。

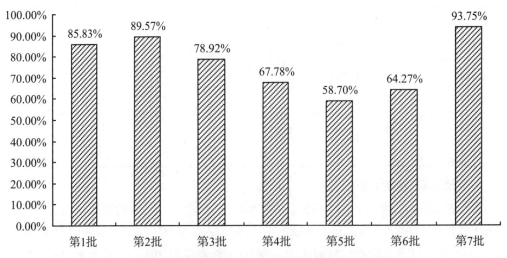

图 8-1　前五届案例大赛各批次 MPA 培养院校平均参赛率比较

注：平均参赛率＝五届平均参赛院校数 ÷ 各批次获批院校数 ×100%。

2. 参赛队伍院校分布

在首届案例大赛中，共有 143 所培养院校的 671 支队伍报名，最后经过案例提交、文本检查等环节，来自 132 所培养院校的 415 支队伍所提交的案例材料完整且符合匿名要求，进入初赛评审阶段。其中，参赛案例数量在 10 个及以上的院校共有 8 所，依次为：广西师范大学、河北经贸大学、国家行政学院、南京农业大学、中国社会科学院研究生院、福建农林大学、西安交通大学和华南师范大学（见图 8-2）。这 8 所院校共提交有效案例 101 个，占全部案例的 24.3%。

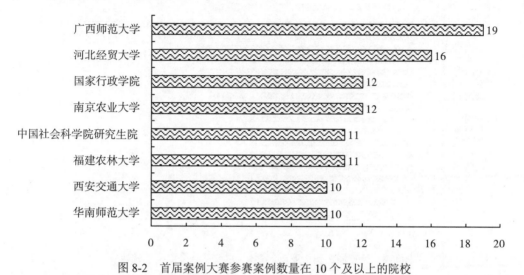

图 8-2　首届案例大赛参赛案例数量在 10 个及以上的院校

第二届案例大赛共有 180 所培养院校的 1091 支队伍报名，最后经过案例提交、文本检查等环节，来自 174 所培养院校的 807 支队伍提交案例。其中，参赛案例数量在 10 个以上的院校有 15 所，依次为：福建农林大学、国家行政学院、复旦大学、内蒙古大学、中国人民大学、南昌大学、云南财经大学、南京理工大学、河北经贸大学、西安交通大学、浙江大学、江苏师范大学、北京大学、中国社会科学院研究生院和云南大学（见图 8-3）。这 15 所院校共提交案例 244 个，占全部案例的 30.2%。

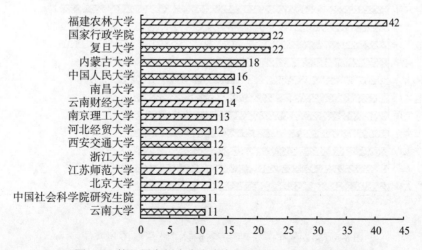

图 8-3　第二届案例大赛参赛案例数量在 10 个以上的院校

第三届案例大赛共有 178 所培养院校的 1106 支队伍报名，最后经过案例提交、文本检查等环节，来自 164 所培养院校的 766 支队伍所提交的案例材料符合要求，进入初赛评审阶段。其中，参赛案例数量在 10 个以上的院校有 17 所，依次为：福建农林大学、辽宁大学、华南理工大学、广西师范大学、上海财经大学、南京理工大学、湖南农业大学、南京农业大学、中国劳动关系学院、北京师范大学、河海大学、复旦大学、山西财经大学、云南大学、郑州大学、山东大学、中国人民大学（见图 8-4）。这 17 所院校共提交有效案例 241 个，占全部案例的 31.5%。

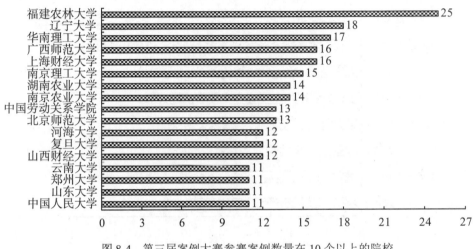

图 8-4　第三届案例大赛参赛案例数量在 10 个以上的院校

第四届案例大赛共有 188 所培养院校的 1318 支队伍报名，最后经过案例提交、文本检查等环节，共有来自 179 所院校的 941 支队伍提交有效案例，进入初赛评审阶段。其中，参赛案例数量最多的 10 所院校是：山西财经大学、湖南大学、南京理工大学、云南师范大学、云南大学、福建农林大学、广西师范大学、西北农林科技大学、中国人民大学、西南科技大学、河海大学、上海交通大学（见图 8-5）。

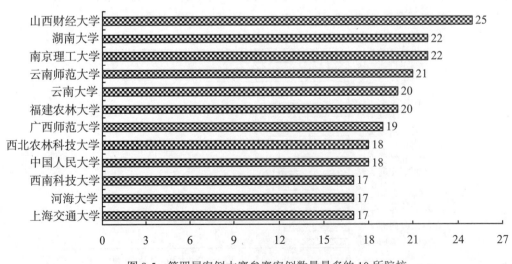

图 8-5　第四届案例大赛参赛案例数量最多的 10 所院校

第五届案例大赛共有 186 所培养院校的 1884 支队伍报名，最后经过案例提交、文本检查等环节，共有来自 178 所培养院校的 1382 支队伍提交有效案例，进入初赛评审阶段。其中，参赛案例数量最多的 10 所院校是：云南财经大学、南昌大学、中国人民大学、云南大学、江西财经大学、南京理工大学、浙江财经大学、中国矿业大学（北京）、广西大学、北京师范大学（见图 8-6）。

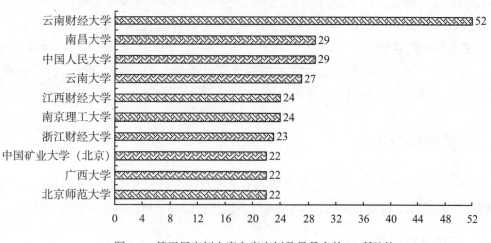

图 8-6 第五届案例大赛参赛案例数量最多的 10 所院校

8.2.2 获奖情况

到目前为止，中国研究生公共管理案例大赛已经进行了七届，其中，前四届大赛设立一等奖、二等奖、三等奖和优秀奖，从第五届开始，奖项设置调整为特等奖、一等奖、二等奖和三等奖。为了分析方便，本书对历届大赛的获奖案例分析以最新设立的奖项，即特等奖、一等奖、二等奖、三等奖为准。各等级获奖情况如下。

1. 特等奖获奖名单

每届案例大赛的特等奖均为 4 项，共有 16 所院校的 28 支队伍荣获特等奖。其中，获奖数量最多的是复旦大学和中国人民大学[①]，均获得 4 项；其次是上海交通大学和中山大学，分别获得 3 项；再次是华东师范大学和浙江大学，分别获得 2 项；其余 10 所院校各 1 项。

历届"中国研究生公共管理案例大赛"特等奖获奖名单

2. 一等奖获奖名单

每届案例大赛的一等奖设置 12 项，共有 48 所院校的 84 支队伍获得一等奖。获奖项数在 3 项及以上的院校有：华东师范大学（6 项）、华南理工大学（6 项）、中国人民大学（6 项）、上海交通大学（5 项）、南京理工大学（4 项）、河海大学（3 项）、厦门大学（3 项）和云南大学（3 项）。

历届"中国研究生公共管理案例大赛"一等奖获奖名单

3. 二等奖获奖名单

每届案例大赛设置二等奖 16 项，七届共评选出二等奖 112 项，72 所

---

① 院校排名不分前后，按首写汉字拼音顺序列出，下同。

MPA 培养院校获奖。其中，获奖数量最多的是南京理工大学和中国人民大学，分别获得 5 项；其次是华南理工大学，获得 4 项；再次是电子科技大学、河北经贸大学、南京农业大学、四川大学、云南大学、浙江财经大学和中央财经大学，分别获得 3 项；北京师范大学、福建农林大学、复旦大学、华东交通大学、华南农业大学、江苏师范大学、南昌大学、南京大学、山东大学、西北大学、厦门大学、云南财经大学、中共北京市委党校、中共重庆市委党校和重庆大学各获得 2 项；其余 47 所院校各 1 项。

历届"中国研究生公共管理案例大赛"二等奖获奖名单

4. 三等奖获奖名单

本书所指三等奖是案例大赛中进入全国百强但未进入 32 强的案例，每届 68 项，详见二维码中表 A-1 至表 A-7。

历届"中国研究生公共管理案例大赛"三等奖获奖名单

8.3 获奖案例分析

案例大赛举办七年来，产生了很多优秀的公共管理案例。本节我们分别对历届获得特等奖、一等奖和二等奖的 32 强案例及最佳案例进行简要分析，以期给读者一些启发。

8.3.1 历届选题分析

根据案例大赛的要求，各参赛队伍应紧密围绕我国当前公共管理、公共政策领域面临的重大或热点问题进行选题。选题范围包括但不限于政府管理创新、地方治理创新、城市和社区治理问题、公共政策议题、公共与非营利组织管理等。从历届案例大赛的评审情况来看，组委会设置的评审领域包括以下 17 类：政府治理与领导、公共组织与人力资源管理、社会组织管理、公共财政与税收管理、公共安全与应急管理、卫生政策与管理、区域发展与城市管理、社会保障、管理科学与决策、住房和城乡建设、土地利用与城乡发展、教育政策与管理、电子政务、企业社会责任、公文写作、公共伦理、公共管理。

为了更清楚地了解历届百强案例选题及其变化，本书对七届案例大赛的百强案例标题进行了词云图分析（见图 8-7）。可以看出，历届百强案例选题集中于共享单车、政策、扶贫、社区、乡村振兴等问题，百强案例标题中出现次数最多的两个词是"治理"和"困境"。可以看出，百强案例关注的都是我国公共管理领域中的治理难点问题。而从历届百强案例的选题来看，无论是从首届大赛的"共享单车"，还是到第二、三、四届大赛的"扶贫"，再到第七届大赛的"乡村振兴"，每届百强案例的选题无不折射出中国公共管理领域的热点变化。

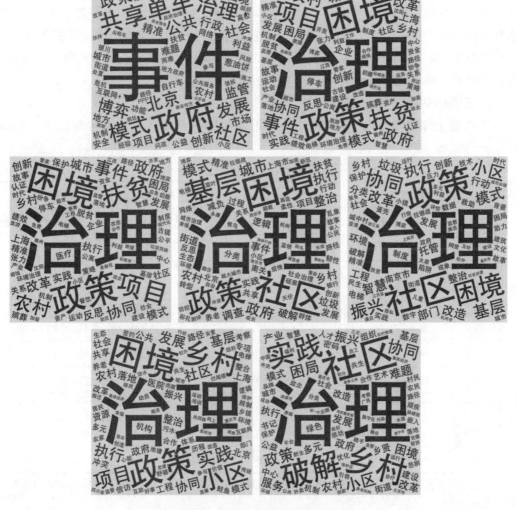

图 8-7　历届百强案例选题词云图

8.3.2　前 32 强案例分析

本节我们从获奖院校和案例选题两个方面，对历届大赛的前 32 强案例进行简要分析。相关资料来源于全国 MPA 教指委每年发布的案例大赛总结报告及新闻报道。

1. 获奖案例学校分布

从 224 个获奖案例学校分布来看，在前七届案例大赛中，共有 94 所高校进入 32 强。其中，获奖项数最多的是中国人民大学，共获 15 项；其次是华南理工大学，共获 11 项；再次是上海交通大学、华东师范大学和南京理工大学，获奖项数均为 9 项。

历届 32 强案例院校分布

获奖总项数在 5 项及以上的共有 11 所高校：中国人民大学 15 项（特等奖 4 项、一等奖 6 项、二等奖 5 项），华南理工大学 11 项（特等奖 1 项、一等奖 6 项、二等奖 4 项），上海交通大学 9 项（特等奖 3 项、一等奖 5 项、二等奖 1 项），华东师范大学9项（特等奖2项、一等奖6项、二等奖1项），南京理工大学9项（一等奖4项、二等奖5项），复旦大学7项（特等奖4项、一等奖1项、二等奖2项），云南大学6项（一等奖3项、二等奖3项），山东大学5项（特等奖1项、一等奖2项、二等奖2项），厦门大学5项（一等奖3项、二等奖2项），南京农业大学5项（一等奖2项、二等奖3项），四川大学5项（一等奖2项、二等奖3项）。

2. 获奖院校批次分析

在获得32强案例的94所高校中，各批次院校分布及获奖情况如表8-8和图8-8所示。

表8-8　前32强案例获奖院校批次分布　　　　　　　　　　单位：所，项，%

院 校 批 次	获奖学校		特 等 奖		一 等 奖		二 等 奖	
	数　量	占　比	数　量	占　比	数　量	占　比	数　量	占　比
第1批次	18	75.0	20	71.4	32	38.1	23	20.5
第2批次	15	65.2	4	14.3	20	23.8	24	21.4
第3批次	16	43.2	2	7.1	9	10.7	12	10.7
第4批次	8	44.4	1	3.6	6	7.1	13	11.6
第5批次	14	30.4	0	0.0	10	11.9	15	13.4
第6批次	18	24.0	0	0.0	5	6.0	21	18.8
第7批次	1	12.5	0	0.0	0	0.0	1	0.9
动态调整	4	19.0	1	3.6	2	2.4	3	2.7
合计	94	—	28	100.0	84	100.0	112	100.0

注：获奖院校占比为获奖学校数量占各批次学校数量的比重，特等奖、一等奖、二等奖占比为各批次学校所获奖项数量占各类奖项数量的比重。

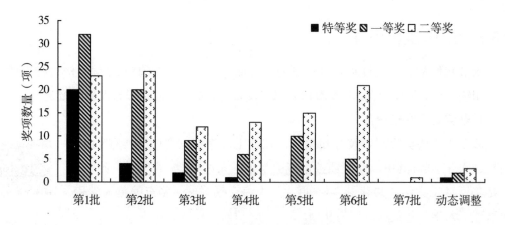

图8-8　历届32强案例获奖院校批次分布

数据显示，获批时间越早的院校获奖情况越好。获奖情况最好的是第1批次院校（2001年获批），在这一批次的24所院校中，共有18所院校进入了历届的前32强，占获批院校的 75%。其中：获特等奖 20 项，占全部 28 项特等奖的 71.4%；获一等奖 32 项，占全部 84 项一等奖的 38.1%；获二等奖 23 项，占全部 112 项二等奖的 20.5%。其他批次院校成绩与此均有较大差距。

3. 获奖案例选题分析

对七届大赛中前 32 强共 224 个案例的标题提炼关键词并进行词云图分析发现，在历届前 32 强案例的标题中，出现频数最多的 10 个词是：治理（52 次）、政策（30 次）、社区（22 次）、困境（18 次）、乡村（18 次）、基层（16 次）、小区（16 次）、农村（15 次）、实践（12 次）、创新（12 次）。除此之外，政府、困局、执行、改造、扶贫、振兴等词也频繁出现（如图 8-9 所示）。

图 8-9　历届 32 强案例选题词云图

8.3.3　最佳案例分析

在历届案例大赛中不乏许多优秀案例，为此，主办方专门为案例文本写作优秀的参赛作品设置了"最佳案例"奖。在七届案例大赛中，共评选出 26 个最佳案例。在此，我们围绕最佳案例的获奖院校及案例涉及领域两个方面对这 26 个案例进行简要分析。

1. 获奖院校

前七届案例大赛评选出 26 个最佳案例，共有 21 所院校获得最佳案例奖。其中，获奖项数最多的是华东师范大学，共 3 项；其次是华南理工大学、中国人民大学、中央财经大学，分别获得 2 项；其余 17 所院校各获 1 项。

从获奖院校批次来看，获奖最多的是第 1 批次院校和第 6 批次院校。成绩最好的是第 1 批次院校，共有 8 所院校编写的 11 个案例获得最佳案例奖，占全部 26 项获奖案例的 42.3%；其次是第 6 批次院校，共有 5 所院

历届"中国研究生公共管理案例大赛"最佳案例奖获奖名单

校编写的 5 个案例获奖，占全部获奖案例的 19.2%，见图 8-10。

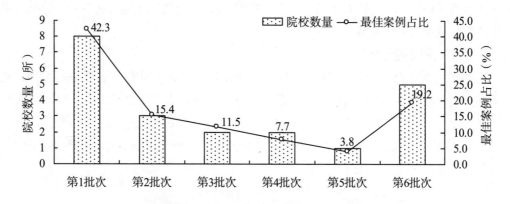

图 8-10　历届最佳案例获奖院校批次分布

2. 涉及领域

从历届最佳案例所涉及的领域来看，其内容涉及城市建设、环境治理、基层治理、招商引资、经济发展、乡村振兴等方面。

历届最佳案例
选题分类

参考文献

蔡立辉，王乐夫 . 公共管理学（第二版）[M]. 北京：中国人民大学出版，2018.

陈世香 . 公共政策案例分析 [M]. 武汉：武汉大学出版社，2011.

陈潭 . 公共管理案例分析 [M]. 北京：社会科学文献出版社，2012.

陈振明 . 公共政策分析导论 [M]. 北京：中国人民大学出版社，2015.

陈振明，等 . 公共管理学（第二版）[M]. 北京：中国人民大学出版，2017.

樊勇明，杜莉，等 . 公共经济学（第二版）[M]. 上海：复旦大学出版社，2007.

郭春甫 . 公共管理案例讲义 [M]. 北京：中国商务出版社，2021.

郝帅 . 北京地铁涨价之争与福利投向之辩 [N]. 中国青年报，2014-2-13，05 版 .

胡晓东 . 公共管理案例分析实验实训教程 [M]. 武汉：华中科技大学出版社，2019.

金太军 . 公共管理案例分析 [M]. 上海：华东师范大学出版社，2006.

金太军，周义程 . 公共管理案例分析 [M]. 广州：广东人民出版社，2015.

李泽洲 . 建构危机时期的政府治理机制——谈政府如何应对突发性公共事件及其危机 [J]. 中国行政管理，2003（6）：6-10.

刘亚娜 . 公共政策教学案例分析 [M]. 北京：首都师范大学出版社，2020.

罗月领 . 城市治理创新研究 [M]. 北京：清华大学出版社，2014.

米红，冯广刚 . 公共危机管理：理论、方法及案例分析 [M]. 北京：北京大学出版社，2018.

宁骚 . 公共政策学（第三版）[M]. 北京：高等教育出版社，2018.

沈亚平，王骚 . 公共管理案例分析 [M]. 天津：天津大学出版社，2006.

唐任伍 . 公共经济学（第二版）[M]. 北京：科学出版社，2018.

唐钧 . 公共危机管理 [M]. 北京：中国人民大学出版社，2019.

王佃利 . 城市治理中的利益主体行为机制 [M]. 北京：中国人民大学出版，2009.

王宏伟 . 公共危机管理 [M]. 北京：中国人民大学出版社，2019.

王宏伟 . 公共危机管理与应急管理原理与案例 [M]. 北京：中国人民大学出版社，2015.

王君 . 公共危机管理典型案例·2012[M]. 北京：人民出版社，2014.

王乐夫，马骏，郭正林 . 公共部门危机管理体制：以非典型肺炎事件为例 [J]. 中国行政管理，2003（7）：23-27.

王浦劬 . 试论公共管理案例的基本特点 [J]. 中国行政管理，2001（7）：15-16.

吴江 . 公共政策学 [M]. 北京：科学出版社，2017.

肖金明 . 反思 SARS 危机：政府再造、法治建设和道德重建 [J]. 中国行政管理，

2003（7）：17-22.

肖文涛 . 公共管理案例教程 [M]. 北京：中共中央党校出版社，2006.

谢明 . 公共政策导论（第五版）[M]. 北京：中国人民大学出版社，2020.

许洁，葛乃旭 . 公共经济学：理论、文献及案例 [M]. 北京：清华大学出版社，2018.

杨宏山 . 公共政策学 [M]. 北京：中国人民大学出版社，2020.

余潇枫 . 非传统安全与公共危机治理 [M]. 杭州：浙江大学出版社，2007.

张成福 . 公共危机管理：全面整合的模式与中国的战略选择 [J]. 中国行政管理，2003（7）：6-11.

张永理 . 公共危机管理（第二版）[M]. 武汉：武汉大学出版社，2015.

郑晓华 . 中国公共治理实践案例：城市秩序塑造 [M]. 上海：上海交通大学出版社，2020.

罗伯特·戈伦比威斯基 . 公共管理案例 [M]. 汪大海，等译 . 北京：中国人民大学出版社，2004.

威廉·邓恩 . 公共政策分析导论（第二版）[M]. 谢明，等译 . 北京：中国人民大学出版社，2002.

小劳伦斯·列恩 . 公共管理案例教学指南 [M]. 郗少剑，等译 . 北京：中国人民大学出版社，2001.

教师服务

感谢您选用清华大学出版社的教材！为了更好地服务教学，我们为授课教师提供本书的教学辅助资源，以及本学科重点教材信息。请您扫码获取。

≫ 教辅获取

本书教辅资源，授课教师扫码获取

≫ 样书赠送

公共管理类重点教材，教师扫码获取样书

 清华大学出版社

E-mail: tupfuwu@163.com
电话：010-83470332 / 83470142
地址：北京市海淀区双清路学研大厦 B 座 509

网址：https://www.tup.com.cn/
传真：8610-83470107
邮编：100084